国家社会科学基金2015年度一般项目"新媒体背景下儿童道德共识建构研究"（项目编号: 15BZX114）

新媒体时代儿童道德期待研究

谢翌 程雯 李亚培 著

中国社会科学出版社

图书在版编目（CIP）数据

新媒体时代儿童道德期待研究 / 谢翌等著. -- 北京：中国社会科学出版社，2024.10. -- ISBN 978-7-5227-3960-1

Ⅰ.G611

中国国家版本馆 CIP 数据核字第 2024DS0464 号

出版人	赵剑英
责任编辑	高 歌
责任校对	李 琳
责任印制	戴 宽

出　版	中国社会科学出版社
社　址	北京鼓楼西大街甲 158 号
邮　编	100720
网　址	http://www.csspw.cn
发行部	010-84083685
门市部	010-84029450
经　销	新华书店及其他书店
印　刷	北京明恒达印务有限公司
装　订	廊坊市广阳区广增装订厂
版　次	2024 年 10 月第 1 版
印　次	2024 年 10 月第 1 次印刷
开　本	710×1000　1/16
印　张	25.5
插　页	2
字　数	356 千字
定　价	139.00 元

凡购买中国社会科学出版社图书，如有质量问题请与本社营销中心联系调换
电话：010-84083683
版权所有　侵权必究

前　言

　　科学技术成为社会革新的主导力量，既改变着物质世界，又重塑了精神文化形态。新媒体技术对于教育文化发展的影响尤为重要，它们在创造社会文化多样性的同时，直接挑战了传统道德的统一性、稳定性和权威性，这也使得社会群体道德期待的共识形成遭遇到了诸如道德多元化、相对化、虚无化等新问题与新挑战。道德期待即社会群体理想的道德共识，是一个社会统整的"黏合剂"，引领着社会的共同风尚，规约着社会群体的做事方式。道德失序在于共识性道德期待的缺乏或者多元化的价值冲突，因而可能引发不同社会群体之间的价值混乱或冲突。道德期待反映了一个社会整体的文明程度，文明的道德期待是社会良性运作的基石。尤其是共识性的儿童道德期待彰显着一个社群文明的未来，是一个国家和民族未来道德文明和精神的表征，直接决定着国家和民族的未来道德面貌。新媒体语境下多样化的价值追求可能催生多样化的社会样态，重构一种新的社会文化语境，促使我们不得不去思量：儿童到底需要什么样的道德共识？承接国家"立德树人"的理想，什么样的道德期待符合社会主义核心价值观要求？什么样的课程与教学可以更好地引领儿童道德健康发展？家长需要用什么样的儿童道德期待去引领孩子的道德发展？儿童道德期待的形成机制是怎样的？这些问题是儿童道德教育领域的根本问题。为此，本书基于多元文化的考量，观照古今中外的道德期待嬗变历程，混合运用多种研究方法，探寻多元化背景下所

前 言

叠加形成的儿童道德期待框架，旨在揭示新媒体时代社会群体关于儿童道德期待的内容、特征、取向，分析新媒体与道德期待共识之间的互动机制，探寻新媒体背景下儿童道德期待实现的基本理路和转化机制。

新媒体构建了一种什么样的道德情境？对于人们关于儿童道德期待的形成与发展起了什么样的作用？作用的内在机制与原理是什么？对于这些问题的回答，是探索新时期儿童道德期待构建的前提。为此，借助媒介环境学，探析新媒体环境的特征及其对儿童道德发展的具体挑战，关注新媒体情境下儿童道德形成与发展的新过程和新机制。同时，需要结合技术先发国家或地区的经验，立足本土的文化与现实情境，探索新媒体"缘何、何以、如何"影响着儿童道德期待的形成和发展。

以新媒体情境下儿童道德发展过程与形成机制为基础，基于多维视域的叠加整合，探索新媒体语境下儿童道德期待框架，这是本书的核心任务。以"社群主义""理想交往共同体"和宗教的"普遍性伦理"作为理论基础，基于中国传统、西方伦理、儿童立场、家长理想、当下课程等多元文化的期待，运用视域叠加融合的方法，探索新媒体时代儿童道德期待的框架以及相应德目。为了能在实践中进行可操作的转化，我们结合具体实践对德目作了具体化阐释，以为社会、学校和家庭德育实践提供参照。

儿童道德期待即"未来儿童的道德画像"，表征着社会对于儿童未来的道德素养的共识性理解，能够为儿童道德课程的研制与实施提供可能的方向，而新媒体与儿童道德期待的关系原理则可为共识性的儿童道德期待形成提供策略支持。据此，我们进行了课程研制机制理路与实施路径的实践探索，主要从基于院—校协作的合作课程开发与家庭共同体的视角探索了儿童道德经验转化与共享的可能路径。

儿童道德期待的生成是一个十分复杂的研究主题，需要多学科、多理论、多路径的支援。我们尝试从道德课程开发与实施样式等方面寻求推进：一是建构生成了新媒体语境下儿童道德期待的可能框架。我们力图通过关注古今中外不同时期、不同文化情境下的典型文本，探索相应社会群体关于儿童的道德期待，然后运用多元文化叠加寻找视域融合的内容，构建了介于"底线伦理"和"终极关怀"之间的共通的理想儿童道德素养框架。二是探索了多主体协同的"社会—学校—家庭—儿童"四位一体的儿童价值教育机制。立足儿童道德发展，以理想的道德期待框架为目标，沟通理论与实践，通过多主体合作行动研究，开展儿童道德双语绘本课程的研制，同时探索了基于家庭协育共同体的实施路径。后续研究仍须运用质的与量的研究方法，对儿童道德期待共识框架进行修正与完善。同时，生成式的人工智能将催生更为多元的道德价值的选择和育人挑战，新媒体技术情境下儿童道德期待的实现理路将会有新的样态，随之而来的道德期待转化机制与策略需要作出新的回应。总之，儿童道德期待的形成与新媒体、新技术所引领的虚实相生的世界之间存在着密切的互动关系，这也将是教育研究的永恒议题。

新媒体一直在更新、在发展，教育既需要"谨慎的矜持"，保持相对独立，也需要"主动的邀约"，去面对变化着的信息技术。这样，道德教育方可在稳定中持续发展、跟上变化，进而促进相对稳定的共识性的道德期待的形成，成为社会稳定的"基模"，儿童道德教育才有核心和方向。以积极的道德期待构建引领学校和家庭的儿童道德教育，这是维系一个民族共同体向着文明发展的航标，更是社会文明和谐的"守护神"。置于不断更新的媒体情境中，我们既要坚守中国传统的道德智慧，坚持社会主义核心价值观为蓝本，又需要融入世界先进文明，融合人类共享的道德追求，在传承中创新，道德文明之光方可永续族群的魅力。

目 录

绪 论 ……………………………………………………………… 1

第一部分　新媒体与儿童道德期待

第一章　新媒体时代：儿童道德期待的新情境 ………………… 31
 第一节　新媒体之"新"：性质、主体与内容 ………………… 32
 第二节　新媒体对道德环境的建构：媒介环境学的视角 ……… 37
 第三节　新媒体时代儿童道德教育的应对 ……………………… 44

第二章　新媒体与儿童道德期待的形成 ………………………… 47
 第一节　道德期待建构：20世纪西方的经验 …………………… 47
 第二节　儿童道德期待形成的影响因素 ………………………… 52
 第三节　新媒体时代儿童道德期待的形成机制 ………………… 57

第三章　新媒体时代儿童道德共识的现状与影响因素 ………… 67
 第一节　儿童道德共识现状调查问卷的编制 …………………… 67
 第二节　儿童接触新媒体的情况 ………………………………… 85
 第三节　儿童道德共识的基本现状 ……………………………… 95

目录

  第四节 新媒体与儿童道德共识水平的相关性 …………… 105
  第五节 儿童道德共识现状的反思 …………………………… 127

第二部分 新媒体时代儿童道德期待的框架构建

第四章 中国文化背景下的儿童道德期待 ……………………… 139
  第一节 儒家传统伦理思想中的道德期待 …………………… 139
  第二节 关于儿童的道德期待：基于历代蒙学教材的观照 …… 152

第五章 西方伦理思想中的儿童道德期待 …………………… 168
  第一节 西方不同历史时期的道德期待 ……………………… 168
  第二节 西方伦理思想中的重要德目 ………………………… 175

第六章 儿童本位的道德期待："童画"中的"好人观" …… 186
  第一节 不同语境下的"好人观"研究 ……………………… 186
  第二节 儿童"好人观"的基本取向与主要特点 …………… 193
  第三节 儿童"好人观"的教育学价值 ……………………… 216

第七章 家长关于儿童道德的现实期待 ……………………… 223
  第一节 新时期家长对儿童道德期待的观照维度 ………… 223
  第二节 新时期家长关于儿童道德期待的内容与特点 …… 234
  第三节 基于家长道德期待的儿童德育课程研制 ………… 264

第八章 新时期关于儿童道德期待的课程文本研究 ………… 274
  第一节 课程文本关于儿童道德期待的具体内容 ………… 275
  第二节 儿童道德期待的领域、维度、向度与理想图景 …… 281
  第三节 对儿童道德期待的反思与修正 ……………………… 284

第九章　新媒体时代儿童道德期待的框架与内容 …………… 290

第一节　新媒体时代儿童道德期待构建理路：

多元视角对话 …………………………………… 291

第二节　新时期儿童道德期待：具体德目及其解读 ……… 298

第三部分　新媒体时代儿童道德期待的实现理路

第十章　新媒体时代儿童道德期待的转化机制 …………… 329

第一节　儿童道德期待转化的假设与机制 ……………… 330

第二节　儿童道德期待的转化路径 ……………………… 334

第三节　儿童道德期待转化的具体策略 ………………… 338

第十一章　新媒体时代儿童道德期待的践行 ……………… 342

第一节　基于儿童道德期待的绘本课程开发探究 ……… 342

第二节　基于家庭联盟的儿童道德期待实现 …………… 364

参考文献 …………………………………………………………… 379

绪　　论

新媒体（主要包括电影、广播、电视、手机和网络等）在充分展现文化多样性的同时，也直接挑战了传统道德的统一性和权威性，这使得社会群体道德期待的形成遇到诸多新情况。儿童道德期待直接决定着国家和民族的未来精神。本书旨在探讨新媒体时代社会群体关于儿童道德期待的内容、特征、取向、遭遇的困境、建构理路和实现机制等。

一　问题的提出
（一）新媒体时代道德期待的共识困境

道德期待是对某一确定范围内道德理想的追求，反映了社会公众对特定群体满足伦理应然规范要求的程度所持有的期待感。[①] 道德期待表征着社会群体理想的道德共识，是社会维模的重要支柱，也是创造公共生活良好秩序的重要前提。[②] 正因如此，十八届三中全会之后，党和政府强调在新媒体时代要加强社会道德教育，引导道德自觉，弘扬社会主义核心价值观。因此，凝聚和重建一种适合现代社会以及符合当代中国人精神文化需求的道德共识已成为一种时代诉求。[③]

[①] 何云峰：《教师道德：期待与角色定位》，《伦理学研究》2015年第4期。
[②] 金生鈜：《公共道德义务的认同及其教育》，《华东师范大学学报》（教育科学版）2012年第3期。
[③] 赵爱玲：《重建道德共识的主要难点与破解对策》，《学校党建与思想教育》2014年第9期。

绪 论

"道德期待"的提出有一定的社会背景，它是在西方价值多元的民主社会中产生的，针对的是"道德共识"陷入危机的现象。有学者认为，"道德共识"困境完全是一个典型的"现代现象"，因为传统社会结构的"同质性"或"未分化性"使得道德以一种自上而下的强制权威成为个体统一的道德，而现代社会"公共生活"和"个人生活"的分离促使道德开始分化，这种"道德分化"也就带来了"道德共识"的困境。① 这一理解是将"道德共识"作为大多数人共享的道德认识，而没有从本质上理解"道德共识"作为内在价值认同的内涵。但无论如何，"道德共识"的问题至少在某种程度上表征着现代人的道德焦虑。正如帕森斯所指出的，社会的稳定在一定程度上依赖于其成员之间达成的道德共识②，关注道德期待，对于社会发展具有重要意义。在新媒体时代，以电脑、智能手机为代表的各种媒体充斥着人们的生活，带来了更多的可能性和多样性，催生了具有鲜明时代特征的道德文化。新媒体在充分展现文化多样性的同时，也直接挑战了传统道德的统一性和权威性，这使得道德期待的共识构建遭遇到新的困境。

1. 新媒体与道德多元：对主流价值观念的冲击

在新媒体时代，信息传播的自由度和广泛度是超乎以往所想象的，手指轻轻一点，我们就能接收到来自世界各地的信息。信息传播与分享的便捷性与即时性使得各种道德与非道德的信息涌上媒体。通过各种新媒体载体和网络平台，尤其是借助自媒体平台，如博客、论坛、QQ空间、贴吧等，人们传播并分享着他们的道德观念。在不同文化的价值观念广泛传播中，多元价值观不断地为人们所接受。这种多元文化也冲击着社会的主流价值观念和行为方式，弱化主流价值观念的主导地位，在道德上逐渐形成了一种道德多元主义。道德多元主义提倡价值的多元化

---

① 贺来：《"道德共识"与现代社会的命运》，《哲学研究》2001年第5期。
② [美] T. 帕森斯：《社会行动的结构》，张明德等译，译林出版社2003年版，第395页。

与相对性，广泛接受和认可不同的价值观念。它迎合了新媒体时代人们对个性的追求与张扬，尤其是年轻一代。在道德多元主义下，人们持有不同的道德规范和原则，这就为寻求普遍意义上的道德期待提出了难题。

2. 新媒体与道德相对主义：道德判断标准的模糊

后现代主义借助新媒体解构了标准、权威、中心，"一"变成了"多"，人们对道德判断无所适从，没有可参考的道德标准，导致了道德相对主义。道德相对主义认为，道德没有终极的目标和永恒的价值，道德是个人选择的结果，其无所谓道德与不道德之分，无所谓正误邪善之分，皆有个人的理由与立场。这种"道德"的泛化，容易导致人们丧失对道德的本真追求，究竟何为"善"，什么才是"正当"的，对此没有清晰的判断。"没有态度的态度"成了很多人看待问题和事情的立场，"什么都行、什么都对"的相对性，让整个社会陷入了一种无序和迷茫，道德判断的标准被模糊甚至消失了。

3. 新媒体与道德虚无主义：道德价值存在的消解

道德虚无主义否定道德的存在与价值。其产生的重要原因之一便在于道德规范与道德现实之间的脱节。当面对现实中的问题时，道德规范失去了原有的调节和解决作用，使得道德主体对道德规范的价值开始产生怀疑，认为没什么本质上是道德或不道德的，更多地是以个人主观的喜好为行事依据。在新媒体时代，网络的虚拟化让人们难以清楚分辨现实生活与网络中的虚拟生活，许多道德规范在虚拟的网络中受到了挑战，又进一步加剧了道德的虚无主义。拜金主义、功利主义等物欲主导的价值取向逐渐占据上风，主观情绪的泛滥、对传统道德的嗤之以鼻等都是道德虚无主义的表现。

（二）西方道德期待共识困境消解的理论路径与局限

20 世纪 80 年代以来，现代性背景下的道德认同危机问题成为西方学术界的热点问题，针对这些道德困境，当代思想家提出了一系列的理

绪 论

论观点，旨在寻求一种普世的底线伦理。从国外目前的研究进展来看，主要有以下三种代表性思路，即"社群主义"的思路、"理想交往共同体"的思路和宗教"普遍伦理"的思路。

1．"社群主义"的追求：回归传统道德

现代西方哲学的德性论主要体现在以桑德尔、麦金太尔和沃尔策等为代表的共同体主义中，即"社群主义"，其中尤以麦金太尔为著名代表。社群主义的哲学基础是新集体主义，它认为个人及其自我最终是由他或她所在的社群决定的。社群主义者主张在某种程度上恢复传统的社群制度和传统的道德约束力，来克服现代社会的分化以及相应的"道德分化"，并保证"道德共识"作为"社群"的内在构成要素所具有的合法性。

在《追寻美德：道德理论研究》一书中，麦金太尔对传统主义与共同主义的思想进行了复兴，虽然他的观点在道德哲学史研究上引起了很大的争议，但他对当代世界中的道德话语与实践的反思无疑是引人深思的。麦金太尔认为，当代道德话语最显著的特征乃是它如此多地被用于表达分歧，且有关这些分歧的讨论是难以得出结论的。[1] "道德判断中的意见一致性并不是由任何合理的方法来保证的"，相反地，"它完全是由对持不同意见者的情感或态度造成某些不合乎理性的影响来保证的"[2]。也就是说，道德的判断是由个人情感所主导的，而情感的差异性和变动性也使得道德一致性成为不可能。如果说情感主义是合理的，那么现代道德的这种困境便难以解决了，麦金太尔从理论上消灭道德分歧的企图也就没有了意义。因此麦金太尔进一步批判了情感主义，他认为不能把情感主义当作普遍的真理来接受，他说："为此，我们不去顾及情感主义所号称的普遍性，而只将情感主义作为一种在特定历史条件

---

[1] ［美］阿拉斯戴尔·麦金太尔：《追寻美德：道德理论研究》，宋继杰等译，凤凰出版传媒集团2011年版，第7页。
[2] ［美］阿拉斯戴尔·麦金太尔：《追寻美德：道德理论研究》，宋继杰等译，凤凰出版传媒集团2011年版，第14页。

下发展起来的理论来进行考察"①。

那么什么才是走出现代道德困境的可能之路？麦金太尔在对西方道德哲学进行梳理之后宣称，我们对于自由个人主义观点仍然缺乏任何一致的、能够合理地予以辩护的陈述。基于此，他认为："我们可以一种使得我们的道德的与社会的态度和信奉之可理解性与合理性都是理智上的能够说服人的方式重塑亚里士多德的传统。"② 至此，我们终于明白，麦金太尔所谓的回归传统美德，便是对亚里士多德的道德传统的回归。在《追寻道德：道德理论研究》"第二版跋"中，麦金太尔就高调地声明："毋庸置疑，《追寻道德》一书的核心观点是，亚里士多德的道德传统，是我们所拥有的关于一个传统其支持者有资格合理地高度确信其认识论与道德资源之最佳范例。"③

那么到此我们便有必要回溯亚里士多德关于道德的论述。

亚里士多德的伦理哲学多围绕"幸福是合于德性的实践活动"这一命题进行，亦有学者将其称为德性幸福论。他认为，人的目的，即人的可实践性的最高善，就是幸福。亚里士多德认为："每种技艺与研究，同样地，人的每种实践与选择，都以某种善为目的。"④ 但他所谓的善并不是柏拉图所说的理念上的善，而是一种"可实行的善"，"人的善存在于人的功能中"⑤。亚里士多德将德性分为理智德性和道德德性，前者通过教导而发生，后者则通过习惯的养成⑥。在《尼各马可伦理

---

① ［美］阿拉斯戴尔·麦金太尔：《追寻美德：道德理论研究》，宋继杰等译，凤凰出版传媒集团2011年版，第17页。
② ［美］阿拉斯戴尔·麦金太尔：《追寻美德：道德理论研究》，宋继杰等译，凤凰出版传媒集团2011年版，第330页。
③ ［美］阿拉斯戴尔·麦金太尔：《追寻美德：道德理论研究》，宋继杰等译，凤凰出版传媒集团2011年版，第353页。
④ ［古希腊］亚里士多德：《尼各马可伦理学》，廖申白译，商务印书馆2003年版，第3页。
⑤ ［古希腊］亚里士多德：《尼各马可伦理学》，廖申白译，商务印书馆2003年版，第17页。
⑥ ［古希腊］亚里士多德：《尼各马可伦理学》，廖申白译，商务印书馆2003年版，第35页。

绪 论

学》一书中,他论述了具体的德性,包括勇敢、节制、慷慨、大方、大度、温和、友善、诚实、机智、羞耻、公正、自制、友爱等,其中公正和友爱是他论述的重点。

亚里士多德对正义或公正(justice, righteousness)的论述至今仍被学术界奉为经典。在他看来,公正是贯彻一切德性的最高原则,个人道德和社会道德都要依靠它。由此,培养儿童的道德必须建立在儿童对公正或正义的认识和践行上。

亚里士多德还特别重视"友爱"的重要性,并将其与公正视为同样重要的德性,他说:"若人们都是朋友,便不会需要公正,若他们仅只公正,就还需要友爱。人们都认为真正的公正,就包含着友爱。"①他提出伦理学上的黄金规则:爱人如爱己。这则黄金定律也同样适合于儿童。即要想得到别人的友爱,自己就要以友爱示人。从亚里士多德的观点里,我们知道儿童的道德教育需要建立在儿童之爱上,并将其融入儿童生活中。

2. 理性道德伦理的呼吁:重建共同理性

"理想交往共同体"试图以一种先验主义方式,从人们的语言和交往结构中寻求价值共识的规范性基础,如哈贝马斯主张依靠理性的信服力,通过主体间的交往理性,使主体能在没有任何强制和任何约束的环境下进行诚实的交往与对话,达至相互理解,形成理性的道德期待。

(1)罗尔斯的"重叠共识"理论

在这种多元主义下如何达成合理的共识,罗尔斯提出了"重叠共识"这一概念。所谓重叠共识是指这种政治的正义观念是为各种理性的然而对立的宗教、哲学和道德学说所支持的,而这些学说自身都拥有众多的拥护者,并且世代相传,生生不息。② 在这里提到的不同的宗教、哲学和道德学说便是罗尔斯所说的"完备性的"(comprehensive)学

---

① [古希腊]亚里士多德:《尼各马可伦理学》,廖申白译,商务印书馆2003年版,第229页。
② [美]约翰·罗尔斯:《作为公平的正义——正义新论》,姚大志译,上海三联书店2002年版,第55页。

说。从这句话中我们可以看出，罗尔斯的重叠共识和他的正义学说紧密关联。罗尔斯的正义学说以洛克、卢梭和康德的社会契约论为基础，因此他的正义学说本质上也是一种道德契约论。他论证了西方民主社会的道德价值，反对传统的功利主义，认为正义是社会制度的主要美德，至少在一个组织良好的社会中，正义与善是一致的。罗尔斯的正义学说再一次论证了道德期待主体性的问题。所谓共识性的道德期待不是所有人的认同，而是基于一种契约和协商的多数人认同。"重叠共识"是以政治的正义观点为核心，在人们不同的完备性学说中达成的一致性意见。

在对道德的论述上，罗尔斯明确地提到，道德理论是一种描述我们的道德能力的企图，因此他反对对道德理论的研究过分依赖基本理论。他认为，它们在道德理论中并不占有中心地位，实质性地解释道德观念，反倒有益于意义分析[1]，他呼吁"希望强调研究实质性道德观念的中心地位"[2]。

(2) 哈贝马斯的交往理论

哈贝马斯认为，现代问题的实质在很大程度上就是道德文化危机的问题。解决现代性问题的主要工作是重建现代性道德。哈贝马斯将交往行为理论用到了道德领域，创立了话语伦理学，主张关于道德价值共识应从以下几个方面进行理解：生活世界——道德价值共识的存在界域；交往理性——道德价值共识的内核；话语——实现道德价值共识的沟通中介；可普遍化原则——实现道德价值共识的基本保证[3]。其中，哈贝马斯对共识之于道德的重要性进行了深刻说明，认为"普遍化原则"，亦即共识原则是道德生存的基本前提。他认为，"普遍化原则"作为道

---

[1] [美] 约翰·罗尔斯：《正义论》，何怀宏等译，中国社会科学出版社1988年版，译者前言第4页。

[2] [美] 约翰·罗尔斯：《正义论》，何怀宏等译，中国社会科学出版社1988年版，第48页。

[3] 韩桥生：《道德价值共识论》，人民出版社2015年版，第18—19页。

绪 论

德论证合理的有效性标准，以参与论证的所有参与者的一致同意为前提，以被所有人所普遍承认的需要为基础，也就是说，人们予以承认和尊重的规范标准应能代表大多数社会成员的意志，能为大家自愿地而非强迫地接受和遵循，并且，人们可以在道德论证中找到使各方达成一致的原则①。从这一论述中我们可知，在哈贝马斯的观点里，道德期待的共识是可达成的。那么达成这种共识应遵循哪些原则呢？

哈贝马斯将社会分为"生活世界"和制度两部分。他认为，所谓生活世界，乃是积淀在语言中的各种"背景知识"和行为规范的综合体现，它代表了一个社会共同体的集体行为期待，不但个体的经验和行为准则，而且社会的文化传统，都是这种知识的产物。人们只有秉持"真实性、正确性和真诚性"的原则，才能实现交往的有效性。

理性道德伦理呼吁重建道德理性以达成人类共享的道德期待。无论是罗尔斯通过契约方式来建立的普遍理性，还是哈贝马斯试图通过商谈、交往方式达成的公共理性，在这一理论学派中，承认人类理性的存在是其基本前提，也是最终目的。如果人类是具有理性的，那么必然存在某种可普遍化的共同理性。在多元文化的当代社会里寻求共同理性更是成为必须。

3. 宗教伦理学派：寻求"普遍伦理"

在现代世俗伦理所遭遇的越来越多甚至难以应对的道德危机与道德挑战面前，人们对宗教精神资源的依赖与渴望变得更为明显，而这为宗教伦理的发展提供了更为广阔的平台。价值宗教学派不断地根据现实和人们的需求调整他们的理论学说，使得宗教伦理学派在伦理学发展中始终占据着不容忽视的地位。在全球普世伦理的寻求中，宗教伦理学家也成为其最初的呼吁者和追求者。著名的德国神学家孔汉思作为全球伦理运动的首批发声者，在1989年的联合国教科文组织会议上提出"没有

---

① 郑召利：《哈贝马斯的交往行为理论——兼论马克思学说的相互关联》，复旦大学出版社2002年版，第86页。

各宗教间的和平,便没有各民族间的和平"①的呼喊,并在1993年9月通过了由其领衔主编的《走向全球伦理宣言》,成为全球伦理运动的一个里程碑。

社群主义宗教的"普遍伦理"试图充分发掘世界各大宗教传统的思想资源,从中提炼出一种人类普遍认同的道德价值规范,从而把现代社会由于"道德分化"所造成的价值冲突纳入其中,并由此确立一种公共性道德价值秩序。我们不可否认宗教在寻求普世伦理上的作用,然而宗教只能作为普世价值的资源之一,而不能单纯依靠从各大宗教传统中获取普遍认同的价值规范来作为全球的普遍伦理。

以上三种理路皆有其一定的合理性。21世纪是一个多元的时代,我们当然必须认识到现实生活的多样性,正是这种多样性激发了人类的各种创造性思维。但也正是这种多样性导致了我们在追寻普世价值观上的困难。面对共识性道德期待的困境,以任何一个统一的道德标准来要求世人似乎都不太可能。但是我们也应看到,在伦理道德的认识上,我们存在着一些基本的认识,比如对公平与正义的追求,对个人尊严的维护,对世界和平的渴望。因此寻求底线的伦理道德是可能的,而共识性道德期待的困境的超越便是对底线伦理道德的追寻。底线伦理道德的追求是一个长期且艰巨的过程,基于国际发展的大趋势和我国的现实国情,基于传统道德的精髓与现代道德的发展,我们需要超越共识性道德期待的困境,重建新的道德共识。

在现代社会条件下,如果我们想要建立某种普世伦理的基本理念系统,就必须重新审视现代性道德本身,它既是我们不可逾越的文化前提,也是我们寻求普世伦理的观念和现实起点②。诚如我们此前对现代性道德三大困境的重新审视,超越这三大道德困境必须从困境入手。针

---

① [德]孔汉思、库舍尔编:《全球伦理:世界宗教议会宣言》,何光沪译,四川人民出版社1997年版,第42页。

② 万俊人:《寻求普世伦理》,北京大学出版社2001年版,第181—182页。

绪 论

对这些困境，学者的三条理路设想也各有其优势和局限所在。综合这三大理论的设想，吸收其合理的部分，尤其是罗尔斯的"重叠共识"和哈贝马斯的商谈理论，我们认为，在当今这样一个媒体讯息飞速发展、多元文化交织的时代，底线伦理道德的寻求与重建显然不是单方面的作为，而应是寻求多方力量参与的共同行为。因此建立一种全方位、大格局的视角，尊重多元文化的多元道德的包容性视域是寻求共识性道德期待的基本态度。同时，在现代社会条件中，多元文化之间的对话和相互理解确实成为一种现实需求。在以对话方式寻求世界普世伦理的过程中，要通过"新的世界性道德话语"来实现道德期待，"有尽可能多的不用的语音、语调，需要各种不同的语词的加入，一句话，它需要各种不同道德话语的声音"[1]。

（三）社会主义核心价值观的启迪

社会主义核心价值观实质上也是我国新时期国家对于国民的道德期待，这是国家层面所梳理出来的关于国民道德追求的共识，主要表现在三个层面，即国家层面的价值目标、社会层面的价值取向、公民个人层面的价值准则。

建构社会主义价值共识是当前国家的一项重要任务。社会主义核心价值观教育实质上就是要让全民认同社会主义核心价值观，作为一种民族和国家的共同信念，将社会各个方面"黏合"为一个整体。社会主义核心价值观教育是当前教育的一项重要目标，教育部明确强调要让核心价值观进入课程、教材，并成为学生头脑中的经验。同时，国家一直致力于将社会主义核心价值观分层次、分学科、分学段地编入各类教材中。

本书基于将儿童作为道德主体，以共同人性为基础，试图构建一套基于中国文化的道德期待框架。同时，基于儿童道德期待研制相应的德

---

[1] 万俊人：《寻求普世伦理》，北京大学出版社2001年版，第30页。

育绘本课程，尝试探索新媒体情境下的德育共识构建新路径。

二 关键概念

本书主题主要涉及以下概念，它们的澄明决定了本书的基本方向和核心框架。

（一）道德期待

在以往研究中，"道德期待"往往被理解为一种"道德自律"[①]，或是一种"对道德理想的追求"[②]，上海师范大学何云峰教授在《教师道德：期待与角色定位》一文中，将其界定为"是一种特殊的社会道德心理现象，反映的是社会公众对特定群体满足伦理应然规范要求的程度所持有的期待感"[③]，把道德期待与群体相联结，认为对不同的群体应有不同的道德期待。从中我们可以看出，对"道德期待"一词的理解应指向"对道德方面的期望"，其定义应是从"道德"一词中延伸拓展而来，且这种期待应与特定群体相联结，对不同的群体有着不同的道德期待。而本书关注的是对儿童的道德期待，是从多元视角出发，关注对儿童所应然承担的伦理责任的一种理性思考，是社会群体理想中的儿童道德共识。

（二）道德共识

道德共识是对某一确定范围内道德"公度"的共同认可，因此它意味着存在某种可普遍化的和可公度的道德[④]。从道德层次论的观点出发，何怀宏认为，当代社会道德结构由底线伦理和终极关怀两个要素构成，各具有不同的社会功能。前者可视为"要求个人平等适度的义务"和"社会制度正义"的理论；后者则为"个人人际关系，个人追求的

---

① 杨建业：《法律法规与道德期待》，《同舟共进》2006年第12期。
② 蔡新颖：《公民道德回归的期待——"道德银行"现象分析》，《山西高等学校社会科学学报》2007年第12期。
③ 何云峰：《教师道德：期待与角色定位》，《伦理学研究》2015年第4期。
④ 万俊人：《现代性的伦理话语》，黑龙江人民出版社2002年版，第69—70页。

绪 论

人生目标"的广泛理论,属于传统研究"终极目的"式的"终极善"的德性伦理学。底线伦理虽然是一种基础性的东西,却具有一种逻辑的优先性,这一基础应当是为有各种合理生活计划的人普遍共享的。[①] 当今社会平等、开放、多元,首要的事情是使人们不冲突,大家都能活着,彼此相安无事,甚至还达到某种客观上的互补和主观上的沟通。而这种能够使我们和平共处的规则正是我们首先要寻求的道德共识[②]。由此,从基础性或广泛适用性的角度来看,道德共识被视为人们共享的、最基本的底线原则,它包含两层意义:其一,道德共识是维系社会和个人生存的基本规范,具有广泛适用性,易于履行;其二,道德共识是最低限度、不能逾越的行为基准,一旦逾矩,将破坏人际关系甚至触犯法律。

然而,传统崇高的道德目标与底线伦理原则之间存在太大的差距,"底线伦理"和"终极关怀"两个要素之间存在着十分重要的"中间地带"。仅仅关注"两极"的"道德共识",将其等同于"接近法律"的底线伦理显得较为消极,为此,陈泽环提出了"共同信念论",即道德共识不仅是底线伦理,还应该包括一种公民对重大道德问题的共识,是在作为公共生活共识的"次终极价值"上的一致。对于当代社会的道德结构,应该厘清"底线伦理"和"终极关怀"并肯定以"底线伦理"为基础,还要充分认识"共同信念"的重要性和主导性,使其成为"底线伦理"和"终极关怀"之间的中介或桥梁。[③] 因此,本书认为道德共识不仅包括社会成员对最基本、最低限度的行为基准的共同理解,即底线伦理,还应包括社会成员在公共生活中重大道德问题上的一致,即共同信念。因而,本书在构建新媒体时代儿童道德期待的框架与内容

---

① 何怀宏:《良心论——传统良知的社会转化》,上海三联书店1998年版,第416—417页。
② 何怀宏:《伦理学是什么》,北京大学出版社2002年版,第103页。
③ 陈泽环:《底线伦理·共同信念·终极关怀——论当代社会的道德结构》,《学术月刊》2005年第3期。

时，既回顾了中西方伦理思想中的道德期待，又立足于重要课程文本提炼了国家层面对儿童的道德期待，还注重当下新媒体时代的教师—家长—儿童自身等不同主体对于儿童道德品质的期待及好人观的体认，立足多元视角和方法，以期寻找出沟通"底线伦理"和"终极关怀"的"中间地带"。

（三）新媒体

对于新媒体的研究，越来越受到社会各界的关注。但是对于何为新媒体，目前为止，还没有共同认可的说法。各界人士（专家学者、新媒体使用者、机构研究者）都尝试着以其自身的立场和角度定义新媒体。梳理已有研究成果发现，虽然关于新媒体的定义多种多样，但大致可分为两类。一类侧重于强调新媒体的功能特性，例如，阳光文化集团首席执行官吴征认为："相对于旧媒体，新媒体的第一个特点是它的消解力量——消解传统媒体（电视、广播、报纸、通信）之间的边界，消解国家与国家之间、社群之间、产业之间边界，消解信息发送者与接收者之间的边界等等。"[①] 另一类主要强调新媒体的技术特征，将新媒体视为一种交互性的数字化媒体形态。例如，熊澄宇教授提出新媒体是"在计算机信息处理技术基础上出现和影响的媒体形态"[②]。廖祥忠[③]将当下的"新媒体"理解为"以数字媒体为核心的新媒体"——通过数字化交互性的固定或移动的多媒体终端向用户提供信息和服务的传播形态。景东等[④]认为，新媒体是所有人向大众实时交互地传递个性化数字复合信息的传播介质。以上两类定义方式虽各有侧重，但互为补充。前者以后者为基础，后者在此基础上丰富了新媒体的内涵。

面对众说纷纭的新媒体概念，有学者尝试着对其进行辨析，以期挖

---

① 转引自孙丽园《新媒体传播失范对青少年犯罪的影响分析》，《中国广播电视学刊》2008年第12期。
② 转引自许振洲《新媒体的勃兴与传统媒体的迷失》，《新闻爱好者》2011年第3期。
③ 廖祥忠：《何为新媒体?》，《现代传播（中国传媒大学学报）》2008年第5期。
④ 景东、苏宝华：《新媒体定义新论》，《新闻界》2008年第3期。

绪 论

掘出新媒体之所以是新媒体的本质特性。匡文波[1]指出已有新媒体的概念存在界定过宽、分类混乱及逻辑错误等问题,并相应地提出了界定新媒体的四个角度:一是新媒体的本质特征是数字化和互动性;二是新媒体是指"今日之新",实质上,新媒体本身就是一个相对的概念,极具变化性和时代性,不同时代的新媒体是不一样的,这一点得到普遍认可,例如廖祥忠在其《何为新媒体?》的文章里就提出了传统媒体时代的"新媒体"和当今时代的"新媒体"两个概念。三是新媒体的新是以国际标准为依据的。数字技术日新月异,它与社会经济发展水平有着密切的联系,有些我们认为的新型媒介形式可能在发达国家早就有了。四是新媒体是一个很宽泛的概念,其内涵外延非常丰富。总结而言,匡文波认为:"新媒体的严谨表述是'数字化互动式新媒体',是指借助计算机(或具有计算机本质特征的数字设备)传播信息的载体,其最根本的特征是数字化与互动性。"[2] 而本书主要采用的是 2014 年中国青少年研究中心编写的"中国少年儿童发展蓝皮书(2013—2014)"——《新媒介与新儿童:新媒体与少年儿童社会化研究报告》中对新媒体的概念界定:"新媒体是指建立在数字技术、互联网技术和移动通信技术等新兴科技基础上,可以进行互动性传播的新兴社交媒体。"[3]

新媒体(主要包括电影、广播、电视、手机和网络等)作为一种大众媒体,它是影响青少年道德价值观的绝对力量[4],给社会道德带来的影响已经被很多人所关注。克里斯·罗文指出,从家族到学校,再到社会的全方位媒体融合环境已经使儿童过分地"被"技术虚拟化,破坏了童年的自然状态。新媒体一方面极大地改变了德育环境,这表现为家庭社会化功能弱化;父辈权威遭遇挑战;社会化过度与不足共生;社

---

[1] 匡文波:《"新媒体"概念辨析》,《国际新闻界》2008 年第 6 期。
[2] 匡文波:《关于新媒体核心概念的厘清》,《新闻爱好者》2012 年第 10 期。
[3] 孙宏艳主编:《新媒介与新儿童:新媒体与儿童社会化研究报告》,中国青年出版社 2014 年版,第 5 页。
[4] 张将星:《大众媒体对青少年道德价值观影响调查分析》,《教育研究》2011 年第 4 期。

会化方向控制难度增加。同时，引发了道德教育的三重困境：新媒体形成的文化反哺使道德传递中断甚至发生逆传递的传递性困境；新媒体的商业化运作使传播出现导向性困境；其娱乐性消费使道德陷入标准性困境①。另一方面，新媒体的媒介融合正塑造着社会转型，并深刻地影响着包括儿童群体在内的道德选择；新媒体减弱了成人对儿童生活的"道德控制"，成了"道德多元化"和"道德分化"的重要推手。新媒体一方面使个体从传统社会那种总揽一切、无所不在的强制性道德中摆脱出来，为培养个体独立的人格提供了极为重要的条件；另一方面使"道德共识"变得极为困难②。因而可以说，新媒体在充分展现文化多样性的同时，也直接挑战了传统道德的统一性和权威性，这使得建基于自觉自信的道德共识遇到诸多新情况。

三 研究设计

（一）观照视角

伦理学是一门以人类道德生活为基本对象的科学③。关于这门科学的具体研究领域，有学者将其分为元伦理学、美德伦理学和规范伦理学④，这也是目前伦理学学科中较为普遍的范式划分。从这一分法来看，美德伦理学与规范伦理学是两个不同的研究领域或分支。美德伦理学常被视为与道义论、功利论并列的西方三大伦理学传统之一⑤，在西方，后两者又常被视为规范伦理学的两大主要流派。由此看来，在西方伦理学中，美德伦理学和规范伦理学有着不同的研究问题，属于不同的伦理理论范式。

---

① 任建东、邓丽敏：《新媒体接受中道德教育的三大困境》，《伦理学研究》2011年第5期。
② 贺来：《"道德共识"与现代社会的命运》，《哲学研究》2001年第5期。
③ 万俊人：《现代西方伦理学史》，中国人民大学出版社2010年版，第1页。
④ 王海明：《伦理学是什么》，《伦理学研究》2002年第1期。
⑤ 朱贻庭主编：《伦理学大辞典》，上海辞书出版社2002年版，第619—620页。

绪 论

按照当代伦理学家普遍接受的看法，美德伦理学无法为人们的道德行为提供指导，而规范伦理学是可以为人们在道德行为上应遵循何种规范和价值提供指导的。然而，近年来，有些西方哲学家开始系统关注美德伦理学，为美德伦理学做辩护，并将"能够给我们提供行动规范、指导我们行动的美德伦理学"[①] 称作"规范美德伦理学"，其中尤以赫斯特豪斯[②]为代表。这一新的学说让我们看到美德伦理学并不只是关注某种"美德"内涵本身，在具体的"美德"背后还有表现这一美德的道德行为。关于美德伦理学和规范伦理学的论争至今未有定论，在本书中，我们无意对二者的关系作出明确的说明，而是借由这种论争，我们认为，美德伦理学是以关注具体的道德品质为重心的，至少从美德伦理学的发展史来看，传统的美德伦理学是如此的，但是美德伦理学并非不关注道德规范和道德原则，而是关注道德规范和道德原则的前提性问题，即我们在制定具体的道德规范和道德原则时，应该清楚在具体的文化语境下的道德概念是什么。这是因为在不同的历史和文化语境下，人们对某一道德概念的理解是不同的。因此，我们认同万俊人关于伦理学学科中有关"元伦理学""美德伦理学"和"规范伦理学"三种基本伦理学理论范式的判断，这种划分仅仅是一种出于学术便利的大致的类型学分辨而已，仍需要许多学术解释和学理论证[③]。

回到道德期待的问题上，我们应关注人们需要何种能被称为"善"的道德品质，同时也需要在新媒体和中国本土的历史和文化语境下讨论这一问题。因此，在伦理学中，有关道德期待的共识问题探讨，既涉及具体的道德品质，也应涉及规范这种道德品质的规则。本书试图建构新媒体时代儿童道德期待的框架，通过多元视角寻求其中共同的道德期待，这一立场决定了我们首先需要在美德伦理学的范畴下进行研究，关

[①] 陈真：《当代西方规范美德伦理学研究近况》，《国外社会科学》2006年第4期。

[②] [新西兰] 罗莎琳德·赫斯特豪斯：《规范美德伦理学》，邵显侠译，《求是学刊》2004年第2期。

[③] 万俊人：《关于美德伦理学研究的几个理论问题》，《道德与文明》2008年第3期。

注什么样的品质是善的、是儿童所共享和认可的，并为如何才能获得这种道德品质进行现实的路径探索。有学者将关于具体德目（道德品质）的研究归为德性论①，这种说法也不无道理。从目前许多学者对道德的研究来看，他们主要聚焦在道德品质上，而道德品质就是德性。道德品质有善、恶之分（或积极、消极之分），而如何评判一种道德品质是善的还是恶的，显然不是依据个人的喜恶，而是依据社会的基本道德原则来进行评判的。林崇德认为，道德品质是道德认识、道德情感和道德行为的统一体。② 我们对儿童道德期待的研究也需要从这些方面加以综合考量。因此，我们通过关注古今中外不同时期共享的道德品质，聚焦不同时期的共同道德期待，建构出新媒体时代儿童道德期待框架。在这一道德期待框架的基础上，通过行动研究，从道德规范和原则的角度上加以考虑，为学校的道德教育提供参考，在理想和现实之间搭建桥梁，平衡二者。儿童道德期待所要关注的道德品质便是介于"底线伦理"和"终极关怀"之间的理想道德要求。

（二）构建理路及研究框架

儿童道德期待是儿童所应具备的道德品质的融合，是一个国家和民族未来道德文明和精神的直接体现。而本书关注的道德期待问题，即是在美德伦理学视角下去观照的，且是一种"能够给我们提供行动规范、指导我们行动的规范美德伦理学"③，即不只是关注某种"美德"内涵本身，还关注在具体的"美德"背后表现这一美德的道德行为，这与本书把"道德"理解为个体需遵循的行为规范和个体应具备的品德修养的统一亦是一致的。因此，本书建构的儿童道德期待框架是以儿童所应具备的"善"的道德品质为重心的，是道德认识、道德情感和道德行为的统一体④。

---

① 江畅：《德性论》，人民出版社2011年版，第7—10页。
② 林崇德：《品德发展心理学》，上海教育出版社1989年版，第21页。
③ 陈真：《当代西方规范美德伦理学研究近况》，《国外社会科学》2006年第4期。
④ 林崇德：《品德发展心理学》，上海教育出版社1989年版，第21页。

绪 论

不同于以往从"成人本位或成人文化本位"切入，本书秉持着儿童本位观，主要基于儿童的视角来探讨"道德期待"问题，立足于把儿童看作他们自己文化的主体，与他们共同探讨现实的和他们所认同的"道德追求"，这是儿童道德期待重建的关键。因此，本书建构的儿童道德期待，是放置在"儿童的社会脉络"和"儿童同侪文化"的情境下进行思考的，运用多种研究方法，探寻理论视域、国家层面、成人、儿童自身等不同主体对于儿童道德品质的期待及体认，是一种期待的道德与必备的道德的融合；在建构的方式上，主要基于哈贝马斯的商谈伦理，通过成人与儿童对不同的立场与观点进行协调与实践，经由慎重的道德考量，建构的是一种能动的共识；在具体的道德期待框架与内容上，立足于新媒体和中国本土的历史和文化语境来讨论，是以中国传统的道德智慧和社会主义核心价值观为蓝本，结合儿童的心理特点，将这些价值观在新媒体背景下进行细化、调适与修正，从而构建具有操作性的、中国化的儿童道德期待基本框架（见图0-1），并将其融入中国儿童价值教育之中。

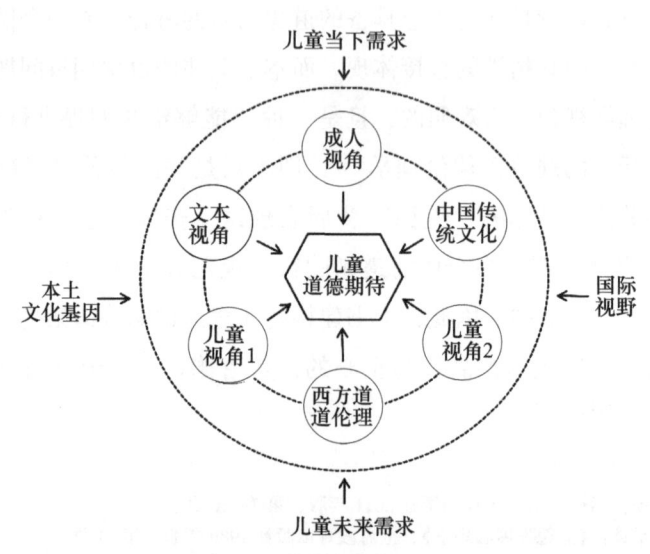

图 0-1 新媒体时代儿童道德期待基本框架构建理路

具体而言，运用文献法对西方伦理和中华优秀传统文化中的道德期待进行了学术史梳理，以期把握理论视域中共识性的道德期待；运用文本分析法，对我国从古至今的典型儿童德育课程文本进行逐级编码、深入剖析，把握国家层面对儿童的道德期待；运用访谈法，探寻成人眼中的儿童应具备的道德品质；运用画图法和问卷调查法，把握儿童眼中"好人""有道德的人"的特质。在"自上而下"和"自下而上"的双重路径中寻找儿童道德期待的共识，具体研究框架如表0-1所示：

表0-1　　　　　　　　　　研究框架

研究视角	研究核心内容	研究方法及资料收集方式
西方道德伦理	西方伦理思想中的道德期待	学术史梳理：西方道德伦理中的道德期待嬗变
中国优秀传统文化	中国优秀传统文化中的道德期待	学术史梳理：中华优秀传统文化中的道德期待嬗变
文本视角	课程文本中的儿童道德期待	文本分析法：古代、近现代和当代的典型德育课程文本中的儿童道德期待嬗变
成人视角	家长关于儿童的道德期待	访谈法：访谈了35位教师家长，探寻家长期待儿童需具备哪些道德品质
儿童视角	"童话"中的"好人观"	画图分析法：选择1—6年级共100名儿童进行图画创作，探究小学生对于"好人"的认知
	儿童眼中的道德期待	问卷调查法：抽取561名3—9年级学生完成开放问卷"在你眼中，有道德的人是怎样的？"以及在全国范围内抽取了3360名3—9年级学生调查儿童眼中十分重要的五项道德品质并排序

本书观照多元视角下对于儿童应具备的道德品质的描述与解释，从中探寻那些共享的道德品质或品格，以期探寻出共识性的儿童道德期待。因此，本书在分析资料时采取类属分析（categorization），即在研究资料中寻找多次出现的现象以及解释这些现象的重要概念，并将具有相

绪 论

同属性的资料归于同一类别，且以一定概念加以命名。① 本书资料分析运用的是"扎根理论"，遵循的是"自下而上"的逻辑，对经验性的一手资料进行分析和编码，得到一个解释性的框架，从而生成理论。在具体的资料分析过程中，尽量悬置大脑中已有"前见"或"理论"，扎根于一手资料，寻找本土概念，界定有关"道德品质"的"意义单位"信息并将其概念化，进而再对所有的"有意义"概念进行分类，并分出主次类属，最后在原有类属中选择能够囊括所有类属的核心类属。

在整个研究过程中，界定出"意义单位"进行编码是收集数据和生成解释这些数据的理论的关键环节②，其中包括三个级别的编码：(1) 一级编码——开放式登录；(2) 二级编码——关联式登录，轴心登录；(3) 三级编码——核心式登录，又称选择性登录。③ 通过三级编码实现从数据描述到理论生成的过渡，并通过多次研究资料的收集与分析，最终实现理论饱和。

四　主要成果内容

（一）新媒体与道德困境

新媒体为人们的生活带来了更多的可能性和多样性，同时也直接挑战了传统道德的统一性和权威性，催生了多元化的道德价值观，模糊了道德标准，消解了道德规范，使得人们的道德期待失去了主导性方向，道德教育处于"失序"之中。

（二）新媒体与儿童道德期待

新媒体构成了儿童生活的重要媒介，按照媒介环境学派的观点来看，其新的性质、新的传播内容以及新的传播主体对作为"网络原住

---

① 陈向明：《质的研究方法与社会科学研究》，教育科学出版社2000年版，第289—290页。
② [英] 凯西·卡麦兹：《建构扎根理论：质性研究实践指南》，边国英译，重庆大学出版社2009年版，第59页。
③ 陈向明：《质的研究方法与社会科学研究》，教育科学出版社2000年版，第332页。

民"的儿童的道德期待形成有着重要的影响。

就其自身性质来说,新媒体传播具有内容的直观性、时间的即时性、空间的广延性、权利的平等性、人机互动等特征。这些特征为儿童提供了复杂、多元的道德感知环境,提供了道德实践的新途径,但容易导致儿童道德情感体验的麻木,挑战了传统的道德教育权威;而且,新媒体的人机互动交往消解了道德约束力。

在传播内容上,新媒体整合了传统媒介的传播内容,也产生了微博、直播、网络游戏等新内容。这些传播内容有其积极健康的一面,但存在追求人气经济与消磨时间的娱乐取向。

在传播主体上,新媒体赋予了每个人信息传播的权利,使个人也可以成为信息的制造者和传播者。自媒体的兴起拓宽了大众的意见表达渠道,有利于社会与政治的民主化。但鱼龙混杂的信息扰乱了社会稳定,传播主体的多元化也消解了主流媒体的中心权威。

总之,新媒体对儿童道德期待形成的影响是好坏参半的。面对这些影响,我们首先需要加强对儿童的媒介素养教育,引导儿童树立对待新媒体的理性态度。其次,学校德育应积极面对新媒体的道德挑战,主动将新媒体环境作为德育资源。最后,加强对新媒体塑造的新内容的监管与分级。

(三) 儿童道德期待的理论探究

为了探寻道德期待的理论基础,我们主要基于中西方两个视角进行观照。一方面从中国传统文化中寻根,这里主要关注儒家伦理和历代蒙学教材,试图从中找到合理的依据来作为我们道德期待框架构建的理论基础;另一方面从西方道德理论的视角寻找依据,试图为我们的道德期待框架构建提供理论和实践上的支持。

儒家传统伦理思想中的道德期待内容主要有孝亲爱国、忠恕宽容、谦和礼让三部分内容,本书遵循我国传统道德的内容与特点,结合当下社会的一些问题进行梳理,先秦时期儒家传统伦理思想所阐发的关于人

● 绪 论

性论、仁爱论、群己观、义利观等基本问题在三部分内容中均有所体现。其中,"孝亲爱国"体现了个人以"善"与"仁爱"为实践起点的道德实践,进而由个人到"推己及人",尊养父母、为他人考虑,由自我的修养递进为关爱他人,上升到爱社会、爱国家、爱自然、爱万物。以"仁"为核心的仁爱观、善恶人性论、群己问题在这里得到了体现。"忠恕宽容"以"忠恕"和"宽容"作为自我修养与正确处理同他人关系的准则,即互不损害。对于如何促进事物之间和谐关系的形成则要做到谅解、宽容、关心。儒家传统伦理思想中的义利观在这里有所体现。"谦和礼让"则主要以人的道德行为规范"礼"作为出发点,阐述了儒家传统伦理思想中关于如何对个体、社会进行道德行为的规范以形成该时代的道德伦理体系,其中诚信、群己、仪礼的交往道德观在这里得到了体现。总体而言,对儒家传统道德伦理思想中的道德期待的梳理是以"仁爱"为核心与出发点的,是以忠恕宽容和谦和礼让为主要道德准则与行为规范的,追寻个人道德价值实现的过程,体现出了我国先秦时期的道德期待以及实现个人道德修养的探索之路。

基于对中国历代蒙养教材的解读发现,古代对儿童的道德期待观照了儿童与四个领域的关系,聚焦到九个维度的素养上,并主要从道德行为这个向度进行规约和标定儿童道德的内在结构。在中国古代,一个理想的"道德儿童"应当能处理好与自我、家庭、国家和社会四个领域的关系,能形成谨言慎行、诚实守信、勤奋好学等九个维度的素养,并能从道德行为这个方面达成相应的道德指标,以实现儿童与这四个领域的和谐统整。据此,我们可以构建一个古代社会"道德儿童"期待的基本结构,与"修身、齐家、治国、平天下"的思路基本一致。

现代西方伦理思想从时间范围上可视为19世纪中下叶以后。这一时期产生了许多新的伦理思想,错综复杂,主要存在以下基本特征:一是非理性主义,强调人的本体存在,把伦理学视为一种非理性的情感产物;二是形式主义,现代科学主义的思想家把对科学的崇尚推向极致,强调采用科学方法对道德的语言、句法和语词等进行分析；三是个人本位主义，强调立足个体生命的存在和价值，寻求个人的精神需求；四是道德相对主义与非历史主义，这是西方资产阶级伦理学发展的共同趋势，强调道德的自我创造，自我选择以及工具性，漠视道德的历史连续性和程序性。

基于上述基本特征，我们发现不同的历史时期人们所关注的重要道德品质是不同的，我们很难在现代西方伦理思想中寻找到某种共同的道德期待，"道德共识"的困境也正是在这种多元的道德理解中变得突出。但是如果将西方伦理思想的发展看成一个整体，立足于当下的历史和文化语境，我们也会发现，有许多重要的德目经过历史的沉淀，作为长久依赖人们道德经验的概括，一直为伦理思想家所关注，无论在理论上还是实践中都处于一个重要的地位。因此，我们需要进一步探寻西方伦理思想中一些重要的德目内涵。

那么在西方伦理思想中有哪些重要的德目呢？江畅在《德性论》一书中梳理了西方思想家长期关注的18个重要德目，按照其出现的历史顺序排列如下：智慧（明慎）、勇敢（刚毅）、节制、公正、友爱（关爱或关怀）、信仰、希望、爱（仁爱）、仁慈（慈善）、宽容、同情（同感或公感）、博爱、知识（科技）、市场、自由、平等、民主、法治。这18个德目，既有个人领域的，也有社会领域的，还有的德目如正义，既属于个人领域也属于公共领域。通过梳理以上不同时期的西方伦理思想，参考江畅的研究，我们可以归纳出西方伦理思想中的12个重要德目，并对其内涵进行一一解读，为建构中国本土化的儿童道德期待框架提供参考。这12个重要德目分别是智慧（明慎）、勇敢（刚毅）、节制、公正、友爱（友谊）、信仰、希望、爱（仁爱）、同情（同感）、自由、平等、民主。

从以上西方伦理思想家所关注的重要德目中我们发现，在中西方不同的文化语境下，所关注的重要德目是有区别的，对同一个德目内涵的

绪 论

理解也存在差异。但求同存异是我们的目的，理解西方伦理思想中的道德期待，旨在为本土化的儿童道德期待框架的建构奠定基础。新媒体把世界不同的国家和地区紧紧联系在一起，新媒体背景下儿童道德期待框架的建构需要建立在与西方伦理思想对话的基础上。

（四）多主体视角下的儿童道德期待研究

同时，我们探究了国家课程、成人和儿童群体等不同主体关于儿童道德期待的共识。研究发现，国家层面从自我、家庭、学校、国家、社会、自然和文化七个领域，期待儿童能形成身心健康、孝亲敬长、尊师爱友、国家认同、国际理解、社会责任、生态意识、人文底蕴八个维度的道德素养；家长群体主要从儿童与社会、与他人、与自我、与自然以及与国家五个维度观照儿童的道德成长，期待儿童具备社会规则意识、承担社会责任、遵守社会风俗习惯、会做人、会做事、具有良好品性、身心健康、保护自然环境、爱护动物、具有国家认同和国际理解11项道德特质；儿童自身主要从其自我、自然和社会这三个维度进行观照，认为好人需具备帮助他人、尊老、严于律己、体谅他人、爱护环境、善良、爱幼、正能量、注重亲情、自保意识、诚实等23种道德品质。

（五）新媒体时代儿童道德期待的观照

以互联网为基础的新媒体时代在带来文化多样性的同时，也直接挑战了传统道德的统一性和权威性，在一定程度上造成了价值多元与道德失范，强烈冲击着社会共识性的道德期待，而社会的存在和运作在很大意义上取决于公民共识性的道德期待。儿童正处于道德品质及其行为习惯养成的关键时期。复杂的新媒体传播环境给儿童道德教育带来了极大的挑战。儿童接触新媒体的情况如何？新媒体背景下儿童道德共识的现状如何？使用新媒体对儿童道德期待产生了什么样的影响？诸如此类的问题仍有待考究。

以往的研究成果显示儿童具有道德主动性及道德判断能力，基于这一假设编制一份从儿童视角出发，反映儿童道德共识的"新媒体背景下

绪 论

儿童道德共识现状调查问卷"。该问卷包括儿童道德共识和儿童使用新媒体情况两部分。前者测量儿童关于道德的共同信念，基于文献梳理、开放式访谈、专家论证及预测试等多轮修订确定了儿童道德共识包括道德认知、道德行为和道德情感三个维度，且其信效度均佳（Cornbach's α = 0.902）。后者考察儿童使用新媒体的情况，基于使用与满足理论，在"印尼儿童使用新媒体情况问卷"的基础上进行修改，以电视、手机、电脑为载体，主要测量儿童对新媒体的接触情况、使用动机和使用态度等项目。"新媒体背景下儿童道德共识现状调查问卷"在江西、安徽、广东、江苏、吉林和台湾六个地区范围内的3—9年级施测。调查采用分层抽样的方法，在每个目标地区的城区和农村按照优质学校和普通学校的标准分别抽取中学和小学共8所学校。从所选学校3—9年级的每个年级中随机抽取20名学生（10男10女），共3360名被试进行问卷调查，其中，3277份数据为有效数据。

调查结果表明：（1）在使用新媒体方面，大部分儿童乐于使用新媒体，主要满足其休闲娱乐的需求，并且新媒体已经影响到儿童的知识储备、言谈举止以及是非判断等方面，儿童对新媒体的依赖已初露端倪。此外，父母较少陪同儿童使用新媒体，大多数父母只限制其使用时间。（2）在新媒体背景下儿童道德共识现状方面，儿童认为重要的道德品质依次是孝亲敬长、诚实守信、文明礼貌、尊重他人以及乐于助人。儿童道德共识整体水平较高，在一些人口统计变量上存在差异。例如，女生的道德共识水平得分均高于男生；小学生的道德共识水平得分高于中学生的道德期待共识水平，等等。（3）在儿童使用新媒体与其道德共识水平之间的相关性方面，儿童接触新媒体程度不一，其道德共识水平之间存在差异。例如从来不使用新媒体的儿童和使用少于1小时的儿童的道德共识水平相对较高；儿童对新媒体的依赖程度越低，其道德共识水平越高；父母陪同下使用新媒体的儿童的道德共识水平较高；儿童自身对新媒体的认知越准确，其道德共识水平得分越高。

绪 论

（六）新媒体时代道德期待的框架与实现

1. 新媒体时代儿童道德期待的框架与内容

通过对不同视域中道德和道德共识的内涵梳理我们可以发现，寻求共同的德目，对于共识性的儿童道德期待建构是必要的和有益的，有学者将关于具体德目（道德品质）的研究归为德性论[①]。本书建构的儿童道德期待框架是以儿童所应具备的"善"的道德品质为中心和抓手的，因此，在多元视角对话的基础上，基于扎根理论，经过三级编码，我们得到了新媒体时代儿童道德期待所应包含的16个具体德目，这些德目内在地包含着道德认知、道德情感和道德行为三个向度；就层次而言，可以分为底线型德目和超越型德目；从领域而言，可以分为关于个体的德目和关于社会的德目（见图0-2）。

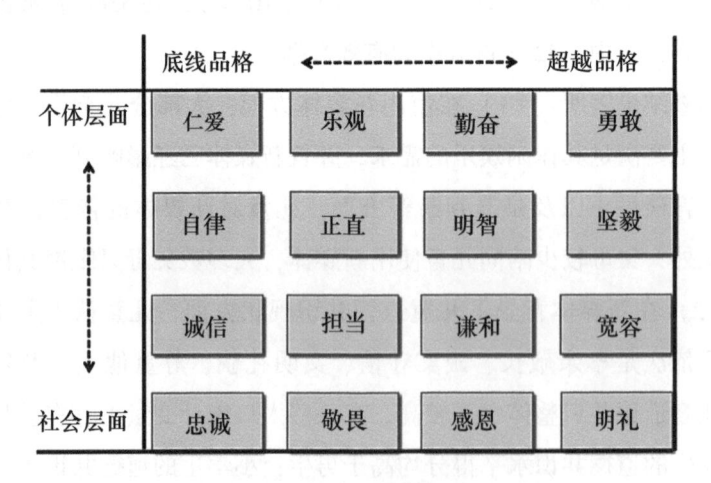

	底线品格 ←------→ 超越品格			
个体层面	仁爱	乐观	勤奋	勇敢
	自律	正直	明智	坚毅
	诚信	担当	谦和	宽容
社会层面	忠诚	敬畏	感恩	明礼

图0-2 新媒体时代儿童道德期待的框架

2. 新媒体时代儿童道德期待的实现

社会是道德教育的母体，学校是道德教育的中心，家庭是儿童道德发展不可或缺的部分，儿童既是道德教育的对象，也是道德教育的主要

---

① 江畅：《德性论》，人民出版社2011年版，第7—10页。

参与者，道德教育的根本目的及其实施路径决定了社会、学校、家庭与儿童等是影响儿童道德期待建构的基本要素。基于德育实践的视角，结合"社群主义"和"理想交往共同体"的思路，本书建构了"社会—学校—家庭—儿童"四位一体的儿童价值教育机制，以助推新媒体时代儿童道德期待的实现。

具体而言，就是将学校视为儿童道德期待的培育系统，课程是道德期待的重要载体，教师是儿童道德发展的协助者，营造有核心价值观的学校文化，发挥文化的熏染与约束效力，滋养儿童道德成长，使儿童道德发展突破认知层面，实现知情意行的多重发展；将家庭视为儿童道德期待形成的支持系统，培植儿童道德成长的家庭沃土，为儿童道德发展提供榜样、环境等支持，建构家校合作的德育路径，形成道德教育的合力；将儿童作为道德期待建构的参与者，儿童是"道德人"的存在，儿童文化是其道德取向的深层根源，重视儿童文化的价值，关注儿童文化的动态，汲取其中表征儿童精神面貌的健康要素，并通过道德教育使儿童主动克服其中的消极因素。因而，本书在实践层面主要做了以下两大尝试：一是基于"儿童道德期待"的共识，并以此为核心研制了一套以新媒体为载体、儿童健康发展为旨归的新德育双语绘本课程体系和培育儿童有力量的品格的家庭教育读本；二是基于新媒体构建家庭联盟，以动态的共同体学习为理念、以丰富化的德育学习活动为载体、以共同体文化的构建与传播为抓手、注重个体—社区携手的教育行动开展，促进儿童道德学习，实现儿童的道德期待。

五　反思与展望

本书置于新媒体的情境下，秉持儿童作为道德主体和文化主体的立场，采用混合研究方法，结合中外相关理论，从国家、家长、儿童等不同主体的视角，融合人类共享的道德追求，以中国传统的道德智慧和社会主义核心价值观为蓝本，构建了具可操作性的、中国化的儿童道德期

绪 论

待共识框架。此外，结合儿童的心理特点，我们通过合作行动研究，共同进行基于道德期待的"双语德育绘本"和"培育儿童有力量的品格（家长读本）"的研制和实施，尝试结合新媒体探索共识性道德期待构建的实践样态，并将其成功地融入中国儿童的价值教育实践之中。这是本书的主要研究脉络和核心成果。

本书当然还有许多需要进一步拓展和加深的地方。一是对儿童道德期待框架的解读有待进一步细化，特别是其中相关德目的内涵须进一步明晰，需要有更深入、更多元的方法去揭示和理解；二是对于"新媒体"与道德期待之间的关系研究需要有更加深入的实证调查，真切地理解新媒体对于儿童道德期待的形成和实现所产生的影响；三是儿童道德期待的框架需要在教育实践中进一步修正和完善。

儿童道德期待是一个民族道德水平的标志，是实现国家道德理想的关键。有积极的共识性道德期待在，就有了民族共同体的"黏合剂"，也就有了社会道德底线的"守护神"。共识性道德期待作为一种"共同信仰"，是社会现实发展的重要方向和根本动力。中国儿童到底需要什么样的道德？如何承接国家"立德树人"的理想，用道德期待补充和丰富社会主义核心价值观的教育？什么样的课程与教学可以更好地引领儿童认同这些道德期待？家长又如何形成关于儿童的道德期待的理解和认同？如何让这些道德期待化入生命？等等，这些问题是儿童道德领域的根本问题，需要我们一直关注。

第一部分

新媒体与儿童道德期待

第一章

新媒体时代：儿童道德期待的新情境

人类的一切技术都可以称之为媒介，而我们就生活于媒介构筑的丛林之中。丛林的自然资源、地形地貌以及我们与丛林互动而成的法则构成了我们的生活方式。新媒体就是媒介丛林中占据主导位置的一种传播方式。作为一种大众媒体，它是影响青少年道德价值观的绝对力量[1]，给社会道德带来的影响已经被很多人所关注。已有的研究表明，"网络新生代"的少年儿童对新媒体的适应性、依赖性较强[2]，新媒体对少年儿童的道德及价值观念发挥了极大的影响[3]，尤其是它的传播方向、运作模式、传播内容造成了道德的传递性、导向性和标准性困境[4]。新媒体对儿童道德的影响是多角度的，新媒体所传播的内容、传播媒介的主体以及新媒体自身的性质都会影响受众对世界的认识与判断。因此，对新媒体背景下儿童的道德环境分析，也应该从这三个方面入手。但我们更倾向于把新媒体看作一个环境，试图在分析中突出其"新"，即分析新媒体的新性质、新内容、新的传播主体。

---

[1] 张将星：《大众媒体对青少年道德价值观影响调查分析》，《教育研究》2011年第4期。
[2] 林频、倪琳：《少年儿童新媒体使用情况解析》，《当代青年研究》2012年第7期。
[3] 陈洪波：《广西青少年媒介素养与道德状况调查及启示》，《新闻界》2013年第23期。
[4] 任建东、邓丽敏：《新媒体接受中道德教育的三大困境》，《伦理学研究》2011年第5期。

第一节 新媒体之"新":性质、主体与内容

一 新媒体的性质与特点

新媒体的严谨表述是"数字化互动式新媒体",是指借助计算机(或具有计算机本质特征的数字设备)传播信息的载体,其最根本的特征是数字化与互动性。[1] 这些特性正是麦克卢汉所说的传播媒介引进的新"尺度"。这种"尺度"就是媒介的偏向,它为我们营造了一种具有积极作用机制的环境,影响人们对事物的认识、对知识的界定,从而带来了人的心理和社会的变化。

(一)新媒体导致了信息的"内爆"

"内爆"是麦克卢汉用来描述电子媒介所塑造的"地球村"内部知识状态的总体特征,它是一种知识的内部增长。在新媒体时代,得益于其所具有的"即时性、开放性、个性化、信息的海量性、低成本全球传播、检索便捷、融合性"[2] 等特征,这种"内爆"尤为明显,同时也赋予了信息的新特征(见表1-1)。

表1-1 新媒体的特征对信息性质的影响

新媒体的特征	表现形式	信息性质
数字化	传播速度快	即时性
互动性	传者与受者间的互动	个性化
低成本的全球传播、检索便捷	人人可以借助网络进行传播	海量性、碎片化
融合性	多种符号形式、多种传播途径	直观性
开放性	不需要特殊培训即可使用	平等性

---

[1] 匡文波:《关于新媒体核心概念的厘清》,《新闻爱好者》2012年第10期。
[2] 匡文波:《关于新媒体核心概念的厘清》,《新闻爱好者》2012年第10期。

信息的"内爆"是传播速度提高、传播主体增多的后果。新媒体以"数字化"形式进行传播，从而极大地缩短了信息的发送与接收之间的时差，提高了信息传播的速度。同时，由于新媒体的"融合性"为所有人提供了使用新媒体的可能，与传统的媒介尤其是印刷媒介相比，它不再单纯地以文字为媒介符号，而是融合声音、图像、文字等多种符号形式，这就为具备初级读写水平的人提供了使用的便利。因此，它呈现了面向大众的"开放性"，尤其是儿童也能够接触并使用，使得人人都能够通过新媒体传播信息。

"内爆"的信息还具有个性化、碎片化、直观性、平等性等特征。互动性作为新媒体的本质特征之一，它改变了信息接收者的被动地位，从而赋予他们"传者"的主动权，即能够按照其意愿、需求、喜好进行信息的传播与接受。从个体的角度来说，信息的传播具有了个性化。信息的海量性、低成本的全球传播、检索的便捷性等特征延伸了使用者的感知范围，使其能够获取丰富的信息资源，但这些信息由于缺乏有效的统整，也带来了信息的碎片化。融合性使儿童能够在同一时间利用多方面感官去接受信息，比如阅读文字、听音乐、看图片、看视频等。多种媒介形式的融合增强了信息的直观性。

新媒体时代的信息"内爆"以及其他特征赋予了儿童使用新媒体的机会，给儿童带来了大量的事关道德判断的信息与事实，拓展了儿童的道德视野与经验。

（二）新媒体的偏向性分析

媒介的偏向是媒介在传播中所具有的某一方面的特征，它是由媒介本身的物质特性和符号形式决定的。我们根据尼斯特洛姆的媒介理论，从媒介对信息编码的符号形式、编码与传输的物质形式、符号获取的可能性、人们亲临现场的条件差异等方面分析新媒体的偏向性。

新媒体给信息编码的符号形式主要是图片、文字和声音，这些符号除了让人通过视觉、听觉去感知信息外，还不断地将触觉融入其中。尤其是新媒体对图像直观的偏爱,图片和声音的使用增强了信息的形象性和直观性。这种直观的符号不需要专门的阅读技能训练即可掌握,因此,无论是儿童还是成人都能获取符号所传递的信息。这种同样的符号获取权利使新媒体具有传播权利上的平等性。

表1-2　　　　　　　　　新媒体的偏向性分析

类别	表现形式	新媒体的偏向性
信息编码的符号形式	图片、文字、声音	内容的直观性
信息编码、传播的物质形式	计算机、手机	时间的即时性 空间的广延性
符号获取的可能性	使用者皆可获取	权利的平等性
是否亲临现场	不需要	人机互动

新媒体通过网络进行数字化传播,大大提高了信息传输的即时性,伴随着智能手机的功能逐渐强大,其本身的便携性让人们可以随时随地接受信息,拓展了信息传播的空间场所。因此,新媒体传播具有时空的偏向,即时间上的即时性和空间上的广延性。

新媒体建构的虚拟平台为人们提供了新的交往场景,这种场景让人们在不在场的情况下也能获得信息或者完成某些事情。印刷媒介固然也能起到这样的作用,但新媒体所具有的跨越时空的特性让这种虚拟交往成为日常生活中不可或缺的组成部分,比如网络聊天、购物、交易等成为常态。

二　多元主体传播的特点与影响

新媒体赋予了每个人信息传播的权利,使个人也可以成为信息的制造和传播者。在这种情况下,借助于微信、微博以及其他社交APP,自媒体平台日益兴起。所谓自媒体(we media),是指传播者通过互联网这一信息技术平台，以点对点或点对面的形式，将自主采集或把关过滤的内容传递给他人的个性化传播渠道，又称个人媒体或私媒体。① 在信息的传播上，自媒体信息依赖于传者的媒介素养与个人喜好，因此它传播的信息具有强烈的个性化。同时，由于具有多个传播节点，信息传播的速度也较快，信息的表现也呈现出多样化特性。每一个自媒体平台都具有一定的受众人数，这些受众大多是由于共同的偏好而选择使用某一媒体平台，因此，在信息的传播上又具有一定的圈层性。

自媒体的兴起对于个人及群体意见的表达具有重要作用，优秀的自媒体平台也的确能够满足大众健康的信息需求。但自媒体的"各抒己见"对政府管控的权威媒体的话语权、传播媒体的管控模式以及信息安全问题，构成了前所未有的挑战。② 因此，从媒介主体这一角度来看，自媒体既是对主体的解放，在这种解放中也冲击了主流媒体的权威。

（一）拓宽大众的意见表达渠道，有利于社会与政治的民主化

个人意见能够表达与否是社会民主的体现之一，自媒体使人人可以自由表达，也使参与社会管理成为可能。这种表达是对主体话语权的解放，使原本"沉默"的大众有机会对公共事务发表意见。那些具有重要价值的意见与消息甚至成为许多传统媒体的信息来源。

（二）鱼龙混杂的信息会扰乱社会稳定

从另一个角度来说，自媒体也是话语权，但自媒体话语是个人话语、网群话语协同汇合，甚至演进为公众话语的过程。③ 在这个过程中，自媒体的传播特点赋予了话语巨大的社会力量。掌握自媒体话语权的意见领袖发表的观点往往能够在他们自己的平台上引发重大反响，并通过网络转发形成巨大的舆论压力。尤其是在面临社会重大事件时，由

---

① 申金霞：《自媒体的信息传播特点探析》，《今传媒》2012年第9期。
② 宋全成：《论自媒体的特征、挑战及其综合管制问题》，《南京社会科学》2015年第3期。
③ 刘娜：《自媒体意识形态安全问题及对策》，《马克思主义研究》2016年第7期。

于主流媒体的"发声"程序复杂，往往显得较为滞后，此时自媒体意见领袖的观点往往会引导舆论导向。尤其是在面对不明真相的非理性群众以及不怀好意的网民时，被扭曲的虚假信息往往会压制事情的真实面目。但事件的平息都需要通过主流媒体澄清，这也体现出媒介主体的权威对话语权的掌控。

（三）多主体传播，消解主流媒体的中心权威

主流媒体多为政府管理，其信息的采集与发布必须经过严格的审核，这一系统化的制度使公众形成了对权威媒体信息的依赖，但也不排除媒体的控制权力对消息的过滤所产生的消极影响。而自媒体传播的多主体性，则使得信息具有多元立场，催生了多元文化形态，逐渐削弱主流媒体的权威与价值垄断。

三 新媒体的新内容与取向

新媒体的融合性，一方面体现为它把传统媒介的传播内容整合进它自身中；另一方面体现为它所产生的新内容，比如微博、直播、网络游戏等。这些内容让新媒体更具吸引力，以至于成为人们爱不释手的"玩具"。新媒体所传播的内容当然具有积极健康的价值取向。但娱乐至死的精神追求，使大众更青睐于那些片面以娱乐为目的的节目。同时，流量至上的新媒体传播，使点击率成为很多媒体人追求的目标，而传播内容则是媒体赚取点击率的主要手段。总体而言，这些内容片面地追求人气经济、消磨大众时间。

（一）人气至上的经济取向

一定数量的稳定受众是媒体存活的主要依据，而维持并不断增加受众人数在很大程度上则依赖于传播的内容。网络直播、微博、微信等新媒体平台为了追求所谓的"人气"，不惜一切代价以庸俗的内容博取观众眼球，甚至故意制造具有道德争议的话题。为了所谓的"新闻性"，拟定具有歧义的或夸张的标题，配上夺人眼球的图片，而实际内容却文

不对题，完全不顾及内容的写作要求与社会效果，只求点击率。

（二）消磨时间的娱乐取向

新媒体不断地取代报纸、书籍而成为大众茶余饭后的休闲工具。但其制作成本却远远低于传统的媒体，而且缺乏严格的审核制度。这就导致很多媒体肆意传播毫无"营养"的内容，恶搞、花边新闻等内容充斥网络。这些内容仅仅以消磨时间为主，不仅缺乏实际的价值，而且成了大众的精神麻醉剂。

受众的性别、受教育程度、宗教信仰、年龄等因素影响其对新媒体传播内容的态度。正处于世界观、人生观、价值观形成时期的青少年儿童，整天面对新媒体所建构的拟态世界，势必会对真实世界的认识有所偏差。因此，加强新媒体内容的管制与审查显得尤为重要。

第二节 新媒体对道德环境的建构：媒介环境学的视角

麦克卢汉的"媒介即讯息"表明了"任何媒介（即人的任何延伸）对个人和社会的任何影响，都是由于新的尺度产生的；我们的任何一种延伸（或任何一种新的技术），都要在我们的事务中引进一种新的尺度。"[1] 但这种新的尺度却并不为人们所注意，只有站在宏观的历史角度才能看出其不容小觑的影响力。媒介环境学就是通过历史的分析，向我们道出了传播媒介自身的性质。

一 媒介环境学的基本分析框架

媒介环境学派是继传播学的批判学派、经验学派之后兴起的第三学

---

[1] ［加］马歇尔·麦克卢汉：《理解媒介——论人的延伸》（增订评注本），何道宽译，译林出版社 2011 年版，第 18 页。

派，它把媒介当作环境来研究。在《纽约大学年报（1976）》里，波兹曼对其进行了这样的界定："媒介环境学研究人的交往、人交往的讯息及讯息系统。具体地说，媒介环境学研究传播媒介如何影响人的感知、感情、认知和价值。它试图说明我们对媒介的预设，试图发现各种媒介迫使我们扮演的角色，并解释媒介如何给我们所见所为的东西提供结构。"① 它所持有的"泛媒介""泛技术""泛文化"观点，认为"一切技术都是媒介、环境和文化"②，即各种媒介构成了我们的生存环境（感知环境、符号环境）。这一学派的使命在于阐释麦克卢汉的"媒介即讯息"这一观点，也因此形成了它自己独特的理论假设，其核心思想可作如下概括。

（一）媒介并非中性的

该学派的奠基人之一艾吕尔认为，技术具有某种"外在独立性"，这种性质是人无法控制和干涉的③。而且这种性质影响着人们对信息的感知，因为媒介固有的物质结构和符号形式对信息起着界定作用，媒介性质影响着信息的编码、传输、解码和存储。这就奠定了该学派的重要理论主张：界定信息性质的是媒介的结构。④

（二）每一种传播媒介都有它自己的偏向

作为第一个命题的延伸，该学派进一步提出"媒介偏向论"。伊尼斯在其作品《传播的偏向》中率先提出了媒介的时空偏向，通过对每一种具体媒介形态的分析，其后的继承者分别提出了他们自己的媒介偏向论。尼斯特洛姆将媒介的偏向概括为：不同的媒介具有不同的思想和

---

① 转引自［美］林文刚编《媒介环境学：思想沿革与多维视野》，何道宽译，北京大学出版社2007年版，第23页。
② 何道宽：《媒介环境学：从边缘到庙堂》，《新闻传播与研究》2015年第3期。
③ 参见商娜红、刘婷《北美媒介环境学派：范式、理论及反思》，《新闻大学》2013年第1期。
④ ［美］林文刚编：《媒介环境学：思想沿革与多维视野》，何道宽译，北京大学出版社2007年版，第30页。

情感偏向，时间、空间和感知偏向，政治偏向，社会偏向，形而上的偏向以及认识论的偏向。① 媒介的偏向主要是由于媒介的物质形式和符号形式决定的。比如，黏土和石头上的文字更具持久性，易于保存，因此就具有时间偏向。由于媒介的偏向性，一种媒介经过长期使用后，可能会在一定程度上决定它传播的知识的特征，甚至一种媒介的长处将导致一种新文明的产生。②

（三）媒介技术会促成各种心理或感觉的、社会的、经济的、政治的、文化的后果，这往往与媒介技术固有的偏向有关

该学派最终关注的是传播技术如何影响文化的问题。媒介环境学派的这一主张既非"软决定论"（媒介对事件的影响是其他因素的结果，比如人的主观能动性），也非"硬决定论"（媒介/技术是社会变革的首要因素），而是一种"文化/技术共生论"，它认为"人类文化是人与技术或媒介不间断的、互相依存的因而互相影响的互动关系"。③

基于媒介环境学的上述分析框架，新媒体自身的偏向性便一目了然（详见第一章第一节"新媒体的性质与特点"）。

二 新媒体环境对儿童道德发展的影响

新媒体对儿童道德的潜在影响一方面表现为给儿童创造了一个"内爆"的信息环境；另一方面则是由于新媒体自身的偏向给儿童的道德认知、情感、行为等方面带来的变化。同时，媒介将信息转化为知识体系，并生成一种文化机制，引导着文化的发展路向。④ 这也就意味着，道德环境与儿童自身的道德体认都经历着转变。

---

① 参见［美］林文刚编《媒介环境学：思想沿革与多维视野》，何道宽译，北京大学出版社2007年版，第31页。
② ［加］哈罗德·伊尼斯：《传播的偏向》，何道宽译，中国人民大学出版社2003年版，第28页。
③ ［美］林文刚编：《媒介环境学：思想沿革与多维视野》，何道宽译，北京大学出版社2007年版，第32页。
④ 曹智频：《媒介偏向与文化变迁：从伊尼斯到麦克卢汉》，《学术研究》2010年第8期。

第一部分　新媒体与儿童道德期待

（一）新媒体为儿童提供了复杂、多元的道德感知环境

新媒体环境有助于儿童对道德内容的理解与感知，但也引发了人们对儿童成长的担忧。我们首先要承认，关涉道德判断的海量信息轰炸与图片的直观冲击丰富了儿童的道德视野。传统的儿童成长环境主要局限在家庭、学校和社区中，家庭和学校的环境是经过成人选择的、有准备的环境。然而，新媒体的传播打破了这种物理场景的限制，把海量信息即时地传递给儿童，为儿童提供了全球化的视野，他们的道德感知范围已经远远超出了现实的生活圈子，在道德内容上已经超出了成人为儿童准备的话题，比如儿童可以通过网络接触到屠杀、性、暴力、毒品等各种内容。同时，新媒体传播赋予信息表达的直观性使得原本的道德教条变得更具形象性，增强了儿童对道德内容的感知。

然而，直观图像却不利于儿童的道德理性发展。在主知主义道德教育理论看来，道德理性在儿童的道德发展中至关重要，他们对道德的理解、推理、判断、选择等均与其自身的道德认知水平有关。因此，儿童的道德发展必须以儿童思维的发展为前提。然而，新媒体形象直观的信息表现方式使人们形成了"浅阅读""读图""遍览"的阅读习惯[1]。这些缺乏逻辑组织的内容素材，以碎片的方式出现在受众面前，使得阅读不再需要理性过多地介入。同时，图像直观使人们"缺少了对文字的凝视，也就缺少了对文字遗憾的思考和开掘的深度与力量"[2]。于是，人们理性思维与深入思考的习惯、知识的系统性相较于印刷媒介时代都弱化了。正如波兹曼所说的"阅读文字意味着要跟随一条思路，这需要读者具有相当强的分类、推理和判断能力"，然而，在电子媒介时代"我们已经完全接受了电视对于真理、知识和现实的定义，无聊的东西

---

[1] 全国国民阅读调查课题组：《传统与数字融合中的国民阅读走势分析——基于"第九次全国国民阅读调查"数据解读》，《出版参考》2012 年第 5 期。

[2] 雷启立：《新媒体的传播偏向与大众文化》，《编辑学刊》2009 年第 6 期。

在我们眼里充满了意义，语无伦次变得合情合理"①。新媒体时代对于信息的直观表征方式及其本身缺乏逻辑的节目编排，无须我们花更多的时间驻足思考便能理解。只是这种"理解"更多的是道德情感上的感性冲击，而缺乏深入的道德理性思考。

（二）新媒体提供了道德实践的新途径，但容易导致儿童道德情感体验的麻木

儿童借助新媒体以平等的姿态参与到网络虚拟社会中去，获得了充分表达意见的机会。对于网上看到的感兴趣的事情或者观点，他们可以转发（23.1%）、留言/跟帖/评论（28.1%）、发起话题（3.1%）、潜水/旁观（33.3%）、投票（8.9%），旁观也同样影响着儿童的思想。② 相比于现实生活中因多重因素而被限制的参与可能性，这种平等的参与解放了青少年的个性自由和主体意识，为他们主观能动地进行道德感知、推理、判断、实践和反思提供了多元"拟实"的场景与资源，给青少年个性道德成长与理性秩序观的形成以浸润式潜移默化的影响③。

新媒体传播的速度之快、空间之广将人们重新带回了口语文化时代。然而，这种依赖数字化平台的口语交流带来了人类思维中介系统与交往中介系统的变革，进而交流的内容也是不重要的，剩下的、切实的只有空洞的交往形式④。在数字化交往中人被虚拟化了，交流的内容无须真实。人与人之间不是传统上那种直接的利益关系和情感联系，而是信息关系。⑤ 新媒体极富玩具特色的魅力，吸引着儿童对其爱不释手，从而使儿童对现实生活缺少过问。因此，儿童更容易被新媒体的特性所

---

① [美]尼尔·波兹曼：《娱乐至死》，章艳译，中信出版社2015年版，第62、97—98页。
② 林频、倪琳：《少年儿童新媒体使用情况解析》，《当代青年研究》2012年第7期。
③ 徐振祥：《论新媒体传播对青少年个性道德与理性秩序观成长的影响》，《学术论坛》2012年第4期。
④ 魏小巍：《数字化生存平台的哲学基础浅议》，《科学技术与辩证法》2005年第2期。
⑤ 高德胜：《学校德育如何适应网络时代的挑战》，《中国信息技术教育》2005年第10期。

迷惑，信息本身所表达的情感意义则被忽略了。另外，新媒体因其时间优越性能够以最快的速度向人们传递信息，而长时间、反复地对某一类事件的接触也容易造成对该事件情感上的麻木。

（三）新媒体挑战了传统的道德教育权威

纸质媒介对阅读技能的较高要求在一定程度上限制了儿童的使用，从而造成了成人对信息传播的主导权力，使他们成为知识与信息的主要来源。然而，新媒体的传播可以绕过成人的把关，把原本属于成人的信息以同样的方式提供给儿童，成人不再占有信息优势，导致成人知识权威地位的消解。同时，儿童也可以利用新媒体自由选择信息、发布信息以及与他人交流，实现了"传受"平等。这些都淡化了儿童对于成人的权威意识，他们不再把成人当作唯一的信息来源，也未必就是占有信息资源较少的群体。因此，原本的由成人向儿童传输道德的方向遭受了冲击。

此外，新媒体传播还对传统道德价值观和道德权威性提出挑战。学校作为儿童道德教育的主要场所，以其有目的、有计划、有系统的特点发挥着对儿童的影响，引导儿童求真向善。然而，新媒体的海量信息与个性化传播向儿童呈现的社会环境挑战了学校德育所传递的价值观。有调查显示：29.8%的少年儿童认为"那些官二代、富二代命真好"；25.8%的少年儿童表示"很羡慕那些一夜成名的人"；39.6%的少年儿童赞同"做好事经常得不到好报"；有54.6%的少年儿童认为"诚信的人容易受到欺骗"；有八成以上（80.5%）的少年儿童认为"社会存在很多不公平"现象。[①] 在一定程度上，新媒体传播也挑战了道德的权威性。新媒体所赋予的信息传受的平等性使儿童能够获取与成人同样的信息，这种赋权消解了成人对儿童道德教育的权威性，使成人的道德说教与儿童的网络见闻形成反差，造成"道德传递中断甚至发生逆传递的传

---

① 孙宏艳：《新媒体对青少年社会化的影响及应对策略》，《中国青年研究》2014年第2期。

递性困境"①。

（四）新媒体的人机互动交往消解了道德约束力

新媒体允许人们在不在场的情况下进行互动，这种互动打破了原本的场景限制，使人们突破了原有的地域限制而融为一体。但这种场景是虚拟的，即便是对现实世界的模拟，也让原有的人际互动的约束原则失去了效力。"媒介依赖症"成为社会的通病，新媒介技术对私人世界的入侵，对现实环境的异化，对真实空间的侵蚀作用也越来越明显。② 依托各种社交平台所形成的"晒"文化，导致原本属于私密的内容被公之于众，甚至出现了很多有违道德的低俗现象。新媒体的传播允许我们在不在场的情形下进行沟通，这种沟通的匿名性让聊天在后台区域完成，而新媒体带来的这种社会场所的重组，就影响了个体和群体的行为。调查显示，有37.4%的青少年认为"偶尔在网上说说粗话没什么大不了的"，有24.9%的人认为"在网上做什么都可以毫无顾忌"，新媒体传播的符号互动，缺少"他人在场"的压力，"快乐原则"支配着个人的欲望，日常生活中被压抑的人性中恶的一面会在这种无约束或低约束的状况下得到宣泄。③ 面对这些不道德的行为，传统的道德并不能有效地发挥作用。在以新媒体为介质的互动中，作为衡量道德的关键因素，道德行为也受到一定程度的削弱。电子媒介可让我们目睹世界各地的苦难和罪行，但这种目睹是间接的，它导致了"信息—行动比"飞速下降，让我们缺乏道德意识和道德行动能力，从而造就了一批道德旁观者。④

---

① 任建东、邓丽敏：《新媒体接受中道德教育的三大困境》，《伦理学研究》2011年第5期。

② 刘丹凌、赵娟娟：《对媒介化社会的批判与反思——基于媒介环境学的视角》，《学术论坛》2014年第4期。

③ 蒋原伦、陈华芳：《我聊故我在——IM，人际传播的革命》，广西师范大学出版社2006年版，第135页。

④ 高德胜：《电子媒介与"旁观者"的生产——论道德教育在电子媒介时代的选择》，《华东师范大学学报》（教育科学版）2007年第4期。

第三节　新媒体时代儿童道德教育的应对

媒介环境学派认为，一切技术都是媒介，通过媒介史分析我们得知，每种媒介都有不同的特性，各种媒介构成了我们的生存环境，而且媒介的特性对社会环境有潜在的影响，我们最终追求的是人和媒介环境之间的平衡。用这种观点来审视儿童的道德环境，有助于我们改变对于新媒体的麻木态度，找准儿童道德问题的原因，但该观点对于传播内容的忽视也提醒我们要将传播的形式与内容结合起来分析儿童的道德环境。

一　重视新媒体的偏向性对儿童道德发展的影响，通过信息技术课程提升儿童的媒介素养

麦克卢汉将无视媒介性质的人称为"技术白痴"，他们迷恋于媒介传播的内容，但在迷恋中却深受媒介性质的影响。经验学派对传播内容和媒介短期效果的研究，并不能让我们认清新媒体潜在的长期的影响力。而借助于媒介环境学派的理论则有助于我们"更深层次的对受众认知结构和社会特质的建构"[1]。新媒体界定了我们所感知的信息性质，也给我们提供了认知的工具，这在一定程度上影响我们对道德的感知、体验与践行。因此，要想避免新媒体对儿童道德发展的消极影响，我们可以先从了解新媒体开始，加强儿童的媒介素养教育，使儿童了解新媒体的神秘性，从而理性对待新媒体。学校的信息技术课程是实施儿童媒介素养教育的有效载体，除了培养儿童使用新媒体的技能之外，还应加强儿童对新媒体的认识，具体包括：（1）引导儿童认识新媒体与传统媒体的区别与联系，尤其是了解新媒体对人的潜在影响，学会正确对待

---

[1] 刘建明：《媒介环境学理论范式：局限与突破》，《武汉大学学报》（人文科学版）2009年第3期。

新媒体;(2)提高儿童对新媒体传播内容的判断能力,能够自主识别有用的信息,主动抵制不良信息;(3)树立传播者的责任与道德意识,能够文明地进行网络交流;(4)主动地利用新媒体的传播优势,帮助他们自己的学习与生活。

二 学校德育应积极面对新媒体的道德挑战,主动将新媒体环境作为德育资源

新媒体传播内容的直观性、时空偏向性、使用权利的平等性以及它的人机互动交往模式改变了人们的传播观念,给传统的学校德育带来了很大困扰,甚至引发了公众的"道德恐慌"。实际上,就像纸媒、电视一样,一种新生媒介的出现总会引起社会的诸多变革。作为青少年儿童教育的主要场所,学校应勇敢地接受这一挑战。学校的应对并不意味着消极地抵制、拒绝儿童使用新媒体,而是将新媒体所营造的虚拟环境作为儿童道德教育的一种资源。这种德育课程的总目标应着眼于培养儿童的道德理性思维,提高儿童的道德判断能力,培养儿童正确的道德价值观。具体如下:(1)在课程目标上,着眼于提高学生对网络事件的道德判断力,培养学生抵制不良信息的意识与能力,正确处理个人与权威的关系;(2)在课程内容选择上,将影响广泛的网络事件、与学生生活息息相关的网络新闻作为德育内容,并按照主题进行组织,引导学生加以判断;(3)在课程实施上,积极利用新媒体传播的优势,促进儿童对道德知识的理解,引导儿童积极参与社会实践以及利用网络平台参与道德实践,比如参与网络救助、救济等。学校还可以创建专门的道德教育网站、专栏或公众号,定期向学生推送健康文章。

三 加强对新媒体塑造的新内容的监管与分级

媒介环境学派对媒介性质的关注固然能让我们意识到新媒体性质对儿童道德的影响,但我们应该意识到新媒体对儿童的吸引力,一方面来自媒介本身的特性；另一方面则来自新媒体传播的内容。这些内容本身也是新媒体所特有的，即"媒介形式决定媒介内容"①。所以，我们在考察新媒体对儿童道德发展的影响时，不能分割其形式与内容。内容与形式的关联或许能够帮助我们清楚明白地洞察新媒体对儿童道德发展的作用机制。虽然新媒体在很大程度上是在将现实生活转译为网络世界，但由于新媒体的特性，这种转译出现了新的变化。比如，网络新闻虽然是报纸新闻形式的复制，但却因此产生了大量的垃圾信息，而且能够借助分众传播的特点，无论受众愿意与否，都会接收到这种信息。另外，新媒体也塑造了一些它自己特有的内容形式。比如，网络即时聊天、网络游戏、网络直播、任意拼接的视频与图片等。这些内容备受当代儿童的青睐，但其中不乏色情、暴力、诈骗、辱骂等低俗内容。长期接触这些内容势必会影响儿童的道德发展。针对这些内容的传播，除了提高儿童自身的道德素养之外，还应加强网络监管，实行网络内容分级，学校、家庭与软件开发商应当共同承担网络内容过滤者的角色，为儿童净化网络空间。

---

① 商娜红、刘婷：《北美媒介环境学派：范式、理论及反思》，《新闻大学》2013年第1期。

第二章

新媒体与儿童道德期待的形成

新媒体时代人们的"道德恐慌",实际上是对多元文化冲突的束手无策。作为一种传播媒介,新媒体不仅为各种文化形态提供了生长与传播的空间,其自身的媒介特性也通过对信息的编码以及对人的认知的影响,塑造了新的文明形态,从而表现出与当前社会的冲突。新媒体与生活的紧密联系增加了人们对网络的依赖程度,但人们的网络生活又明显地带有类别特征,表现为以"群"的组织游走于网络。网络社群各自的价值信仰推动了现实中道德价值的多元化。此外,媒体社交的主体缺场也降低了传统道德的约束力。因此,我们迫切需要建立一种新媒体时代的道德共识来约束个体行为,协调不同群体,维护社会秩序。共识性道德期待是社会的"黏合剂",对维护社会秩序起着至关重要的作用,儿童道德期待直接决定着国家和民族的未来精神。因此,讨论新媒体情境下儿童道德期待形成的影响因素并建构其形成机制,有助于我们认清儿童道德教育的新变化,从而更好地培育道德儿童。

第一节 道德期待建构:20 世纪西方的经验

针对 20 世纪的社会巨变,西方道德教育理论作出了积极的应对,由此形成了道德相对主义与普遍主义两大阵营以及试图协调二者的中间路线。我们分别选择涂尔干的道德教育、道德认知模式、新品格教育以及关怀道德教育进行分析，这些理论对新媒体时代的儿童道德教育依然具有借鉴作用。

一 涂尔干：突出道德期待的权威性

道德的文化相对主义代表人物涂尔干认为，并不存在一个普遍永恒的道德准则能够适用于全部的社会文化形态，只是在一定的社会范围内存在着社会成员所共同认可的道德准则。所以19世纪法国社会的种种混乱就在于道德规范的缺失。涂尔干的努力即在于批判先验的、永恒的宗教道德，尝试建立一种理性的世俗道德，以此填补社会转型时期的"道德真空"。但他并没有打算列出所有的道德要素，而是提出要"发现作为所有道德生活之基础的基本道德力"[①]，即纪律精神、对社会群体的依恋、自主或自决。所谓纪律就是人所要遵从的规范，包括道德的常规性和道德权威两个方面。其中道德权威以强制性的力量对人的行为起到规范和约束的作用。"对社会群体的依恋"鲜明地显示个人与社会的关系。社会外在于个人，个人则依赖于社会。因为道德是社会集体的产物，所以社会集体代表道德权威。而个人的价值只能通过社会得到实现，个人与社会应该形成一致。自主性即是对道德行动的理由有所了解，是在理性的指引下对道德规范自愿与自觉地接受。

在这三个要素的教育中，必须把社会与道德的权威性置于首要位置。个人只能依赖社会而存在，道德教育的目的就是使年轻一代社会化。道德教育要依据儿童的心理特点进行，寻找教育目标与儿童之间的距离。但涂尔干所主张的是一种消极被动的教育心理学，他认为儿童心理的不稳定性和易受暗示性等特点是教育的依据。因此，应通过惩罚、积极重复与不断训练来培养儿童道德。道德教育首先可以通过

[①] [法] 爱弥尔·涂尔干:《道德教育》，陈光金等译，上海人民出版社2006年版，第19页。

教学来实施。道德有智力上的根源,科学教学能够培养儿童的理性思考能力以及理解人类社会的能力,从而形成道德行为上的自主性。其次,与社会秩序相一致的学校集体能够唤起儿童的团结精神和群体感,培养他们对社会的依赖。

二 道德认知模式:以个体道德思维的发展替代道德期待

科尔伯格的道德认知模式认为,儿童的道德发展阶段和社会道德原则不受社会文化的影响而具有普遍性。道德原则是选择和作出道德判断的基本依据,是一种普遍的道德思维方式。其固然存在着具体道德内容的差异,但这些差异的背后是不同的道德发展水平差异。每个民族在解决道德问题时所使用的推理方式是相同的。所以,面对多元文化背景,道德教育就不能限于具体道德内容的传授,而应着重于促进道德推理水平的发展。因此,道德认知模式以培养道德思维能力为最终目的,而这种道德思维能力并不是靠灌输道德规则来实现的。就个人道德判断力发展而言,由两难故事情境诱发道德认知的失衡进而引起讨论是一种不错的方法;但对于道德在实际生活中的应用来说,则要通过"公正团体法"才能实现。在公正团体中,儿童同伴群体的道德建构也需要成人的干预以消除儿童群体中的消极因素;成人充当儿童道德的咨询员,起到督促的作用,而不是权威的灌输;由儿童和成人组成的指导小组和纪律监督小组以民主的方式提醒群体成员对规则的遵守。公正团体"最显著、最根本的特征是要形成群体意识",以团结一致思想作为共同价值观。[①]

道德认知模式把道德推理能力的发展作为道德教育的核心。这主要是由于人类的道德发展都遵循着同样的道德决策和判断方式。所以只要通过促进道德判断能力发展到更高的水平,就能够实现不同的群体共处。道德原则是一种自律性的道德义务,不是外界强加的。儿童的道德

---

① 袁桂林:《当代西方道德教育理论》,福建教育出版社 1995 年版,第 71 页。

发展也不是被动地灌输，而是在认知水平上的主动接受。学校教育需要为儿童提供民主平等的道德氛围。在促进儿童道德判断能力发展的方法上，早期的道德认知模式以标准的两难故事情境来测量儿童道德判断水平，但科尔伯格后期的"公正团体法"证明了实际生活中的道德事件更能推进儿童道德判断水平的发展。

三　新品格教育：学校德育需要传授道德期待

同样，针对美国社会的道德恐慌，20世纪90年代的新品格教育则主张只有建立一种普遍的道德共识，才能够促进社会的整合。因此，全社会要形成共同的道德规范并将其传递给儿童。这些被历史证明正确的价值观包括全人类应普遍遵从的，也包括面向部分群体的。虽然在多元文化背景下，每个州、每个学区、不同的教育组织都提出了它们自己的具体道德规范，但总体来说这些内容也存在着共同性，比如公平、责任、尊重、诚实、宽容等。

总体来说，新品格教育旨在通过传授普遍的道德内容，并建构以学校为核心的道德社群来凝聚社会共识。所以，它把课程作为品格教育的主要途径。品格教育课程包括课堂教学和课外活动，在课堂教学方面不仅专门设置了直接传递品格内容的"品格教育课程"，而且通过其他学科教学渗透核心价值观教育。此外，学校还组织多种课外活动为学生提供践行品格的机会。与此同时，注重塑造有核心价值观念的学校文化。将核心价值观念以学校文化的形式体现在学校的建筑环境与精神环境中。在道德社群的建设中，努力形成核心价值观教育的合力。不仅学校内部成员要有统一的认识与行为，还要达成学校与家庭、社区的合作，使学校的教育价值观得到家长和社会的认可与支持。在教育过程中，既强调教师的道德权威角色[1]，也发挥学生的自我管理与教育作用。在道德内容的传授上必须强调教师的权威，但教师也要创造民主课堂环境，

---

[1] 范树成：《美国核心价值观教育探析》，《外国教育研究》2008年第7期。

让学生成为决策的参与者。①

四 关怀教育：在人际互动中达成道德期待

关怀伦理以女性主义视角，立足于人际关系这一核心，试图解决道德普遍主义与相对主义的二元对立。在关怀伦理看来，普遍的道德原则是外在的要求，而个人相对主义的自主选择又过于突出个体的特殊性。人与人、家庭、集体、社会、国家之间是相互依存的平等关系。只有在关系的参与中，人的道德才能逐渐趋向成熟。多元文化形态彼此之间也不应相互独立，而应通过相互探究了解彼此，最终相互理解与欣赏，实现多元文化的共存。

具体到学校教育方面，关怀伦理把关怀教育作为学校道德教育的核心。关怀与被关怀是人的基本需要。人内在地具有对他人的义务感，这是一种自然的倾向；当这种自然倾向遭到抵制后，则需要伦理作出努力。② 因此，道德教育就是要培养这种"伦理关怀"。培养道德的人需要使用道德的教育行为，这就要求师生之间是关怀关系，学校教育首先应满足学生关怀的需要，培养学生关怀的素养，整个课程体系以关怀为核心进行组织。与道德认知模式相比，关怀伦理更突出道德情感的作用，它认为道德的动机是情感而非外在道德原则的要求。具体的情境对道德反应特别重要，所以要营造能促进道德生活的环境。

由此看来，关怀教育首先强调道德情感的作用。道德情感是关怀产生的动机，教育的任务就是培养人的道德情操。其次在道德教育方法上，关怀教育主张以身作则、对话、实践和认可③，以及人际关系的作

---

① Lickona, T., "The Return of Character Education", *Educational Leadership*, Journal of Department of Supervision & Curriculum Development N. e. a, Vol. 51, No. 3, 1993, pp. 6–11.
② 何艺、檀传宝：《诺丁斯的关怀伦理学与关怀教育思想》，《伦理学研究》2004 年第 1 期。
③ 侯晶晶、朱小蔓：《诺丁斯以关怀为核心的道德教育理论及其启示》，《教育研究》2004 年第 3 期。

用。这些做法表明了教师的榜样作用,师生之间的平等、尊重以及道德教育的实践特性。最后,重视道德环境的创设。富有道德的氛围才能培养道德之人,学校环境应该促进学生道德成长,所以教育行为也要具有道德性。

第二节 儿童道德期待形成的影响因素

道德教育的根本目的及其实施路径决定了社会、学校、家庭与儿童等是影响儿童道德期待建构的基本要素。纵观上述20世纪西方道德教育理论,发现它们总体上形成了较为一致的看法,但对家庭与儿童的德育角色定位存在明显差异。

一 社会:道德教育的母体

道德及其教育总是与社会各因素难解难分。道德内容的建构必定是从现有的社会条件出发,以求维护社会稳定。而学校的道德教育又需要社会环境的协调一致。无论是涂尔干建立世俗道德的努力,还是多元文化时期美国纷繁复杂的道德教育理论,都是对当时社会转型问题的一种回应。

涂尔干认为,道德不是先验论的,而是一种自然主义的,道德需要关注社会多元化和快速变革的问题[1]。所以道德应具有文化适应性。一个社会的道德理想是从集体生活中自发产生的。当两种社会秩序处于过渡时期时,新的道德秩序尚未形成,社会就会陷入混乱之中。因此,涂尔干提出要重建世俗的理性道德,并使学校成为"民族特质的出色维护者"。而且学校道德教育也需要有民主的社会和政治环境作为保障。20

---

[1] Boote, D. N., "Durkheim's Naturalistic Moral Education: Pluralism, Social Change, and Autonomy", *Philosophy of Education*, No.1, 2009, pp.319-327.

世纪的道德教育理论普遍接受了相对主义。① 以价值澄清学派为代表的个人相对主义突出个人的经验差异,故而拒绝承认有普遍的价值标准。它重视的是价值选择的过程,至于所选择价值之内容,是完全个人的、自主的。② 它给予个体过多的价值判断自由权利,最终成为道德价值选择上的诡辩论,非但没有解决多元价值冲突问题,反而加剧了社会的混乱。针对20世纪后半叶美国社会的急剧变化,尤其是价值澄清学派加剧了社会价值冲突。道德认知模式和新品格教育接过重任,继续探索行之有效的道德教育方式。第二次世界大战后科学技术的发展使美国人自信本国制度在文化融合方面的优越性,忽视了多元文化的潜在冲突。但实际上,多元文化导致的宗教、民族、阶级、性别等问题一直困扰着美国。科尔伯格认为,道德理性的发展能够使不同文化在普遍的道德原则下共存。正如他所指出的那样,道德教育不仅仅是为了个体道德的发展,更是为了促进社会道德的发展。③ 新品格教育期待以核心价值消解美国社会的危机,事实也证明了这种做法的正确性。利考纳指出,面对家庭破裂、礼仪恶化、年轻人过早的性行为以及美国被指责为最为暴力的工业化国家等社会危机,学校不能袖手旁观,应该将品格教育重新纳入学校中。④ 关怀道德教育也同样面临着社会与家庭生活的巨大变化。诺丁斯的关怀道德教育是直接针对自私、冷漠、暴力等道德问题和教育机构中关怀缺失的现实提出的,意在弥补经济效益至上的美国社会的种种问题。⑤

---

① 戚万学:《冲突与整合——20世纪西方道德教育理论》,山东教育出版社1995年版,第39页。
② 余维武:《多元文化时代西方道德教育理论评析》,《思想·理论·教育》2006年第4期。
③ Kohlberg, L., "Moral Education for a Society in Moral Transition", *Educational Leadership*, Vol. 30, 1975, pp. 46-54.
④ Lickona, T., "The Return of Character Education", *Educational Leadership*, Journal of Department of Supervision & Curriculum Development N. e. a, Vol. 51, No. 3, 1993, pp. 6-11.
⑤ 侯晶晶:《关怀德育论》,人民教育出版社2005年版,第58页。

二 学校：道德教育的中心

学校作为儿童道德教育的主要阵地是众多道德教育理论的共识。学校的道德教育需要课程与文化环境的协同作用，教师作为其中的重要角色不仅担负着道德规范的传授责任，其本身还应成为有道德的人。

（一）课堂教学是儿童道德教育的主要途径，学校文化熏染儿童道德习性

涂尔干的道德教育强调学科教学的作用，他把历史和科学作为纪律精神教育的主要途径，但指出审美教育只对儿童道德教育起到次要作用。同时，他也重视学校群体对儿童道德的影响。这种集体主义道德教育理论的逻辑结论就是集体生活的纪律对道德品质具有直接的促进作用。[①] 就科尔伯格道德教育思想的总体状况而言，他一方面重视学科课程的道德教育作用，认为道德教育不应以学科的形式出现，而应统整于历史、社会和英文等正式课程中，因为任何学科除了能够提供事实外，也能提供价值的论题。[②] 另一方面，他也主张建立民主的学校道德氛围，发挥隐性课程的道德影响。保持隐性课程与正式课程的价值一致，学生便可以向同伴和教师学习更多的道德价值。[③] 许多新品格教育组织都以它们自己认定的品格内容为基础编制了正式的道德课程并进行系统实施。比如，品格教育研究所编制的从幼儿园到九年级的"品格教育课程"，通过语言、文学、科学、社会学习等课程和课堂教学向学生灌输普遍的道德价值。[④] 对于学校文化的道德教育作用，新品格教育组织也

[①] 廖小平、张长明：《论涂尔干道德教育论及其主要特色》，《北京师范大学学报》（社会科学版）2007年第4期。

[②] ［美］理查德·H. 赫什等：《道德发展与教学》，单文经、汪履维译，五南图书出版有限公司1986年版，序言第6页。

[③] Power, C. & Kohlberg, L., "Using a Hidden Curriculum for Moral Education", *Education Digest*, Vol. 52, No. 9, 1987, pp. 10–13.

[④] 郑富兴：《现代性视角下的美国新品格教育》，人民出版社2006年版，第161页。

提出了它们自己的看法。它们重视课堂文化、班级文化、管理文化、物质环境、典礼仪式的德育价值，认为学校环境不仅向学生传授普遍的道德价值，也给学生提供了实践道德的机会。关怀教育所倡导的有道德的教育行为即是文化育人的一种隐喻。道德教育渗透于教育过程的各个方面，师生之间的情感关怀、教师的教学态度、学生的性别差异以及教育管理与评价等无不需要体现尊重多元化的关怀思想。另外，关怀的教育还可以联系诸如历史、地理、文学以及科学等课程来进行，这些课程应有助于关心教育，但不能取代关心教育。[①]

（二）教师要成为有道德的教育者

涂尔干把教师作为道德权威的中介。道德权威本身高于教师和学生，所有师生都应该尊重权威。教师的权威作用来自于教师对其自身角色的尊重或者对其自己职责的尊重[②]，而非其本身角色的权威。在道德认知模式中，教师主要体现为指导与促进的作用。教师的指导作用体现为向儿童呈现高于其道德水平的判断形式并指导儿童讨论。作为儿童道德发展的促进者，教师需要了解儿童的思维水平和道德水平，知道向学生传授哪些道德价值；作为儿童道德社会化的促进者，教师需要教授具体的道德内容和行为。新品格教育主张教师作为道德规范的忠实传播者，发挥榜样与示范作用。教师对儿童道德具有潜移默化的影响，他们的言行示范对学生的道德成长起着标杆作用。教师的示范是一种行为的承诺，而不是摆架子式的权威主义。[③] 同样，关怀伦理也突出了教师的榜样示范，但更加强调的是建立在师生情感关怀基础上的道德示范的影响。

---

① [美]内尔·诺丁斯：《学会关心：教育的另一种模式》，于天龙译，教育科学出版社 2003 年版，第 66 页。

② [法]爱弥尔·涂尔干：《道德教育》，陈光金等译，上海人民出版社 2006 年版，第 115 页。

③ Williams, M. M., "Actions Speak Louder than Words: What Students Think", *Educational Leadership*, Vol. 51, No. 3, 1993, pp. 22–23.

三 家庭：无足轻重的还是不可或缺的德育场所

涂尔干似乎不太重视家庭的道德教育作用。除了强调家庭对儿童道德生活做好初步准备之外，他还把小学阶段作为儿童道德形成的关键时期。一方面是因为当儿童还完全生活于家庭中时，他们年龄尚小，"依然缺乏为能够强化我们道德的各种相对复杂的观念与感情所必需的智力基础"①。另一方面是由家庭本身的性质所决定的。与学校环境相比，家庭规模较小、关系亲密，因而一般难以受普遍的、非个人的、永久不变的规范的影响，而且家庭自由自在的气氛会抵触严格的社会规定。②

家庭是儿童道德发展不可或缺的部分。

新品格教育的重要途径在于构建学校道德社群，把家长和家庭也纳入品格教育过程中。因此，他们致力于促进家庭与学校的整合，发挥道德教育的连续性；强调家庭环境对儿童道德成长的重要作用并尝试重建家庭传统文化。比如新品格教育中的儿童发展项目指出，只要给予一个适宜的家庭环境，儿童就会愿意去关注他人和自己。③ 诺丁斯认为，与身边亲近人的关系即是道德生活的开端。④ 而亲近的人包括爱人、孩子、邻居与朋友等家庭成员及其关系网络。这些成员之间的相互关心与回应是儿童关怀道德的开始，也是儿童道德教育的最终目的。也就是说，家庭生活对于关怀道德的形成起着奠基性的作用。

四 儿童：自主的道德学习者还是被动的教化对象

儿童既是道德教育的对象，也是道德教育的主要参与者。不同的德

---

① [法] 爱弥尔·涂尔干：《道德教育》，陈光金等译，上海人民出版社 2006 年版，第 17 页。
② [法] 爱弥尔·涂尔干：《道德教育》，陈光金等译，上海人民出版社 2006 年版，第 110 页。
③ 郑富兴：《现代性视角下的美国新品格教育》，人民出版社 2006 年版，第 163 页。
④ [美] 内尔·诺丁斯：《学会关心：教育的另一种模式》，于天龙译，教育科学出版社 2003 年版，第 70 页。

育模式持有不同的儿童观，使得儿童在道德教育中的角色具有一定的差异。同样，每种道德教育模式所依据的理论基础也会促使其寻找儿童道德发展的不同开端。

受制于儿童心理学的研究发现，不同时期的德育理论对儿童的德育角色认知也不相同。涂尔干依据儿童的心理是易受暗示的与不稳定的这一观点，把儿童置于道德教育中被动的一面。儿童是有待道德社会化的个体，在道德面前儿童只能遵守与服从。虽然科尔伯格和诺丁斯分别把道德教育的开端放在认知与情感上，但他们都突出了儿童道德发展的自主性。科尔伯格吸收了皮亚杰的思想，他认为道德教育同理智的教育一样，都是建立在儿童认知发展的基础之上的。所以，道德不应该是从外面灌输给儿童的，而应是通过儿童自己的思维判断之后的主动接受。科尔伯格所重视的"公正团体法"也表明，儿童道德教育是在活动中与同伴的相互作用而建构。诺丁斯把关怀分为自然关怀与伦理关怀，自然关怀具有生理的基础与根源。[①] 移情便是这样的一种生理机制，它使我们能够感知与理解他人的情绪。因此关怀的发出与回应就不是被动的行为，而是双方在理解之上的主动接受。

第三节 新媒体时代儿童道德期待的形成机制

儿童道德期待的形成需要多种因素协调作用。新媒体对一种社会文明的建构，内在地影响了社会文化的偏向、学校与家庭教育的作用以及儿童自身的学习方式。因此，在新媒体时代探讨儿童道德期待的形成必须考虑新媒体这一变量的可能性影响。

一　多元文化共存：道德期待建构与培育的社会背景

新媒体给予了不同文化形态以生存的空间，造就了众神狂欢的场

---

① 侯晶晶：《关怀德育论》，人民教育出版社2005年版，第67—68页。

面。但每种文化的不同价值取向所造成的文化差异与冲突,自然也带来了道德规范上的冲突。多元文化的共存需要由社会共享的道德期待来进行协调。另外,新媒体还对传统的道德教育带来了巨大的冲击,作为"网络原住民"的少年儿童所经历的社会文化与他们自身感知道德的方式都经历着改变。

(一) 新媒体助长了多元文化共存的局面

伊尼斯提醒我们,对某种文明的了解,在很大程度上有赖于这些文明所用的媒介性质。[①] 因为媒介将信息转化为知识体系,并生成一种文化机制,引导着文化的发展路向。[②] 这也就意味着,新媒体所塑造的文化形态在某些方面与纸媒文化形态有一定的区别。依赖复杂链接与即时传播似乎能完成世界互联的因特网,实际上却有着一定的封闭性。现实生活中的人际关系以及个人喜好形成了"网络群居"与趣味区隔,也导致新媒体的信息传播带有一定的群体性。儿童对网络的依赖使其形成类别化群体,类别化群体各有其文化信念,从而使网络文化和现实生活文化具有多元性。至少新媒体在文化传播上具备了纸媒所没有的时效性,这一特性加速了多元文化群体之间的联系,不仅使其增添了生命力,也让多种文化形态能够得以出现并迅速拥有受众。

(二) 新媒体丰富了儿童的道德感知环境

新媒体传播的开放性、互动性、即时性、信息海量性等特征不仅授予了儿童平等的使用权利,也开阔了儿童对外部世界的视野。传统的道德教育是以学校—家庭—社区环境为基点开展的,流入家庭与学校的道德内容是经过成人筛选的良性信息。儿童被保护于有准备的环境中,但这种保护也限制了儿童对更为真实环境的接触。新媒体传播则可以绕开成人的防线,展开对儿童的信息攻势。这些包罗万象、良莠不齐的内容

---

① [加] 哈罗德·伊尼斯:《传播的偏向》,何道宽译,中国人民大学出版社2003年版,第28页。

② 曹智频:《媒介偏向与文化变迁:从伊尼斯到麦克卢汉》,《学术研究》2010年第8期。

既开阔了儿童的道德感知范围，又时刻挑战着儿童对信息的鉴别能力。同时，新媒体传播在信息的表征上又多以声像的直观呈现，使得原本枯燥的道德教条变得生动易于理解，加深了儿童对道德内容的认知。

（三）新媒体提供了儿童实践道德的新途径

新媒体对传统的道德权威及道德教育方向带来了一定的冲击，儿童不再是被动地实现道德社会化，而是主动地借助网络平台参与道德实践。相比于儿童对现实生活的有限参与，新媒体为儿童提供了广阔的虚拟道德平台。在平等的参与中，儿童的主体性得到更大的表现，从而锻炼他们的道德感知、推理、判断、实践和反思的能力，给青少年个性道德成长与理性秩序观的形成以浸润式潜移默化的影响[1]。作为一种传播媒介，新媒体本身就具有文化传承的作用。传播媒介的发展总是不断地与现有的媒介进行"杂交"，从而释放出更大的能量。新媒体将文字、图像、口语等用于表达人类思想的媒介形式都整合于其自身，形成了一种传递人类文化的融合媒介。因此，网络所传播的内容即是对现实生活的摹写，儿童通过对网络世界的参与逐渐获得了对文化习俗和道德规则的内化。

二 学校：儿童道德期待的培育系统

新媒体的出现在一定程度上引发了人们对学校教育的质疑，但依然撼动不了人们对学校与儿童发展之关联的信念。在道德主知主义传统的影响下，学校依旧承担着儿童道德期待培养的重要责任。因此，学校德育应该积极应对新媒体所发起的挑战。

（一）课程是道德期待的重要载体

道德期待的建构与传承离不开课程这一育人载体的作用。通过课堂

---

[1] 徐振祥：《论新媒体传播对青少年个性道德与理性秩序观成长的影响》，《学术论坛》2012年第4期。

教学进行道德内容的学习有着深厚的历史传统。20世纪西方的道德教育理论与实践标志着一个以认知主义为核心的时代，其主旨在于培养儿童对道德知识的理解。它遵循了苏格拉底的"美德即知识"的命题。经过西方哲学的演变，理性就成了人类道德中的关键要素。它能够调节人的灵魂等非理性因素，支配人的意志行使道德实践。在这一传统之下，皮亚杰明确指出认知与道德发展的密切关联，科尔伯格更是强调推理能力在儿童道德发展中的重要作用。理性之于道德是重要的，而理性的培养就离不开对道德知识的理解。因此，课堂教学成了道德教育的重要途径。

学校是实施学龄儿童道德教育的重要机构，其中最为重要的德育载体则是德育课程。德育课程承载着国家和社会对儿童的道德期待并从不同领域、不同维度勾画了理想儿童的道德标准。虽然西方道德教育理论对德育课程曾持有否定的态度，但在面对社会道德危机时依然意识到德育课程的必要性，甚至强调应把德育贯彻于整个课程体系中。[1]但纵观我国的道德课程文本则可以发现，部分道德期待内容过于抽象、宏观，并且与儿童的道德经验之间有较大的距离[2]；在德育教学过程中存在着教学目标虚化、课堂内外疏离等现象[3]。而这些问题则需要我们转向生活化德育，认清道德及学校德育课程的本质，即"德育课程就其本质而言不是传授知识的课程，而是经验课程"[4]。

（二）教师是儿童道德发展的协助者

新媒体的普遍使用对道德权威以及传统的学校道德教育方式产生了

---

[1] 余双好：《当代西方道德教育流派德育课程理论的特征与局限》，《清华大学教育研究》2000年第3期。

[2] 谢翌、程雯：《新时期儿童道德期待的课程文本研究》，《中国教育学刊》2016年第12期。

[3] 陈光全、杜时忠：《德育课程改革十年：反思与前瞻》，《课程·教材·教法》2012年第5期。

[4] 鲁洁：《德育课程的生活论转向——小学德育课程在观念上的变革》，《华东师范大学学报》（教育科学版）2005年第3期。

深远的影响。依赖于网络社交的儿童，他们过于强调个体性；多元文化群体之间价值观的不可通约性，致使普遍的、客观的道德准则失去效力。而且儿童能够通过新媒体获得远远超过学校德育所准备的道德内容，拓展他们的道德视野。面对如此复杂、多元的网络文化及其伦理范型，学校德育应在归还学生道德决断权的前提下，养成学生的道德决断能力[①]。但根据价值澄清学派的经验，随着道德权威的丧失，在不强调普遍道德准则的前提下，道德推理能力的发展只会加强个体确认价值的独特性。也即只有突破道德个体封闭性，强调主体间的关系，道德才能发挥约束力。

在这一新道德环境下，教师不再是以强制的方式灌输道德价值观，而是充当多元道德共存的协助者；通过培养儿童的道德判断力来促进儿童道德发展。在道德教育中，教师的首要任务是引领道德期待的建立并树立道德权威。这一期待及其权威不是来自外在的强制性原则，而是通过儿童自己的理性判断，在群体公平、自由对话的基础上确立的共同价值准则。学校生活的公共性为多元价值商谈提供了可能性。教师的作用在于引导儿童打破个体的封闭性，将多元价值观念作为商谈的主题，鼓励儿童通过交往实践获得其自我确认并与他人建立起联系，从而为共识的达成奠定可能性。

（三）营造有核心价值观的学校文化

学校在培养儿童道德期待的过程中，不能仅依靠课堂教学和任课教师的作用，因为儿童道德期待的实现是一项系统的、长期的工作，所以更为重要的是营造具有核心价值观的学校文化，发挥文化的熏染与约束效力，使儿童道德发展突破认知层面，实现知情意行的多重发展。多元文化时代的学校道德教育同样面临着价值观多元化的困扰。如何面对多元文化并存的局面？怎样在多元价值碰撞中寻求共识？这些是学校德育

---

① 孙彩平、左海云：《网络文化时代学校道德教育的转向》，《河北师范大学学报》（教育科学版）2008年第1期。

首先应思考的问题。显然,允许多元文化的存在与发展是对不同群体的尊重,但集体利益的维护仍然需要全体成员的努力。只有被群体认同的核心价值观才能成为群体成员的灵魂向导,才能维系集体稳定并塑造个体。

具有核心价值观的学校文化是对社会核心价值的进一步具体化,是滋养儿童道德成长的沃土。面对儿童群体所表现出的多元文化样态,学校首先应承认其存在的合法地位,挖掘并欣赏其积极的因素。其次,在集体商讨中共同定位学校的育人理念。以儿童的实际生活为基点,以儿童未来发展为导向,协调古今中外文化冲突。任课教师、教学管理人员、后勤工作人员等应达成一致的育人共识,并为儿童树立榜样,监督儿童的言行。同样重要的是发挥儿童在共识性的道德期待商讨中的参与作用。最后,创设有利于共识性的道德期待形成的文化环境。关怀伦理认为,学校道德教育需要有道德的教育方式。因此,学校教育中的各种不道德性是道德教育失去实效的根本原因之一。① 有德性的学校文化环境除了物质上的布置之外,还应该思考具有德性的制度与精神环境。学校积极的育人价值取向、管理制度、人际关系以及教育手段等都是有德性的文化环境的内在要求。

三 家庭:儿童道德期待形成的支持系统

与学校环境的公共性相比,家庭环境更具隐私性。对儿童道德的影响也领先于学校与社会,而且由于家庭成员之间的情感联系,它对儿童的道德影响更为深刻。因此,在儿童道德期待的培养中,家庭应与学校保持一致方向,以学校德育的协同角色发挥家庭的优势。

(一) 培植儿童道德成长的家庭沃土

家庭环境对儿童道德的影响主要包括家长的榜样与家庭氛围等。良

---

① 金生鈜:《为什么要塑造学校的道德文化——学校作为一个道德共同体的再道德化思考》,《西北师大学报》(社会科学版) 2005 年第 4 期。

好的软环境尤其是父母积极的教养方式有助于促进青少年的道德自律。① 家长的榜样是儿童道德成长的家庭参照。家长的个人品行、人际关系、对待长辈的方式等都是儿童社会化过程中的模仿对象。温和民主的家庭氛围是儿童道德成长的社会基因。相亲相爱、平等尊重的夫妻关系与亲子关系塑造儿童健康的人格，为道德规范的内化提供良好的个性品质。

此外，家庭媒介环境也影响着儿童的道德发展。新媒体传播在一定程度上削弱了传统的家长角色，改变了成人与儿童之间的信息不对称性。儿童不再把父母作为开阔道德视野的唯一途径，信息的传播在一定程度上也可以绕过父母而直接传递给儿童。父母一方面要为儿童树立起媒介使用的榜样，规范他们的网络使用行为；另一方面也要有意识地培养儿童的道德判断能力，监管儿童对网络的使用。

（二）建构家校合作的德育路径

家庭与学校在道德教育上起着不同的作用，二者相互协作是儿童道德期待形成的有效途径。但传统的家校合作往往在目标上就出现了偏差，把焦点集中于儿童的学业成就上，于是就导致了德育效果不佳。以儿童道德发展为目的的家校合作，首先，应在儿童道德期待上达成一致，关注家长对儿童的道德期待；其次，明确家校的角色分工。学校无疑发挥着道德教育的主导作用，家庭则作为学校道德教育的支持系统，为儿童道德发展提供榜样、环境等支持。但家庭绝不是学校德育的附庸，家长在儿童道德教育中依然要起到主动参与的作用；最后，强化家校交流，形成德育合力。家庭与学校在儿童成长中的作用是相互交织的，任何一方都不能独自承担起儿童教育的任务。在明确道德期待的前提下，以共生理念建立平等、多元、关怀的合作方式②，形成道德教育的合力。

---

① 徐萍萍、王介君：《家庭环境对青少年自律道德发展的影响研究》，《中国教育学刊》2014年第6期。

② 杨晓、李松涛：《基于共生理念的家校合作改革构想》，《教育科学》2013年第5期。

四 儿童：道德期待建构的参与者

儿童的缺场使道德教育成为教条式的灌输，导致德育的实效性不佳。现代教育否认儿童作为"白板"的存在，关注儿童的主体性，主张德育转向儿童生活。因此，在道德期待的形成过程中儿童既是主动的道德学习者，也是道德期待建构的参与者。

（一）儿童是"道德人"

在涂尔干的道德教育理论中，道德教育是单向传输的过程，儿童是需要进行道德社会化的群体。这一主张在维护社会稳定方面固然起着重要的作用，但它忽视了儿童的主体性价值。20世纪六七十年代的道德教育又再一次回到了对"个人主义精神"的推崇上，重新肯定以进步主义为核心的新道德教育思想[1]，开始重视学生的个性与个体生活经验，反对教师的权威。在现代道德教育中，儿童首先是一个"道德人"。儿童早期便已经具有某种诸如移情、害羞和内疚等道德情感，这些情感引发我们在具体情境中的道德行为。[2] 这也意味着儿童的道德行为并不是完全经由成人的教导而形成，也不是完全出于对外在道德原则的遵守，而是在同辈群体交往中，儿童根据其情感、同伴压力、意愿等因素而采取的道德行为。这是一种自愿的、内在的道德信念。作为"道德人"的儿童身上具有道德萌芽的种子，道德学习与发展也不是被动地服从成人施与的权威，而是出于社会交往的主动需求。

（二）儿童文化是其道德取向的深层根源

儿童文化是儿童群体所秉持的行为方式及价值信仰。儿童共享的同辈文化影响着他们对社会道德规范的态度。成人本位的观点长期以来将

---

[1] 戚万学：《冲突与整合——20世纪西方道德教育理论》，山东教育出版社1995年版，第18页。

[2] Damon, W., *The Moral Child: Nurturing Children's Natural Moral Growth*, New York: Free Press Collier Macmillan, 1990, p. 13.

儿童的社会化理解为被动地改造过程，忽视了童年期及儿童文化的价值，无视儿童的主动性与精神生活。这也是道德教育成效不足的原因之一。随着对儿童的深入研究，人们逐渐认识到了儿童精神的丰富性并用新的眼光重新看待儿童。新童年社会学视儿童为能动的主体，他们积极地建构他们的同辈文化并成为同辈文化的共享分子。同辈文化的建构过程是一个阐释性再构的过程，即儿童对成人世界信息与知识的创造性使用；儿童对一系列同辈文化的生产和参与；儿童对成人文化再生产与发展的贡献。[①] 也就是说，儿童并不是被动的文化消费者，他们既创造了他们自己的文化，也对成人文化的再造有所贡献。

新媒体主导着新时期的儿童流行文化，它不仅丰富了儿童文化的内容，也加快了儿童文化传播的步伐。新媒体以强大的融合性将儿童的学习、生活、休闲娱乐等内容整合其中，使儿童形成了"一网揽尽天下事"的错觉。在娱乐至上主义的网络文化影响下，"恶搞"主流文化成了一种喜闻乐见的庸俗。这既是对权威的挑战，也消解了儿童对权威的认可。同时，新媒体又把这种文化迅速地在儿童中普及，形成了儿童文化的流行态势。这些文化则暗中引导着儿童的道德价值取向，渐趋成为学校道德教育的消极因素。因此，学校道德教育需要重视儿童文化的价值，通过提升儿童的媒介素养，引导他们产生抵制不良文化的自觉意识。

（三）儿童参与道德期待建构的路径

既然儿童内在地具有道德敏感性并主动地建构了儿童文化，那么儿童道德期待的形成首先应承认儿童的主动性。儿童的道德学习是自主的，他们具有参与决策的意愿。社会、学校与家庭都应该为这种自主性的发挥提供有道德的环境。另外，主动性也意味着道德期待不是强制地灌输，而是建立在儿童认知与情感发展基础上的道德自觉。其次，道德

---

① [美] 威廉·A. 科萨罗：《童年社会学》，程福财等译，上海社会科学院出版社2014年版，第40页。

期待的建构需要关注儿童文化的动态。儿童文化是儿童内在精神与行为方式的集中体现。无论积极与否，它都左右着儿童的道德价值取向。所以，儿童道德期待的建构一方面要汲取其中表征儿童精神面貌的健康要素，另一方面也要通过道德教育使儿童主动克服其中的消极因素。最后，仍要重视道德核心价值的传授。尊重儿童主体性的道德教育不代表否认价值传授的重要性。只有树立了最基本的是非观念，儿童道德才能遵循正确的发展路向。所以，课堂教学还担负着价值传授的职责。对普遍价值的认同与接受是儿童成为道德理性之人的前提，否则我们的道德教育就因循了价值澄清学派的窠臼。

第三章

新媒体时代儿童道德共识的现状与影响因素

以互联网为基础的新媒体时代在带来文化多样性的同时,也直接挑战了传统道德的统一性和权威性,在一定程度上造成了价值多元与道德失范,强烈冲击着社会道德共识。儿童正处于道德品质及行为习惯养成的关键时期,复杂的新媒体传播环境给儿童道德教育带来了极大的挑战。儿童接触新媒体的情况如何?新媒体时代儿童道德共识现状如何?使用新媒体对儿童道德共识产生了什么样的影响?诸如此类的问题仍有待考究。本章立足儿童视角,对我国六个地区的3277名3—9年级儿童的道德期待共识现状及影响因素进行调查和分析。

第一节 儿童道德共识现状调查问卷的编制

以自编的"新媒体背景下儿童道德共识现状调查问卷"为工具,对儿童道德共识进行测查,问卷共分为三个部分。第一部分是人口统计量表,了解被试年龄、性别、年级等基本信息;第二部分是儿童道德共识量表,其中包括儿童视角下共识性的道德品质的选择排序题及儿童道德共识水平自评项目;第三部分是儿童使用新媒体的情况的调查问卷(见表3-1)。

表3-1　新媒体背景下儿童道德共识现状调查问卷分析维度

名称	结构	具体维度
新媒体背景下儿童道德共识现状调查问卷	一　个人信息	年龄、年级、民族、性别、家庭结构、父母文化程度、学业成绩
	二　儿童道德共识现状评测项目	重要德目排序
		道德认知
		道德情感
		道德行为
	三　儿童使用新媒体情况	接触情况：家里有哪些？常使用哪些？
		使用情况：形式、内容、用途、时长频率、地点
		规则：是否有人陪同？是否有指导、规定或限制？
		动机：为什么使用？获得哪些满足？

一　儿童道德共识量表的编制

在儿童道德共识概念涵盖范围广、实证证据缺少的情况下，我们采取文献梳理与开放式调查相结合的方式，经探索性因子分析确定量表的结构和内容，以确保所获得的结构和内容具有周延性。结合上述理论假设和概念框架，我们从多个方面确定了相关德目并进行施测和分析，建构了一份具有信度和效度的儿童道德共识量表。

（一）量表构念

通过对儿童道德相关研究成果的梳理发现，学者从不同的视角和维度研究儿童道德发展，总体上表现出多元化的趋势。早期，Piaget 和 Kohlberg 从认知领域研究儿童道德发展；Rest 在前人的基础上结合了情感因素；Lind 和 Wakenhut 作了进一步改进，认为儿童道德发展研究应观照认知和情感两个领域；Robert Hogan 从认知和情感两个维度研究道德行为①，Eisenberg 的亲社会两难情境法涉及儿童道德发展的认知因素、情感因素以及人格因素。区别于早期研究成果，后期的研究出现了三因素说。如林崇德认为，道德品质是道德认识、道德情感和道德行为的统一体。② 20 世纪 90 年代广泛影响美国学校教育的品格教育强调良好的品格由道德认知、道德情感、道德行为组成。③ 近些年来，很多研究者尤其是国内学者，兼顾认知、情感、意志和行为四个维度研究儿童道德共识。其中道德认知主要从公正观、惩罚观、公有观、意向性、说谎观念、欺负观念等方面切入。④ 对于儿童道德情感的研究集中于移情水平、自尊心、内疚情绪、情绪判断及归因上。道德行为主要关注利他行为、助人行为、谦虚行为、分享行为、合作行为、诚实行为及自我控制等。至于道德意志的研究主要聚焦于两个核心领域：一是道德意志本身的品质；二是个体的言行是否与道德、信念、保持一致。值得一提的是，很多研究将道德意志与道德行为或道德情感合并讨论，形成道德意志和行为或道德情意。例如，潘菽教授在其主编的《教育心理学》中明确指出，任何一种品德结构都包含着道德认识、道德情感和道德行为三种基本成分，因而把道德意志包括在道德行为的训练中。⑤

此外，也有学者从其他视角观照道德认同的问题。Karl Aquino 和 Americus Reed Ⅱ 从内隐和外显两个维度测量道德自我认同。⑥ Gilligan 等将道德问题分为两个维度：一个关于规则和正义；另一个关注人际交

---

① Hogan, R., "The Structure of Moral Character and the Explanation of Moral Action", *Journal of Youth and Adolescence*, Vol. 4, No. 1, 1975, pp. 1-15.
② 林崇德：《品德发展心理学》，上海教育出版社 1989 年版，第 21 页。
③ 余维武：《冲突与和谐——价值多元背景下的西方德育改革》，江苏教育出版社 2009 年版，第 118 页。
④ 张翠莲：《我国近几年儿童道德发展的实证研究方法综述》，《科技广场》2009 年第 12 期。
⑤ 潘菽主编：《教育心理学》，人民教育出版社 1980 年版，第 158—159 页。
⑥ Aquino, K. and Reed Ⅱ, A., "The Self-importance of Moral Identity", *Journal of Personality and Social Psychology*, Vol. 83, No. 6, 2002, p. 1423.

往的需要和情感培养。[①] Nansook Parka 和 Christopher Peterson 开发编制了"青少年价值—行为特征量表"（VIA-Youth, Values in Action Inventory for Youth），该量表将道德分为"勇气、仁爱、正义、节制"等六个维度。[②] 刘玉娟、孟万金借鉴"青少年价值—行为特征量表"自主编制了"中国中小学生积极心理品质量表"，其中将中小学生积极心理品质分为"智慧和知识、勇敢、人性（情）、公正、节制、超越"[③]。

基于上述分析可以发现，以往的研究维度具有一维性；未能多层次、多维度地把握儿童道德现状。而且其二级指标型中存在各自为政的问题，未能达成对儿童道德素养的共识。本书将儿童道德共识细化为道德认知、道德情感、道德意志和道德行为四个维度，结合儿童日常人际交往关系（个体与自我、家庭、学校、社会等）设置题目，旨在编制一份具有外在效度、可推广的量表，用以测量儿童道德共识。

（二）项目的收集与筛选

为了收集"儿童道德共识量表"的有关项目，本书参考了教育部印发的《基础教育课程改革纲要（试行）》、义务教育《品德与生活课程标准》以及《中小学生守则（2015年版）》等政策文件，并查阅了大量相关文献搜集有关道德共识的内容及相关问卷中关于道德认知、情感、意志和行为的题目。与此同时，围绕"在你眼中，有道德的人是怎样的"等问题对561名中小学生进行开放式问卷调查，归纳出儿童视域中道德的具体意义以及一些具有共识性的德目，设置一道选择排序题来考察儿童眼中的道德共识具体包括哪些德目。此外，围绕道德认知、道德情感、道德意志以及道德行为四个维度共设计91道题。为了考察题

[①] Gilligan, C. and Attanucci, J., "Two Moral Orientations: Gender Differences and Similarities", *Merrill-Palmer Quarterly*, No. 34, 1988, pp. 223-237.

[②] Park, N. and Peterson, C., "Moral Competence and Character Strengths among Adolescents: The Development and Validation of the Values in Action Inventory of Strengths for Youth", *Journal of Adolescence*, Vol. 29, No. 6, 2006, pp. 891-909.

[③] 刘玉娟、孟万金：《中学生积极道德质量测评量表的编制研究》，《中国特殊教育》2010年第4期。

目的适切性和可读性,课题组在 3—9 年级中每个年级随机抽取两位学生进行访谈,修改中小学生不易理解或存在歧义的题目,并先后延请伦理学、哲学、社会学及心理学等领域的多位专家对各项目进行评议,删除存在意义交叉、模糊或重复等问题的 17 道题目,将修改后的 74 个项目编制成 Likert 五级量表,将每个项目在符合程度上划分为完全符合、基本符合、不确定、基本不符合、完全不符合,并依次赋值为 5 分、4 分、3 分、2 分和 1 分。随后,课题组进行了小样本试测,随机抽取 344 位中小学生填写由 74 道题构成的量表,得到有效样本 334 份,在进行探索性因素分析之后剩余 31 个项目,形成预测问卷。预测问卷包括两个部分,第一部分是个人信息,如年龄、年级、性别等;第二部分是包含 31 道题的 Likert 五级量表。

(三) 预测被试和测试过程

1. 预测被试

预测试采取分层抽样法,在江西、安徽、广东、江苏、吉林和台湾六个地区范围内的城区和农村,按照是否重点的标准随机选取 8 所中小学(两所城区优质中小学和两所城区普通中小学;两所农村优质中小学和两所农村普通中小学),从所选学校 3—9 年级的每个年级中随机抽取 10 个学生(5 男 5 女),共发放问卷 1680 份,回收 1631 份,回收率为 97.08%,其中有效问卷 1598 份,占回收问卷的 96.87%。

2. 预测试过程

预测主要采用邮寄调查的方式(江西省范围内的学校由课题组成员亲自施测),在 2015 年 11—12 月期间,课题组将问卷、抽样表格以及施测说明邮寄给事先联系好的被试学校,主试由被试学校的若干教师担任,在施测之前,笔者对各学校主试进行线上培训。测试时间为 20—30 分钟,问卷当场收回,再由被试学校寄回。

(四) 数据处理与分析

1. 量表项目的初步分析

使用 SPSS 20.0 对预测问卷进行初步分析,结果显示,全体平均值在

3.97—4.65。被试对各项目的评分越高，说明对正面描述的项目越趋于认同。另外，对问卷题目进行项目分析，按问卷总分排序，以问卷总分最高27%和最低27%作为界限，确定高分组与低分组，进而求出高、低分两组被试的得分均值，同时进行独立样本 t 检验，结果表明各项目均到达显著水平（$p<0.05$），即各项目具有良好的区分度，31题全部保留。

2. 量表探索性因子分析及因子命名

本书对问卷中实际测量的31个项目进行 Bartlett's 球形检验，结果显著（$\chi^2=9325.513$，$df=136$，$p=0.000$），KMO=0.949（>0.50），表明适合进行因子分析，采用主成分分析法进行分析，确定因子数目的标准为：（1）因子的特征值大于1；（2）每个因子至少包括3道题目；（3）共同性大于等于0.4；（4）每个项目解释量大于等于0.5。使用 Kaiser 正规化的 Varimax 旋转，旋转后得到3个因子，17道题目，这些因子的累积贡献率为52.473%（详见表3-2）。因此可以认为因子的提取结果是比较理想的。

根据表3-2的探索性因子分析结果可知，儿童道德共识可聚合为三个因子。根据各因子所包括的核心内容进行如下命名：

因子1考察儿童在诚信、文明礼貌、同理心及责任感等方面的道德判断，整体上表现为认知层面的判断，我们将其命名为"道德认知"因子。

因子2考察儿童的助人、关怀、集体意识及服务意识等道德品质在行为上的体现，我们将其命名为"道德行为"因子。

因子3反映出儿童参与活动时的情感流露，我们将其命名为"道德情感"因子。

三个因子中的第一个因子的贡献率最大；其次是第二个因子和第三个因子，其贡献率分别是21.077%、19.218%和12.177%。

3. 量表信度

本书采用内部一致性信度对量表的信度进行检验，量表的各因子和总量表的内部一致性信度（Cronbach's α 系数）如表 3-2 所示，总量表的 Cronbach's α 系数高达 0.902。道德认知和道德行为两个维度的 Cronbach's α 系数均大于 0.8，表明它们的内部一致性较高。道德情感维度的 Cronbach's α 系数为 0.647，处于可接受的范围内，此维度项目少（道德情感维度包括三个项目），相对应的内部一致性系数就低，Peter 的研究表明，问项数量在少于 6 个时，其内部一致性系数大于 0.6，则问卷的信度是有效的。[1] 因此，其内部一致性信度表明儿童道德共识量表的信度良好。

表 3-2　　　　　旋转后的因子负荷量及 Cronbach's α 系数

因素	题目内容	因素 1	因素 2	因素 3	α
因子 1 道德认知 （8 项）	21. 我借用了别人的东西，都会及时还给别人。	0.687			0.841
	26. 即使考试成绩不理想，我仍会认真学习。	0.643			
	29. 我知道随地吐痰，乱丢垃圾是不文明的。	0.629			
	24. 我知道做错事时要勇于承认。	0.625			
	23. 我知道要维持教室环境的整洁。	0.624			
	20. 自己做不到的事情，我不会强求别人去做	0.592			
	27. 对于老师所交代的工作，我一定负责完成。	0.580			
	31. 我知道不能传播没有事实根据的话。	0.526			

---

[1] Hills, P. and Argyle, M., "The Oxford Happiness Questionnaire: A Compact Scale for the Measurement of Psychological Well-being", *Personality and Individual Differences*, Vol. 33, No. 7, 2002, pp. 1073-1082.

续表

因素	题目内容	因素1	因素2	因素3	α
因子2 道德行为 （6项）	3. 我会主动为遇到困难的同学、朋友提供帮助。		0.766		0.817
	6. 我能真诚地关心同学。		0.721		
	4. 我能配合集体的意见适当地调整自己的想法。		0.649		
	1. 我自觉遵守学校纪律。		0.605		
	5. 我能体会老师对同学的苦心。		0.579		
	12. 我能自愿服务同学，如擦黑板、倒垃圾。		0.532		
因子3 道德情感 （3项）	17. 我能愉悦地参与各项活动或游戏。			0.773	0.647
	18. 我每天保持快乐的心情上学。			0.644	
	2. 我总是积极参加班级活动。			0.534	
因子贡献率（%）		21.077	19.218	12.177	
累积贡献率（%）		52.473	0.902		

4. 量表效度

（1）结构效度

本书使用 AMOS 18.0 对预测数据进行验证性因子分析（CFA），以此考察儿童道德共识量表的结构效度。具体方法为：首先，设置三个因子为潜在变量，各个项目为显性变量，确立潜在变量之间的关系为相关关系，构建模型图。其次，进行模型与数据之间的拟合。分析结果显示，道德认知维度的因子负荷量在 0.54—0.71，道德行为维度的因子负荷量在 0.52—0.72，道德情感维度的因子负荷量在 0.60—0.63，表明模型的因子负荷量良好（见图3-1）。

平均方差抽取值（Average Variance Extracted，AVE）是潜在因素所解释的变异量中有多少来自测量误差，AVE 愈大，项目被潜在因素解

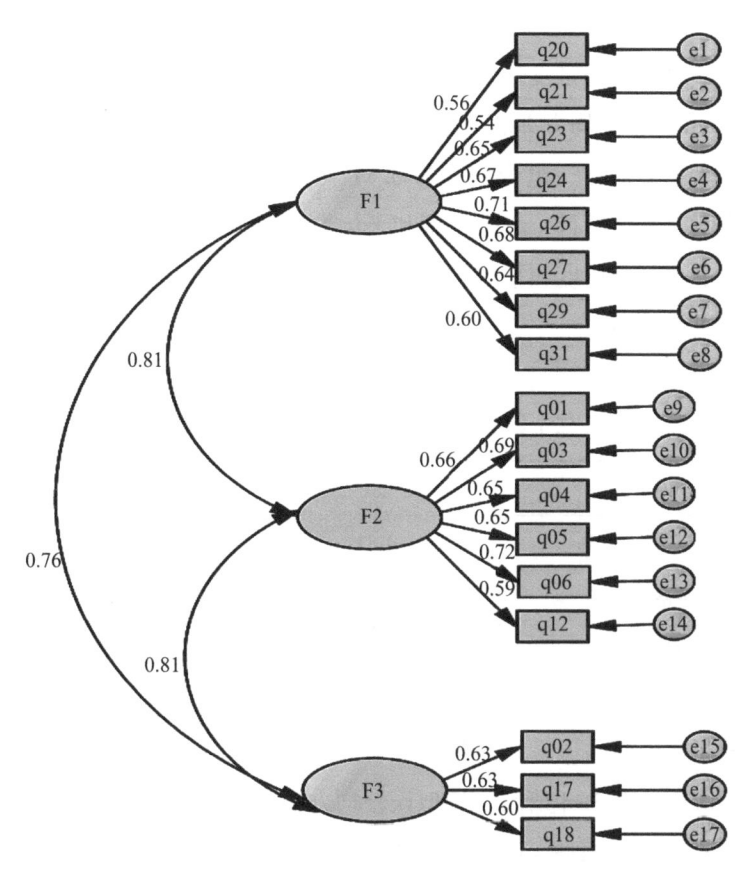

图 3-1 儿童道德共识量表验证性因素分析

说明：F1：道德认知；F2：道德行为；F3：道德情感。

释的变异量百分比愈大，相对的测量误差就愈小。[①] 组合信度（Composite Reliability，CR）是 CFA 中一组项目的一致性程度，CR 值愈高，表明该组项目间的关联程度愈大，所测得的潜在因素的一致性程度也愈高。[②] 一般地，AVE 要大于 0.5，如果小于 0.5，但同时 CR 大于 0.6，亦

———————

① 陈维等：《多维测评工具聚敛和区分效度的 SEM 分析——以领悟社会支持量表为例》，《西南师范大学学报》（自然科学版）2016 年第 2 期。
② 陈维等：《多维测评工具聚敛和区分效度的 SEM 分析——以领悟社会支持量表为例》，《西南师范大学学报》（自然科学版）2016 年第 2 期。

可接受。① Bacon 研究结果也表明，CR 需要大于 0.6。② 在儿童道德共识量表中，道德认知维度包含 8 个项目，验证性因素分析结果显示，组合信度（CR）和平均方差提取值（AVE）分别是 0.83 和 0.40；道德行为维度有 6 个项目，组合信度为 0.81，平均方差提取值为 0.42；道德情感维度有 3 个项目，组合信度和平均方差提取值分别是 0.69 和 0.43。三个因子的组合信度和平均方差提取值均高于阈值，表明模型拟合指数良好（见表 3-3）。

表 3-3　　　　　三个因子的组合信度和平均方差提取值

因子	CR	AVE
道德认知	0.83	0.40
道德行为	0.81	0.42
道德情感	0.69	0.43

对儿童道德共识量表的各个因子进行验证性因子分析，较详细的拟合优度指数如表 3-4 所示，近似误差均方根（Root Mean Square Error of Approximation，RMSEA）是评价数据模型是否拟合的指标，本模型中 RMSEA = 0.046。一般地，当 RMSEA < 0.05，则表示模型拟合度非常好。③ 同样地，标准残差均方根（Standardized Root Mean Square Residual，SRMR）在 0.05 以下为良好的模型契合度，本模型中 SRMR = 0.031。比较拟合指数（Comparative Fit Index，CFI）为 0.958。增量拟合指数（Incremental Fit Index，IFI）为 0.958。拟合优度指数（Good-

---

① Fornell, C. and Larcker, D. F., "Evaluating Structural Equation Models with Unobservable Variables and Measurement Error", *Journal of Marketing Research*, 1981, pp. 39-50.

② Bacon, D. R. and Sauer, P. L. and Young, M., "Composite Reliability in Structural Equations Modeling", *Educational and Psychological Measurement*, Vol. 55, No. 3, 1995, pp. 394-406.

③ Browne, M. W. and Cudeck, R., "Alternative Ways of Assessing Model Fit", *Sage Focus Editions*, Vol. 154, 1993, p. 136.

ness-of-Fit Index，GFI）为 0.964。按照 Hu 和 Bentler 建议的标准[1]，数据模型的各项拟合度指标均达到良好。一般地，卡方自由度比值（χ^2/df）在 1—3 表示模型拟合良好，当其值大于 3，则表示模型契合度不佳，需要改进。但卡方自由度比值中卡方作为分子，因此该指标受样本大小的影响。[2] 儿童道德共识量表的有效数据多达 1589 个，样本量较大，所以，χ^2/df 为 4.364，尚可接受。

表 3-4　　　　　　　　　　模型的拟合优度指数

拟合优度指数	标准	数值
χ^2/df	<5	4.364（尚可）
RMSEA	<0.05	0.046（良好）
SRMR	<0.05	0.031（良好）
CFI	>0.95	0.958（良好）
IFI	>0.95	0.958（良好）
GFI	>0.95	0.964（良好）

（2）同时效度

在儿童道德共识量表预测的同时施测万增奎、杨韶刚修订的"道德自我认同量表"[3]。这两份量表的相关系数显著（$r=0.456$，$p=0.000$），根据检测结果可知其具有同时效度。

---

[1] Hu, L. and Bentler, P. M., "Cutoff Criteria for Fit Indexes in Covariance Structure Analysis: Conventional Criteria Versus New Alternatives", *Structural Equation Modeling: A Multidisciplinary Journal*, Vol. 6, No. 1, 1999, pp. 1-55.

[2] 吴明隆：《结构方程模型——AMOS 的操作与应用》（第 2 版），重庆大学出版社 2010 年版，第 10、42—43 页。

[3] 万增奎、杨韶刚：《青少年道德自我认同问卷的修订》，《社会心理科学》2008 年第 5 期。

(3) 专家效度

儿童道德共识量表在确定预测问卷之前，即已延请心理学、社会学及伦理学等领域的专家学者多次座谈、讨论，就量表内容及维度等方面进行修正，使预试版问卷具备专家效度。

5. 研究讨论与结论

(1) 讨论

第一，儿童道德共识量表编制过程严谨，突出儿童的主体性，且具有良好的信效度。

本书站在儿童的立场上理解和探讨儿童特殊的道德关注点，兼顾成人的道德与儿童的道德体认，弥补以往研究多站在成人视角，以成人对儿童的道德期待来规约儿童，忽视儿童道德主体性等不足。为确保所研制的儿童道德共识量表具有良好的信效度，资料收集和题目编制的过程要求严谨，并在各个环节均突出儿童的主体性。例如，在德目收集方面，随机抽取561名中小学生完成题目为"什么是有道德的人"的开放式问卷，写出他们心中重要的前5项德目，梳理得到具有共识性的德目；在编制题目方面，根据儿童心理发展规律，题目表述注重情境性，与儿童生活经验相符，简单易懂；在项目修改方面，在3—9年级中随机抽取若干儿童，完成我们的题目，并逐一访谈其做题感受，以此修改或删除儿童不易理解或有歧义的题目，确保题目具有可读性，使之更加客观地反映儿童道德共识现状。

目前，很多研究采用自编问卷，但存在着较为普遍的问题，即研究工具信效度不高，科学性堪忧等。本儿童道德共识量表经由多领域专家评议，对项目进行修正和删减，具有良好的专家效度。它与同时施测的"道德自我认同量表"具有较为显著的相关性，故具有良好的同时性效度。在结构效度部分，通过验证性因子分析发现，三因子的数据模型各项指标均达良好（$RMSEA = 0.046$，$SRMR = 0.031$，$CFI = 0.958$）。另外，本量表内部一致性信度高达0.902，表示具有良好的信度。

第三章　新媒体时代儿童道德共识的现状与影响因素

第二，本书得出儿童道德共识量表有三个维度，因子提取结果与理论构想（假设）不同。

近些年来，多数学者尤其是国内学者较多从道德认知、道德情感、道德意志及道德行为四个维度切入探讨道德问题。本书考虑到量表结构与内容的周延性，以"四因素说"为理论框架设计量表题目。然而，对各项目进行了探索性因子分析（$X^2=9325.513$，$df=136$，$p=0.000$，$KMO=0.949$），聚合得到三个因子，分别是道德认知、道德情感和道德行为，即儿童道德共识体现在道德认知、道德情感和道德行为三个维度。

儿童道德认知共识反映的是儿童在认知层面的道德共识程度，可体现儿童的道德观念和想法。此维度包含八个项目，分别是儿童对其自身道德品质的认知（四项）和儿童对外界人或事的道德认知（四项）。可较为全面地测量儿童在认知层面的道德共识情况。

儿童道德情感共识的三个项目反映的是儿童在情感方面的道德共识程度。道德情感的本质是一种情绪体验，是激发道德意志和道德行为的内部驱动力，而儿童的道德情感主要是在新的集体生活中发展起来的[1]。所以，此维度的题目设计围绕对集体活动和学校生活的体验展开。

儿童道德行为共识考察的是儿童在行为层面的道德共识程度。无论是道德认知、道德情感都要通过道德行为体现出来，道德行为无疑对测量儿童道德共识具有重要意义。本量表中道德行为共识维度主要通过六个项目反映儿童的利他行为，便于教育者把握儿童道德行为层面的发展水平，及时加以引导或干预。

针对因子提取结果与理论构想不同这一问题，我们深入探究量表内容发现，体现道德意志的相关题目与其他维度发生了一定程度的融合，

---

[1] 王立菲：《我国小学生道德情感发展研究述评与展望》，《当代教育论坛（学科教育研究）》2007年第10期。

尤其是在道德情感和道德行为两个维度上。这一现象与以往研究成果相一致。例如，潘菽、林崇德等研究者指出，道德的心理结构包含道德认知、道德情感及道德行为三个部分。道德意志往往作为一种驱动力影响着道德情感，并显现于道德行为方面。因此，本书的数据分析结果显示道德共识分为三个维度，具有其合理性。实质上，这一现象在一定意义上体现出儿童视角下的道德共识结构与成人存在差异。在成人视角下，道德共识被精分为四个维度，道德意志独立于其他三个维度。在儿童的世界里，还未能区分出道德意志，没有出现并不意味着不存在，而是与其他维度存在一定程度的融合。儿童和成人之间可能存在某种差距，导致了此种差异。但是这种差距是什么呢？为什么是道德意志而不是其他维度？这些问题都值得我们深思。

第三，量表内容反映出儿童道德共识，亦是儿童道德发展中所关注的重点。

以往的研究较多以思辨的方式研究道德共识，较少关注儿童道德共识，本书立足"新的道德共识观""儿童观"和"儿童道德观"，尝试从多个角度构建儿童道德共识量表。量表内容反映出儿童道德共识也是儿童道德发展中所关注的重点，例如，儿童会关心个人和群体（家人、学校同侪、社会大众）的关系，从其在认知上的思考，情感上的反映，到身体力行的适当道德行为，都表示儿童具备一定的道德思想和道德主动性，有其独特的道德关注点。另外，本儿童道德共识量表中的题目及其设计理念均取自儿童的共同信念，故能客观地反映儿童眼中道德共识的现实样态。因此，在道德教育教学实践中，本量表可直接运用于儿童道德共识的测量，把握儿童道德共识的发展水平，以便于有针对性地引导儿童的道德发展。

（2）结论

经过细化核心概念、建立题库、形成预试版量表、预测、修正及正式施测等一系列严谨的编制工作，可证明本书研制的儿童道德共识量表重视儿童的主体性,其内容可反映儿童道德共识内涵,且具有良好的信效度,是值得推荐的研究儿童道德共识的有效工具。

二 儿童使用新媒体接触情况问卷编制

(一) 理论基础

使用与满足理论是传播学上运用范围很广的理论。区别于其他传播学理论,它从受众的立场出发,以受众的心理需求和心理动机为切入点,结合社会学和心理学相关知识,对人们使用媒介以得到满足的行为进行解释,提出了受众接受媒介的社会原因和心理动机[1]。简言之,使用与满足理论关注人们为什么使用媒体以及想要满足什么。研究此理论的代表人物麦奎尔[2]将媒体与人的互动关系分成了四类:娱乐、人际关系、自我认同以及信息查询。类似地,有的学者将媒体的使用划分为娱乐消遣、社会效用、个人认同以及信息搜寻[3]。另外,Rubin[4]提出"三分法":娱乐消遣、社会或人际效用、信息搜寻。

(二) 问卷结构

基于使用与满足理论,本书借鉴了 Hendriyani, Ed Hollander, Leen d'Haenens 和 Johannes W. J. Beentjes 研制的"印尼儿童使用新媒体情况的问卷"[5],并根据我国实际情况稍作修改,最后确定了"儿童使用新媒体情况问卷",即以电视、手机、电脑为载体,主要测量儿童对新媒体的接触情况、使用及规则、动机和态度等(见表3-5)。

---

[1] 曹钦、原辰辰:《"使用与满足"理论文献综述》,《东南传播》2013年第12期。

[2] McQuail, D., *McQuail's Mass Communication Theory*, Singapore: Sage Publications Ltd., 2005, p. 425.

[3] Ruggiero, T. E., "Uses and Gratifications Theory in the 21st Century", *Mass Communication & Society*, Vol. 3, No. 1, 2000, pp. 3-37.

[4] Rubin, A. M., "The Uses-and-Gratifications Perspectives of Media Effects", In J. Bryant & D. Zillmann (Eds.), *Media Effects: Advances in Theory and Research*, 2002, pp. 525-548.

[5] Hendriyani and Hollander, E. and d'Haenens, L., et al., "Children's Media Use in Indonesia", *Asian Journal of Communication*, Vol. 22, No. 3, 2012, pp. 304-319.

表 3-5　　　　　"儿童使用新媒体情况问卷"结构

	考察维度	对应题序	题目形式	备注
儿童使用新媒体情况的调查问卷	形式	1	多选	
	接触情况	2	多选	
	依赖情况	3	单选	
	内容	4	多选	
	做法	5	单选	
	影响	6	多选	
	目的	7、8、9	多选	分别考察手机、电脑、电视三种媒体
	是否陪同	10、11、12	多选	
	地点	13、14、15	多选	
	用途	16、17、18	多选	
	时长	22、23	单选	周末/上课日
	态度	19、20、21	单选	父母态度
		24	(5点量表)	个人态度

（三）项目修改及预测

为了使"儿童使用新媒体情况问卷"能更加有效地测量当下 3—9 年级儿童使用新媒体的现状，本书查阅了大量相关文献以了解目前国人普遍使用的新媒体是什么。与此同时，随机抽取部分 3—9 年级中小学生进行访谈，大致了解儿童群体中新媒体的使用情况。围绕儿童使用新媒体的时长、用途、目的以及对新媒体的态度等维度共设计 24 道题。为了考察题目的适切性和可读性，课题组在 3—9 年级中每个年级随机抽取 2 位学生进行访谈，修改中小学生不易理解或存在歧义的题目，特别是不契合儿童实际情况的题目。例如，由访谈得知，儿童在上课日和周末使用新媒体的时长存在很大差异，故我们将分别考察其上课日和周末使用新媒体的时间。另外，先后延请心理学和传播学的专家对各项目进行评议，修改存在意义交叉、模糊或重复等问题的题目，将儿童对新媒体态度的题目（24题）编制成 Likert 五级量表，将每个项目在符合程度上划分为完全同意、基本同意、不确定、基本不同意、完全不同意，并依次赋值为5分、4分、3分、2分和1分。

随后，本问卷随"儿童道德共识量表"一起参与预测试。

三 正式问卷施测过程

（一）施测方法及对象

经过多次修改及预测试，课题组携正式版"新媒体背景下儿童道德共识现状调查问卷"于2016年4月至5月奔赴江西、安徽、广东、江苏、吉林和台湾六个地区范围内展开调查，之所以选择这六个地区主要是因为考虑到这六个地区基本代表了我国北部、中部、南部，可以确保样本分布的全面性和合理性。本次调查依然采用分层抽样的方式，在选取学校时，根据不同的办学水平，在每个目标地区的城区和农村按照优质学校和普通学校的标准分别随机抽取中学和小学，即每个目标地区选取8所中小学（两所城区优质中小学和两所城区普通中小学；两所农村优质中小学和两所农村普通中小学）（抽样分布详见表3-6）。从所选学校3—9年级的每个年级中随机抽取20个学生（10男10女），总共发放3360份问卷，回收3360份问卷，其中，有效问卷3277份，占回收问卷的97.53%，被试基本情况统计结果如表3-7所示。

表3-6　　儿童道德共识现状调查抽样计划（以江西省为例）

省别	区域类别	学校类别	是否重点	学校名称	样本量	编号
1. 江西	城市	初中	优质初中		60	101
			普通初中		60	102
		小学	优质小学		80	103
			普通小学		80	104

续表

省别	区域类别	学校类别	是否重点	学校名称	样本量	编号
	乡镇	初中	优质初中		60	105
			普通初中		60	106
		小学	优质小学		80	107
			普通小学		80	108

表 3-7　　儿童道德共识调查对象基本资料统计

项目	基本资料	人数（人）	百分比（%）
年龄（岁）	8	22	0.70
	9	171	5.20
	10	494	15.10
	11	495	15.10
	12	509	15.50
	13	482	14.70
	14	433	13.20
	15	398	12.10
	16	233	7.10
	17	40	1.20
年级	3	456	13.90
	4	466	14.20
	5	469	14.30
	6	464	14.20
	7	472	14.40
	8	476	14.50
	9	474	14.50
性别	男	790	49.50
	女	807	50.50

续表

项目	基本资料	人数（人）	百分比（%）
家庭结构	隔代教养	312	9.5
	与父母同住	2480	75.7
	单亲	485	14.8
成绩	优秀	952	29.1
	良好	1280	39.1
	一般	890	27.2
	较差	155	4.7

（二）施测过程

在正式施测之前，对调查人员就问卷发放及测试过程中的注意事项等问题进行培训，并提出严格要求，采用统一指导语。在问卷调查过程中，课题组调查人员利用课间或自习课时间深入班级，简要说明来意及本次调查的意义，特别强调了本问卷只用作学术研究，结果保密以及填写问卷的注意事项，如匿名填写，真实作答等。在对小学生进行测试时，调查人员对量表进行详细解释，并及时耐心地回答被试疑问，以便被试准确理解，真实作答。测试时间为20—30分钟，问卷当场由课题组调查人员统一收回。

第二节 儿童接触新媒体的情况

一 儿童对新媒体的使用情况

在信息技术快速发展的今天，新媒体已经成为人们生活中的重要组成部分。新媒介环境以多元化的传播内容、复合型的传播途径、虚拟性的传播过程、交互式的传播方式、娱乐化的传播环境[1]等特征将人们带

---

[1] 孙宏艳主编：《新媒介与新儿童》，中国青年出版社2014年版，第5—7页。

入了一个"自由的王国",影响着每一个身在其中的社会成员,尤其是充满好奇心和求知欲,但却缺乏自控能力和鉴别能力的儿童。作为影响儿童成长和发展的重要因素之一,了解儿童使用新媒体的情况是把握儿童道德共识现状的重要前提。

通过发放"儿童使用新媒体情况调查问卷",具体阐述当下儿童接触及使用新媒体的现状,如使用偏好、依赖程度、使用态度和目的等。

(一) 儿童对新媒体的使用偏好

对儿童的调查统计数据显示,在问及"你更喜欢下列哪些媒体类型"时,手机排在首位(32.10%);其次是电视(30.50%);第三位是网络媒体(22.60%);排在最后一位的是纸质媒体(14.80%)。而手机也是儿童最常使用的新媒体,接下来依次是电视(28.30%)、电脑(20%)、平板电脑(13.60%)。

家里甚至儿童房间是儿童使用新媒体的主要地点(如图3-2所示),也有相当一部分儿童倾向于在同伴家里使用这些新媒体。值得注意的是儿童自己的房间是一个相对私密的空间,而选择在他们自己房间使用这些新媒体的儿童所占比例高居第二位,这是一个有意思的趋势。另外,部分儿童(12.80%)会选择在路上使用手机,以及9.10%的儿

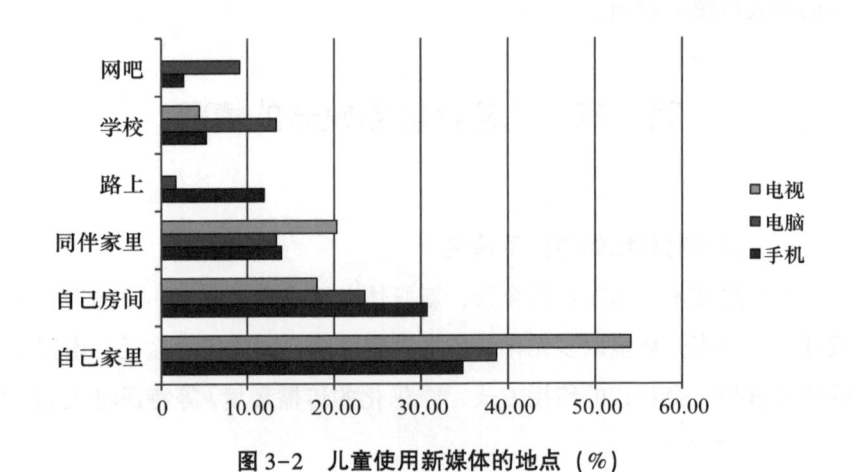

图3-2 儿童使用新媒体的地点(%)

童会去网吧使用电脑,这也要引起我们的注意。

在使用这些新媒体的主要用途上,儿童更倾向于用手机听音乐(11.90%),在电脑上查找学习资料(14.60%),而将近四成的儿童倾向于在电视上看新闻(38.10%)(具体如图3-3所示)。可能是因为手机的功能相对齐全,儿童使用手机的主要用途较为多元。手机的最基本功能——接打电话居于第二位(11.30%),接下来是拍照功能(11.20%),而主要将手机用于聊天交友的儿童占9.40%,用手机玩游戏以及更新微博、空间、朋友圈的儿童均占9%。同样地,电脑的用途也是多种多样。由图3-3可知,儿童主要使用电脑查找学习资料(14.60%),但紧随其后的是玩游戏(14%),然后是看视频(12.50%),听音乐(9.90%),收发邮件(8.80%)。电脑的用途繁多,对儿童来讲,其主要用途的前两种存在着极大的反差,这是个值得考究的现象。相较于前两者,电视对儿童而言,其用途比较集中,主要是看

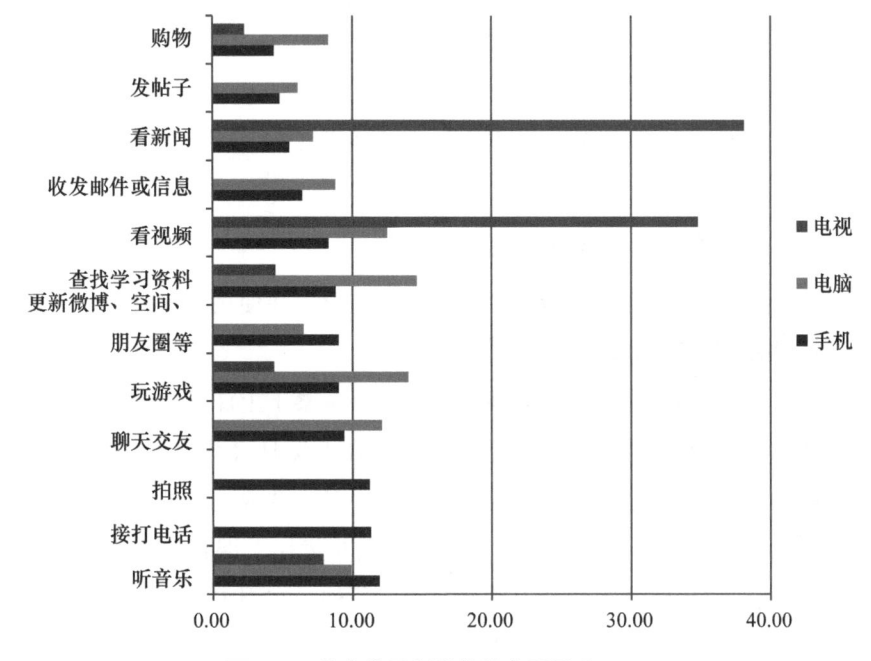

图3-3 儿童使用新媒体的主要用途(%)

新闻（38.10%）；其次是看视频（34.80%）和听音乐（7.90%）。

然而，当问及儿童喜欢的电视节目类型是什么的时候，时政新闻类节目排在第五位，占总样本的10.10%，而前四位依次是休闲娱乐类（25.60%）、动漫动画类（19.20%）、悬疑推理类（14.70%）、武打动作类（11.50%）（见图3-4）。儿童主要通过电视收看新闻，但是最喜欢的节目却不是时政新闻类，这又是为什么呢？

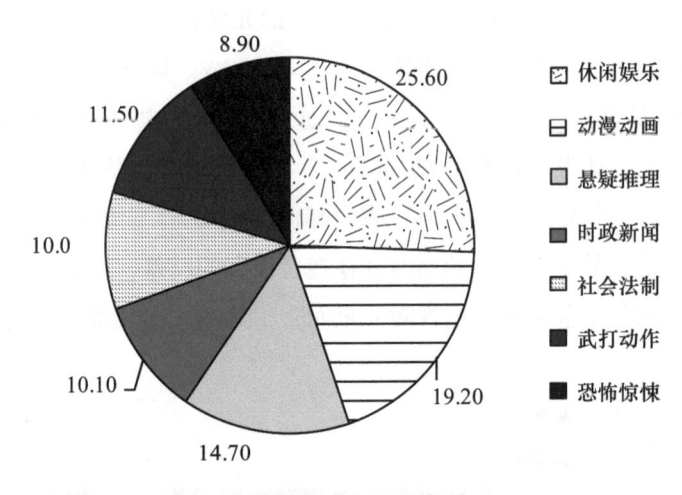

图3-4 喜欢的电视节目类型（%）

（二）儿童对新媒体的依赖程度

关于儿童对新媒体的依赖程度，本书主要关注使用网络的时长，不接触网络的忍耐时间以及使用地点等方面。

在儿童使用网络的时长方面，本书重点考察了上课日和周末儿童在浏览网页、玩网游等活动上花费的时间。在上课日（详见图3-5），四成左右的儿童在网络上花费的时间少于1小时，两成左右的儿童在网络上花费的时间在1—3小时，也有两到三成儿童在上课日从不在浏览网页、看视频或玩网游等活动上花费时间。另外，在周末，儿童花费在网络活动上的时间相较于上课日均有所增加（详见图3-6）。总体上看，大部分儿童花费在网络上的时间长度比较适宜。

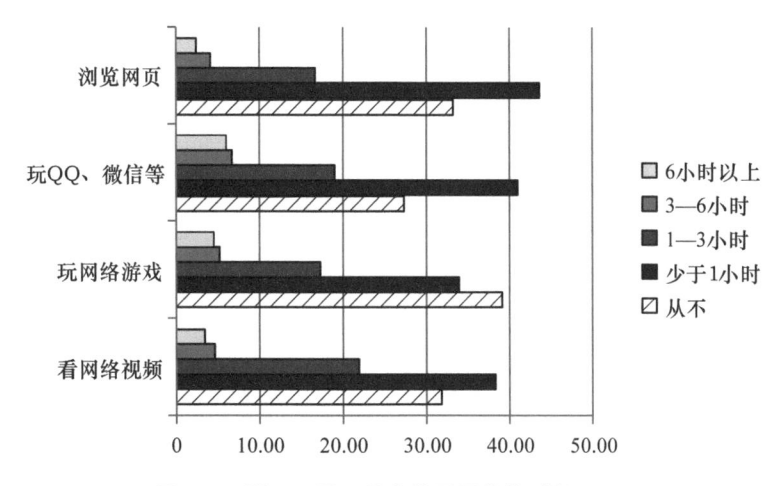

图 3-5 周一至周五儿童使用网络的时长（%）

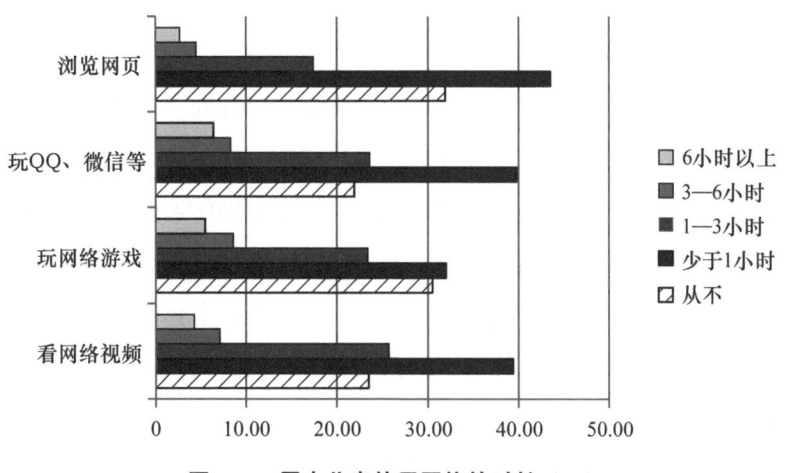

图 3-6 周末儿童使用网络的时长（%）

由图 3-7 可知，接近四成的儿童（39%）可以 1 个月以上不接触网络，而将近 3 成的儿童（28.60%）可以忍耐 1 周至 1 个月不接触网络，将近两成的儿童（19.20%）只能忍耐 3—7 天，更有甚者，有 13.20% 的儿童只能忍耐 1—3 天不接触网络。

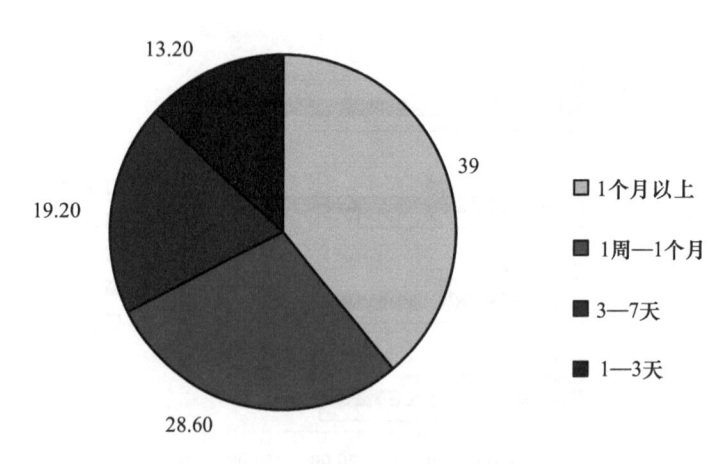

图 3-7 不接触网络的忍耐时间 (%)

二 儿童使用新媒体的目的及影响

使用与满足理论指出，受众使用和接触媒体是为了满足自身需要，如人际交往需求、认知需求、娱乐消遣需求等。为此，本书考察了儿童使用新媒体的目的，以及新媒体对儿童的影响。统计结果显示，儿童使用手机主要是为了休闲娱乐（21.60%）；为了帮助学习的儿童也不在少数，占总样本的 17.40%；再者就是为了扩大人际交往（15.50%）和了解社会动态（14.20%）。类似地，儿童使用电视以求休闲娱乐的比例最高（21.40%）；紧随其后的是了解社会动态（21.20%）。通过看电视来打发时间（20%）和拓宽视野（17.30%）的儿童也占较大比例。然而，儿童使用电脑的主要目的是帮助学习（20.40%），而不是休闲娱乐（18.70%）（见图3-8）。总体而言，儿童使用新媒体主要还是为了休闲娱乐，满足其娱乐消遣的需求。

当问及新媒体对其影响的时候，25.70%的儿童选择知识储备；22.1%的儿童认为是言谈举止；有 21.30%和 14.20%的儿童认为新媒体分别影响了他们的是非判断和待人接物能力；还有部分儿童认为新媒体影响了他们的穿衣打扮（9.50%）和购物习惯（7.10%）（见图3-9）。

图 3-8　儿童使用新媒体的目的（%）

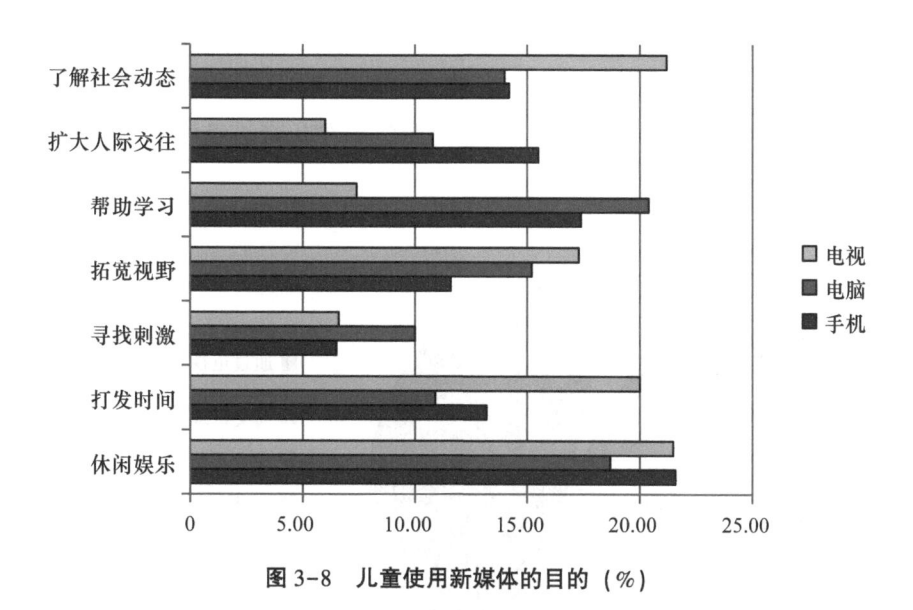

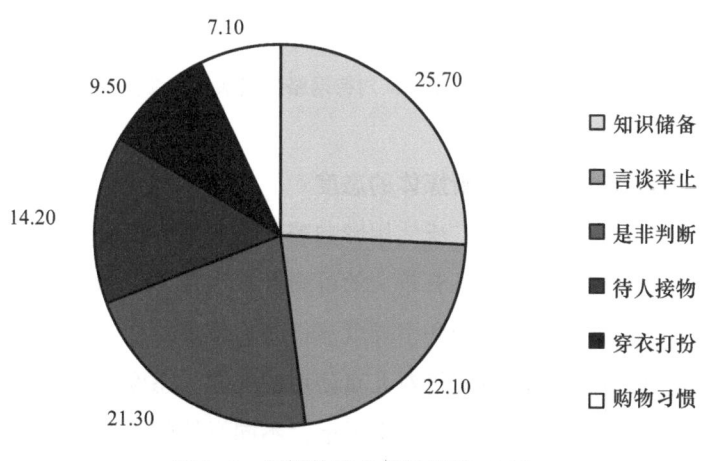

图 3-9　新媒体对儿童的影响（%）

由此可见，新媒体带给儿童的影响是方方面面的。

很多儿童反映说新媒体影响了他们的是非判断能力，基于此，进一步考察儿童是如何处理网络热点事件的。如图 3-10 所示，面对网络热点事件，12.10%的儿童会直接选择完全不信，超过 40%的儿童倾向于通过电视或网络求证其真伪。在向他人求证的选项中，将近三成的儿童（28.30%）会选择向父母求证；其次是向朋友求证（8.40%），选择向老师求证的占比最少（3.60%），这说明父母在儿童心里的权威性和信赖度较高。

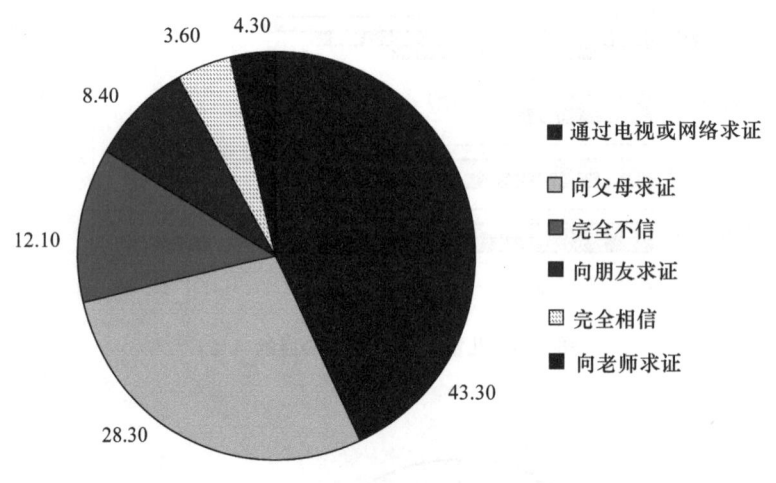

图3-10 儿童如何对待网络热点事件（%）

- 通过电视或网络求证 43.30
- 向父母求证 28.30
- 完全不信 12.10
- 向朋友求证 8.40
- 完全相信 4.30
- 向老师求证 3.60

三 父母对儿童使用新媒体的态度

当今社会，新媒体的广泛使用影响着儿童的方方面面，而儿童处于道德行为习惯的养成期，具有较大的可塑性，也极易受到外界影响，这时候父母等重要他人的监护和引导就显得尤为重要。故本书对儿童常与谁一起使用新媒体，以及父母对儿童使用新媒体的态度进行考察。

在关于和谁一起使用新媒体选项上，不同媒体的使用情况不同：手机和电脑的使用情况相似，大多数儿童都独自一人使用手机（37.80%）和电脑（36.50%）；将近三成的儿童经常和同学伙伴一起使用手机（28.40%）和电脑（28.10%）；排在第三位的是父母；有27.30%和20.3%的儿童常与父母一起使用手机或者电脑。少数儿童经常和教师一起使用手机（6.50%），而和教师一起使用电脑的儿童较多，占15.20%，这应该和学校开设计算机课有关。在选择和谁一起看电视的选项中，大部分儿童（45.80%）与父母一起使用电视，有超过三成（32.00%）的儿童选择独自一人看电视，最后有 17.90% 和 4.20% 的儿童选择与同学和教师一起看电视（见图 3-11）。

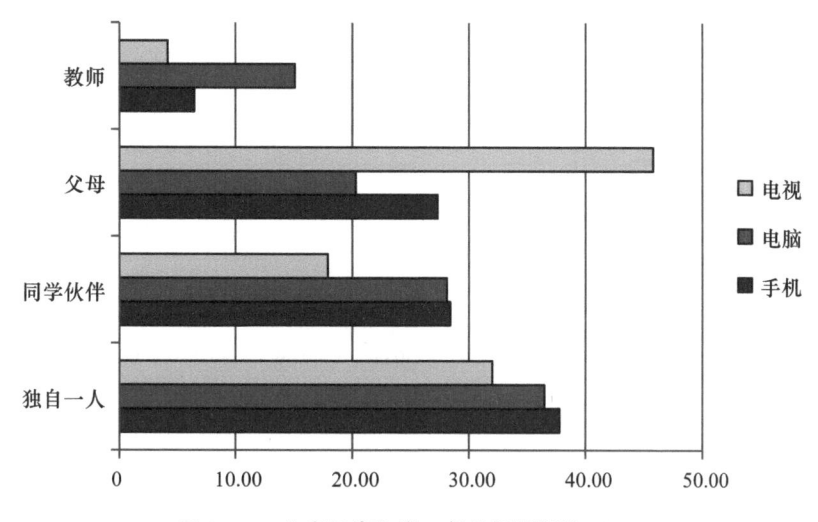

图 3-11 儿童经常和谁一起使用新媒体（%）

如图 3-12 所示，在父母对儿童使用新媒体的态度的选项中可以发现，大多数父母允许儿童使用新媒体，但会限制使用时间（手机 51.00%，电脑 50.80%，电视 42.20%）；少数父母会限定内容，如 13.90% 的家长会在孩子使用手机的时候限定内容，14.30% 的家长会在孩子使用电脑的时候限定内容，9.00% 的家长会限定孩子看电视的内容；少数家长选择陪同孩子一起使用新媒体（手机 9.40%，电脑 12.70%，电视 7.70%）。同样地，也有少数家长不准孩子使用新媒体（手机 9.90%，电脑 8.40%，电视 4.20%）。相反地，有部分的家长对于孩子使用新媒体持不干涉或者说放任不管的态度，主要体现在使用电视方面，有 37.00% 的家长不干涉孩子看电视。其次有 15.70% 和 13.80% 的家长允许儿童使用手机和电脑。总之，在对儿童使用新媒体方面，家长的态度各不相同，究竟什么样的态度是比较恰当的呢？

第一部分　新媒体与儿童道德期待

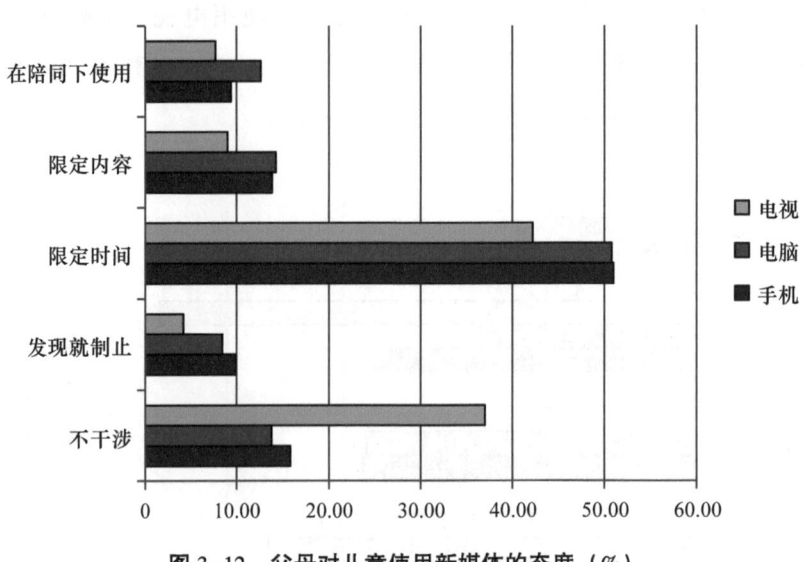

图 3-12　父母对儿童使用新媒体的态度（%）

四　小结

在儿童使用新媒体的偏好方面，相较于电脑和电视，手机是儿童最喜欢也是最常用的新媒体。家里甚至其房间是儿童使用这些新媒体的主要地点。儿童更倾向于用手机听音乐，在电脑上查找学习资料，在电视上看新闻，但最喜欢的电视节目类型却是娱乐休闲类节目。

在儿童对新媒体的依赖程度上，大部分儿童使用网络的时长比较适宜，但相比儿童所进行的各种网络活动，花费在玩 QQ、微信上的时间最多。儿童在周末花费在各类网络活动上的时间有所增加，其中，花费在玩网络游戏上的时间涨幅最大。至于隔绝网络的忍耐时间长度，虽然有四成的孩子可以一个月以上不接触网络，但只能忍耐 1—3 天的儿童仍占到一成以上，甚至有一成以上的儿童在路上使用手机。可见，儿童依赖新媒体的趋势已初露端倪。

儿童使用新媒体的主要目的是休闲娱乐，满足其娱乐消遣的需求。在新媒体的影响方面，分别有两成以上的儿童认为新媒体的使用影响到了他们的知识储备、言谈举止以及是非判断。而进一步考察其处理网络热点事件的方式发现，四成以上的儿童选择通过电视或网络等媒体求证；其次是向父母求证；最后是向教师求证。这一现象说明电视或网络等已经成为儿童比较信赖的媒体，超过了传统的教育主力——父母与教师。同样值得注意的是，有一成以上的儿童选择完全不信，少数儿童选择完全相信。

在父母对于儿童使用新媒体的态度及做法方面，研究发现，除了看电视之外，父母较少与儿童一起使用新媒体，将近四成的儿童通常独自一人使用新媒体。而对于儿童使用新媒体的监管方面，大多数父母只是限定使用时间，甚至存在将近两成的父母不干涉儿童使用手机和电脑，不干涉儿童看电视的父母高达四成。同时，存在另一个极端，将近一成的父母不准儿童使用新媒体，发现使用就制止。

第三节　儿童道德共识的基本现状

对儿童接触新媒体的情况进行统计分析发现，新媒体已经逐渐成为儿童生活中的重要组成部分。为了解新媒体时代儿童道德共识的现状，我们将问卷数据输入 SPSS 20.0 软件中进行数据统计与分析，主要采用独立样本 t 检验、方差分析等方法分析儿童道德共识的内容、总体水平以及不同变量影响下所存在的差异。

一　新媒体时代儿童道德共识的主要内容

本书立足于"新的道德共识观""儿童观"和"儿童道德观"视角探讨儿童道德共识。针对新媒体背景下儿童道德共识内容进行考察：首先，课题组围绕"在你眼中，有道德的人是怎样的"等问题随机抽取561 名 3—9 年级中小学生完成开放式问卷，提炼归纳出儿童视域中道德的具体意义以及一些具有共识性的德目。前十位依次是：文明礼貌、助人为乐、善良友爱、诚实守信、孝亲敬长、遵纪守法、拾金不昧、爱护环境、尊重他人、尊老爱幼。随后，课题组将这10项道德品质编制成选择排序型题目进行大规模施测，要求被试选出他们认为重要的5项道德品质并排序。

统计结果显示：在儿童视角下，"孝亲敬长"被认为是最重要的道德品质，在所有参与评选第一重要的道德品质中占24.70%；其次是"诚实守信"，在所有参选第二重要的道德品质中占21.90%；第三位是"文明礼貌"，占所有参选第三重要的道德品质的15.60%；第四位是"尊重他人"，第五位是"助人为乐"，分别占12.50%和20.80%（见表3-8）。基于此，我们可以看到在儿童眼中道德品质的重要性排序依次是孝亲敬长、诚实守信、文明礼貌、尊重他人以及乐于助人。

另外，这五项道德品质均为相应排位范围内所占比例较高者，由它们的百分比变化趋势我们可以看到从排名第一位的"孝亲敬长"到排名第四位的"尊重他人"所占的比例呈减少趋势，这说明儿童在10选5的选择中观点越来越分散，共识度越来越低。但是，在第五位重要的选择上比例有所增高，而且第五位是所要求选择的最后一位，说明将助人为乐排在最后一位的共识度较高，这是一个值得深究的现象。

表3-8 　　　　　 儿童视角下重要的前五项道德品质排序

序列	道德品质	百分比（%）
第一位	孝亲敬长	24.70
第二位	诚实守信	21.90
第三位	文明礼貌	15.60
第四位	尊重他人	12.50
第五位	助人为乐	20.80

二 新媒体背景下儿童道德共识现状总体得分及差异分析

(一) 总体得分结果

儿童的道德共识水平主要包括道德认知、道德情感、道德行为三个维度。这三个维度的得分都高于4分,说明儿童整体的道德共识水平较高。在这三个维度上,道德行为共识得分最高,其次是道德情感共识,最后是道德认知共识;且道德行为共识标准差最低,其次是道德情感共识和道德认知共识(见表3-9)。

表3-9　　　　儿童道德共识水平及各维度总体情况

	道德认知	道德情感	道德行为	儿童道德共识水平
平均数	4.19	4.20	4.48	4.29
标准差	0.60	0.55	0.27	0.54

(二) 不同性别儿童道德共识水平的差异分析

采用独立样本 t 检验分析儿童道德共识是否存在性别差异。分析结果如表3-10所示。不同性别的儿童在道德认知、道德行为以及道德情感总体水平上的显著性 $p=0.000<0.001$,说明在这三个层面男女生的道德共识存在极显著差异。而在道德情感层面性别差异不显著。另外,在各个层面上,女生道德共识的均值都高于男生,表明无论在哪个层面,女生相较于男生可能具有较高的道德共识水平。

表3-10　　　　儿童道德共识水平的性别差异检验

儿童道德共识	性别	人数	均值	均值差	T值	显著性
道德认知	男	1626	4.420	-0.119	-6.611	0.000
	女	1651	4.539			

续表

儿童道德共识	性别	人数	均值	均值差	T 值	显著性
道德情感	男	1626	4.177	-0.041	-1.585	0.113
	女	1651	4.217			
道德行为	男	1626	4.116	-0.155	-7.431	0.000
	女	1651	4.271			
总体水平	男	1626	4.270	-0.118	-6.577	0.000
	女	1651	4.388			

（三）不同学段儿童道德共识水平的差异分析

由表 3-11 可知，不同学段的儿童在道德认知、道德情感、道德行为以及道德共识总体水平上存在显著差异。且在各个维度上，小学生的均值都高于中学生，表明无论在哪个层面，小学生的道德共识水平可能略高于中学生。

表 3-11   儿童道德共识发展水平的学段差异分析

儿童道德共识	学段	人数	均值	均值差	T 值	显著性
道德认知	小学	1855	4.555	0.173	9.510	0.000
	中学	1422	4.382			
道德情感	小学	1855	4.313	0.267	10.362	0.000
	中学	1422	4.046			
道德行为	小学	1855	4.281	0.200	9.593	0.000
	中学	1422	4.081			
总体水平	小学	1855	4.416	0.199	11.181	0.000
	中学	1422	4.216			

（四）不同家庭结构儿童道德共识水平的差异分析

家庭结构是以家庭中夫妻对数和代数为依据划分的。本书涉及的家庭结构类型分别是核心家庭、隔代家庭以及空床家庭。其中，核心家庭指由一对夫妻及其未婚子女组成的家庭，即与父母同住者；隔代家庭指由老人夫妻或老人自己及其孙子女组成的家庭，即与祖父母同住者；空床家庭指配偶一方长期外出、分居或离异的单亲家庭[①]，本书中指与父/母同住者。考察儿童道德共识水平在不同家庭结构上的得分是否存在差异，分析结果如表3-12所示。

表3-12　　儿童道德共识均值在家庭结构变量上的差异

	家庭结构	N	均值	标准差	标准误
道德行为	隔代家庭	312	4.0561	0.65611	0.03714
	核心家庭	2480	4.2316	0.57998	0.01165
	空床家庭	485	4.0931	0.6386	0.029
	总数	3277	4.1944	0.60004	0.01048
道德情感	隔代家庭	312	4.0983	0.77355	0.04379
	核心家庭	2480	4.2298	0.71934	0.01444
	空床家庭	485	4.0935	0.80086	0.03637
	总数	3277	4.1971	0.73923	0.01291
道德认知	隔代家庭	312	4.3626	0.61613	0.03488
	核心家庭	2480	4.5073	0.49304	0.0099
	空床家庭	485	4.4155	0.55187	0.02506
	总数	3277	4.4799	0.51718	0.00903
道德共识总体水平	隔代家庭	312	4.2078	0.58285	0.033
	核心家庭	2480	4.361	0.49498	0.00994
	空床家庭	485	4.2449	0.54853	0.02491
	总数	3277	4.3292	0.5151	0.009

---

① 彭渝、懋彬：《当代中国家庭结构的变化及子女的社会化环境》，《社会科学研究》1994年第6期。

由表 3-12 可知，在道德认知、道德行为以及道德共识总体水平上，核心家庭儿童的得分最高，其次是空床家庭的儿童，得分最低的是隔代家庭的儿童。而在道德情感层面隔代家庭的儿童得分略高于空床家庭的儿童。

对处于不同家庭结构中儿童的道德共识水平进行单因素方差分析，分析结果如表 3-13 所示。

表 3-13　　不同家庭结构中儿童道德共识水平的单因素方差分析

		平方和	df	均方	F	显著性
道德行为	组间	14.372	2	7.186	20.193	0.000
	组内	1165.138	3274	0.356		
	总数	1179.510	3276			
道德情感	组间	10.913	2	5.456	10.040	0.000
	组内	1779.296	3274	0.543		
	总数	1790.209	3276			
道德认知	组间	8.164	2	4.082	15.396	0.000
	组内	868.090	3274	0.265		
	总数	876.254	3276			
道德共识总体水平	组间	10.558	2	5.279	20.129	0.000
	组内	858.655	3274	0.262		
	总数	869.213	3276			

由表 3-13 可知，处于不同家庭结构中儿童的道德共识水平在各个层面上都存在显著差异（$p=0.000<0.001$）。鉴于此，为进一步了解儿童道德共识水平在不同家庭结构中的具体差异，需进一步对其分别进行平均数差值的多重比较分析（见表 3-14）。

表 3-14　不同家庭结构儿童道德共识水平平均数差值的多重比较

因变量	(I) 家庭结构	(J) 家庭结构	均值差 (I-J)	显著性
道德情感	核心家庭	隔代家庭	0.13155*	0.014
		空床家庭	0.13637*	0.002
道德认知	核心家庭	隔代家庭	0.14468*	0.000
		空床家庭	0.09179*	0.002
道德行为	核心家庭	隔代家庭	0.17550*	0.000
		空床家庭	0.13846*	0.000
总体水平	核心家庭	隔代家庭	0.15324*	0.000
		空床家庭	0.11613*	0.000

说明：*表示均值差的显著性水平小于 0.05（$p<0.05$）。

由表 3-14 可以得出，在道德共识的所有层面（知、情、行、总体）上，核心家庭的儿童和隔代家庭、空床家庭的儿童之间的道德共识水平均值差的显著性系数均小于 0.05，说明存在显著差异。有些维度的显著性系数 p 甚至小于 0.001，处于极显著水平；所以，在道德共识的所有层面（知、情、行、总体）上，核心家庭的儿童道德共识水平均显著高于隔代家庭以及空床家庭的儿童。

（五）不同学业成绩儿童道德共识水平的差异分析

考察儿童道德共识水平在不同学业成绩上的得分是否存在差异，分析结果如表 3-15 所示。

表 3-15　儿童道德共识均值在家庭结构变量上的差异

	学业成绩	N	均值	标准差	标准误
道德行为	优秀	952	4.4343	0.51611	0.01673
	良好	1280	4.2152	0.54464	0.01522
	一般	890	3.9948	0.60636	0.02033

续表

	学业成绩	N	均值	标准差	标准误
	较差	155	3.6946	0.76608	0.06153
	总数	3277	4.1944	0.60004	0.01048
道德情感	优秀	952	4.4646	0.61785	0.02002
	良好	1280	4.2305	0.69005	0.01929
	一般	890	3.9573	0.76099	0.02551
	较差	155	3.6559	0.94389	0.07582
	总数	3277	4.1971	0.73923	0.01291
道德认知	优秀	952	4.6552	0.41603	0.01348
	良好	1280	4.5271	0.44103	0.01233
	一般	890	4.3039	0.57382	0.01923
	较差	155	4.0234	0.71251	0.05723
	总数	3277	4.4799	0.51718	0.00903
道德共识总体水平	优秀	952	4.5436	0.42137	0.01366
	良好	1280	4.3647	0.44561	0.01246
	一般	890	4.1336	0.53939	0.01808
	较差	155	3.8425	0.68192	0.05477
	总数	3277	4.3292	0.5151	0.009

由表3-15我们可以看出，无论在道德共识的任何层面（认知、情感、行为以及总体水平），学业成绩属于优秀的儿童道德共识水平得分最高，其次是学业成绩良好者，再次是学业成绩一般者，最后是学业成绩较差者。也就是说，学业成绩越好的儿童，具备较高水平的道德共识的可能性越大。

对不同学业成绩儿童的道德共识水平进行单因素方差分析，分析结果如表3-16所示。

表 3-16　不同学业成绩儿童道德共识水平的单因素方差分析

		平方和	df	均方	F	显著性
道德情感	组间	166.139	3	55.380	111.607	0.000
	组内	1624.070	3273	0.496		
	总数	1790.209	3276			
道德认知	组间	91.973	3	30.658	127.943	0.000
	组内	784.280	3273	0.240		
	总数	876.254	3276			
道德行为	组间	129.556	3	43.185	134.621	0.000
	组内	1049.954	3273	0.321		
	总数	1179.510	3276			
道德共识总体水平	组间	116.136	3	38.712	168.248	0.000
	组内	753.077	3273	0.230		
	总数	869.213	3276			

由表 3-16 可知，儿童道德共识水平各个层面的得分在学业成绩维度的显著性系数 $p=0.000<0.001$，达到极显著水平。为了进一步考察儿童道德共识水平在不同学业成绩之间的具体差异，需要进一步进行平均数差值的多重比较分析（如表 3-17 所示）。

表 3-17　不同学业成绩儿童道德共识水平平均数差值的多重比较

因变量	(I) 成绩	(J) 成绩	均值差 (I-J)	显著性
道德情感	优秀	良好	0.23417*	0.000
		一般	0.50733*	0.000
		较差	0.80872*	0.000
	良好	一般	0.27317*	0.000
		较差	0.57455*	0.000
	一般	较差	0.30139*	0.001

续表

因变量	(I) 成绩	(J) 成绩	均值差 (I-J)	显著性
道德认知	优秀	良好	0.12805*	0.000
		一般	0.35127*	0.000
		较差	0.63181*	0.000
	良好	一般	0.22322*	0.000
		较差	0.50376*	0.000
	一般	较差	0.28055*	0.000
道德行为	优秀	良好	0.21911*	0.000
		一般	0.43959*	0.000
		较差	0.73973*	0.000
	良好	一般	0.22048*	0.000
		较差	0.52061*	0.000
	一般	较差	0.30013*	0.000
总体水平	优秀	良好	0.17892*	0.000
		一般	0.40998*	0.000
		较差	0.70112*	0.000
	良好	一般	0.23106*	0.000
		较差	0.52220*	0.000
	一般	较差	0.29114*	0.000

说明：*表示均值差的显著性水平小于 0.05 ($p<0.05$)。

由表 3-17 可知，在道德共识的各个层面（知、情、行、总体）上，成绩优秀者的道德共识水平高于成绩良好者，高于成绩一般者，高于成绩较差者；成绩良好者的道德共识水平高于成绩一般者，高于成绩较差者；成绩一般者的道德共识水平高于成绩较差者。也就是说，学业成绩越好者，具备较高道德共识的可能性越大。

三 小结

综上所述，本章主要分析儿童道德共识内容及其在某些变量上存在的差异：

1. 统计结果显示，儿童认为重要的道德品质依次是孝亲敬长、诚实守信、文明礼貌、尊重他人以及乐于助人。

2. 儿童道德共识整体水平较高，在一些变量上存在差异，具体如下：在性别变量上，女生的道德共识水平得分均高于男生；在学段变量上，小学生的道德共识水平得分高于中学生的道德共识水平；在家庭结构变量上，核心家庭的儿童道德共识水平均高于隔代家庭以及空床家庭的儿童；在学业成绩方面，成绩优秀的儿童道德共识水平相对较高，其次是成绩良好者，再次是成绩一般者，最后是成绩较差者。也就是说，学业成绩越好者，具备较高道德共识的可能性越大。

第四节 新媒体与儿童道德共识水平的相关性

随着信息技术的迅猛发展，新媒体已经广泛影响着人们的日常生活，而儿童作为新媒体时代的"原住民"，其道德共识也遭遇了新的境遇。本章将具体阐述使用新媒体对儿童道德共识的影响。

一 不同隔绝网络时间的儿童道德共识水平的差异分析

隔绝网络的时间指个体可以忍耐不接触网络的最长时间。考察儿童道德共识水平在不同隔绝网络时间上的得分是否存在差异，分析结果如表3-18所示。

表3-18　　儿童道德共识均值在隔绝网络时间变量上的差异

	隔绝网络的时间	N	均值	标准差	标准误
道德行为	1—3天	431	3.8971	0.67542	0.03253
	4—7天	630	4.1119	0.59316	0.02363

续表

	隔绝网络的时间	N	均值	标准差	标准误
	1周—1个月	937	4.215	0.55194	0.01803
	1个月以上	1279	4.32	0.56912	0.01591
	总数	3277	4.1944	0.60004	0.01048
道德情感	1—3天	431	3.9265	0.81651	0.03933
	4—7天	630	4.1407	0.70875	0.02824
	1周—1个月	937	4.1949	0.70488	0.02303
	1个月以上	1279	4.3177	0.72425	0.02025
	总数	3277	4.1971	0.73923	0.01291
道德认知	1—3天	431	4.2503	0.60518	0.02915
	4—7天	630	4.4175	0.50723	0.02021
	1周—1个月	937	4.4819	0.50366	0.01645
	1个月以上	1279	4.5866	0.46787	0.01308
	总数	3277	4.4799	0.51718	0.00903
道德共识总体水平	1—3天	431	4.0685	0.58138	0.028
	4—7天	630	4.2608	0.50118	0.01997
	1周—1个月	937	4.3371	0.48907	0.01598
	1个月以上	1279	4.4451	0.47843	0.01338
	总数	3277	4.3292	0.5151	0.009

由表3-18可知，在儿童道德共识的各个层面（知、情、行以及总体水平）上，得分最高的是能够忍耐一个月以上不接触网络的儿童，得分最低的是只能忍耐1—3天不上网的儿童，总体呈现趋势为忍耐不接触网络时间越长，道德共识得分越高。

对不同隔绝网络时间的儿童道德共识水平进行单因素方差分析，分析结果如表3-19所示。

表3-19　不同隔绝网络时间的儿童道德共识水平的单因素方差分析

		平方和	自由度	均方	F	显著性
道德行为	组间	62.962	3	20.987	61.521	0.000
	组内	1116.548	3273	0.341		
	总数	1179.510	3276			
道德情感	组间	52.160	3	17.387	32.741	0.000
	组内	1738.049	3273	0.531		
	总数	1790.209	3276			
道德认知	组间	39.741	3	13.247	51.832	0.000
	组内	836.513	3273	0.256		
	总数	876.254	3276			
道德共识总体水平	组间	49.466	3	16.489	65.834	0.000
	组内	819.747	3273	0.250		
	总数	869.213	3276			

单因素方差分析结果显示，隔绝网络忍耐时间的各个组别在道德共识的各个层面均存在显著差异（$p=0.000<0.001$）。鉴于此，为了进一步了解儿童道德共识水平在不同长度的隔绝网络时间上的具体差异，需进一步对其分别进行平均数差值的多重比较分析（如表3-20所示）。

表3-20　不同隔绝网络时间的儿童道德共识水平平均数差值的多重比较

因变量	（I）忍耐时间	（J）忍耐时间	均值差（I-J）	显著性
道德行为	4—7天	1—3天	0.21477*	0.000
	1周—1个月	1—3天	0.31791*	0.000
		4—7天	0.10314*	0.003
	1个月以上	1—3天	0.42290*	0.000
		4—7天	0.20814*	0.000
		1周—1个月	0.10499*	0.000

续表

因变量	(I) 忍耐时间	(J) 忍耐时间	均值差 (I-J)	显著性
道德情感	4—7 天	1—3 天	0.21421*	0.000
	1 周—1 个月	1—3 天	0.26842*	0.000
	1 个月以上	1—3 天	0.39117*	0.000
		4—7 天	0.17696*	0.000
		1 周—1 个月	0.12275*	0.000
道德认知	4—7 天	1—3 天	0.16717*	0.000
	1 周—1 个月	1—3 天	0.23157*	0.000
	1 个月以上	1—3 天	0.33630*	0.000
		4—7 天	0.16913*	0.000
		1 周—1 个月	0.10473*	0.000
道德共识总体水平	4—7 天	1—3 天	0.19227*	0.000
	1 周—1 个月	1—3 天	0.26854*	0.000
		4—7 天	0.07627*	0.017
	1 个月以上	1—3 天	0.37655*	0.000
		4—7 天	0.18428*	0.000
		1 周—1 个月	0.10800*	0.000

说明：*表示均值差的显著性水平小于 0.05 ($p<0.05$)。

由表 3-20 可知，就道德共识总体水平而言，1 个月以上不接触网络的儿童道德共识均值得分最高，随后得分从高到低依次是 1 周—1 个月不接触网络的儿童，4—7 天不接触网络的儿童，1—3 天不接触网络的儿童。从整体上看，隔绝网络的时间与儿童道德共识水平呈正相关。具体到认知、情感和行为三个维度，道德行为层面的趋势与道德共识总体水平的趋势相同，而道德认知层面与道德情感层面稍有不同。具体而言，在这两个维度上，1 个月以上不接触网络的儿童道德共识水平得分依然是最高的，1—3 天不接触网络的儿童的道德共识水平得分最低。而 4—7 天不接触网络的情况和 1 周—1 个月不接触网络的情况之间没有显著差异。

二 儿童道德共识在处理网络热点事件方式上的差异分析

考察儿童道德共识水平在处理网络热点事件方式上的得分是否存在差异，分析结果如表 3-21 所示。

表 3-21　儿童道德共识均值在处理网络热点事件方式变量上的差异

	处理网络热点事件的方式	N	均值	标准差	标准误
道德行为	完全相信	137	4.0864	0.70453	0.06019
	向父母求证	929	4.2223	0.60625	0.01989
	向老师求证	119	4.2185	0.62276	0.05709
	向朋友求证	275	4.1182	0.55467	0.03345
	通过电视或网络求证	1422	4.2114	0.56408	0.01496
	完全不信	395	4.1506	0.68257	0.03434
	总数	3277	4.1944	0.60004	0.01048
道德情感	完全相信	137	4.0827	0.79601	0.06801
	向父母求证	929	4.2257	0.76463	0.02509
	向老师求证	119	4.2409	0.65946	0.06045
	向朋友求证	275	4.1139	0.66236	0.03994
	通过电视或网络求证	1422	4.2084	0.69409	0.01841
	完全不信	395	4.1738	0.87301	0.04393
	总数	3277	4.1971	0.73923	0.01291
道德认知	完全相信	137	4.3704	0.62360	0.05328
	向父母求证	929	4.4987	0.52985	0.01738
	向老师求证	119	4.4580	0.50978	0.04673
	向朋友求证	275	4.4082	0.46475	0.02803
	通过电视或网络求证	1422	4.5044	0.47134	0.01250
	完全不信	395	4.4421	0.62202	0.03130
	总数	3277	4.4799	0.51718	0.00903

续表

	处理网络热点事件的方式	N	均值	标准差	标准误
道德共识总体水平	完全相信	137	4.2194	0.61647	0.05267
	向父母求证	929	4.3529	0.52550	0.01724
	向老师求证	119	4.3351	0.49123	0.04503
	向朋友求证	275	4.2539	0.46044	0.02777
	通过电视或网络求证	1422	4.3488	0.47522	0.01260
	完全不信	395	4.2919	0.61487	0.03094
	总数	3277	4.3292	0.51510	0.00900

由表 3-21 可知，在儿童道德共识的各个层面，处理网络热点事件的方式不同，道德共识均值得分也各不相同。整体而言，排在前三位的依次为向父母求证、通过电视或网络求证以及向老师求证，但在道德认知、道德情感、道德行为上三者的排名稍有不同。从总体上讲，排在后三位的依次是完全不信、向朋友求证和完全相信。

对处理网络热点事件不同方式上儿童道德共识水平进行单因素方差分析，结果如表 3-22 所示。

表 3-22　处理网络热点事件不同方式上儿童道德共识水平的单因素方差分析

		平方和	df	均方	F	显著性
道德行为	组间	5.157	5	1.031	2.873	0.014
	组内	1174.353	3271	0.359		
	总数	1179.510	3276			
道德情感	组间	5.077	5	1.015	1.860	0.098
	组内	1785.132	3271	0.546		
	总数	1790.209	3276			

续表

		平方和	df	均方	F	显著性
道德认知	组间	4.858	5	0.972	3.647	0.003
	组内	871.396	3271	0.266		
	总数	876.254	3276			
道德共识总体水平	组间	4.833	5	0.967	3.658	0.003
	组内	864.380	3271	0.264		
	总数	869.213	3276			

由表3-22可知，在道德行为、道德认知以及道德共识总体水平上的显著性系数 p 值均小于0.05，这表明在这三个层面，处理网络热点事件的不同方式各组别之间存在显著的组间差异。但在道德情感维度上，显著性系数 $p=0.098>0.05$，这说明不同方式之间不存在显著差异。基于此，为了进一步了解在道德共识总体水平、道德认知及道德行为层面，处理网络热点事件的不同方式之间的具体差异，需进一步对其分别进行平均数差值的多重比较分析（如表3-23所示）。

表3-23 处理网络热点事件不同方式上儿童道德共识水平均值差的多重比较

因变量	（I）处理方式	（J）处理方式	均值差（I-J）	显著性
道德认知	通过电视或网络求证	向朋友求证	0.09621*	0.027
道德共识总体水平	向父母求证	向朋友求证	0.09904*	0.038
	通过电视或网络求证	向朋友求证	0.09486*	0.030

说明：*表示均值差的显著性水平小于0.05（$p<0.05$）。

由表3-23可知，只有道德认知维度和道德共识水平层面上的部分组别之间存在显著差异。具体表现为，在道德认知维度上，通过电视或网络等媒体求证的儿童，其道德共识水平高于向朋友求证的儿童；在道德共识总体水平上，向父母求证的儿童以及通过电视或网络等媒体求证的儿童，其道德共识水平高于向朋友求证的儿童。

三 儿童道德共识在父母对其使用新媒体态度上的差异分析

父母作为儿童的监护人，他们对儿童使用新媒体的态度（以下简称"父母态度"）对儿童是否能接触新媒体，接触到何种程度，受多大的影响起着重要作用。所以，从父母态度角度考察儿童道德共识水平显得尤为重要。故本书考察儿童道德共识均值在父母态度变量上是否存在差异，统计结果如表 3-24 所示。

表 3-24　　儿童道德共识均值在父母态度变量上的差异

	父母态度	N	均值	标准差	标准误
使用手机 道德行为	不干涉	516	4.0665	0.67294	0.02962
	限定内容	457	4.2578	0.56977	0.02665
	限定时间	1672	4.2135	0.56583	0.01384
	陪同下使用	309	4.2848	0.59457	0.03382
	发现就制止	323	4.1233	0.65782	0.0366
	总数	3277	4.1944	0.60004	0.01048
使用手机 道德情感	不干涉	516	4.0646	0.80861	0.0356
	限定内容	457	4.2305	0.71796	0.03358
	限定时间	1672	4.2364	0.69741	0.01706
	陪同下使用	309	4.2600	0.75522	0.04296
	发现就制止	323	4.098	0.81418	0.0453
	总数	3277	4.1971	0.73923	0.01291
使用手机 道德认知	不干涉	516	4.3602	0.61133	0.02691
	限定内容	457	4.5243	0.48602	0.02273
	限定时间	1672	4.5081	0.48106	0.01176
	陪同下使用	309	4.5275	0.51613	0.02936
	发现就制止	323	4.4168	0.54521	0.03034
	总数	3277	4.4799	0.51718	0.00903

续表

		父母态度	N	均值	标准差	标准误
	道德共识总体水平	不干涉	516	4.2044	0.59725	0.02629
		限定内容	457	4.3784	0.49191	0.02301
		限定时间	1672	4.3562	0.47718	0.01167
		陪同下使用	309	4.3946	0.51834	0.02949
		发现就制止	323	4.257	0.55324	0.03078
		总数	3277	4.3292	0.5151	0.009
使用电脑	道德行为	不干涉	453	4.1100	0.63772	0.02996
		限定内容	467	4.2341	0.58231	0.02695
		限定时间	1664	4.2017	0.57666	0.01414
		陪同下使用	417	4.2722	0.61144	0.02994
		发现就制止	276	4.1039	0.6614	0.03981
		总数	3277	4.1944	0.60004	0.01048
	道德情感	不干涉	453	4.0545	0.81377	0.03823
		限定内容	467	4.2063	0.74378	0.03442
		限定时间	1664	4.2210	0.70995	0.0174
		陪同下使用	417	4.2798	0.70298	0.03443
		发现就制止	276	4.1473	0.79901	0.04809
		总数	3277	4.1971	0.73923	0.01291
	道德认知	不干涉	453	4.4084	0.57036	0.0268
		限定内容	467	4.4874	0.49739	0.02302
		限定时间	1664	4.4872	0.50292	0.01233
		陪同下使用	417	4.5465	0.49666	0.02432
		发现就制止	276	4.4402	0.55916	0.03366
		总数	3277	4.4799	0.51718	0.00903
	道德共识总体水平	不干涉	453	4.2406	0.56705	0.02664
		限定内容	467	4.3484	0.50776	0.0235
		限定时间	1664	4.3394	0.49565	0.01215
		陪同下使用	417	4.4026	0.49536	0.02426
		发现就制止	276	4.2698	0.55919	0.03366
		总数	3277	4.3292	0.5151	0.009

续表

		父母态度	N	均值	标准差	标准误
使用电视	道德行为	不干涉	1211	4.128	0.61205	0.01759
		限定内容	295	4.2023	0.59266	0.03451
		限定时间	1383	4.2577	0.56721	0.01525
		陪同下使用	252	4.1832	0.56696	0.03571
		发现就制止	136	4.1458	0.80006	0.0686
		总数	3277	4.1944	0.60004	0.01048
	道德情感	不干涉	1211	4.1151	0.77565	0.02229
		限定内容	295	4.1559	0.79336	0.04619
		限定时间	1383	4.2897	0.66324	0.01783
		陪同下使用	252	4.164	0.72853	0.04589
		发现就制止	136	4.1373	0.92204	0.07906
		总数	3277	4.1971	0.73923	0.01291
	道德认知	不干涉	1211	4.4374	0.53284	0.01531
		限定内容	295	4.461	0.54502	0.03173
		限定时间	1383	4.5392	0.46611	0.01253
		陪同下使用	252	4.433	0.52101	0.03282
		发现就制止	136	4.3824	0.70968	0.06085
		总数	3277	4.4799	0.51718	0.00903
	道德共识总体水平	不干涉	1211	4.2713	0.53622	0.01541
		限定内容	295	4.3159	0.52828	0.03076
		限定时间	1383	4.3958	0.46381	0.01247
		陪同下使用	252	4.2974	0.50418	0.03176
		发现就制止	136	4.2556	0.70408	0.06037
		总数	3277	4.3292	0.5151	0.009

由表 3-24 可知，在儿童道德共识水平的各个层面（知、情、行）上，父母态度在使用手机和使用电脑方面的影响趋同，具体表征为在陪同下使用手机（电脑）的儿童道德共识水平得分最高，接下来从高到低依次为限定内容、限定时间、发现就制止，得分最低的是父母不干涉儿童使用新媒体的情况。而使用电视的情况与上述影响趋势不太一样，具体而言，父母限定看电视时间的儿童道德共识水平最高，其次是限定内容，接下来依次是陪同下使用、不干涉和发现就制止的情况。

对不同父母态度上的儿童道德共识水平进行单因素方差分析，结果如表 3-25 所示。

表 3-25　不同父母态度上的儿童道德共识水平的单因素方差分析

儿童道德共识		平方和	df	均方	F	显著性
手机	组间	13.369	4	3.342	12.778	0.000
	组内	855.843	3272	0.262		
	总数	869.213	3276			
电脑	组间	7.121	4	1.78	6.757	0.000
	组内	862.092	3272	0.263		
	总数	869.213	3276			
电视	组间	11.236	4	2.809	10.712	0.000
	组内	857.977	3272	0.262		
	总数	869.213	3276			

由表 3-25 可知，不论是使用手机、电脑或电视，父母态度不同，儿童道德共识水平的显著性系数 $p=0.000<0.001$，表明父母态度的不同组别之间存在显著的组间差异。基于此，为了进一步了解道德共识水平在不同父母态度之间的具体差异，需进一步对其分别进行平均数值差的多重比较分析（见表 3-26）。

表 3-26　不同父母态度上的儿童道德共识水平均值差的多重比较

	因变量	(I) 使用手机	(J) 使用手机	均值差 (I-J)	显著性
使用手机	道德行为	限定内容	不干涉	0.19130*	0.000
			发现就制止	0.13452*	0.030
		限定时间	不干涉	0.14698*	0.000
		陪同下使用	不干涉	0.21825*	0.000
			发现就制止	0.16147*	0.013
	道德情感	限定内容	不干涉	0.16589*	0.007
		限定时间	不干涉	0.17184*	0.000
			发现就制止	0.13840*	0.044
		陪同下使用	不干涉	0.19538*	0.005
	道德认知	限定内容	不干涉	0.16412*	0.000
			发现就制止	0.10755*	0.046
		限定时间	不干涉	0.14785*	0.000
		陪同下使用	不干涉	0.16729*	0.000
	道德共识总体水平	限定内容	不干涉	0.17403*	0.000
			发现就制止	0.12146*	0.016
		限定时间	不干涉	0.15178*	0.000
			发现就制止	0.09921*	0.027
		陪同下使用	不干涉	0.19023*	0
			发现就制止	0.13767*	0.013
使用电脑	道德行为	限定内容	不干涉	0.12411*	0.042
		陪同下使用	不干涉	0.16217*	0.003
			发现就制止	0.16832*	0.011
	道德情感	限定内容	不干涉	0.15183*	0.032
		限定时间	不干涉	0.16650*	0.001
		陪同下使用	不干涉	0.22532*	0.000
	道德认知	陪同下使用	不干涉	0.13807*	0.001

续表

	因变量	(I) 使用手机	(J) 使用手机	均值差（I-J）	显著性
	道德共识总体水平	限定内容	不干涉	0.10779*	0.025
		限定时间	不干涉	0.09882*	0.008
		陪同下使用	不干涉	0.16198*	0.000
			发现就制止	0.13277*	0.014
使用电视	道德行为	限定时间	不干涉	0.12966*	0
	道德情感	限定时间	不干涉	0.17465*	0
	道德认知	限定时间	不干涉	0.10178*	0
			陪同下使用	0.10619*	0.027
	总体水平	限定时间	不干涉	0.12448*	0
			陪同下使用	0.09843*	0.041

说明：*表示均值差的显著性水平小于0.05（$p<0.05$）。

由表3-26可知，在儿童道德共识的各个层面（知、行、情、总体水平）上，使用不同新媒体的儿童的道德共识水平有所差异，但大致趋势保持一致。具体来讲，对于使用手机的儿童而言，父母限定内容者、限定时间者以及陪同下使用的儿童的道德共识水平高于父母不干涉和发现就制止的儿童，而这三者之间没有显著的差异。在使用电脑的儿童中，父母限定内容、限定时间或陪同使用的儿童的道德共识水平高于不干涉的情况。另外，在父母陪同下使用新媒体的儿童的道德共识水平也高于发现就制止者。至于使用电视层面，父母限定使用时间的儿童道德共识水平高于不干涉和陪同下使用的儿童。

四　儿童道德共识水平在使用新媒体时长上的差异分析

本书分别从上课日和周末两个时间段考察儿童道德共识在使用新媒体时长的变量上是否存在差异。另外，考虑到儿童思维的具象化特点，主要以看网络视频、玩网游、玩QQ、微信以及浏览网页等活动来代表儿童上网活动。统计结果如表3-27所示。

表 3-27　儿童道德共识均值在使用时长变量上的差异

活动	儿童道德共识		N	均值	标准差	标准误
看网络视频	上课日	从不	1042	4.4190	0.47817	0.01481
		少于1小时	1255	4.3663	0.47629	0.01344
		1—3小时	717	4.2127	0.54449	0.02033
		4—6小时	150	4.1533	0.51525	0.04207
		6小时以上	113	4.0619	0.74597	0.07017
	周末	从不	771	4.4057	0.49383	0.01778
		少于1小时	1291	4.3839	0.48915	0.01361
		1—3小时	841	4.2574	0.51457	0.01774
		4—6小时	234	4.1792	0.52121	0.03407
		6小时以上	140	4.0857	0.66132	0.05589
玩网游	上课日	从不	1282	4.4374	0.46653	0.01303
		少于1小时	1112	4.3405	0.48065	0.01441
		1—3小时	567	4.2105	0.53562	0.02249
		4—6小时	172	4.0913	0.59519	0.04538
		6小时以上	144	4.0315	0.67497	0.05625
	周末	从不	1001	4.4438	0.46437	0.01468
		少于1小时	1049	4.3671	0.47505	0.01467
		1—3小时	766	4.2639	0.52629	0.01902
		4—6小时	282	4.1523	0.56221	0.03348
		6小时以上	179	4.0253	0.64078	0.04789
玩QQ、微信等	上课日	从不	895	4.3698	0.52105	0.01742
		少于1小时	1343	4.3673	0.47702	0.01302
		1—3小时	623	4.288	0.52594	0.02107
		4—6小时	220	4.2193	0.50486	0.03404
		6小时以上	196	4.1378	0.63621	0.04544

续表

活动	儿童道德共识		N	均值	标准差	标准误
	周末	从不	717	4.3442	0.53106	0.01983
		少于1小时	1305	4.3941	0.47586	0.01317
		1—3小时	772	4.3047	0.48120	0.01732
		4—6小时	272	4.2182	0.57843	0.03507
		6小时以上	211	4.1104	0.62962	0.04334
浏览网页	上课日	从不	1090	4.3554	0.51686	0.01566
		少于1小时	1429	4.3464	0.48697	0.01288
		1—3小时	546	4.2692	0.55413	0.02371
		4—6小时	133	4.2079	0.54284	0.04707
		6小时以上	79	4.2062	0.60021	0.06753
	周末	从不	1047	4.3538	0.51875	0.01603
		少于1小时	1424	4.3545	0.48537	0.01286
		1—3小时	570	4.2886	0.52428	0.02196
		4—6小时	148	4.1840	0.55374	0.04552
		6小时以上	88	4.1350	0.69562	0.07415
		总数	3277	4.3292	0.51510	0.00900

由表3-27可知，儿童在进行不同网络活动的时候，花费不同时长，其道德共识水平得分不同。大致趋势为花费时间越多，其道德共识水平得分越低。不过也存在个别例外情况，例如，周末浏览网页少于1小时的儿童的道德共识水平得分略高于从不浏览网页者。

对不同使用时长的儿童道德共识水平进行单因素方差分析，结果如表3-28所示。

由表3-28可知，不论是周末还是上课日，不同使用时长的儿童道德共识水平的显著性系数$p=0.000<0.001$，表明使用新媒体时长不同组别之间存在显著差异。基于此，为进一步了解不同使用时长儿童的道德

表 3-28　不同使用时长的儿童道德共识水平的单因素方差分析

活动			平方和	df	均方	F	显著性
看网络视频	上课日	组间	32.575	4	8.144	31.849	0.000
		组内	836.638	3272	0.256		
		总数	869.213	3276			
	周末	组间	26.281	4	6.57	25.504	0.000
		组内	842.932	3272	0.258		
		总数	869.213	3276			
玩网游	上课日	组间	45.629	4	11.407	45.32	0.000
		组内	823.584	3272	0.252		
		总数	869.213	3276			
	周末	组间	43.278	4	10.819	42.862	0.000
		组内	825.935	3272	0.252		
		总数	869.213	3276			
玩QQ、微信等	上课日	组间	14.325	4	3.581	13.707	0.000
		组内	854.888	3272	0.261		
		总数	869.213	3276			
	周末	组间	19.564	4	4.891	18.835	0.000
		组内	849.649	3272	0.260		
		总数	869.213	3276			
浏览网页	上课日	组间	5.315	4	1.329	5.033	0.000
		组内	863.898	3272	0.264		
		总数	869.213	3276			
	周末	组间	8.92	4	2.23	8.481	0.000
		组内	860.293	3272	0.263		
		总数	869.213	3276			

共识水平的具体差异，需进一步对其分别进行平均数差值的多重比较分析，首先是对上课日使用新媒体不同时长的儿童道德共识均值差的多重比较（如表3-29所示）。

表3-29 上课日使用新媒体不同时长的儿童道德共识水平均值差的多重比较

因变量	(I)	(J)	均值差 (I-J)	标准误	显著性
看网络视频	从不	1—3小时	0.20631*	0.02516	0.000
		4—6小时	0.26571*	0.0446	0.000
		6小时以上	0.35710*	0.07172	0.000
	少于1小时	1—3小时	0.15357*	0.02438	0.000
		4—6小时	0.21297*	0.04417	0.000
		6小时以上	0.30435*	0.07145	0.000
玩网游	从不	少于1小时	0.09691*	0.01943	0.000
		1—3小时	0.22687*	0.026	0.000
		4—6小时	0.34605*	0.04722	0.000
		6小时以上	0.40591*	0.05774	0.000
	少于1小时	1—3小时	0.12996*	0.02672	0.000
		4—6小时	0.24914*	0.04762	0.000
		6小时以上	0.30900*	0.05806	0.000
	1—3小时	6小时以上	0.17904*	0.06058	0.035
玩QQ、微信等	从不	1—3小时	0.08185*	0.02734	0.028
		4—6小时	0.15058*	0.03823	0.001
		6小时以上	0.23208*	0.04867	0.000
	少于1小时	1—3小时	0.07928*	0.02477	0.014
		4—6小时	0.14801*	0.03644	0.001
		6小时以上	0.22951*	0.04727	0.000
	1—3小时	6小时以上	0.15023*	0.05009	0.029
浏览网页	从不	1—3小时	0.08619*	0.02694	0.037
		4—6小时	0.14755*	0.0472	0.045

说明：*表示均值差的显著性水平小于0.05（$p<0.05$）。

由表 3-29 可知，在上课日期间，针对看网络视频的儿童而言，不看网络视频的儿童的道德共识水平高于观看 1—3 小时、4—6 小时以及 6 小时以上网络视频的儿童；而看网络视频少于 1 小时的儿童，其道德共识水平高于选择 1—3 小时、4—6 小时以及 6 小时以上的儿童。在玩网游活动上，从不玩网游的儿童道德共识水平最高，其次是玩网游少于 1 小时的儿童，玩网游 1—3 小时的儿童道德共识水平高于玩网游 6 小时以上的儿童。对于玩 QQ、微信等社交软件的儿童而言，选择从不的儿童和选择少于 1 小时的儿童的道德共识水平相对较高，两者之间没有显著差异；选择 1—3 小时的儿童的道德共识水平高于玩 QQ、微信 6 小时以上的儿童。另外，从不浏览网页的儿童的道德共识水平显著高于选择 1—3 小时和 4—6 小时的儿童。整体而言，除在玩网络游戏的活动方面外（从不玩的儿童道德共识水平最高，显著高于少于 1 小时的儿童），选择从不的儿童和选择少于 1 小时的儿童的道德共识水平较高，且没有明显差异，说明在新媒体上花费适当的时间不会导致儿童道德共识水平明显降低。

相比之下，周末期间儿童花费在新媒体上的时间比上课日期间要多。那么在周末期间使用新媒体不同时长的儿童道德共识水平如何呢？在周末期间，使用新媒体不同时长的儿童道德共识水平均值差的多重比较如表 3-30 所示。

表 3-30 周末期间使用新媒体不同时长的儿童道德共识水平均值差的多重比较

因变量	(I)	(J)	均值差（I-J）	标准误	显著性
看网络视频	从不	1—3 小时	0.14834*	0.02512	0.000
		4—6 小时	0.22650*	0.03843	0.000
		6 小时以上	0.32002*	0.05865	0.000
	少于 1 小时	1—3 小时	0.12653*	0.02236	0.000
		4—6 小时	0.20469*	0.03669	0.000
		6 小时以上	0.29821*	0.05753	0.000
	1—3 小时	6 小时以上	0.17168*	0.05864	0.038

续表

因变量	(I)	(J)	均值差（I-J）	标准误	显著性
玩网游	从不	少于1小时	0.07672*	0.02075	0.002
		1—3小时	0.17993*	0.02402	0.000
		4—6小时	0.29152*	0.03655	0.000
		6小时以上	0.41849*	0.05009	0.000
	少于1小时	1—3小时	0.10321*	0.02401	0.000
		4—6小时	0.21480*	0.03655	0.000
		6小时以上	0.34177*	0.05009	0.000
	1—3小时	4—6小时	0.11159*	0.0385	0.039
		6小时以上	0.23856*	0.05153	0.000
玩QQ、微信	从不	4—6小时	0.12595*	0.04029	0.019
		6小时以上	0.23376*	0.04767	0.000
	少于1小时	1—3小时	0.08934*	0.02176	0.000
		4—6小时	0.17584*	0.03746	0.000
		6小时以上	0.28365*	0.04530	0.000
	1—3小时	6小时以上	0.19431*	0.04668	0.000
浏览网页	从不	4—6小时	0.16976*	0.04826	0.005
		6小时以上	0.21876*	0.07587	0.048
	少于1小时	4—6小时	0.17049*	0.0473	0.004
		6小时以上	0.21948*	0.07526	0.044

说明：*表示均值差的显著性水平小于0.05（$p<0.05$）。

由表3-30可知，与上课日期间相比，周末儿童花费在这些网络活动上的时间增加，部分在上课日期间没有呈现出显著差异的组别会在周末期间显示出差异关系。例如，在看网络视频方面，除从不看的和观看时间少于1小时的儿童的道德共识显著高于其他组之外，观看1—3小时的儿童的道德共识水平也显著高于6小时以上者。在玩网游方面，玩1—3小时的儿童的道德共识水平显著高于玩4—6小时的儿童。在浏览

· 123 ·

第一部分　新媒体与儿童道德期待

网页方面，从不浏览网页或少于1小时的儿童道德共识水平高于浏览网页4—6小时或6小时以上的儿童。

五　儿童道德共识在儿童对新媒体的态度上的差异分析

本书将儿童自身对新媒体的态度分为三个等级：积极态度、中立态度和消极态度。为区别父母态度，将儿童对新媒体的态度简称为"儿童态度"。考察儿童道德共识水平在儿童态度变量上的差异，统计结果如表3-31所示。

表3-31　　儿童道德共识水平在儿童态度变量上的差异

	儿童态度	N	均值	标准差	标准误
道德行为	消极态度	1088	4.1327	0.64359	0.01951
	中立态度	1392	4.1731	0.57544	0.01542
	积极态度	797	4.3158	0.56282	0.01994
	总数	3277	4.1944	0.60004	0.01048
道德情感	消极态度	1088	4.1106	0.81205	0.02462
	中立态度	1392	4.1743	0.70642	0.01893
	积极态度	797	4.3551	0.66358	0.02351
	总数	3277	4.1971	0.73923	0.01291
道德认知	消极态度	1088	4.4365	0.58177	0.01764
	中立态度	1392	4.459	0.49726	0.01333
	积极态度	797	4.5758	0.44044	0.0156
	总数	3277	4.4799	0.51718	0.00903
道德共识总体水平	消极态度	1088	4.2717	0.56345	0.01708
	中立态度	1392	4.3079	0.49585	0.01329
	积极态度	797	4.4451	0.45829	0.01623
	总数	3277	4.3292	0.51510	0.00900

由表 3-31 可知，无论在儿童道德共识水平的哪个层面，对新媒体持积极态度的儿童的道德共识水平最高；其次是对新媒体保持中立态度的儿童；最后是对新媒体持消极态度的儿童。那么，不同组别之间是否存在显著差异呢？对不同儿童态度上的儿童道德共识水平进行单因素方差分析，结果如表 3-32 所示。

表 3-32　　儿童态度上儿童道德共识水平单因素方差分析

		平方和	*df*	均方	*F*	显著性
道德行为	组间	16.517	2	8.258	23.249	0.000
	组内	1162.993	3274	0.355		
	总数	1179.51	3276			
道德情感	组间	28.754	2	14.377	26.722	0.000
	组内	1761.455	3274	0.538		
	总数	1790.209	3276			
道德认知	组间	9.985	2	4.993	18.87	0.000
	组内	866.268	3274	0.265		
	总数	876.254	3276			
道德共识整体水平	组间	14.924	2	7.462	28.598	0.000
	组内	854.289	3274	0.261		
	总数	869.213	3276			

由表 3-32 可知，对新媒体态度不同，儿童道德共识水平之间的显著性系数 $p=0.000<0.001$，属于极显著水平，说明儿童道德共识水平在对新媒体不同态度上存在显著差异。为此，为了进一步了解道德共识水平在不同儿童态度之间的具体差异，需进一步对其分别进行平均数差值的多重比较分析（如表 3-33 所示）。

表 3-33　不同儿童态度上儿童道德共识水平均值差的多重比较

因变量	(I)	(J)	均值差 (I-J)	标准误	显著性
道德行为	积极态度	消极态度	0.18311*	0.02790	0.000
		中立态度	0.14264*	0.02521	0.000
道德情感	积极态度	消极态度	0.24448*	0.03404	0.000
		中立态度	0.18075*	0.03018	0.000
道德认知	积极态度	消极态度	0.13929*	0.02355	0.000
		中立态度	0.11679*	0.02052	0.000
道德共识总体水平	积极态度	消极态度	0.17332*	0.02357	0.000
		中立态度	0.13720*	0.02098	0.000

说明：*表示均值差的显著性水平为 0.05。

由表 3-33 可知，对新媒体持积极态度的儿童道德共识水平得分最高，显著高于持消极态度和中立态度者，但持消极态度和中立态度的儿童的道德共识水平之间没有显著的差异。

六　小结

本书利用单因素方差分析等方法来考察儿童新媒体使用情况与其道德共识水平之间的关系。调查结果显示，儿童接触新媒体程度不一，其道德共识水平之间也存在显著差异。具体而言，就使用时长而言，在上课日或周末，从来不使用新媒体的儿童和使用少于 1 小时的儿童的道德共识水平相对较高；就依赖程度（隔绝网络的时间长度）而言，隔绝网络的时间越长，儿童道德共识水平越高；在处理网络热点事件的方式上，选择向父母求证的儿童以及通过电视、网络等媒体求证的儿童，其道德共识水平显著高于向朋友求证的儿童；就父母态度而言，从整体上讲，父母限定内容者、限定时间者以及陪同下使用新媒体的儿童的道德共识水平高于父母不干涉和发现就制止使用新媒体的儿童的道德共识水平；在儿童对使用新媒体的态度方面，对新媒体持积极态度的儿童道德共识水平得分最高，显著高于持消极态度和中立态度者，而持中立态度的儿童的道德共识水平高于持消极态度的儿童的道德共识水平,但两者之间没有显著的差异。

第五节　儿童道德共识现状的反思

一　研究结论

已有研究显示,截至 2013 年 6 月底,我国网民中 19 岁以下的少年儿童占 24.5%,95.3% 的少年儿童上过网[①]。可见,新媒体环境已经成为我国儿童成长的一个重要空间,本书对儿童使用新媒体的情况以及对其道德共识的影响进行了调查,具体结论如下。

1. 在使用新媒体方面,大部分儿童乐于使用新媒体,主要满足其休闲娱乐的需求,并且新媒体已经影响到儿童的知识储备、言谈举止以及是非判断等方面,儿童对新媒体的依赖已初露端倪。此外,父母较少陪同儿童使用新媒体,大多数父母仅限于限制其使用时间。

2. 在新媒体背景下儿童道德共识现状方面,儿童认为重要的道德品质依次是孝亲敬长、诚实守信、文明礼貌、尊重他人以及乐于助人。儿童道德共识整体水平较高,但在一些人口统计变量上存在差异。例如,女生的道德共识水平得分均高于男生;小学生的道德共识水平得分高于中学生,等等。

3. 在儿童使用新媒体与其道德共识水平之间的相关性方面,儿童接触新媒体程度不一,其道德共识水平之间存在差异。例如,从来不使用新媒体的儿童和使用少于 1 小时的儿童的道德共识水平相对较高;儿童对新媒体的依赖程度越低,道德共识水平越高;父母陪同下使用新媒体的儿童的道德共识水平较高;儿童自身对新媒体的认知越准确,其道德共识水平得分越高。

---

① 孙宏艳主编:《新媒介与新儿童》,中国青年出版社 2014 年版,第 4 页。

二 讨论

(一) 新媒体背景下儿童面临新的道德环境

对新媒体技术发展的迅猛之势我们有目共睹，新媒体对人们日常生活的改变势不可挡。得益于新媒体的广泛使用，人们过去不敢想象的情景逐渐成为现实，所谓"秀才不出门，尽知天下事"便是人们对新媒体技术所带来的便利的恰切描述。然而，以便利为原始动机的新媒体技术在发展过程中却发生了异化，例如，存在着为了博取点击率而夸大事实、故意制造噱头的网站；为了自身利益不顾事实真相，使用各种夸张和偏激的文字来扰乱视听，诋毁雇主对手的网络水军；还有一众不明真相，盲目跟帖或只围观看热闹的吃瓜群众。总之，人人都可以是信息的发布者和传播者，很多人借助虚拟身份为所欲为，无须负责，致使网络世界鱼龙混杂，逐渐变成一个无道德、无主流、无责任的所谓"自由""平等"的世界。不可否认，这就是我们当下所处的新媒体环境，在这个乱象丛生的虚拟世界里，过于自由的信息传播及相对薄弱的监管机制使得新媒体传播中一些道德失范现象降低了受众的道德水平，削弱了受众适应现实生活的能力甚至扰乱了正常秩序，带来负面的国际影响[①]。值得关注的是新媒体正以其自身的特点吸引着越来越多的受众，带来不可估量的影响，特别是对乐于接纳新事物但缺乏自制力和判断力的儿童群体而言，他们极易受到新媒体环境中负面信息的影响。调查表明，手机成为儿童最喜欢也是最常用的新媒体，可见，新媒体在儿童群体中被无障碍地接受并很受欢迎。另外，多数儿童使用新媒体的时长尚处于合理范围，但仍存在一成到两成的儿童只能忍受1—3天不接触网络，还有一成多儿童在路上使用手机。可见，儿童对新媒体的依赖度已初见端倪。不过，在"百度一下，啥都知道"的网络世界，仍有多达63.6%

---

① 彭颜红：《如何有效防止新媒体道德失范》，《传媒》2011年第2期。

的儿童感到网络提供的"信息量太大，很难找到自己真正想要的信息"；40.4%的儿童坦言："经常在网上看到一些对儿童有害的内容"①。

那么，现在与以往儿童道德成长环境相比有什么异同呢？在《娱乐至死》中，尼尔·波兹曼提到印刷术时代是"读文时代"，儿童的道德教育主要通过家长的言传身教与学校德育课程。然而，新媒体时代是"读图时代"，儿童与成人的文化分界被消解，打破了传统道德教育中成人的中心和权威，儿童可以和成人一起分享来自网络世界的海量信息，但相较于成人，儿童道德发展并未成熟，复杂的新媒体环境带给儿童更多的是困惑、迷惘和无所适从。

（二）儿童道德共识在人口统计变量上的差异与成因

1. 性别差异成因分析

儿童道德共识水平在性别变量上存在差异，女生的道德共识水平的得分均高于男生，这与以往研究成果相一致。例如，祁世杰研究发现，在仁爱和非暴力所包含的道德品质维度上，男女生之间的差异最为显著，女生在道德认知和行为上对别人的关怀和友爱，以及在团队合作上表现出的平等意识要明显高于男生。② 性别本是生物学概念，但由于社会环境和文化传统的影响，性别被赋予了更加丰富的意义。因此，笔者认为，女生的道德共识水平得分高于男生主要有以下原因：第一，男女生身心发展不同步。在同龄儿童中，女生比男生身心发育要早一些。所以，在同龄人中女生会显得比男生更加成熟懂事，对于一些道德规范的认可度相对较高。第二，传统的道德文化对男女生的要求不同。我国传统道德文化对女生的要求更加严格，要求"女孩子要有女孩子的样子"，要温婉贤淑、自律自重、乖巧懂事等。而传统道德文化对男生的要求却相对宽容，认为男孩子可以"野"一点，男子汉要顶天立地，

---

① 林频：《上海少年儿童新媒体使用、评价的调查与思考》，《上海青年管理干部学院学报》2012年第3期。
② 祁世杰：《小学生道德品质发展的测评研究》，硕士学位论文，青海师范大学，2012年，第56页。

有本事,甚至"成就大事者,不拘小节"也成为很多男性不遵守道德规范的借口。第三,男女生人格特质不同。吉利根提出男性和女性在人格上存在不同倾向,女性更加注重关怀和人际关系。① 一般地,女生更加平易近人,愿意建立良好的人际关系,也更加服从成人管教,所以女生的道德共识水平更高。

2. 学段差异成因分析

儿童道德共识水平在学段变量上存在显著差异,小学生的道德共识水平高于中学生的道德共识水平。本书的被试为3—9年级儿童,年龄集中在9—16岁,根据科尔伯格的道德发展阶段理论,9—16岁的儿童正处在习俗水平以及向后习俗水平发展的过渡阶段,经历了人际关系和谐定向阶段—社会秩序和法则定向阶段—过渡阶段(属后习俗水平,但尚未具有原则特征)②。因此,在小学阶段,儿童更倾向于得到赞赏和认可,成为成人眼中的"好孩子",服从父母、老师的管教。进入中学阶段,随着年龄的增长,认知能力的发展,生活经验的丰富,儿童自我意识不断增强,面对复杂的道德问题,他们不再对成人言听计从。但是,这个时候儿童尚未真正形成原则特征,很多道德问题让他们感到困惑,尤其是在这个新媒体充斥的时代,良莠不齐的海量信息和多元化的价值取向让他们无所适从,通常情况下社会负面信息对儿童的影响更大。所以,中学生的道德共识水平相对低于小学生。

3. 家庭结构差异成因分析

研究结果显示,核心家庭的儿童道德共识水平均高于隔代家庭以及空床家庭的儿童。在影响儿童成长、发展的社会化环境因素中,家庭是儿童最先接触,也是给予儿童全方位影响的重要因素。相较于隔代家庭和空床家庭,核心家庭的成员关系趋于简化,代际层次简单,家庭运转

---

① Gilligan, C., *A Different Voice: Psychological Theory and Women's Development*, Cambridge, MA: Harvard University Press, 1982.
② 张治忠、马纯红:《皮亚杰与科尔伯格道德发展理论比较》,《扬州大学学报》(高教研究版) 2005年第1期。

机制容易协调，家庭氛围更易和谐。在核心家庭中，父母有时间，也有条件与子女进行高频率的直接互动，有利于建立良好的亲子关系，也有利于培养儿童健全的人格。早在20世纪90年代，彭渝等人的研究就已经提出核心家庭结构对儿童发展的诸多优势，例如，家庭抚养主体单一，对子女的身心成长投入较多；家庭关系单一，内耗较少，对子女的正向投入较多[1]。这些优势有利于提高儿童的自我认同及社会认同感，故道德共识水平较高。在隔代家庭中，通常会因为祖父母一辈不适宜的教养方式，导致儿童身心发展趋于两极化：一种是放纵型，对儿童的过度疼爱使其过于以自我为中心，形成自私、任性等不良性格；另一种是保守型，生怕有什么闪失，事事包办和保护，不利于儿童独立能力、冒险精神以及创新精神的发展。这些均不利于儿童提高道德共识水平。空床家庭往往伴有复杂的家庭关系，父母疲于应对生计或其自身关系等各种问题，疏于对子女的教养。家庭生活模式、父母行为方式及亲子互动模式是儿童日后为人处世的参照系。空床家庭的儿童缺乏家庭温暖和正确的引导，更易受到社会负面信息的影响，从而道德共识水平较低。

4. 学业成绩差异成因分析

调查发现，成绩优秀的儿童道德共识水平相对较高；其次是成绩良好者；再次是成绩一般者；最后是成绩较差者。也就是说，学业成绩越好者，具备较高道德共识水平的可能性越大。究其原因，第一，成绩优秀的学生具有较好的认知理解能力。张军翎对不同学业成绩中小学生的认知因素差异性进行了研究，结果发现，与学优生相比，学困生的认知能力均显著落后[2]。成绩优秀的学生具有较强的认知理解能力，能够对社会普遍认可的具有共识性的道德规范或品质具有较为深刻的理解，便于将其内化吸收。第二，成绩较差的学生自律性相对不足。学业成绩较

---

[1] 彭渝、懋彬：《当代中国家庭结构的变化及子女的社会化环境》，《社会科学研究》1994年第6期。

[2] 张军翎：《中小学生的逻辑推理能力、元认知及注意力水平与学业成绩的比较》，《心理科学》2008年第3期。

差只是一种表象,其背后有着更深层次的原因,比如,缺乏自律性,这就导致学生在面对一些复杂道德问题或诱惑的时候,更易受到负面信息的影响。第三,社会文化环境的影响。儿童所面临的社会环境无非家庭和学校。受传统的社会文化的影响,人们更倾向于喜欢乖巧听话、成绩优秀的学生,所谓"一好遮百丑",只要学习成绩优秀就会得到老师的赞赏和家长的认可,而学习成绩较差的学生往往被忽视,特别是其归属与爱的需要无法得到满足,所以,更容易引发一系列的心理问题,表现出与主流的道德行为准则相背离的行为,例如校园暴力等[①]。

(三) 儿童道德共识与成人对儿童道德期待的对比

以往的研究成果多从成人角度和标准探讨儿童道德教育或儿童道德发展水平,较少立足于儿童的立场,关注儿童道德共识,更少追问儿童对成人普遍认同的道德规范和标准理解多少,吸收多少。然而,本书从儿童的视角出发,考察儿童对道德共识的理解及其与成人的差异。调查结果显示,儿童视角下重要的前五位道德品质依次是孝亲敬长、诚实守信、文明礼貌、尊重他人以及乐于助人,这是儿童依照不同的心理重要性选择的结果,可以发现,在儿童的认知水平和道德理解能力上,前四位道德品质基本上位于"利己不损人"的道德规范底线和边界上,只有排在第五位的乐于助人开始呈现出儿童道德共识从"利己不损人"向"利己利人"转变的趋势。但总体而言,儿童视角下重要的道德品质大体上都属于个人基本的行为规范,是底线伦理的范畴。

那么,儿童道德共识与成人对儿童的道德期待有何差异呢?谢翌等人曾对部分典型德育课程文本进行分析,梳理出德育课程文本中"道德儿童"的理想图景(见图3-13)[②]。由图3-13可知,成人从七个维度对"道德儿童"提出要求。在自我领域,儿童要身心健康;在家庭

---

① 梁晓丽:《我国基础教育阶段学困生的成因分析与转化策略探究》,《洛阳师范学院学报》2016年第8期。
② 谢翌、程雯:《新时期儿童道德期待的课程文本研究》,《中国教育学刊》2016年第12期。

中，儿童要孝亲敬长；在学校里，儿童要尊师爱友；在国家层面，儿童要有国家认同和国际理解；在社会上，儿童要有社会责任；在对待自然方面，儿童要有生态意识；在文化领域，儿童要具备一定的人文底蕴。从总体上看，成人对儿童的道德期待结构完整，方向明确，顾及了儿童发展的方方面面。然而，对于成人的这些道德期待，儿童都理解内化了吗？依据图3-13的结构框架分析儿童眼中的几项重要德目，可以发现：

1. 在范围上，儿童认为重要的几项道德品质大多包含在自我与家庭、与学校的关系中，而自我与国家、与自然、与文化等领域的关系未能进入儿童认为的"重要的"范围。具体而言，儿童重视的几项道德品质均集中在儿童自身与其人际交往范围内的他人的关系上，例如孝亲敬长体现为如何与父母长辈相处，这与儿童日常生活主要的活动范围有密切关系。而与自然、与国家等领域的关系较少涉及，如爱护环境、热爱祖国等道德品质所占比例较低，说明儿童在这些方面的意识仍处于萌芽阶段，还未被儿童重视起来。至于国际理解和人文底蕴等概念对于儿

图3-13　"道德儿童"基本结构

童而言还很陌生。

2. 在精细化程度上，与成人将道德期待细分为多个维度不同，儿童眼中的道德品质趋于综合化。儿童认知和心理发展尚未成熟，对很多事物的认知有限，从归类上看也尚未达到精细化水平。例如文明礼貌，儿童将其解释为向老师问好，不骂人，不乱丢垃圾等，其中包含了学校领域和自然领域两个层面的内容。另外，在他们认为重要的道德品质中，似乎只有"家里"与"家外"的区别，至于"家外"则主要是指学校，学校和社会等概念和界限模糊。例如，对乐于助人的解释既包括给别的同学讲题，又包括扶老奶奶过马路。

综上所述，儿童视域下的重要道德品质与成人对儿童的道德期待存在差异，儿童有符合其发展特点的独特的道德关注点，有别于成人视角下所谓的儿童应该培养的道德品质。究其原因，除了多数研究提到的儿童身心发展特点等因素之外，本书认为，成人与儿童处于不同的时代背景也是重要因素之一。在以互联网技术为基础的新媒体时代，儿童一出生就被各种移动终端包围着，是名副其实的"数字土著"。而成人经历了从传统媒介时代到新媒体时代的转变，只能算是"数字移民"。二者时代背景的不同在一定程度上也会引起道德关注点的不同。

（四）新媒体传播与儿童道德共识之间的作用机制

新媒体传播本身具有涵化功能，长期且潜移默化地影响着人们的认知、情感、思维及行为模式。已有研究成果证明新媒体传播的影响力向日常生活的渗透与扩张已经从媒介和传播角度证明其并不是绝对中立的手段和技术。[1] 客观地说，新媒体传播的涵化影响存在积极的部分，但不容忽视的是其消极的部分，特别是对心智发展和道德成长尚未成熟的儿童而言，新媒体的广泛使用给儿童道德成长带来新的更具挑战的影响。新媒体环境中信息多元化背后的价值多元化容易将儿

---

[1] 徐振祥：《论新媒体传播对青少年个性道德与理性秩序观成长的影响》，《学术论坛》2012年第4期。

童引向道德相对主义。而道德相对主义强调个人的道德空间和道德自由，认为个体才是道德标准的制定者和评价者，不存在普遍适用的道德原则和标准。从本质上讲，道德相对主义是对道德共识的一种瓦解，儿童在新媒体环境中可以"想怎样就怎样"，无须遵守社会道德规范和原则。长此以往，面对网络中的道德失范和价值冲突，儿童缺乏判断力和免疫力，更缺乏共识意识和能力。另外，儿童接触新媒体程度不一，其道德共识水平之间也存在差异。新媒体与儿童道德共识之间的作用机制如表3-34所示。

表3-34　　　　新媒体与儿童道德共识之间的作用机制

	新媒体传播	新媒体使用时长		对新媒体依赖程度		父母对儿童使用新媒体的监管		儿童对新媒体的认知	
		长	短	高	低	合理	缺乏/过度	清楚	模糊
儿童道德共识	-	-	+	-	+	+	-	+	-

说明："-"表示儿童道德共识水平低；"+"表示儿童道德共识水平高。

（五）新时代儿童道德共识的构建

一个社会道德价值功能的实现必然有赖于共识的存在，道德的成长必然是共识的成长。最大共识的道德将获得最大的成长，并以普世道德的名义获得其永久的合法性。基于哈贝马斯的商谈伦理，通常要经过成人与儿童之间"实践的商谈"和"道德妥协"，进而能动地建构一种"非强制性的、有限的、相对的、主体间性"的规则与价值共识，实现不同质态的道德共识之同存。因此，新时代儿童所需要的道德共识必然要以儿童伦理原则做指导，以社会共识（如社会主义核心价值观）为参照，进行缜密权衡并诉诸表决，即观点妥协与多元融合，形成能动的共识。具体而言，儿童伦理规范提倡保护儿童群体利益，重视儿童自身的意义与价值，包含自主原则、公正原则、责任原则、尊严原则等。此

第一部分　新媒体与儿童道德期待

外，道德共识的建构还取决于儿童的社会文化的现实，取决于他们所属的文化传统与生活方式，取决于某一社会多数成员所共享的基本信念和价值观。通过成人与儿童对不同立场和观点进行协调与实践，经由慎重的道德考量，建构一种能动的共识。

第二部分

新媒体时代儿童道德期待的框架构建

第四章

中国文化背景下的儿童道德期待

文化的含义从广义上说是指人类社会实践过程中所创造的物质财富和精神财富的总和。从狭义上说是指社会的意识形态以及与之相适应的制度和组织机构。中华民族有着博大精深的民族文化,厚重的历史渊源,给一代代中华儿女烙上了厚重的传统文化印记,具体体现为中国人内在的精神生活形式,包括价值观念、审美情趣、思维品质等等。

本章主要围绕儒家传统伦理道德思想体系,对其中关于人的道德修养和道德建设的内容进行梳理分析,探究儒家传统伦理思想中的道德期待是怎样的,并在此基础上归纳其关于道德期待的内容与特点。

第一节 儒家传统伦理思想中的道德期待

中华民族有着博大精深的民族文化,厚重的历史渊源,在以宗法关系为纽带的中国传统社会历史演变中,形成了一套庞大的道德文化体系。[①] 春秋时期,孔子创立了儒家学派,提出了儒家的核心思想,在其弟子以及其他学派、各时期人物的继承与发展下,儒家思想逐渐成为我

---

① 张典兵:《中国传统道德文化及其现实转换》,《前沿》2006 年第 11 期。

国传统伦理思想的主流,几千年来影响着中国人的思维方式与做事方式,它具体体现在人们的行为方式、风俗习惯、心理特征、价值观念上,并内化、积淀、渗透于每个社会成员的心理结构之中,为中华民族提供了稳定的价值认同与理论支撑。本节主要聚焦于先秦时期的儒家伦理思想,在对其伦理思想体系进行分析的基础上探寻其关于道德期待的内容与特点。

一 儒家传统伦理思想中的道德期待内容分析

孔子提倡"仁爱","仁"是古代中国人的伦理观念,因儒家的发展而成为中国古代重要的道德标准、人格境界及哲学概念。"仁"本指人与人之间相互亲爱,他把"仁"作为最高的道德原则、道德标准和道德境界,"夫仁者,己欲立而立人,己欲达而达人"代表了一个人的完美道德(《论语·雍也》),他第一个把整体的道德规范集于一体,形成了以"仁"为核心包括孝、悌、忠、恕、礼、知、勇、恭、宽、信、敏、惠等内容的伦理思想结构。"仁"是对子与父、君与臣、国与国关系的伦理总结,具有十分丰富的内容。以儒家传统伦理思想为核心的道德理论体系关注人的发展以及道德修养的建设,着重解决"什么是理想的人、人的价值是什么、如何实现自我的问题"[①],基于这些问题形成了修身成德之学,即由道德修养培养人格,进而在社会中实现自我价值。对儒家传统伦理思想中的儿童道德共识的梳理以先秦时期儒家传统伦理道德思想为主要内容,提取有关道德期待的内容与要求,主要内容为孝亲爱国、忠恕宽容、谦和礼让。

(一)孝亲爱国:反躬自省、尊养父母、推己及人、热爱祖国

孔子认为,道德有它的层次结构。所谓"仁者爱人""孝悌也者,其为仁之本与"(《论语·学而》)。"仁"的低层次是敬爱双亲,中间

---

① 林崇德主编:《21世纪学生发展核心素养研究》,北京师范大学出版社2016年版,第114页。

层次是敬爱兄弟，最高层次则是"泛爱众而亲仁"，敬爱社会大众。

孔子以"仁"为中心提出孝、悌、忠、恕、信、义、敬、诚、温、良、俭、让等一系列德目作为道德教育的内容。"仁"本意是修身，克己，反躬自省，与曾子说的"吾日三省吾身"（《论语·学而》）相呼应，《中庸》也提到："成己，成仁。""仁"是从自己开始修养，而后推己及人。

1. 反躬自省

在儒家看来，道德是人的一种内在的自觉要求，并非社会强加给个体的外在约束力量，因此儒家传统思想重视自我的约束，即自律自省，依靠自我的约束来形成个人、群体与社会之间的和谐关系，保持社会的和谐与稳定的发展。"仁"是孔子认为在社会中该怎样立身处世，如何处理人与人、人与集体、人与社会、人与国家、人与自然之间的关系，所以人首先应该不断地自省，提升自己，自觉地修养处理好各种关系，自觉遵守社会规则和社会规范，自觉遵守社会公德。"立爱自亲始，立敬自长始"（《孔子家语·哀公问政》），孔子说："仁者，人也，亲亲为大。"（《礼记·中庸》）

2. 尊养父母

"孝"是中华民族传统文化与传统道德的基本内容，是道德行为的生长点，是儒家文化中的重要组成部分，是道德情感的起点；"孝"就是一种家族人伦之间的关系，是晚辈对长辈特别是儿女对父母的行为准则，在古代君臣关系中，孝道又可以转换为对国君的忠。在中国几千年的悠久历史中，孝道可以说是中国文化的核心。[1] 古代蒙学注重从小培养儿童对待父母、兄长的孝爱之心，对"孝悌"思想的倡导和颂扬，始终贯穿于各类蒙学文献中。"孝"起源于远古时代人类始祖伏羲、女娲，后历经时代变迁，经各家提升总结成为中国传统文化中的重要组成部分。"孝"字最早见于殷商甲骨卜辞，是一个会意字，东汉许慎在

---

[1] 马祯璘：《孝经中的孝文化》，硕士学位论文，兰州大学，2012年，第9页。

《说文解字》中解释道:"善事父母者,从老省、从子,子承老也。"许慎认为,"孝"字是由"老"字省去右下角的形体,和"子"字组合而成的一个会意字。由"老"与"子"的上下结构组成,像是青年人扶着老年人行走,象征着老少之间建立起来的和谐的人际关系。《尔雅·释训》云:"善父母为孝。"由此,"孝"的基本含义是善于侍奉和赡养父母的意思。"孝敬父母"的传统美德是古代社会在家庭伦理关系中对子女提出的一项最纯朴、最基本的道德要求。中国传统文化中孝的道德内容包含尊养父母、友爱兄弟、尊师崇贤、敬长爱幼、热爱祖国等。在中国传统文化中,狭义的孝是赡养父母,即父母年老后,因身体的衰弱而不能劳动,子女要主动奉养父母,使他们得以安度晚年;广义的孝,指奉献社会,即做一切事情都要合乎道德规范,能受到人们的称赞,使父母在精神上获得安慰和满足。所以孝道的基本内容就包括尊老、敬老、养老、送老。

3. 推己及人

一个人具有仁德,最基本的"亲亲"即孝敬父母。有"亲亲",才能"不独亲其亲,不独子其子",才能"老吾老以及人之老,幼吾幼以及人之幼"(《孟子·梁惠王上》),进而"泛爱众"(《论语·学而》)。儒家的"仁"作为一种道德范畴,指人与人之间的相互友爱、互助与同情等,具备了这些品质,才能心存感恩,爱人如己,为他人着想,从修己出发,不断推进,进而完善自我的道德修养,将对父母、长辈、兄弟、姐妹之间的爱扩大,最终做到"泛爱众"。

4. 热爱祖国

"仁"强调道德修养的开始是修己,通过修养达到人之所以为人的标准,其中就要求自我能正确处理人与自我、人与他人、人与社会的关系,使各个关系达到和谐状态,自觉地遵守社会道德规范;然后才是爱。如何培养爱?孔子认为"立爱自亲始",就是说爱首先要从自己最亲近的人开始,爱自己的父母、长辈、兄长,然后慢慢扩大,再到朋友和其他人,《礼记·礼运》篇说道:"故人不独亲其亲,不独子其子,使老有所终,壮有所用,幼有所长,鳏寡孤独废疾者,皆有所养。"即人不仅要赡养他自己的父母,养育他自己的孩子,年迈却无伴侣的老人、孤儿、残疾的人也应该得到我们的仁爱,这是一种博爱,由修己到爱广大事物的博爱,即"泛爱众",人具备了这种爱的道德修养便会正直无私,为他人考虑,具有较强的集体意识,将爱上升为对祖国的热爱,不断地获得民族自豪感和认同感,增强民族自尊心。儒家思想强调个人要树立远大的志向,公而忘私,胸怀天下,为天下立心,为生民立命,为往圣继绝学,为万世开太平,"乐天下之所乐,忧天下之所忧""位卑未敢忘忧国""家事、国事、天下事,事事关心"。

(二) 忠恕宽容:互不损害、互相谅解、互相宽容、互相关心

如何"爱人"便是"忠恕"之道。尽己之谓"忠";推己之谓"恕"。

1. 互不损害

忠,即为人正直,尽心尽力,有忠于他人、国家之意;恕,即原谅、宽容、理解。儒家道德理论中的"泛爱众"是一个人道德修养的最高境界,它要求人有博爱精神,而这里所讲的忠恕宽容是实现个人最高境界的途径和方法。一个人要真正地做到爱他人,爱社会,爱国家,爱周围的事物,他必须学会用宽容忠恕的心态去面对他人、面对社会、面对国家、面对自己周围的一切事物;去理解他人、社会、国家、事物的不完美之处,所以"忠恕宽容"是自我道德境界到达"博爱境界"的桥梁,正如孔子所言:"子曰:'参乎!吾道一以贯之。'曾子曰:'唯。'子出,门人问曰:'何谓也?'曾子曰:'夫子之道,忠恕而已矣。'"因此,我们应合理处理自己与外界的关系,做到互不伤害。

2. 互相谅解

"己所不欲,勿施于人。"欲:希望;勿:不要;施:施加。即自己不想要的东西,切勿强加给别人。语出《论语·颜渊》篇:"出门如见大宾，使民如承大祭。己所不欲，勿施于人。"孔子在这里强调的是，人在与他人交往时，要将心比心，学会换位思考，体验他人的感受，尊重他人。"己欲立而立人，己欲达而达人。"自己想要的东西也要想到别人，自己想要立得住也要使别人立得住，真诚地对待他人，当要责备他人时自己体验下自己被责备的感受，用自己的真诚去感召人、感化人、塑造人。人与人之间互相谅解，人们就会相安无事、和平共处。

3. 互相宽容

儒家的"恕"要求个人宽容、体谅、关怀他自己周围的人与事、关怀社会与国家，进而关怀整个世界，从而成就个人的宽容美德和生活美德。宽容是人与人交往的重要品质，宽容别人便是宽容自己，宽容是一种理解、一种尊重、一种风度、一种美德。"爱人者，人恒爱之；敬人者，人恒敬之。"（《孟子·离娄下》）

孔子提倡"躬自厚而薄责于人"（《论语·卫灵公》第十五篇）的宽容精神，即做了好事要多想别人，做错了事则要归咎于自己，而不是责怪他人，儒家思想道德的"恕"认为做一个人，尤其是做一个君子，重要的是要严格要求自己，对人则采取宽容的态度，在责备和批评别人的时候应该尽量做到和缓宽厚，这样才能形成宽广、开阔、容忍的胸怀。

4. 互相关心

"夫仁者，己欲立而立人，己欲达而达人。能近取譬，可谓仁之方也已。"（《论语·雍也》）这里所说的便是：有仁爱之心的人，想要自己立得住，也要使别人立得住；想要自己通达，也要使别人通达。助人为乐是中华民族的传统美德，自己帮助了别人，别人也会返回来帮助你，人与人之间便多了份温暖，我们的社会就会更加和谐，我们的世界就会变得更加美好。陶行知说过："唯独从心里发出来的才能打动到心的深处。"所以人与人之间多份真诚、关心，那么每个人的生命都将会焕发出五彩的光芒。

(三) 谦和礼让：谦逊礼貌、平易近人、举止优雅、和睦共处

1. 谦逊礼貌

"礼"是中华民族的传统美德，是以外在形式呈现出来的道德规范。儒家所说的"礼"是指个人的行为准则，是影响人与他人、人与社会关系的重要因素。春秋时期"礼乐崩坏"，社会的阶级关系发生了很大的变化，传统的礼法受到了极大的冲击，臣弑君、子杀父、少欺长等违背礼的行为大量发生，人际关系十分紧张，和谐的社会局面不复存在。《论语·颜渊》中"非礼勿视，非礼勿听，非礼勿言，非礼勿动"强调的就是为人处世的准则，不符合礼的不能看、不符合礼的不能听、不符合礼的不能说、不符合礼的不能动。礼是一种为人的准则与要求，如果人人都遵守礼的话，那么遵守礼节、各司其职的"君君、臣臣、父父、子子""君臣有义、父子有亲、夫妇有别、长幼有序、朋友有信"的社会风尚就会形成，国家就会稳定、社会就会和谐，人与人之间的关系就会和睦。谦逊礼貌是安定有序、和谐和睦局面的重要因素，"谦受益，满招损"说明了谦逊的重要性，礼貌是个人内在的重要修养，表现为尊重、平等地对待人与物，由己到他再到国。

2. 平易近人

"平易近民，民必归之。"（《史记·鲁周公世家》）大意为：君主亲近人民百姓，民众才会归附。平易：原指道路平坦宽广；后比喻态度平和，没有架子，使人容易接近。人是社会里的人，其生命与周围所有的人与物存在着种种交集，有着难以分割的关系，周围的人与事物影响着人的成长。儒家的"礼"是"仁"的外在表现，是个人良好心性的外显表现，人并不是单独地存在于社会中，个人所面对的社会关系是一个同心圆。孔子"仁道"的原则就是以自己为中心，不断地往外推，在同他人的交往中要以礼待人，平易近人，关怀、爱护周围的人与事物，把每一个生物都看成是和自己一样的、享有平等生命的成员。

3. 举止优雅

"礼"在中国古代是封建社会统治者的典章制度和道德规范。它是

维护上层建筑以及与之相适应的人与人交往中的礼节仪式。儒家宣传的礼是维护社会秩序的"贵贱、尊卑、长幼",要求人的生活方式、行为举止符合他们的身份与地位,不可越雷池,不同身份地位的人具有不一样的行为规范和要求,比如,黄色是尊贵的象征,只有帝王才可以使用,用来制作衣物等,另外"礼"对于不同器具的使用也因个人的身份地位而有所不同。"礼"对当时古代的婚丧、嫁娶、祭祀、朝拜等具有相应的要求。作为伦理道德的"礼"的具体内容有"仁、义、孝、敬、恭、谦"等,作为一种待人接物的规范,"礼"也要求人在不同的场合遵守相应的礼仪,待人接物要落落大方,说话谈吐不凡、举止优雅。现代礼仪强调,在不同场合,对不同对象应始终不卑不亢,落落大方,把握好一定的分寸。

4. 和睦共处

古代封建社会的"礼"是为了维护当政者的统治,"礼"的遵循与维护有利于当时政治局面的稳定和社会局面的和谐;正所谓"君君、臣臣、父父、子子""君为臣纲、父为子纲、夫为妻纲",这样有利于国家、社会、家庭、人与人之间的和谐相处,所以当代的"礼"就有讲礼貌、讲礼仪之意。人与人之间的关系小到与家人之间的和睦共处,大到进入社会与他人的和睦相处。"礼"讲究的不仅仅是人与人之间关系的和睦,也是个人内在涵养的彰显,在当今资源紧缺、环境污染、交通拥挤等一系列社会问题面前,相互包容、和睦共处显得尤为重要,保持一种开放、包容、共享、发展的心态显得尤为重要。

关于"孝亲爱国、忠恕宽容、谦和礼让"之间的逻辑关系,有学者论述道:"爱人"的宗旨指向"爱亲","爱亲"即"孝悌",在爱亲的基础上向他人推广便是忠恕,其根本的出发点还是"人",其最终目的就是要善待一切人,使每个人都成为道德上完美的人。在儒家文化为知识分子所设定的"修、齐、治、平"的道德理想或曰社会理想中,贯彻始终的线索仍然是人,而且是有着道德修养的人。首先,将一个完满的道德之身施之于家，建立一个充满伦理温情的家庭或家族伦理秩序；然后，投身于政治，建立一个人人胸怀政治伦理心态的完善的政治秩序；最后，通过实现其"治、平"的理想，从而使他自己的人生境界和道德境界得到提升。这一完整的人生历程始于"人"，最后又终于"人"。[①]

二 儒家传统伦理思想中道德期待的价值取向与特点

春秋战国时期是中国古代从奴隶社会向封建社会过渡的社会大变革时期。为适应这种社会大变革，当时诸子蜂起，百家争鸣，不同的阶级、阶层和政治派别的代言人，面对复杂的社会局势，对人与自然、人与人、人与社会的关系进行了系统分析与重新评估，并根据本阶级和本阶层的现实需要，提出了不尽相同的价值标准和处世原则，出现了一个文化学术空前繁荣的局面。儒家的创始人是孔子，作为儒家学派的创始者，孔子继承和发展了周公的思想，主张"为政以德""克己复礼"和"举贤"；以天命理论为出发点，建立了以仁为核心的思想体系；提倡重义，崇尚中庸，开了儒之先河。孔子死后，儒家学派分为八派，即子张之儒、子思之儒、颜氏之儒、孟氏之儒、漆雕氏之儒、仲良氏之儒、孙（荀）氏之儒、乐正氏之儒八家，其中最重要的是孟氏之儒和荀氏之儒。孟子提出了性善说，要求尽心、知性、知天，大力倡导王道仁政、民贵君轻；荀子则建立了一套以"礼"为核心的政治伦理思想体系，提倡性恶论，主张"明于天人之分"和"制天命而用之"。《易传》则以一阴一阳的变化之道和自强不息的精神丰富了儒家思想。儒家是一个建立在小农经济和宗法血缘基础上的学术流派，它以维护封建社会的人伦和谐与等级秩序为根本目的，以修身、齐家、治国、平天下为终极诉求，对中国古代社会的发展与进步起到了巨大的推动作用。

---

① 张典兵：《中国传统道德文化及其现实转换》，《前沿》2006年第11期。

（一）儒家伦理思想中道德期待的哲学基础：天人合一

自古以来，如何处理人与自然之间的关系一直是人们关注的问题，就人这一主体而言，人并非独立于自然与社会而存在的主体，因而人这一概念之中就自然具有了自然与社会的双重属性，关于如何处理天与人之间的关系，儒家倡导天人和合的观点。《周易》云："有天地然后有万物，有万物然后有男女，有男女然后有夫妇，有夫妇然后有父子，有父子然后有君臣，有君臣然后有上下，有上下然后礼仪有所错。"由此而衍生出的关系法则成为维系社会、规范个人行为的伦理法则。此外，儒家关于天人合一的观点还强调个人应该充分发挥其自我的主观意识协调与他人、社会的关系，同时适应"天"的运行法则，合理地利用自然、改造自然，更要善待和保护自然。

（二）儒家伦理思想中道德期待价值：取向、原则和追求

儒家伦理思想将人置于重要的位置，将善良作为人性的重要内容，也将其作为区分人与动物的标志。道德自觉的人应澄明天道，更应行"人道"，弘扬人的道德主体性，在现实生活中积极行动，担负起个体的使命。这样的天人观落实到人生观中就表现为崇道尚德、厚德载物的人生态度和价值取向。崇道尚德是先秦儒家相沿不替的价值追求，并通过中国历史的发展，成为中国文化的优秀传统。[1] 道德的完善始终是儒家学者所追求的最高理想，在追寻物质生活幸福的基础上，将道德完善作为幸福的本质内容。

"礼"是中国传统文化的重要组成部分，对于社会而言它代表着一种秩序，对个人而言它代表一种行为规范。在儒家传统思想中，"礼"对于稳定社会秩序、构建和谐人际关系起着关键作用。"礼"是诸如君臣、父子、兄弟、朋友之间的和谐人际关系的建立，孔子将其概括为君君、臣臣、父父、子子之间的人际关系，在此基础上将其上升到对于稳

---

[1] 夏忠龙：《先秦伦理思想研究》，博士学位论文，黑龙江大学，2007年，第29页。

定和谐社会的建立,因此从这里可以说"礼"是实现"和"的基础与手段。"和"是人际关系的和谐、社会秩序的稳定,儒家思想的"和"是在道德规范原则下的包容多元,关注整体,即求同存异。历代思想家、政治家强调以"和"维系家庭、管理国家、治理社会,可以说"礼"与"和"是儒家伦理思想的重要组成部分,体现了儒家伦理思想的价值追求。

"义"是兵器。义的本义即以我的力量捍卫神圣美好的东西,后来被引申为道义、正义。"利"从禾,从刀。"利"的本义是"以刀断禾"。在甲骨文中,"利"指用农具收割庄稼,后来被引申为功利、利益。义利探讨的是伦理道德与物质功利之间的问题。人生来便有各种各样的欲望,当欲望得不到满足的时候,"义和利"就有冲突,因此如何引领人们树立正确的价值观,确立正确的义利观就显得尤为重要。从不同角度来说,儒家思想普遍探究的"义利"问题包含道德与功利、公利与私利等的问题,儒家思想强调以道德、公利为先。儒家伦理思想高扬"义",同时也重视"利",认为"利"是义的基础,若是物质财富得不到保证的话,个体很容易做出违反社会规范与"义"要求的事情,因此主张以义制利,以义求利,"义"与"利"二者相辅相成。

(三) 儒家伦理思想中道德期待的人性观:善恶双重

中国古代伦理思想家主要从"善、恶"两个方面谈论人性问题,并以此建构一套合乎人性的社会伦理道德规范体系及人性修养的方法。所以有学者认为,对于"善恶"及人性的讨论是中国伦理思想家建立其伦理思想体系的基石。[①] 人性问题是儒家思想的重要组成部分,比较有代表性的是孟子的"性善论"与荀子的"性恶论"。孟子认为,"恻隐之心、羞恶之心、辞让之心、是非之心",是仁、义、礼、智四种道德的发端,是天赋的、与生俱来的,人生而有之。孟子将人性与道德本

---

① 焦国成:《中国伦理学通论》(上册),山西教育出版社1997年版,第100页。

质进行结合，给人性以善的价值规定，也就是说，这"四心"通过后天的扩充可以变成"仁义礼智"四种道德，这样，天赋的人性就成了道德或者善的本原。① 由于人的本性在出生时没有什么差异，因此人的本性教育就应当充分利用人的智性②，加强修养，扩充善的本性，这样每个人都可以成为尧舜一样的圣人。荀子的性恶论是沿着"性伪之分"——"人之性恶"——"化性起伪"的逻辑顺序发展的③，他认为，人的食色喜怒是天生就有的，但是人的本能中不存在道德和理智，人的仁义要通过后天的修炼得来，任由个人本能的发展会导致暴力，因此人性本"恶"，强调道德教育的必要性。荀子的"性恶论"也为之后的礼仪、道德、修养等对于人的重要性提供了依据。

（四）儒家伦理思想的理想道德期待：仁民爱物

孔子在总结前人关于"仁"的思想基础上，形成了一个以"仁"为核心、孝悌为根本、忠恕为方法、复礼为目的的政治、伦理、哲学合一的思想体系。"仁"具有不同层次的含义，即爱己、爱亲、泛爱众。"仁"建立在一定的血缘关系基础之上，以"亲亲"或"爱亲"的天性为根据，自然的血缘之亲是"仁"的基础与前提，④ 有了对于父母、亲人的爱，对于他人、社会、国家的爱才得以孕育与延伸，因此儒家"仁爱"的思想由爱人推衍出仁民爱物，将仁进一步抽象为天地生生之德，视为宇宙万物生存、发展的基础。⑤ 关于如何做到"爱人"，儒家思想强调个体要充分发挥其自我的主观能动性，不断地提升其自我的道德修养，推己及人才能做到善而成仁；从社会层面来说，只有不断完善自己的道德，才能对于万物拥有仁爱之心，才能做到对国家的忠诚与热爱，不断地将自己的"爱"延伸到万物。

---

① 李春秋、毛蔚兰：《传统伦理的价值审视》，北京师范大学出版社2003年版，第86页。
② 王献玲：《中国教育史》，郑州大学出版社2011年版，第24页。
③ 李春秋、毛蔚兰：《传统伦理的价值审视》，北京师范大学出版社2003年版，第87页。
④ 王钧林：《中国儒学史·先秦卷》，广东教育出版社1998年版，第131页。
⑤ 夏忠龙：《先秦伦理思想研究》，博士学位论文，黑龙江大学，2007年，第46页。

三 小结

儒家传统伦理思想中的道德体现了中华民族的精神品格,儒家传统伦理思想中的儿童道德期待则是依据现代社会需要的价值尺度对传统道德重新审视、衡量、选择,从而形成现代社会对儿童道德的共同认识。儒家伦理思想中的道德观念历经千年仍能经久不衰,一方面源于儒家传统文化强大的生命力;另一方面在于儒家传统文化对于当今社会所具有的现实意义。21世纪,我们迎来了经济与科技的快速发展时代,尤其是科技的飞速发展对我们长期以来的道德观念与道德价值体系带来了一些冲击,但是科学与道德在本质上并不是对立的,总体上也不是相互排斥的[1],如何将科技所带来的对于道德的冲击转化为一种推动道德进步与发展的文明力量,如何将儒家传统伦理思想中的道德观念转化为适应当下社会的价值体系,这是我们不可回避与必须思考的问题。

以上基于我国先秦时期儒家传统伦理思想对其中道德期待进行的梳理,只是一个特定历史时代的一部分内容,就整个中国传统伦理思想的发展而言,先秦时期,尤其是春秋战国时代诸子的道德伦理思想,是中国传统道德的奠基时代[2],一方面,思想家在这一时代阐发了诸如道德起源、道德作用、道德原则等问题;另一方面,这一时期思想家的道德思想影响了后来诸多的道德思想家的道德伦理研究。上文所梳理的关于儒家传统伦理思想中的道德期待内容主要有孝亲爱国、忠恕宽容、谦和礼让三部分,是遵循我国传统道德的内容与特点以及结合当下社会的一些问题所进行的梳理,先秦时期儒家传统伦理思想所阐发的关于人性论、仁爱论、群己观、义利观等基本问题在三部分内容中均有所体现。首先,"孝亲爱国"体现了个人以"善"与"仁爱"为实践起点的道德实践,进而由个人"推己及人",尊养父母、为他人考虑,由自我的修

---

[1] 王道俊、扈中平:《教育学原理》,福州教育出版社2013年版,第143页。
[2] 马永庆等编著:《中国传统道德概论》,山东大学出版社2000年版,第3页。

养递进为关爱他人，上升到爱社会，爱国家，爱自然，爱万物。以"仁"为核心的仁爱观、善恶人性论、群己问题在这里也得到了体现。其次，"忠恕宽容"以"忠恕"和"宽容"作为自我修养与正确处理同他人关系的准则，同时也涉及了"忠恕宽容"的原则，即互不损害。对于如何促进事物之间和谐关系的形成则要做到谅解、宽容、关心。儒家传统伦理思想中的义利观在这里有所体现。最后，"谦和礼让"则主要以人的道德行为规范"礼"作为出发点，阐述了儒家传统伦理思想中如何对个体、社会进行道德行为的规范以形成该时代的道德伦理体系，其中交往道德观、诚信、群己、仪礼在这里得到了体现。总体而言，对儒家传统道德伦理思想中的道德期待的梳理是以"仁爱"为核心与出发点，以忠恕宽容与谦和礼让为主要道德准则与行为规范的，追寻个人道德价值实现的过程，体现出我国先秦时期的道德期待以及实现个人道德修养的探索之路。

第二节 关于儿童的道德期待：基于历代蒙学教材的观照

关于儿童的道德期待主要指成人社会对于"培育儿童什么样的道德品质"的理想期待，是某一时期国家和民族未来道德水平的表征之一。道德期待问题，作为建构共享的道德共识的一个重要维度，一直是哲学和伦理学领域重点讨论的问题，特别是对处于道德失序、价值多元化的社会转型期而言，显得尤为重要。作为四大文明古国之一，我们素以礼仪之邦、道德之邦自居，历来注重对儿童进行道德教育，以成人的道德期待引导儿童的道德成长，关注未来社会道德共识的形成。道德教育以"成人"为核心，"修身"应是儿童教育的根本，正因如此，古时的道德价值观得以源远流长。古代对儿童开展的道德教育及其所秉持的道德教育理念，以及这一时期对"道德儿童"的期待，已然成为我国道德文化之魂，成为中华民族精神的底色和源泉，深刻地影响着儿童道德教育的走向。

蒙学教材作为古代社会对儿童进行道德教育的重要载体，蕴含着人们对儿童道德期待的具体内容。古代教育主要分为"小学"和"大学"两个阶段，"小学"教育阶段即是指针对八至十五岁儿童开展的"蒙养"教育阶段①，在这一阶段，道德教育是最主要的内容，蒙学教材作为中国古代社会专门为儿童编写的启蒙教科书②，是小学教育阶段的重要教材。我国古代小学阶段的教育任务在很大程度上是通过蒙学教材的实施来完成的③，儿童的道德教育也主要是通过蒙学教材的教学来进行的。因此，笔者拟选择历代蒙学教材进行文本分析，关注其道德教育的内容，通过编码分析，着力寻找古代社会关于儿童的道德期待内容与框架，探析其内在的价值取向和特点，以期省思前人对于儿童的道德期待及其教育价值，为当代的德育课程研制提供参考。

一 蒙学教材中道德期待内容分析

在古代，蒙学教材大体经历了三个发展阶段：一是唐朝和五代以前，蒙学教材以识字为主，综合了一些道德教育及一般知识的内容；二是宋朝至清中叶，蒙学教材在内容上呈现出专门化倾向；三是清中叶至近代以前，主要是采用旧形式介绍近代的新内容。④ 由此可知，蒙学教材主要存在于清朝中叶以前。本书关注的是古代社会对儿童的道德期待，在研究文本的选择上，遵循权威性和影响性两大原则，重点关注清朝中叶以前具有权威性、影响范围大、流传时间长的典型蒙学教材。具体研究文本的选择如表4-1所示。

---

① 瀚青、任杰：《试论蒙学教材在幼儿园的应用》，《河北师范大学学报》（教育科学版）2012年第9期。
② 胡凤麟：《以过去为未来：蒙学教材的教育研究》，硕士学位论文，华东师范大学，2009年，第12页。
③ 吴洪成：《试析我国古代蒙养教材的特点》，《课程·教材·教法》1997年第3期。
④ 吴洪成：《试析我国古代蒙养教材的特点》，《课程·教材·教法》1997年第3期。

表 4-1 研究文本选择一览

所选文本	选择缘由
《孝经》(先秦)	是先秦儒家关于孝道的伦理学著作,比较集中地阐述了儒家的伦理思想,是隋唐之前小学教育中常用的道德教育读本之一①
《千字文》(南朝)	是我国古代十分典型的蒙学教材之一
《太公家教》(唐)	唐宋之际最为盛行的一种童蒙读物,是古代训诫类蒙书的代表
《三字经》(宋)	是古代蒙学教材中最有代表性和影响力的一部书,已被联合国教科文组织列入《儿童道德丛书》
《增广贤文》(明)	是一部道德伦理格言,通俗易懂,影响极大
《弟子规》(清)	是清政府明令规定儿童必读的蒙学教材

为了理解这些蒙学教材所承载的社会对儿童的道德期待,我们将逐一对以上文本的内容进行编码分析,从中梳理出古代社会对儿童道德期待的相关维度与核心内容,并在此基础上归纳出古代对儿童的道德期待的主要内容和结构框架。鉴于文本的性质和篇幅所限,在每个文本的内容上力求选择德目中颇有代表性的原文内容,相似或重复内容不予呈现。

《孝经》作为中国古代儒家阐述孝道的一部伦理学专著,开篇即以"夫孝,德之本也,教之所由生也",奠定了"孝"在中国传统社会伦理道德上的首要地位。《孝经》全文重点围绕"孝"的规范和孝行的具体做法展开,它从"孝"这一视角出发,将"孝"分为"事亲""事君"和"立身"三个层次,对于儿童的道德期待也因此主要集中于自我、家庭和国家三个领域。《孝经》对儿童的道德期待主要表现在以下三个方面:(1) 对儿童自我的期待:主要关注儿童能爱惜他自己的身体,不毁伤父母给予的"身体发肤",并且能通过"立身行道"以"扬

---

① 张誉馨:《中国古代小学儿童养成教育的发展历程研究》,硕士学位论文,首都师范大学,2014 年,第 23 页。

名于后世""以显父母";(2)家庭方面的期待:期待儿童能孝敬父母,从父母一生中的生老病死各个阶段要求儿童分别做到养亲、敬亲、护亲、送亲、祭亲以及正确谏亲;(3)国家层面的期待:主要关注儿童能"移孝作忠",日后无论是在朝为官或是退官居家都能做到忠君。另外,《孝经》强调将家庭领域的"悌"移作对社会中长辈的"顺",将居家的"理"移作为官之法,并且期待儿童能遵守社会秩序,做到"三不",即"居上不骄""为下不乱""在丑不争",从而与人和谐相处,这些都可归纳至社会领域对儿童的道德期待上。《孝经》所蕴含的关于儿童的道德期待具体内容如表4-2所示。

表4-2　　　　　　　　《孝经》中的儿童道德期待

道德期待的领域	道德期待的内容
1. 儿童与自我	1—1　身体发肤,受之父母,不敢毁伤。 1—2　立身行道,扬名于后世,以显父母。
2. 儿童与家庭	2—1　居则致其敬,养则致其乐,病则致其忧,丧则致其哀,祭则致其严。 2—2　父有争子,则身不陷于不义。故当不义,则子不可以不争于父。
3. 儿童与国家	3—1　君子之事亲孝,故忠可移于君。 3—2　君子之事上也,进思尽忠,退思补过,将顺其美,匡救其恶,故上下能相亲也。
4. 儿童与社会	4—1　事兄悌,故顺可移于长。居家理,故治可移于官。 4—2　居上不骄,为下不乱,在丑不争。

南朝的《千字文》作为一部综合类的蒙学教材,涵盖了天文、地理、政治、历史和伦理道德等多方面内容,其中伦理道德问题是其关注重心之所在。《千字文》通篇可分为四个部分,其中第二部分对个人道德修养标准和准则的论述较为集中地回答了对儿童的道德期待问题。《千字文》对儿童的道德期待也主要集中于儿童自我、家庭、国家和社会四个领域。在自我领域,也是首先期待儿童能珍爱父母所给予的"身

发",做到"知过必改"、懂得感恩和守信,并且对儿童的形体仪表和言谈举止有相应的具体要求,期待儿童能"行端表正""容止若思,言辞安定",同时期待儿童不管在任何境遇中都能保持纯真本性,拥有仁爱之心、同情心、气节、正义、廉洁和谦让等良好道德品质,并能见贤思齐,通过"学优"而"登仕""摄职从政";在家庭领域,则期待儿童能竭尽一切力量做到"孝亲",具体而言就是要"夙兴温清"和"入奉母仪",对待姑叔伯则需"犹子比儿",与兄弟之间要"同气连枝";在国家领域,主要是期待儿童能做到侍奉君主以"忠";在社会领域,则期待儿童在外能听从老师的教导,交友要意气相投,彼此劝诫,互相勉励。《千字文》所蕴含的道德期待内容如表4-3所示。

表4-3　　　　　　　《千字文》中的儿童道德期待

道德期待的领域	道德期待的内容
1. 儿童与自我	1—1　盖此身发,四大五常,恭维鞠养,岂敢毁伤! 1—2　知过必改,得能莫忘。信使可覆,器欲难量。 1—3　德建名立,形端表正。容止若思,言辞安定。 1—4　仁慈隐恻,造次弗离。节义廉退,颠沛匪亏。 1—5　景行维贤,克念作圣。学优登仕,摄职从政。
2. 儿童与家庭	2—1　孝当竭力,夙兴温清,入奉母仪。 2—2　诸姑叔伯,犹子比儿。孔怀兄弟,同气连枝。
3. 儿童与国家	3—1　事君与敬,忠则尽命。
4. 儿童与社会	4—1　外受傅训。 4—2　交友投分,切磨箴规。

唐代的《太公家教》作为我国古代训诫类蒙学读物的代表,以长者的口吻向儿童传授伦理道德,内容多为为人处世之道。从文本内容来看,其中蕴含的儿童道德期待也集中于儿童自我、家庭、国家和社会四个领域。每个领域所蕴含的具体道德期待如表4-4所示。

表 4-4　　　　　　　　《太公家教》中的儿童道德期待

道德期待的领域	道德期待的内容
1. 儿童与自我	1—1　教子之法，常令自慎；言不可出，行不可亏。 1—2　见人善事，必须赞之；见人恶事，必须掩之。 1—3　立身之本，义让为先，知恩报恩。 1—4　勤是无价之宝，学是明目神珠。
2. 儿童与家庭	2—1　立身行道，始于事亲，孝无终始，不离其身。事父尽敬，其父出行，子须从后。孝心是父，晨省暮看，知饥知渴，知暖知寒；忧时共戚，乐时同欢，父母有疾，甘美不餐，食无求饱，居无求案。 2—2　居必择邻，邻有灾难，必须救之。
3. 儿童与国家	3—1　一日位君，终日为主，事君尽忠。
4. 儿童与社会	4—1　弟子有束脩之好。弟子事师，敬同于父，习其道也，学其言语。 4—2　结朋交友，须择良贤，择其善者而从之，其不善者而改之。 4—3　己欲立身，先立于人；己欲达者，先达于人。己所不欲，勿施于人。

由表 4-4 可知，《太公家教》对儿童的道德期待同样体现在四个方面。在自我领域，主要期待儿童能谨言慎行、隐恶扬善、义让为先、知恩图报和勤奋好学；在家庭领域，期待儿童能孝顺父母，择邻而居并与近邻互相扶持；在国家领域，主要期待儿童能做到忠君；在社会领域，主要集中论述了在人际交往方面，期待儿童能尊敬老师，与贤德之人交往并见贤思齐，严己宽人。此外，由表 4-4 中具体的文本内容可知，此时对儿童的道德期待的具体内容已转向儿童日常生活中的道德行为方面的规定，如在家庭领域的"孝亲"，《太公家教》就从日常与父母相处的点滴对儿童的行为提出相应的期待。

宋朝是我国古代蒙学发展的重要阶段，当时所编写的《三字经》也是我国古代蒙学教材的代表之作。《三字经》全篇中有很大篇幅来专门论述伦理道德问题，目的在于培养儿童良好的道德品性。在自我领域，《三字经》通过大量古代圣贤勤学的事例，勉励儿童向他们学习，期待儿童能尽早立下读书的志愿，从小做到勤勉好学，并且期待儿童能声名远扬，给父母、家族以及后代带来荣耀；在家庭领域，期待儿童能孝敬父母，兄友弟恭；在国家领域，期待儿童能忠于君王，为君王效命，施恩泽于百姓；在社会领域，则期待儿童从小学习礼节，遵守长幼之序，与老师、朋友等社会人士友好交往。表4-5则是《三字经》所蕴含的道德期待内容的具体反映。

表4-5　　　　　　《三字经》中的儿童道德期待

道德期待的领域	道德期待的内容
1. 儿童与自我	1—1 古圣贤，尚勤学，尔幼学，当效之，勉而致。尔小生，宜早思，宜立志。幼而学，壮而行。 1—2 口而诵，心而惟，朝于斯，夕于斯。勤有功，戏无益，戒之哉，宜勉力。 1—3 扬名声，显父母，光于前，裕于后。
2. 儿童与家庭	2—1 首孝悌，次见闻。 2—2 孝于亲，所当执。兄则友，弟则恭。
3. 儿童与国家	3—1 君则敬，臣则忠。上致君，下泽民。
4. 儿童与社会	4—1 亲师友，习礼仪。长幼序，友与朋。

明代的《增广贤文》是由当时流传的格言、谚语和诗词名句选编而成，它以精辟的语句向儿童传授人生哲学和处世之道，是我国古代一部极富影响力的蒙学教材。其中蕴含的道德期待如表4-6所示。

由表4-6可知，《增广贤文》对儿童的道德期待主要集中于儿童自我、家庭和社会三个领域。在自我领域，主要期待儿童能诚实守信、乐善好施、忍耐、勤勉和"学优而仕"；在家庭领域，期待儿童能孝顺父母、兄友弟恭和友爱近邻；在社会领域，主要集中论述了在人际交往方面，期待儿童能做到严己宽人，与贤德之人交往，并能做到见贤思齐。

表 4-6　　　　　　　　《增广贤文》中的儿童道德期待

道德期待的领域	道德期待的内容
1. 儿童与自我	1—1 许人一物，千金不移。人而无信，不知其可也。万事劝人休瞒昧，举头三尺有神明。 1—2 善事可做，恶事莫为。人有善愿，天必佑之。 1—3 得忍且忍，得耐且耐，不忍不耐，小事成大。 1—4 一年之计在于春，一日之计在于晨，一生之计在于勤。 1—5 好学者则庶民之子为公卿，不好学者则公卿之子为庶民。
2. 儿童与家庭	2—1 千经万典，孝悌为先。父子亲而家不退，兄弟和而家不分。 2—2 远水难救近火，远亲不如近邻。但得邻里好，犹如拾片宝。
3. 儿童与社会	3—1 知己知彼，将心比心。责人之心责己，恕己之心恕人。 3—2 结交须胜己，似我不如无。择其善者而从之，其不善者而改之。

《弟子规》作为清朝典型的蒙学教材，是在吸收历代蒙学教材成功经验的基础上编制而成，长期以来被誉为"开蒙养正最上乘"的儿童读物。《弟子规》全篇以总序中的"首孝悌，次谨信，泛爱众，而亲仁，有余力，则学文"为纲，以学规学则的形式依次介绍了在孝悌、谨信、爱众、亲仁、学文几个方面对儿童的具体要求，回答了对儿童的道德期待问题。具体而言，在自我领域，对儿童日常的仪表、行为举止和言谈辞令等方面都提出了相应的道德规范，期待儿童能做到言行得体、诚实守信；在家庭领域，期待儿童能做到"孝悌"，要求儿童从言语、态度和行为等日常生活细节方面对父母理智行孝，不可愚孝，并且能与家中的兄弟和睦相处；在社会领域，则期待儿童能遵守长幼之序，并且期待儿童能有仁爱之心，亲近仁德之人，做到律己宽人、见贤思齐。

表 4-7　　　　　　　　《弟子规》中的道德期待

道德期待的领域	道德期待的内容
1. 儿童与自我	1—1 冠必正，纽必结，袜与履，俱紧切。 1—2 步从容，立端正，揖深圆，拜恭敬。 1—3 凡出言，信为先。见未真，勿轻言，知未的，勿轻传。事非宜，勿轻诺，苟轻诺，进退错。

续表

道德期待的领域	道德期待的内容
2. 儿童与家庭	2—1 父母呼，应勿缓，父母命，行勿懒，父母教，须敬听，父母责，须顺承。冬则温，夏则清，晨则省，昏则定。出必告，反必面，居有常，业无变。 2—2 亲所好，力为具，亲所恶，谨为去。身有伤，贻亲忧，德有伤，贻亲羞。 2—3 亲有过，谏使更，怡吾色，柔吾声。谏不入，悦复谏，号泣随，挞无怨。 2—4 兄道友，弟道恭，兄弟睦，孝在中。
3. 儿童与社会	3—1 或饮食，或坐走，长者先，幼者后。事诸父，如事父，事诸兄，如事兄。 3—2 凡是人，皆需爱，天同覆，地同载。 3—3 能亲仁，无限好，德日进，过日少。见人善，即思齐，见人恶，即内省，有则改，无加警。惟德学，惟才艺，不如人，当自砺。将加人，先问己，己不欲，即速已。

二 蒙养教材中道德期待的取向与特点

通过上述对历代蒙养教材的剖析，我们发现，古代社会对儿童的所有道德期待都是围绕"道德儿童"这一培养目标，主要观照了与儿童生活密切相关的自我、家庭、国家和社会四个领域中儿童必备的道德素养。在自我领域，强调的是儿童自身的个人修养，主要期待儿童能"谨言慎行""诚实守信""勤勉好学"与"乐善行义"；在家庭领域，强调"孝亲"品质的培养，主要期待儿童能做到"孝亲敬长"；在国家领域，主要期待儿童通过"移孝作忠"做到"忠君爱国"；在社会领域，突出强调儿童与社会中的人相交往所要遵循的礼仪规范，期待儿童能遵守"长幼之序"，做到"隆师亲友""友贤思齐"与"严己宽人"。在每个领域内，围绕其所聚焦的道德素养并结合儿童日常生活设定相应的道德规范，达成儿童与自我、家庭、国家和社会各个领域的自然融合，以培养儿童"内圣外王"的理想人格，彰显了一种"德性至上"的道德价值取向，这是蒙养教材的灵魂所在，也是古代道德教育的总体目标。

第四章 中国文化背景下的儿童道德期待

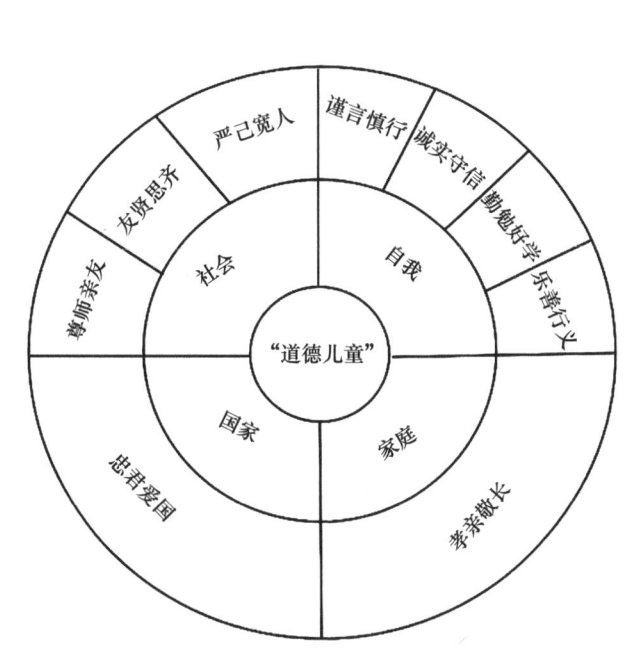

图 4-1 古代"道德儿童"基本结构

结合上述文本内容分析，我们发现蒙养教材中的儿童道德期待具有以下特点。

（一）"品·行合一"：对儿童德性的期待与德行的要求相对应

每个时代都有其自身对儿童所应具备的道德素养的探讨和儿童理想道德人格的设定。通过对蒙学教材的内容分析可以发现，古代社会对儿童九个方面道德素养的期待主要蕴含在相应的道德行为准则之中，对儿童德性的期待与德行的要求是相一致的，共同构成了古代社会"品·行合一"的儿童道德期待体系。以"孝亲敬长"这个品质为例，先秦的《孝经》在开篇就明确了"孝"在中国传统社会伦理道德方面的首要地位，所有的蒙学教材中都有养成儿童"孝悌"这一品质的具体道德行为要求，其中以《弟子规》最为细致，从言语、态度和行为等日常生活细节的方方面面，对儿童如何做到"孝亲敬长"——做了相应的规

· 161 ·

定，要求儿童对父母做到理智行孝，与家中的兄弟和睦相处。"品·行合一"让抽象的德性品质与具象化的道德行为融为一体，通过"教之以事"的方式，将儿童所需遵守的行为规范落实到个体生活中和实际细微处，培养孩童对社会习俗、道德礼仪的敬畏感和形成尊亲重道行为。[①] 在此基础上，养成儿童良好的道德习惯、内化为儿童内在的道德品质，这是古代道德教育取得成功的宝贵经验。

（二）"个人、家庭、国家、天下"：与儿童道德期待具体内容一脉相承

在儿童道德期待的具体内容上，如上所述，历代蒙养教材主要观照了儿童与四个领域的关系，聚焦到九个维度的素养，这是儿童道德期待具体内容在纵向上一脉相承的表现。此外，精心研磨可发现，在横向上，儿童道德期待具体内容也是相得益彰，内隐着一体化设计的逻辑。如自我领域"修身"内容的目的就是为儿童的家庭生活、政治仕途和社会生活做准备，以"勤勉好学"为例，"学而优则仕"的重要目的之一就是"以显父母"，给父母、家族以及后代带来荣耀，是"孝亲"的重要表现，当然也是为"忠君报国"打基础；在家庭领域，将"孝亲敬长"作为对儿童首要的道德期待，认为孝是忠的基础、礼的源泉，在家国一体的传统社会结构下，期待儿童将在家中的"孝"移作对国家君王的"忠"，将"悌"移作对社会中长辈的"顺"，将居家的"理"移作为官之法，并能遵守社会秩序，在"孝"的基础上养成儿童在国家、社会领域所需的道德素养，促进儿童道德成长。我们可以看到，对自我和家庭两个领域的道德期待内容最多、最为详细，这是道德期待的重点所在，并期待儿童能通过这两个领域所具备的道德素养来达成国家与社会领域的道德期待。

[①] 吴音莹：《传统蒙学的特色及其对当代儿童教育的启示——主要基于教材、教法视角》，《湖南农业大学学报》（社会科学版）2015年第4期。

(三)"九维的道德儿童"设定:家庭—国家—社会对儿童的道德期待具有一致性

我国古代社会非常重视对儿童的蒙养教育,涌现出众多优秀蒙学读本。在收集整理中发现,蒙学教材多出自名人之手,古代许多思想家、教育家加入了蒙学教材的编撰队伍,其来源和目的非常广泛:有集中阐述儒家伦理思想的(如《孝经》),有治家格言(如《太公家教》)和为家族教化而编写的(如《三字经》),有为皇家子弟服务而编纂(如《千字文》)和皇权下的产物(如《弟子规》),有由社会上口耳相传的格言、谚语集结而成的(如《增广贤文》)。可以说,蒙学教材作为一种道德课程载体,很好地承载了家庭、国家和社会对儿童的道德期待,通过前面的分析我们发现,无论是为家族教化、国家统治还是为社会治理,不同类型的蒙学教材内在的对儿童的道德期待是具有一致性的,都设定了一个能处理好与自我、家庭、国家和社会四个领域的关系,形成谨言慎行、诚实守信、勤勉好学等九个维度素养的"道德儿童",以实现儿童与这四个领域的和谐统整。因而,在古代社会,家庭、国家和社会对儿童的道德期待具有一致性,家庭、国家和社会道德三者形成了一致性的道德文化,共同助力"道德儿童"的养成。

三 蒙养教材中的儿童道德期待对我国道德课程研制的启示

中国自古以来就是一个伦理本位的社会,蒙养教材中关于儿童的道德期待反映了那个时代关于"道德人"的共识,是我国伦理道德教育的原点,也是涵养当代儿童道德价值取向和精神追求的重要母体,在道德教育方面积累了重要的经验。而通过对当前课程文本内容的分析可发现,"道德儿童"的目标设定宏大而抽象、缺乏明确的核心价值观、道德期待的结构要素之间关系不明晰、文本未体现儿童道德发展的阶段性特点,难以形成强大的道德教育合力。[1] 因而,审思古代

---

[1] 谢翌、程雯:《新时期儿童道德期待的课程文本研究》,《中国教育学刊》2016年第12期。

社会关于儿童的道德期待，对于传承中国传统文化，改造当前德育无力的现况，重建我们当前的社会期待，引导新道德课程的研制，具有十分重要的意义。

（一）德性与规范并重：道德课程哲学需走向德性伦理学与规范伦理学的融合

课程哲学是对课程问题的智慧追寻，是从哲学的视域对课程理论与实践的合理性进行质疑、反思、批判与超越的智慧。[①] 课程哲学影响和决定着课程的价值定位和实践走向。因而，从某种程度上讲，道德哲学影响和决定着道德教育的具体存在方式。[②] 在伦理学领域，有着"德性伦理学"和"规范伦理学"两大主流思想，相对应地，当代道德教育有着"德性教育"和"规范教育"两种基本范式；纵观道德教育哲学基础的发展，历经了从德性伦理向规范伦理的转换，再到德性伦理强劲回归的漫长过程，德性伦理和规范伦理的互补融合是当前道德课程哲学的时代走向。[③] 通过蒙学教材的文本内容分析可知，古代的儿童道德教育内在的要求和外在的形式是一体两面的存在，在外显的道德规范要求下强调的是"德性至上"的道德价值取向，且所聚焦要培养的儿童德性与要求儿童所达成的德行是一体化的，这是古代道德教育取得成功的重要原因和宝贵经验。未来新道德课程的研制，应在课程哲学上融合德性伦理学与规范伦理学的合理之处，聚焦内在德性与外显德行的一体化设计，在此基础上构建以个体德性养成为价值目标、以道德规范为基本支撑的道德教育模式[④]，使得我们的道德教育，既有理想追求又有实践操作的抓手，既有道德主体自身的自律自觉又有道德规范的他律规约，

[①] 夏永庚：《课程哲学研究论纲》，《当代教育科学》2015 年第 22 期。
[②] 方熹、浦虹：《从规范伦理到德性伦理——当代道德教育哲学基础的本真回归》，《学校党建与思想教育》2013 年第 10 期。
[③] 方熹、杨绍霞：《论规范教育与德性教育的互补整合》，《湖北大学学报》（哲学社会科学版）2018 年第 2 期。
[④] 夏永庚：《课程哲学研究论纲》，《当代教育科学》2015 年第 22 期。

给予每一个道德主体以足够的道德空间,真正实现个体德行与德性的有机统一。

(二)"修身、齐家、治国、平天下":中国道德课程可能的基本框架

蒙学教材中的儿童道德期待集中反映了我国古代道德课程的基本框架理路:聚焦"蒙以养正"的道德教育目的,从自我、家庭、国家与社会四个不同领域,以与儿童日常生活息息相关的道德内容和行为规范为载体,通过榜样示范、自我修行、因材施教、循序渐进等方法①,着重让儿童在反复的道德行为训练中,培养个体在内在修养、家庭伦理、国家理想、社会担当等各方面所应必备的素养,以实现"修身、齐家、治国、平天下"的理想追求。这是古人道德教育的智慧,也是中国人共享的文化标准,对于培养新时期的中国人仍然具有十分重要的价值。因而,新时期德育仍然需要从传统文化中寻根,回归中国文化,把现实嫁接在历史之树上,培养具有"中国味"的中国人。

具体而言,新道德课程研制,可以"修身、齐家、治国、平天下"为基本框架,遵循儿童道德学习的特点,从自我、家庭、国家、社会四个方面厘清道德教育的内在逻辑,依此螺旋式设计课程的难度与梯度,开展道德课程的大中小幼一体化设计。如新道德课程目标,在培养"道德儿童"这一整体目标的引领下,可围绕儿童在处理与自我、家庭、国家和社会关系时所必备的素养对课程目标进一步细化,并结合儿童身心发展特征对课程目标进行年龄阶段分层;在课程内容方面,则主要从自我、家庭、国家、社会这四个儿童日常生活所涉及的领域去挖掘,重点关注儿童的生活信念,在儿童自我发展、家庭生活(也应包含中国文化背景下特别重视的家族生活)、国家认同(也包括国际理解)方面以及在社会公共生活中,追寻儿童可能面临的生活情境和可能发生的生活事

---

① 李明高:《传统蒙学道德教育研究文献综述》,《连云港师范高等专科学校学报》2018年第2期。

件，以典型性、道德教育性和文化蕴意为主要标准①，从中遴选出最为适切的课程内容，以引领儿童过上美好生活；在课程内容组织方面，除了要关注内容的梯度、难度如何螺旋式上升进行组织的问题，也要紧扣儿童的道德认知主要是以"自我"为圆心这一显著特征，分年段对内容不同的排列组合，如低年段应以与儿童自我生活关系密切的自我、家庭生活内容为主，逐步扩展到国家和社会生活；在课程实施方面，结合道德学习的自主交往性、批判性反思和多维的趋善等特点②，新道德课程的实施应聚焦"做人""做事"的生活化场景，给予儿童以道德成长的"脚手架"，让儿童在具体的生活情境中调动一切感官、深度参与、不断反思，从而实现自主建构，在体验和内省中，帮助儿童逐步建立起他们的道德信念；在课程评价方面，则主要与道德课程目标相关联、相统一，以"德性和德行"为主要维度，实现课程目标对整个道德教育一以贯之的引领，实现教—学—评一体化，真正培养出新时代的"道德儿童"。

（三）研制与学校对接的"家庭德育读本"：在家庭—学校—社会三者的一致性文化中实现儿童道德成长

在宗法家族制下的中国传统社会，儿童道德教育不仅有国家意识引导，社会舆论劝诫以及自我修身养性，同时也离不开家规族训的道德教化③，四个主体文化意识"同频共振"，实现"道德儿童"的养成。古代家长以家庭为稳定的道德场域，以蒙学教材为课程载体，从小对儿童开展相应的道德教育，形成与当时的国家、社会文化高度一致的家庭道德文化，家庭真正成为培养儿童道德操守的摇篮，承担着构建社会普遍认同的伦理规范的责任，在培养公民的社会公德、解读和塑造国家意识

---

① 高德胜：《叙事伦理学与生活事件：解决德育教材困境的尝试》，《全球教育展望》2017年第8期。
② 傅淳华、杜时忠：《论道德学习及其教育意蕴》，《现代大学教育》2018年第2期。
③ 武林杰：《传统诚信家训的历史探究及其当代教育启示》，《首都师范大学学报》（社会科学版）2019年第3期。

和民族认同中发挥着重要作用①，为儿童进入社会生活打好了生命底色。

现代家庭存在的一个重要问题就是家庭道德记忆缺失，"新家长"普遍缺乏家庭伦理意识，存在家庭责任意识不强、家庭经营能力缺失、缺乏相应道德信念等问题，加之当前社会又没有权威的、简洁的、表达社会共识性的"家教读本"，缺乏可供参考的原则和内容，家庭教育简单随意，未能形成家庭道德文化传统，为学校、社会道德教育提供同向支持。因而，当今家长需要帮助，需要有一些重要的价值观来引导。未来，我们可以运用多种研究方法，探寻理论视域、国家层面、教师—家长—儿童自身等不同主体对于儿童道德品质的期待及体认，寻找家庭、学校、社会共享的儿童道德共识，并以此为"魂"，研制出系列大众化、生活化的"家庭德育读本"，让家长在言传身教中形成与学校道德教育文化、社会崇尚的道德风尚相一致的家庭道德文化，"给孩子讲好'人生第一课'，帮助儿童扣好人生第一粒扣子"②，在家庭、学校、社会三者一致性的文化濡染中，促进儿童道德的真正成长。

---

① 张晶晶：《现代家庭的伦理承载力——基于 2017 年全国道德调查的实证分析》，《道德与文明》2019 年第 3 期。
② 吴晶、胡浩：《习近平在全国教育大会上强调坚持中国特色社会主义教育发展道路 培养德智体美劳全面发展的社会主义建设者和接班人》，《人民教育》2018 年第 18 期。

第五章

西方伦理思想中的儿童道德期待

　　本章回顾和梳理了西方不同时期伦理思想中的道德期待，在不同的西方历史时期中，伦理学家对道德及道德共识呈现出不同期待，古希腊时期表现为以"四主德"为核心的道德期待，探求善的本质；希腊化时期出现不同的伦理学派，在争鸣中寻求共同的道德期待；中世纪时期体现为以基督教神学伦理学为核心的道德期待；到了近代西方时期，西方资本主义价值观占据了主导地位；直至现代西方时期，多元伦理思想之间交互冲突，涌现出不同的伦理思想学派。但在这些不同的历史时期中，有一些共同的德目为西方伦理思想家所重视和阐发。德目是一定时期道德期待的重要体现，本章第二大部分梳理了西方伦理思想中的12个重要德目，即智慧（明慎）、勇敢（刚毅）、节制、公正、友爱（友谊）、信仰、希望、爱（仁爱）、同情（同感）、自由、平等、民主，并对这些内涵进行了一一解读，为中国儿童道德期待的框架建构提供思想基础。

第一节　西方不同历史时期的道德期待

一　古希腊时期：以"四主德"为核心的道德期待

　　古希腊伦理思想主要探求善的本质，在奴隶制的范围内寻求城邦公民所具有的普遍品德,这一时期出现了第一部伦理学著作《尼各马可伦理学》,主要以苏格拉底、柏拉图和亚里士多德为代表。在对个体道德的共同要求上,主要以"四主德"(或"四元德")为主。

苏格拉底的道德哲学内涵围绕"认识你自己"和"德性是知识"①两个哲学命题,提倡人应审查他自己的灵魂,追求内心的提升。在"德性是知识"的命题中,他提到了许多具体的德目作为德性的具体现象形态,如智慧、勇敢、节制、正义、虔诚等。柏拉图在《普罗塔哥拉》一书中提到苏格拉底反对普罗塔哥拉的德性具有不同特性的观点,他认为智慧、勇敢、节制、公正实质上都是一样的,都是同一种知识状态。这一理解体现了他"德性是知识"的说法。

柏拉图继承和发展了他的老师苏格拉底的观点。他相信知识是德性,在《理想国》(即《国家篇》)中他探讨了四种德性,即智慧、勇敢、节制和公正。②但是对具体的德目——智慧、勇敢和节制,他认为是可区分的,而且它们正是与灵魂的理性、精神和欲望三部分相对应的,而公正,他认为,则是灵魂的三个部分在很好地实现它们的功能时获得的。这四个德性就是人们所说的古希腊"四主德"。

亚里士多德的伦理哲学多围绕"幸福是合于德性的实践活动"这一命题进行的,亦有学者将其称为德性幸福论。他认为,人的目的,即人的可实践性的最高善,就是幸福。亚里士多德认为:"每种技艺与研究,同样地,人的每种实践与选择,都以某种善为目的。"③但他所谓的善并不是柏拉图所说的理念上的善,而是一种"可实行的善":"人的善存在于人的功能中"④。亚里士多德将德性分为理智德性和道德德

---

① 江畅:《西方德性思想史·古代卷》,人民教育出版社2016年版,第141—143页。
② [古希腊]柏拉图:《理想国》,郭斌和等译,商务印书馆1986年版,第144、157页。
③ [古希腊]亚里士多德:《尼各马可伦理学》,廖申白译,商务印书馆2003年版,第3页。
④ [古希腊]亚里士多德:《尼各马可伦理学》,廖申白译,商务印书馆2003年版,第16页。

性，前者通过教导而发生，后者则通过习惯的养成①。在《尼各马可伦理学》一书中，他论述了具体的中道德性，包括勇敢、节制、慷慨、大方、大度、温和、友善、诚实、机制、羞耻、公正、自制、友爱等，其中公正和友爱是他论述的重点。

二 希腊化时期：在争鸣中寻求共同的道德期待

希腊化时期的伦理流派是在古希腊伦理思想的延续和改造中进行的。城邦制的瓦解带来的社会动荡和融合，让人们从思考如何建设一个好的国家转向思考个体应如何幸福地生活的问题。在继古希腊时期道德哲学寻求城邦公民的共同道德准则之后，人们开始关注个体的自我意识，出现了快乐主义、德性主义、怀疑主义、新柏拉图主义等不同的伦理学派。这是一个价值虚无主义的时代。② 各流派都在为他们自己的观点辩护。

以伊壁鸠鲁为代表的快乐主义认为，人生的价值在于现世生活的快乐，他把幸福与快乐等同起来："我们认为快乐是幸福的始点和终点。我们认为它是最高的和天生的善。"③ 那么什么是快乐呢？"快乐就是身体无痛苦和灵魂的不受干扰。"④ 因此伊壁鸠鲁的快乐便包含了肉体和灵魂两个层面，其中，他更为注重的是灵魂层面的快乐，因为这种快乐更为持续和高贵。除此之外，这种快乐还具有多种类型，不能不加以区分和权衡地追求一切的快乐。伊壁鸠鲁将人的欲望分为三类："既非自

---

① ［古希腊］亚里士多德：《尼各马可伦理学》，廖申白译，商务印书馆 2003 年版，第 36 页。
② 李朝东、王翠英：《为价值虚无的困境开启道路——希腊化时期从伦理哲学到宗教的转向》，《西北师大学报》（社会科学版）2003 年第 6 期。
③ ［古希腊］第欧根尼·拉尔修：《名哲言行录》（下），马永翔等译，吉林人民出版社 2011 年版，第 576 页。
④ ［古希腊］第欧根尼·拉尔修：《名哲言行录》（下），马永翔等译，吉林人民出版社 2011 年版，第 577 页。

然也非必要""自然而非必要""自然又必要的",而人只有依靠第三种欲望,并满足这种欲望,如吃饭、喝水,才能获得快乐和幸福。① 基于这种快乐主义的观点,他认为,德性只是实现快乐的一种工具,"我们选择快乐是为了获得快乐,而不是为了德性本身"②。在具体的德性上,孟德斯鸠尤为推崇明智、公正和友谊,尤其是类似智慧的明智这一德性。

而斯多亚派的德性主义则直接反对孟德斯鸠的快乐主义,认为"幸福就在于德性"③,提倡要顺应自然(本性)生活。他们赞同苏格拉底的观点,认为德性是一个统一的整体,各种德性是不可分离的。从早期的芝诺到中期的巴内修、晚期的塞涅卡等人,斯多亚派的观点有所差异,在这些观点学说中,西塞罗重点论述了责任、公正和友谊④,塞涅卡特别重视仁慈和恩惠的德性⑤。

从古希腊爱智慧、尚思辨的精神而来,到皮浪开始发展成为怀疑主义,这一流派认为应摆脱判断,对一切事物采取漠不关心的冷漠、"不动心",才能求得内心的安宁和幸福,"最高的善就是不作任何判断,随着这种态度而来的便是灵魂的安宁,就像影子随着形体一样"⑥。

总体而言,希腊化时期的道德要求主要是对古希腊时期道德要求的

---

① 罗国杰、宋希仁编著:《西方伦理思想史》,中国人民大学出版社1985年版,第240—241页。
② [古希腊]第欧根尼·拉尔修:《名哲言行录》(下),马永翔等译,吉林人民出版社2011年版,第579页。
③ [古希腊]第欧根尼·拉尔修:《名哲言行录》(下),马永翔等译,吉林人民出版社2011年版,第369页。
④ [古希腊]西塞罗:《西塞罗文集》(政治学卷),王焕生译,中央编译出版社2010年版,第Ⅶ—ⅩⅩⅥ页。
⑤ [古罗马]塞涅卡:《道德和政治论文集》,袁瑜琤译,北京大学出版社2005年版,第162、247页。
⑥ 北京大学哲学系外国哲学史教研室:《古希腊罗马哲学》,生活·读书·新知三联书店1957年版,第342页。

继承、解读和改造,寻求灵魂的安宁是各个流派的共同追求。有学者认为,希腊化时期伦理哲学呈现出向宗教的转向。[①] 后期以普罗提诺为代表的柏拉图主义则在柏拉图"理念说"的基础上,提出了更为神秘的"太一"学说,将其作为太一、理性和灵魂"三位一体"的神圣,把神秘主义、禁欲主义推向高潮,为基督教伦理思想奠定了基础。[②]

三 中世纪时期:以基督教神学伦理学为核心的伦理思想

在西方中世纪时期,关于道德的讨论一般以奥古斯丁的教父道德哲学和托马斯·阿奎那的基督教神学伦理学为代表。

奥古斯丁在吸收新柏拉图主义和后期斯多亚主义的观点上,开创了西方伦理学中的基督教传统,形成了一套较为系统的道德哲学体系。奥古斯丁主张天国与尘世的对立,认为上帝是一切道德的源泉和标准,而尘世一切都是罪恶。在具体的神学德性上提出了信仰、仁爱,在《论信望爱》中他进行了具体的论述[③];在世俗德性上提出以审慎、刚毅、节制和公正来克服尘世的罪恶。

托马斯·阿奎那作为经院哲学的集大成者,他的伦理思想主要是在吸收奥古斯丁和亚里士多德伦理思想的基础上综合形成的。他提出了完整的德性范畴体系,也就是后来为教会所认可的"七德",即信仰、希望、仁爱、明慎、公正、刚毅和节制。

四 近代西方时期:西方资本主义价值观的集中体现

西方近代以来的道德研究,在很大程度上是西方资本主义价值观的一种体现。受工业革命影响,在具体的德目上,以社会主流价值观的形

[①] 李朝东、王翠英:《为价值虚无的困境开启道路——希腊化时期从伦理哲学到宗教的转向》,《西北师大学报》(社会科学版)2003年第6期。

[②] 罗国杰、宋希仁:《西方伦理思想史》,中国人民大学出版社1985年版,第308页。

[③] [古罗马]奥古斯丁:《论信望爱》,许一新译,生活·读书·新知三联书店2009年版,第29页。

式体现。西方资本主义价值体系有以下十个得到公认的核心理念：利益、市场、科技、环保、责任、自由、平等、公正、民主、法治。① 后五个主要与政治生活相关联。在众多的伦理学思想中，代表性的有以休谟、亚当·斯密为代表的情感主义伦理思想，以边沁和密尔为代表的功利主义伦理思想以及康德的义务论伦理思想等。

情感主义的代表人物是 18 世纪英国的大卫·休谟和亚当·斯密。休谟是道德同情论的奠基人，与西方传统的理性主义不同，他认为，他们重视情感在道德判断中的作用，提出了将人类本性中的同情、道德感作为道德判断的主要依据，其中"情感共鸣"是道德发生的基础，正义是道德感的主要代表，关于这一结论，他在《人性论》一书的道德学部分进行了详细分析。此外，他还在情感部分具体论述了骄傲与谦卑、爱和恨、意志和直接情感几对情感关系②。亚当·斯密继承了休谟的情感主义伦理学，进一步提出"道德同感说"，他主张人类有两种性学说：一是自私，二是同情，而人类作为一个"经济人"，在本性上是自私的，因此道德便是对人的自私情感的合理控制。

功利主义是资本主义社会"利益至上"的反映。边沁把道德判断的主要依据设定为"最大多数人的最大幸福"原则，一个人的道德行为，主要是看这个行为能带来多大的快乐。这种唯效果论的道德评价不是从动机而是从行为带来的效果出发对一个人的道德行为进行评价。至于如何才能保障人们行善，密尔主张依靠立法来保障个人和社会利益，但是最为重要的还是依靠个人内在的良心来进行道德制裁。

在康德的义务论伦理思想中，判断一个人的道德行为的依据不是情感、效果，而出自于善良意志。"德性指的是意志的道德力量"③，是"人的行为准则在履行义务时体现的力量"④，这一认识和他所强调的道

---

① 江畅：《西方德性思想史·近代卷》，人民教育出版社 2016 年版，第 45 页。
② ［英］休谟：《人性论》，关文运译，商务印书馆 1980 年版，第 632 页。
③ 郑保华：《康德文集》，改革出版社 1997 年版，第 372 页。
④ 郑保华：《康德文集》，改革出版社 1997 年版，第 361 页。

德行为的三大普遍必然法则是一致的。康德提出了善良意志、绝对命令和意志自律三大法则，主张个人应以这三大法则，遵循来自人的理性的善良意志，排除感性经验，不为外界和情感所支配，而是根据其自我内在的意志去行动。

近代伦理思想主要基于道德判断的各种道德规范问题，如上述提到的同情、正义的道德感、最大幸福原则、善良意志等。此外，还有诸如自由、公正等的论述。如伏尔泰的自由伦理思想对一个社会要发展而必须遵循的原则进行了论述，包括自爱与博爱，以及公正、平等和自由三大社会秩序原则，其中自由是其为之奋斗的理想。在这里，伏尔泰接受了洛克的自由学说，认为人生而自由，人只受自然法和符合自然法的法律的约束。[1] 整体看来，近代伦理学家在道德的根源、基本、本质、结构、功能等方面进行了较多探索，而较少关注具体的德目，西方近代伦理学从个人领域的道德品质逐渐转向关注社会领域和公共生活中的道德品质问题，出现了一些关于社会德性的思想，启蒙思想家以及后来的许多哲学家等，把自由、平等、民主、法制、市场、科技（知识）看成是理想社会应具备的基本规定性。[2]

五 现代西方时期：多元伦理思想的冲突

现代西方伦理思想从时间范围上可视为19世纪中下叶以后[3]。这一时期产生了许多新的伦理思想，错综复杂，主要存在以下基本特征[4]：一是非理性主义，强调人的本体存在，把伦理学视为一种非理性的情感产物；二是形式主义，现代科学主义的思想家把对科学的崇尚推向极致，强调采用科学方法对道德的语言、句法和语词等进行分析；三是个人本位主义，强调立足个体生命的存在和价值，寻求个人的精神需求；

---

[1] 罗国杰、宋希仁：《西方伦理思想史》，中国人民大学出版社1985年版，第280页。
[2] 江畅：《西方德性思想史·古代卷》，人民教育出版社2016年版，第19页。
[3] 万俊人：《现代西方伦理学史》（上卷），北京大学出版社1990年版，第2页。
[4] 万俊人：《现代西方伦理学史》（上卷），北京大学出版社1990年版，第31—39页。

四是道德相对主义与非历史主义,这是西方资产阶级伦理学发展的共同趋势,强调道德的自我创造、自我选择以及工具性,漠视道德的历史连续性和程序性。

基于上述基本特征,我们发现在不同的历史时期,人们所关注的重要道德品质是不同的,我们很难在现代西方伦理思想中寻找到某种共同的道德期待,道德期待共识的困境也正是在这种多元的道德理解中变得突出起来。但是如果将西方伦理思想的发展看成一个整体,立足于当下的历史和文化语境,我们就会发现,有许多重要的德目经过历史的沉淀,作为长久依赖人们道德经验的概括,一直为伦理思想家所关注,无论在理论还是实践上都处于一个重要的地位。因此,我们需要进一步探寻西方伦理思想中一些重要的德目内涵。

第二节 西方伦理思想中的重要德目

所谓"德目"就是"德性项目","是人们在长期的社会生活中逐渐形成的一些德性要求,它们既是人们判断和评价德性的标准,也是人们进行德行培育(包括道德教育和德性修养)"的根据。[1] 德性(品质)体现为两个层面:一是态度的倾向;二是活动的方式[2]。比如一个人有了勇敢的品质,光在观念上意识到勇敢的正确性和重要性还不够,还应在个体活动中展现出来,他在遇到生活中的问题时才能勇敢面对[3],因此,德目是道德的品质,而所谓品质就是个人活动完成的保障条件[4]。

那么在西方伦理思想中有哪些重要的德目呢?江畅在《德性论》一书中梳理了西方思想家长期关注的18个重要德目,按照出现的历史

---

[1] 江畅:《德性论》,人民出版社2011年版,第69页。
[2] 江畅:《德性论》,人民出版社2011年版,第135页。
[3] 江畅:《德性论》,人民出版社2011年版,第69页。
[4] 江畅:《德性论》,人民出版社2011年版,第1—2页。

顺序排列如下：智慧（明慎）、勇敢（刚毅）、节制、公正、友爱（关爱或关怀）、信仰、希望、爱（仁爱）、仁慈（慈善）、宽容、同情（同感或公感）、博爱、知识（科技）、市场、自由、平等、民主、法治。①这 18 个德目既有个人领域的，也有社会领域的，还有的德目，如正义既属于个人领域也属于公共领域。通过梳理不同时期的西方伦理思想，参考江畅的这一梳理，我们从中归纳出西方伦理思想中 12 个重要德目，并对其内涵进行一一解读，为建构中国本土化的儿童道德期待的共识框架提供参考。这 12 个重要德目分别是：智慧（明慎）、勇敢（刚毅）、节制、公正、友爱（友谊）、信仰、希望、爱（仁爱）、同情（同感）、自由、平等、民主。

一　智慧（明慎）

对智慧（wisdom）的推崇一直是西方文明中的传统。"哲学"一词的本意就是"爱智慧"。但将"智慧"作为一种具体的德目，却是从古希腊时期苏格拉底和柏拉图的伦理思想开始的。柏拉图在《理想国》中将智慧看成四大德目（智慧、勇敢、节制、正义）之一，是最高的美德。他说："智慧是灵魂的助手，借助这些工具和它的所有工具，灵魂使一切事物达到正确与快乐的境地。"② 因此，智慧是一个人心灵是否为善的决定性因素。

对"智慧"，不同时期的不同伦理学家有不同的理解。古希腊哲学家多将智慧与知识联系在一起。在《卡尔米德篇》中，苏格拉底对"智慧就是关于我们知道什么和不知道什么的知识"进行了充分的讨论③，这与苏格拉底"无知之知"的智慧理解有相通之处。德尔菲神庙预言苏格拉底是最有智慧的人，苏格拉底在向众多"有智慧"的人求

---

① 江畅：《西方德性思想史·古代卷》，人民教育出版社 2016 年版，第 34 页。
② 《柏拉图全集》（第三卷），王晓朝译，人民出版社 2003 年版，第 661 页。
③ 《柏拉图全集》（第一卷），王晓朝译，人民出版社 2003 年版，第 202 页。

证之后，才明白他自己之所以被称为最有智慧的人，是因为他比别人多了一个"知"，即知道他自己的无知。因此，智慧就是关于自我认知状态的知识，也就是你要知道你自己知道什么，不知道什么。在柏拉图的理解中，智慧是最高的美德，对应的是灵魂的理性部分，智慧帮助个人摆脱外界事物的纷扰，从而获得真正的幸福。在柏拉图那里，只有哲学家才具有智慧。显然，他的理解与其他学者以及现代意义上的智慧是不一样的。亚里士多德认为，智慧就是那一类原因与原理的知识[①]，并对智慧进行了哲学智慧和实践智慧的区分，且强调实践智慧。到了中世纪基督教神学家那里被翻译为明慎（prudence），其基本含义就是善于作出判断和选择，这种"智慧"的含义就包含了理智上的判断与实践上的选择，与亚里士多德对智慧的分类是有一致性的。近现代学者更是多将智慧理解为一种能力，《伦理学大辞典》将智慧理解为人的最高思维能力[②]。

二 勇敢（刚毅）

在拉丁文中，勇敢和美德是用同一个词（vitus）来表示的。作为古希腊"四主德"之一，关于勇敢有许多讨论。在柏拉图那里，勇敢是国家保卫者应具备的德性，"勇敢就是一种坚持"[③]，也就是在任何情况下，都能依据法律建立起来的正确信念行事，服从统治者所规定的行为准则；在亚里士多德那里，勇敢不是莽撞和怯懦，而是介于两者之间的中道；在中世纪神学家那里被翻译为"刚毅"，是基督教世俗德性之一，体现了基督教教义，即将一切苦难视为上帝对人的考验，此时的"勇敢"表现为对苦难的忍耐。在托马斯·阿奎那那里，"刚毅"排在"四主德"的第三位，也就是在明慎（智慧）和公正之后。由此，我们

---

① ［古希腊］亚里士多德：《形而上学》，商务印书馆1959年版，第3页。
② 朱贻庭：《伦理学大辞典》，上海辞书出版社2002年版，第617页。
③ 《柏拉图全集》（第二卷），王晓朝译，人民出版社2003年版，第403页。

可以看出，"刚毅"意味着必要而明智地挺身而出，而不是不顾危险的鲁莽。马克思主义伦理学认为，勇敢是表现为大胆、果断、不怕艰险、一往无前的一种道德行为或品质。①

三 节制

"节制"一词源于古希腊，斯多葛学派就把追求心灵上的"安宁"和"不动心"作为哲学上的目标，宣扬"理性节制欲望"的伦理学。② Sophrosyne（英译一般为 temperance）这个希腊词出现在柏拉图的《拉尔米德篇》的注解中，译者提到了它的三层主要含义：一是指理智健全、稳健，同理智不健全、愚妄而无自知之明、看问题褊狭等意思相反；二是指谦和、仁慈、人道，尤其指少者对长者、位卑者对位尊者的谦恭态度；三是指对欲望的自我约束和自我控制。③ 而第三重意思是《拉尔米德篇》中的主要内涵，因此可译为节制。这个与德尔菲箴言"万勿过度"背后的精神是一致的，这一德性在古希腊时期具有重要地位。在色诺芬的《回忆苏格拉底》中，色诺芬赞颂苏格拉底道："苏格拉底并不是急于要求他的从者口才流利，有办事能力和心思巧妙，而是认为对他们来说，首先必须自制；因他认为，如果只有这些才能而没有自制，那就只能多行不义和多作恶罢了。"④ 由此可以看出，苏格拉底将节制作为一切德性的基础，不节制就会使人去做有害的事情了。柏拉图将节制视为"道德上的明智"，指的是被统治阶级需要通过节制克服欲望，达到至善。关于节制，亚里士多德基于他的"中庸"思想，提到了"自制"与"不能自制"的相关概念。亚里士多德把节制作为德性之一，但把自制规定为中间性的品质，它是好的品质，

---

① 李水海：《世界伦理道德辞典》，陕西人民出版社1990年版，第900页。
② 邓晓芒、赵林：《西方哲学史》，高等教育出版社2005年版，第73页。
③ 《柏拉图全集》（第一卷），王晓朝译，人民出版社2003年版，第134页。
④ ［古希腊］色诺芬：《回忆苏格拉底》，吴永泉译，商务印书馆1984年版，第155页。

但节制是更高的品质。"不能自制"是亚里士多德认为一个人应避开的三种品质之一①，具体来说，自制就是要坚持自己的选择，不放纵，不因肉体上的快乐而违背某种原则（逻各斯）②。总之，节制作为一种美德，意味着个体需主动地管理自己的情绪和欲望，并对自己的行为加以节制。

四 公正

公正（justice，也被译为正义）在西方文化中一直占据着重要位置。在古希腊神话中还有公正女神忒弥斯。在西方伦理思想家那里，公正总是被视作社会德性的基础或首要价值，西塞罗将公正视为"一切美德的主人、女王"③的比喻正体现了这一观点。但是，不同的思想家对公正的理解是有差异的。在苏格拉底和柏拉图那里，公正是一个国家秩序建立的原则，"正义恰正是树立社会秩序的基础"④。亚里士多德对正义或公正（justice，righteousness）的论述至今仍被学术界奉为经典，他将公正视为一种品质，"所有的人在看到公正时都是指一种品质，这种品质使一个人倾向于做正确的事情，使他做事公正，并愿意做公正的事"⑤，这种品质"所促进的是另一个人的利益"⑥。因此公正是本着为他人着想的出发点，这种对他人的善维护着整个城邦共同体的幸福。到了中世纪基督教神学家那里，公正是刚毅和节制的目的。对公正问题的

---

① ［古希腊］亚里士多德：《尼各马可伦理学》，廖申白译，商务印书馆2003年版，第213页。
② ［古希腊］亚里士多德：《尼各马可伦理学》，廖申白译，商务印书馆2003年版，第214页。
③ ［古希腊］第欧根尼·拉尔修：《名哲言行录》（下），马永翔、赵玉兰、祝和军、张志华译，吉林人民出版社2011年版，第439页。
④ ［古希腊］亚里士多德：《政治学》，商务印书馆1965年版，第9页。
⑤ ［古希腊］亚里士多德：《尼各马可伦理学》，廖申白译，商务印书馆2003年版，第139页。
⑥ ［古希腊］亚里士多德：《尼各马可伦理学》，廖申白译，商务印书馆2003年版，第143页。

关注高涨，应归功于罗尔斯《正义论》中的讨论。罗尔斯认为，正义的核心在平等，这种平等一是体现在平等地分配基本的权利和义务上，二是体现在社会和经济的不平等只要其结果能给每个人，尤其是那些最少受惠的社会成员带来补充，它们就是正义的。① 罗尔斯的正义观使得社会得以对经济差别进行调整，改善境遇最差者的地位。

五 友爱（友谊）

"爱"作为德性中的重要德目，从古希腊时期开始，尤其到了中世纪基督教神学家那里，具有无上的至高性。由"爱"衍生出来的仁爱、友爱、博爱、慈爱等相关词汇也特别多，词义上也有差异。在古希腊，有四个词包含着"爱"的含义：（1）eros，意味着亲密的爱或浪漫的爱，大多指性爱的激情，Eros 指的就是爱神厄洛斯；（2）storge，意为家庭之爱；（3）philia，意为作为一类爱的友爱；（4）agepe，意为无私的爱，仁爱。② 苏格拉底和柏拉图并没有明确将爱作为一种德性，但是都非常推崇它，在柏拉图的《会饮篇》等著作中，主要是围绕对"爱神"的讨论展开的，但他们推崇的是 agepe 意义上的仁爱。到了奥古斯丁、托马斯·阿奎那那里，爱就被当作神学德性的首德，指的是对上帝无条件的爱。

亚里士多德的"友爱"，则是指 philia。他特别重视"友爱"，并将其与公正视为同样重要的德行，他说："如人们都是朋友，便不会需要公正，若他们仅只公正，就还需要友爱。人们都认为真正的公正，就包含着友爱。"③ 这种友爱指的是与他人之间的亲密关系，范围是较广的，包括朋友之间的友谊，与父母、邻里之间的感情和城邦中统治者与被统

---

① [美] 约翰·罗尔斯：《正义论》，何怀宏等译，中国社会科学出版社 1988 年版，第 13 页。
② 江畅：《西方德性思想史·古代卷》，人民教育出版社 2016 年版，第 151 页。
③ [古希腊] 第欧根尼·拉尔修：《名哲言行录》（下），马永翔等译，吉林人民出版社 2011 年版，第 227 页。

治者等的关系维系。这三种具体的友爱体现，符合亚里士多德所称的友爱最明显的特征"共同生活"①。此外，他提出伦理学上的黄金规则：爱人如爱己。即要想得到别人的友爱，自己就要以友爱示人。友爱的目的是求善的，真正友爱的对象在亚里士多德看来是好人，"好人之间的友爱才是真正的友爱"②。关于友爱，亚里士多德有非常细致的分类和论述，在此不一一赘述。

六　信仰

奥古斯丁确立了信望爱在基督教中的重要地位，将它们作为基督教的三大神学德性。这里的"信仰"指的就是信仰上帝而不是其他。信仰的前提是要相信上帝的存在。所以奥古斯丁首先对"相信"进行了分析，他认为，作为一个基督徒，要相信上帝是造物主；除上帝之外，没有一样事物的存在不源于上帝；上帝是圣父、圣子和圣灵"三位一体"的真神。③因此"信仰"，指的就是一种不可转移的坚定信念，在基督教徒那里，信仰的对象是上帝，而泛化到普通民众身上，信仰的对象因人而异。

七　希望

"望"作为神学德性之一，指的是希望、盼望，希望与上帝同在，希望得以永生。作为基督教徒的一种重要德性，希望的对象总是好的，且面向的是未来，也就是对未来生活，甚至包括死后生活的一种期盼，因为他们相信身体和灵魂实质上没有消失，好人复活得以永生。

---

① ［古希腊］亚里士多德：《尼各马可伦理学》，廖申白译，商务印书馆2003年版，第259页。
② ［古希腊］亚里士多德：《尼各马可伦理学》，廖申白译，商务印书馆2003年版，第259页。
③ ［古罗马］奥古斯丁：《论灵魂及其起源》，石敏敏译，中国社会科学出版社2004年版，第237—238页。

八 爱（仁爱）

信望爱三种神学德性之间是相互联系的。世上没有不存盼望的爱，没有不存爱的盼望，也没有不存信心的爱与盼望。① 在信望爱三种神学德性中，奥古斯丁最推崇爱，并对爱给予了极大的歌颂："这样，在今生中，爱是至上的，甚至命也比不上爱。然而，我想人脱离这必朽的生命以后，爱还有进步的可能！……这爱本身就是上帝因我们的主耶稣而赐的恩典。"② 这种爱包括对上帝的爱，还包括对邻里和自己的爱，因为上帝爱人，所以后者实际上就是爱上帝之所爱。他认为，人唯有靠着爱，才能遵循律法，才能遵循上帝的诫命，因为爱就是上帝。

九 同情（同感）

最早提出"同情伦理学"这一概念的是德国现象学家舍勒，他称之为"一种视同感为最高道德价值并试图由此推论一切具有道德价值的行为的伦理学"③。这里的"同感"也就是休谟、亚当·斯密等所认为的道德起源于人的同感（sympathy，也有译为同情）。但是在不同伦理思想家那里有着不同的同情观。在西方伦理思想中，同情有两个层面的意义：一是对他人悲惨境遇的情感共鸣。比如在卢梭那里，同情指的是一种怜悯的原始情感，"是使我们设身处地地与受苦者起共鸣的一种情感"④。卢梭讨论的同情仅仅是对他人痛苦的共情，而不包括快乐的分享。休谟和亚当·斯密则将同情作为一种道德判断的原则，而不是单纯的某种道德感。休谟在《人性论》中将同情视为一种道德情感，指的是对人在不堪处境时的怜悯之心，在《道德原则研究》中，又进一步

---

① ［古罗马］奥古斯丁：《论信望爱》，许一新译，生活·读书·新知三联书店2009年版，第31—32页。
② ［古罗马］奥古斯丁：《恩典与自由》，奥古斯丁著作翻译小组译，江西人民出版社2008年版，第235页。
③ 刘小枫：《舍勒选集》，上海三联书店1999年版，第277页。
④ ［法］卢梭：《论人类不平等的起源和基础》，李常山译，商务印书馆1996年版，第101页。

将同情作为一种心理机制用以进行道德判断。在亚当·斯密的情感共鸣理论中，他将"同情"与"怜悯""哀怜"进行了区分，把同情视为"人与人之间对各种激情的同感"①，而不仅仅是对别人悲伤的同情。这也就是同情的第二个层面的意义，即包含着对他人各种情感的共鸣。

十 自由

西方历来崇尚自由。受近代资本主义经济发展的影响，人们开始反思和抵制中世纪专制主义的束缚，渴望自由。自由（liberty）这个概念真正成为近代以来西方所普遍奉行的理念，是由卢梭开始的。卢梭发出"人是生而自由的，但却无不在枷锁之中"②的呼喊，促使人们开始注重并追寻自由。

但"自由"这一概念可以追溯到古希腊时期。在古希腊时期，自由是相对奴役而言的，没有主人，不受他人奴役就是自由。到了中世纪时期，自由也仅限于贵族阶级。直到启蒙时代，作为个体自由意志的普遍自由概念才出现。洛克在《政府论》中高呼"所有人生来就是自由的"③，基于对立法的重视，他认为自由便是"在法律许可的范围内，根据自己的自由意志处置自己的人身、行动及其全部财产"，在洛克这里，自由是个人的一种自然权利，而在卢梭那里，自由则是在社会契约的基础上形成的公共意志。密尔继承了洛克和卢梭等人的自由主义思想，将自由分为"私人领域"和"公共领域"，从个人和社会的关系来理解自由。在《自由论》中，他指出"个人的行为只要不涉及他人的利害，个人就有完全的行动自由，不必向社会负责"④，从这一规定上看，自由是以不侵犯他人利益为前提的。谈到自由的区分，不得不提到柏林的两种自由概念：积极自由和消极自由。前者指的是"一个人能够

---

① ［英］亚当·斯密：《道德情操论》，吕宏波等译，九州出版社2007年版，第7页。
② ［法］卢梭：《社会契约论》，何兆武译，商务印书馆1980年版，第8页。
③ ［英］洛克：《政府论》，张羽译，京华出版社2000年版，第11页。
④ ［英］密尔：《论自由》，许宝骙译，商务印书馆1959年版，第11页。

不被别人阻碍地行动的领域"①；后者则是"个体成为自己的主人的愿望"②。这种区分只是探讨了自由概念中的两种，同时这两种自由之间并不是相互分离的，消极自由作为一种最低限度，是积极自由的前提，正如柏林所说的："一些人的自由必须依赖于另一些人的限制。"③ 因此，没有完全自由的自由，自由是在一定规范内的自由。按照马克思主义的观点，自由是合乎客观规律或必然性的，必然性即客观规律性，人的选择自由、自由与必然性的统一都决定于客观事物的规律性，人的行为合于客观规律性才能有自由。④

十一 平等

平等与自由是密不可分的。卢梭在《论人类不平等起源》中认为，在自然社会里是不存在不平等的，不平等是随着人类的发展而逐渐发展的，私有制和法律的建立，让不平等变得根深蒂固而得以合法化了。⑤ 在古希腊时期，城邦中存在统治与被统治之分，不平等是显然的，直到晚期斯多亚派提出"四海之内皆兄弟"的说法，平等观念才逐渐出现，到了中世纪时期为基督教所接受，并成为其中的教义，因为在上帝面前人人都是自由和平等的。启蒙思想家高举"自由"和"平等"的大旗，成为资本主义社会普遍公认的理念。关于平等的理解，"人人生而平等"的理念已被普遍接受，但是这种平等更多地指的是人格上的平等，但并非所有方面都是平等的，比如人与人之间家庭背景、经济资本、社会资本等都是不平等的。关于平等的讨论逐渐深入和广泛，衍生出有关过程公平、结果公平、条件公平以及机会平等、种族平等、性别平等等问题的讨论。

---

① ［英］柏林：《自由论》，胡传胜译，译林出版社 2011 年版，第 170 页。
② ［英］柏林：《自由论》，胡传胜译，译林出版社 2011 年版，第 179 页。
③ ［英］柏林：《自由论》，胡传胜译，译林出版社 2011 年版，第 175 页。
④ 朱贻庭：《伦理学大辞典》，上海辞书出版社 2002 年版，第 630—631 页。
⑤ ［法］卢梭：《论人类不平等的起源》，李常山译，商务印书馆 1962 年版，第 149 页。

十二 民主

"民主"(democracy)这一概念是与"专制"相对的。这个词最早可追溯到古希腊政治和哲学思想中。"雅典民主之父"克里斯提尼建立了第一个民主制度。因此,"民主"的最初概念指的便是一种相对于专制制度而言的民主政治制度。随着这一概念的广泛使用,我们可以从三个层面上理解它:一是将民主视为一种政治制度。这一理解是在西方思想家看来,作为一种社会德性,意味着一个好的社会应该实行的是民主的政治制度。因为就目前来说,近代以来的思想家几乎都认同民主制度是所能选择的最好的政治制度。[①] 民主是以自由与平等为前提的,实行民主制度就意味着承认全体公民的自由,并采用平等的统治形式。二是将民主视为一种公民权利,是个体在社会生活和政治生活中的权利,也就是说,个体在社会生活、政治生活中享有发表意见、参与国家政治管理等的权利。三是将民主作为一种社会道德行为的规范和原则,以一种行为方式呈现出来,体现在工作和生活中就是倾听民意,通过听取全体意见,以多数人的意见为行动依据。

从以上西方伦理思想家所关注的重要德目来看,我们发现,在中西方不同的文化语境下,所关注的重要德目是有差异的,对同一个德目内涵的理解也存在差异。但求同存异是我们的目的,理解西方伦理思想中的道德期待,以为本土化的儿童道德共识的建构奠定基础。新媒体把世界不同的国家和地区紧紧联系在一起,新媒体背景下儿童道德共识的建构需要建立在与西方伦理思想对话的基础上。

---

① 江畅:《西方德性思想史·古代卷》,人民教育出版社2016年版,第48页。

第六章

儿童本位的道德期待：
"童画"中的"好人观"

儿童作为一个独立的群体，对"道德"有着不同的理解。儿童生理和心理发展的特点导致了他们不能像成人一样通过语言清楚地表达他们的想法，而绘画作为儿童喜欢的一种娱乐方式，可以帮助儿童更为准确地表达其内心想法。本章基于画图分析法，通过分析儿童关于"好人"的画作，还原与诠释儿童眼中"好人"的形象与特质，探究儿童的"好人观"，从而进一步探索儿童本位的道德期待。

第一节 不同语境下的"好人观"研究

一 以"好人"为主题的相关研究

国内外关于"好人观"的研究并不多，但是有许多学者围绕"好人"这一概念进行了不同视角的研究。我们可以从这些以"好人"为主题的相关研究中探析"好人观"的内涵。许多学者从好人文化、好教师等主题进行了深入研究。

就好人文化来说，有学者通过中国传统文化中的好人文化精神和好人文化的类型说明其认可的"好人观"，从好人文化精神可看出的"好

第六章 儿童本位的道德期待："童画"中的"好人观"

人观"内涵有博爱大众、推崇仁爱、成仁取义、尊老爱幼、注重践履；从好人文化类型中解读出来的"好人观"内涵是助人为乐、见义勇为、敬业奉献、帮教助学、孝老爱亲、扶贫济困。① 又有学者探讨了好人文化与社会主义核心价值观之间的关系，我们也能从中解读出"好人观"的内容，他认为爱国、敬业、诚信、友善这四种品质毫无疑问是好人必须具备的。② 还有学者通过各省市、地区的好人文化建设案例展示了"好人观"的内涵：忠、善、义。③

此外，还有许多学者对特定的职业或社会角色进行了具有角色指向性的"好人观"价值追求。本书选取了与教育息息相关的教师这一社会角色的"好人观"价值追求，从好教师这一方面来呈现"好人观"的内涵。2014 年 9 月 9 日，习近平总书记在与北京师范大学师生代表座谈时就提到了现在的教师对于"好老师"可以有他们自己的理想与追求，但也要有一些共同的特质，就是有理想信念、有道德情操、有扎实学识、有仁爱之心，这是习近平总书记对教师职业的"好人观"价值追求，也是一种宏观层面的要求。作为与教师日日相处、关系密切的学生，对于教师的"好人观"价值追求又有不同的理解，在外貌上要形象好、有风度、有气质；在专业知识水平方面要学识渊博、多才多艺、拥有较强的教学技能；在个性品质层面则表现为有耐性、和蔼可亲、幽默风趣，对待学生要关心、尊重、平等、爱护，具有较强的职业道德，这些都是学生眼中教师之"好"的主要内容与表现。④

综上所述，我们发现"好人观"是主体自然流露的一种对"好"的判断，可以从一座城市的文明标语中体现出来，也可以从人们的言语中流露出来；可以是对所有人的"好"之价值期待，也可以是对某一

---

① 金光磊：《中国好人文化研究》，硕士学位论文，广东海洋大学，2014 年，第 30 页。
② 洪向华：《好人文化引领核心价值观实践》，《当代电力文化》2016 年第 3 期。
③ 田旭明：《民间"好人文化"建设：社会主义核心价值观大众认同的有效探索》，《湖南行政学院学报》2015 年第 1 期。
④ 谢翌：《教师信念：学校教育中的"幽灵"》，博士学位论文，东北师范大学，2006 年，第 337 页。

特定社会角色的"好人"品质要求。

二 不同社会文化环境下的"好人观"研究

"好人观"所内含的重要概念即"好人",每个人对"好人"的内涵有其不同的见解,因此,每个人对"好人观"也有其自身的理解。"好人观"的内涵具有社会性、历史性与时代性,会受到社会文化环境与时代主流观念的影响。因此,我们尝试从"好人"的内涵流变来观照不同时代、不同社会中的"好人观"。

中国古代关于"好人"的内涵诠释不胜枚举,其名称也是各不相同,有贤人、圣人、仁人、美人等各种称谓。《论语·述而》中提到的"伯夷、叔齐……古之贤人也",其中的贤人就意指"才能和德行超群"[1]的好人;还有人将"圣人"誉为"道德人格最高典范"[2]的好人;仁人作为"集'温良恭俭让'、'恭宽信敏惠'、'知忠勇'、直、达、信等各种善的道德品质于一身"[3]的理想人格,是孔子所追求的好人品质;《邶风·简兮》三章:"云谁之思,西方美人。"这里就将美人喻为好人,即"有高尚道德品质的人"[4]。北宋名家范仲淹在他的名篇《岳阳楼记》中也阐明了他的"好人观":"先天下之忧而忧,后天下之乐而乐。"南宋朱熹则直接指出"人光明磊落便是好人"。中国近现代文人墨客对"好人观"有不同的诠释。新文化运动领袖胡适先生认为,在国家兴亡、匹夫有责的时代,"好人"是有道德有知识并勇于承担社会责任的知识分子精英。[5]季羡林老先生"好人观"中的"好人"标准为:考虑别人比考虑自己稍多一点。新中国伟大领袖毛泽东同志阐明了无产阶级的"好人观":毫不利己,专门利人;全心全意为人民服务。

---

[1] 贾崇吉、杨致武主编:《中华伦理道德辞典》,陕西人民出版社1992年版,第307页。
[2] 徐少锦、温克勤主编:《伦理百科辞典》,中国广播电视出版社1999年版,第321页。
[3] 陈瑛、许启贤主编:《中国伦理大辞典》,辽宁人民出版社1989年版,第118页。
[4] 迟文浚主编:《诗经百科辞典》(中卷),辽宁人民出版社1998年版,第1167页。
[5] 许纪霖:《"少数人的责任":近代中国知识分子的士大夫意识》,《近代史研究》2010年第3期。

第六章 儿童本位的道德期待："童画"中的"好人观"

发展到当代，人们的"好人观"又有了不同的内涵。中国好人网、好人基金创办者谈方教授认为："只要对他人和社会有好处，就是好人。"① 还有人认为，好人就是对具备明事理、忠孝兼备、为人正派、乐善好施、团结互助、仁爱宽容等优良品德的人的总称。②

再放眼西方社会，由于政治文化环境不同，人们对"好人观"的内涵又有其独特理解。在古希腊的"好人观"认知中，善良、优秀是好人不可或缺的品质，善良是指能为他人带来好处，至少不为恶、不伤害他人；而优秀则指在某方面有突出才能。③ 亚里士多德认为成为一个好人并享有好的生活几乎与"幸福"同义，因此他认为"幸福之人"则是好人。德谟克利特"好人观"的核心观点在于：行为与想法都需一致，并热心地致力于照道德行事，而不是空谈道德。④ 荷斯特豪斯认为仁慈、正义、诚实、温和、勇敢等等是美德，具有这些品格特征的人是伦理意义上的好人。⑤ 而被西方社会基督教徒奉为经典的《圣经》中也有对于好人的释义：好人是在坏人打你左脸后，再把右脸伸出去让人打的人，这也体现了《圣经》以德报怨的"好人观"。

总体而言，人们的"好人观"随着时代、文化与社会的变化而变化，经综合分析发现，不同社会文化环境下人们关于"好人观"的内涵理解主要有以下几种：有才能、有大爱、幸福、有德行，但是受到最多人认可的"好人观"都强调了"人"的内在，特别是强调好人应具备许多道德品质。但是当具体到哪一项道德品质是好人应该具备的道德品质时，人们又有了不同的理解，有人认为是温良恭俭让、恭宽信敏

---

① 俞水：《谈方：唤醒"好人"》，《中国教育报》2011年10月30日第3版。
② 田旭明：《民间"好人文化"建设：社会主义核心价值观大众认同的有效探索》，《湖南行政学院学报》2015年第1期。
③ 冯书生：《"好人"，抑或"好公民"：苏格拉底之死的政治伦理悖论及其现代回响》，《安徽师范大学学报》（人文社会科学版）2015年第5期。
④ 参见北京大学哲学系外国哲学史教研室编译《古希腊罗马哲学》，生活·读书·新知三联书店1957年版，第108页。
⑤ Hursthouse, R., "Virtue Ethics vs. Rule-Consequentialism: A Reply to Brad Hooker", *Utilitas*, Vol. 14, No. 1, 2002, pp. 41-53.

惠、知忠勇、直、达、信；有人认为是光明磊落，即胸怀坦荡、正大光明；有的人认为是以德报怨；还有人认为是仁慈、正义、诚实、温和、勇敢。

三 不同视域下的"好人观"研究

不同视域下有不同的对于"好人观"的理解，因此本小节分别从政策法规视角、理论视角、现实生活视角观照"好人观"。

（一）政策法规中的"好人观"

政策法规中有许多关于道德、品行方面的内容，我们可以整理出其中的"好人观"价值追求。政策法规中体现的"好人观"在不同的时期，对不同的人群有不同的要求。从宏观方面来看，1986年9月中共中央就发布了《关于社会主义精神文明建设指导方针的决议》，其中提出了"社会主义道德建设的基本要求，是爱祖国、爱人民、爱劳动、爱科学、爱社会主义"①。这是全民都必须做到的"五爱"，是国家意志下的民众"好人观"标准，而对于共产党员，特别是党和国家机关的干部的"好人观"要求则是"公而忘私，勇于献身，必要时不惜牺牲自己的生命，全心全意为人民服务"。而后，在1996年10月，中共中央又出台了《关于加强社会主义精神文明建设若干重要问题的决议》，强调了"为人民服务"是社会主义道德建设的核心，是新时期的全民"好人观"价值追求。同时，该决议还提出要加强青少年的思想道德教育，并提出了对青少年的"好人观"要求："爱党爱国、关心集体、尊敬师长、勤奋好学、团结互助、遵纪守法。"② 经过多年的摸索与尝试，中共中央在党的十八大会议上，提出了具有高度总结性的社会主义核心价值观："富强、民主、文明、和谐、自由、平等、公正、法治、爱国、

---

① 中共中央：《关于社会主义精神文明建设指导方针的决议》，1986年9月28日。
② 中共中央：《关于加强社会主义精神文明建设若干重要问题的决议》，1996年10月10日。

敬业、诚信、友善"。这是中共中央分别从国家层面、社会层面、个人层面提出的价值目标。其中,"爱国、敬业、诚信、友善"是对每一个公民的要求,也体现着国家意志的"好人观"内涵。除了这些宏观方面的政策外,还有许多微观维度的政策法规,其中也内含着"好人观"的价值追求。2016年7月,中宣部、中央文明办等八部门发布了《关于支持和发展志愿服务组织的意见》①,体现了对帮助他人这一道德品质的认可。许多地方政府也发布了相关的法规,如深圳市的《深圳经济特区公民救助行为保护条例(征求意见稿)》②,被人们称为"雷锋法",旨在保障见义勇为者的后顾之忧。这些都是政策法规中"好人观"的体现。

(二) 理论视角下的"好人观"

理论视角下的"好人观"更加丰富。国外许多理论研究多是直接说明"好人"应该具有哪些品质、德行,从中也能看出些许"好人观"的价值追求。国外的道德经典著作《美德书》就以讲故事的方式呈现了九项美德:同情、责任、友谊、工作、勇气、毅力、诚实、忠诚、自律。③《小爱大德:美德浅论》详细阐述了礼貌、忠诚、明智、节制、勇气、正义、慷慨、怜悯、仁慈、感激、谦虚、单纯、温和、真诚、幽默、爱心等人类的18种美德。④ 被誉为"文明素养经典手册"的《品格的力量》一书中也有许多"好人观"的价值追求,包括勤劳、勇敢、自律、责任意识、诚实守信、乐观豁达、风度等内容。⑤ 罗伯特·科尔斯(Coles, R.)在《道德智商:成为灵魂健全的人》一书中,描述了儿童的"好人观":"他是一个"好人"——有责任感、有同情心、关

---

① 中宣部、中央文明办等:《关于支持和发展志愿服务组织的意见》,2017年7月11日。
② 深圳市法制办:《深圳经济特区公民救助行为保护条例(征求意见稿)》,2011年11月28日。
③ [美]贝内特编著:《美德书》,何吉贤等译,中央编译出版社1999年版。
④ [法]安德烈·孔特-斯蓬维尔:《小爱大德:美德浅论》,赵克非译,作家出版社2013年版。
⑤ [英]斯迈尔斯:《品格的力量》,赵丽荣编译,武汉大学出版社2012年版。

心别人、待人热情善良、不虚假做作，自觉自愿地限制自己的生活方式，限制自己生活中一些卓越重要的方面。"① 除此之外，还有学者进行了国外道德教育内容分析，从中观照"好人观"的价值追求。如德国的善良教育就有爱护动物、保护环境、同情弱者、宽容待人、反对暴力等内容。② 美国的品格教育主义则认为：好人是宽宏大量、大方、谦虚自信、谨慎、尊敬长者、乐观、友好、谦恭、有爱心、忍让的。③ 这些"好人"应具有的道德品质便是理论视角下"好人观"的体现。

（三）现实生活中的"好人观"

"好人观"不光体现在政策文本与理论视角中，现实生活里更是处处可见人们对"好人"的认可及人们的"好人观"。2002 年中央电视台首次启动"感动中国"年度人物评选活动。次年，该活动就受到中宣部新闻局新闻阅评组的高度评价，并且要求将"感动中国"作为一个品牌节目，一直做下去。从"感动中国"年度人物评选活动中就能看出现实生活中人们所持的是何种"好人观"。以 2016 年的"感动中国"年度人物部分评选结果为例，"为国奉献"的功勋科学家孙家栋、"舍己救人"的火海英雄王锋、"爱岗敬业"的农村最美教师支月英、"爱护幼小"的红丝带学校创办人郭小平等人物身上所带有的"好人"品质是人们所认可的，他们的好人故事更是使人动容的。除了媒体发起的"好人"评选活动外，中央文明办、全国总工会、共青团中央、全国妇联也共同主办了全国道德模范评选活动，该活动的评选标准为"助人为乐""见义勇为""诚实守信""敬业奉献""孝老爱亲"，这些也是"好人观"的价值追求。由中央文明办主办，中国文明网承办的"我推荐、我评议身边好人"活动也从 2008 年开始举办，至今已有 16 个年头了。该活动发展至今，每月都会评选出五个类别的好人，评选的标准与

---

① ［美］罗伯特·科尔斯：《道德智商：成为灵魂健全的人》，姜鸿舒、刁克利译，北京出版社 1999 年版，第 5 页。
② 华敏：《从德国的善良教育看我国儿童善良品性的养成》，《教育探索》2010 年第 1 期。
③ 孟万金：《美国道德教育 50 年的演进历程及其启示》，《教育研究》2006 年第 2 期。

全国道德模范评选相同,分别是助人为乐好人、见义勇为好人、诚实守信好人、敬业奉献好人和孝老爱亲好人,这五种好人评选的标准就是"好人观"的体现。另外,2008年华南师范大学教授谈方与其团队创建了中国好人网,其宗旨为"说好人、帮好人、做好人,构建和谐社会"。网站上呈现了一个个鲜活的好人案例,传达出了许多"好人观"。当今社会出现了许多扶老人被当作肇事者等事件,许多好人做了好事却被误会甚至污蔑,人们心中做好事的"火苗"即将被浇灭,因此,华南师范大学谈方教授成立了"好人基金",专门帮助因做好事而自己受到伤害的好人,期望解除好人做好事的后顾之忧。

综上所述,我们可以看到对儿童"好人观"的研究还有待深入。一是从研究对象上看,尽管在不同的视域下有不同的"好人"标准与"好人观"价值追求,这些"好人观"的具体内容大都是我们耳熟能详的,也可能对儿童的"好人观"形成产生潜移默化的影响,但这些研究中的"好人观"大多来源于成人的视角,缺乏对儿童这一重要主体的关注。二是从分析维度上看,"好人"形象应是立体丰满的,而以往的相关研究多是从"好人"所具有的道德品质这一单一维度构建"好人"形象,没有多维度、多层面地探究"好人观"。

第二节 儿童"好人观"的基本取向与主要特点

一 儿童"好人观"的基本取向

莎士比亚说过:"一千个读者眼中就有一千个哈姆雷特。"同样,不同的儿童运用画笔描绘了他们眼中不同的"好人",尽管画面千差万别,但仍有着许多专属于儿童的"好人"统一标准,主要体现在两个方面:"好人"的外在形象特征与内在道德品质,这两个方面共同构成了儿童"好人观"的具体内容。

(一) 儿童眼中"好人"的外在形象特征

通过对研究资料进行分析,我们建构出了儿童在画作中呈现的"好人模样",即"好人"的外在形象特征。在他们眼中,"好人"的外在形象千差万别,有高有矮、有胖有瘦。但是,儿童不管是描绘还是描述"好人"的外在形象,大都偏爱呈现"面带笑容""长相俊美"的形象。

1. 真诚微笑:"好人"之善的标志

每个人都拥有许多种表情,要说最常用的莫过于微笑。微笑好似一门国际通用语言,不管走到哪儿都能被人读懂,也都能温暖人的心田。对于儿童来说,微笑也是判断一个人的重要准绳。研究资料显示,儿童在用画笔描绘或用语言描述心中的"好人"时,都倾向于呈现或提到"笑容"(见图6-1)。一方面,从画作来看,在研究收集的100份儿童"好人"主题画作中,面带笑容的"好人"有90位,将微笑视为"好人"的重要标志的研究参与者占研究总人数的90%。另一方面,从焦点团体访谈资料来分析,儿童倾向于将"好人"描述为"带着笑容的脸",研究对象S2F0408提道:"我觉得好人是嘴巴上带着一个笑容的,有一颗好的心肠";学生X4F0310也说道:"好人的脸上就是挂着笑容的,爱笑的人运气就一定不会差,运气不差的人我觉得他就是好人。"更有儿童在画作中直接呈现了带着微笑,穿着带有爱心符号衣裳的"好人"。通过进一步追问,我们发现,在儿童的眼中,笑容具有不同的内涵,他们认为坏人时常面带"邪恶的笑容",好人则常挂"真诚的笑容"。因此,我们发现"笑容"是儿童对于"好人"外貌的首要关注点,是他们眼中"好人"善良的标志。

2. 长相俊美:"好人"之美的表征

俗话说:"相由心生。"许多人认为人的仪容外貌会受到心灵的影响,心善的人的长相多慈眉善目,心恶的人则多有一副凶恶的皮囊。这也是儿童分辨好人与坏人的标准之一:长相俊美是儿童眼中"好人"之美的表征。儿童画笔下的"好人"大多是美丽、可爱、帅气的。访

第六章 儿童本位的道德期待:"童画"中的"好人观"

图6-1 儿童画作中"好人"的"笑容"

谈内容也与画作一致,"漂亮""可爱""帅气""阳光""干净"等是儿童在对"好人"的外貌进行描述时使用的高频词汇,在他们看来,好人就是"美的"。一位儿童就是这样描述她眼中的"好人"的:

访:小朋友,你可以向大家说说自己画的是什么吗?

H1F0406:小白兔在回家的路上拿了一个篮子拔萝卜,拔完萝卜之后就去摘苹果了。

……

访:你觉得这个小白兔怎么样呢?

H1F0406:我觉得她很漂亮,很可爱,很勤劳,很勇敢。

访:你可以说说原因吗?

H1F0406:小白兔软软的本来就很可爱,然后还穿着好看的爱心图案的裙子,戴了一个很漂亮的蝴蝶结。她出门是要给自己的奶奶摘水果吃的。

……

还有儿童 X4F0310 提道:"这个大哥哥很帅,举止也非常的有礼貌,在我眼里他这样的人应该是好人。"此外,从访谈资料的对比中我们发现，女生在这一方面的期待强于男生。

（二）儿童眼中"好人"的内在道德品质

欧洲有一句谚语如是说道："美德可以打扮一个人，而财富只有装饰房子。"道德品质之于人是比外貌、财富甚至智慧更重要的事情，也是儿童在评判人之好坏时极其重要的标准。在研究中发现，儿童对于"好人"的诠释不仅包括静态的外表描述，还有动态的行为描绘，这些"好人"的具体行为都发生在一个个具体的情境中，我们可以据其解读出儿童眼中"好人"所需具备的内在道德品质。研究所聚焦的三所小学情况各有不同，不同学校的学生在受到不同的学校文化影响时，他们对于"好人"所需具备的道德品质认知也存在差异。S小学学生提出的16种道德品质分别为：礼尚往来、感恩、帮助他人、学习好、爱国、勇敢、尊老、爱幼、体谅他人、注重亲情、自保意识、爱护环境、善良、严于律己、分享、正能量。X小学学生分享了13种道德品质：帮助他人、勇敢、尊老、爱幼、体谅他人、自保意识、爱护环境、善良、严于律己、分享、正能量、听话、宽容。H小学学生提出了19种关于"好人"所需具备的道德品质：帮助他人、爱国、勇敢、尊老、爱幼、体谅他人、注重亲情、自保意识、爱护环境、善良、严于律己、分享、正能量、宽容、勤劳、尊敬师长、耐心、诚实、拾金不昧。总体来说，这三所小学共有100名儿童提出了以下23种道德品质：礼尚往来、感恩、帮助他人、学习好、爱国、勇敢、尊老、爱幼、体谅他人、注重亲情、自保意识、爱护环境、善良、严于律己、分享、正能量、听话、宽容、勤劳、尊敬师长、耐心、诚实、拾金不昧。我们可以从这些品质中探析儿童眼中"好人"内在道德品质的观照维度与认可倾向。

（三）儿童眼中"好人"道德品质的观照维度

关于德育的领域，英国道德教育学者迈克·伯特莱提出了五个关注面向：自我领域（personal area）、人际关系领域（interpersonal area）、社会领域（social area）、自然领域（the natural area）及神秘的或宗教

第六章　儿童本位的道德期待："童画"中的"好人观"

领域（the mystical/religious area）。① 而马克思的人性观认为，人的本质是一切社会关系的总和。人是关系的动物，身处于复杂的关系网中，需要处理许多社会关系。总体来说，在处理这些关系时有三个重要的维度：人与自然、人与社会（包括社会集体和社会他人）、人与自我。由于本书研究对象的100名儿童的社会接触面较成人更窄，因此将人际关系领域与社会领域融为一个维度，即儿童与社会的维度；而100名儿童中目前也没有人有相应的宗教信仰，因此将神秘的或宗教领域暂时删去。最终，本书将儿童画作中呈现出的"好人"道德品质从儿童与自我、儿童与社会、儿童与自然三个方面来划分。他们对每一个维度的关注度也有所差异（见图6-2）。

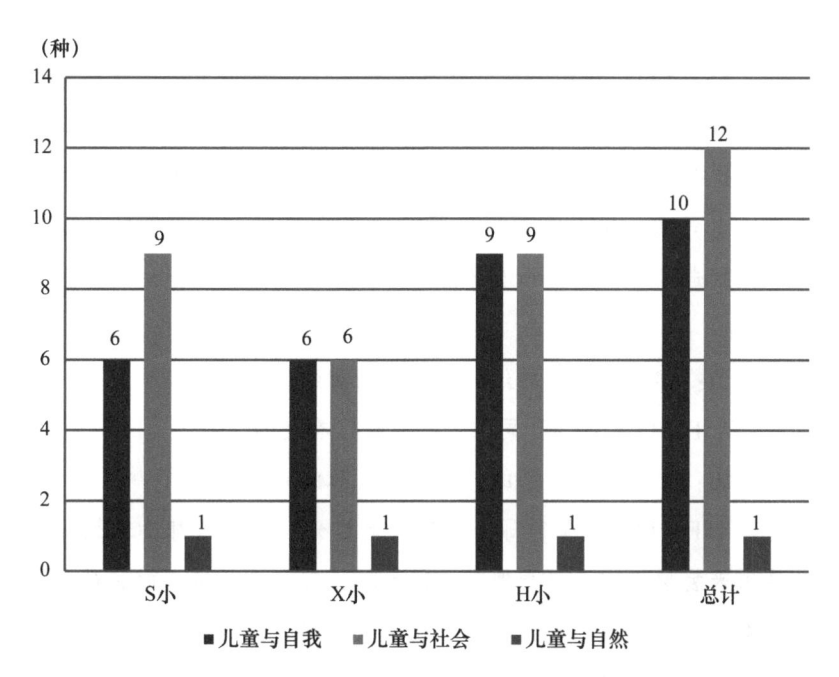

图6-2　儿童画作中"好人"道德品质的观照维度

注：纵轴表示"好人"道德品质在各维度上的数量分布。

---

① Bottery, M., *The Morality of the School: The Theory and Practice of Values in Education*, London: Cassell, 1990, pp. 235-250.

● 第二部分　新媒体时代儿童道德期待的框架构建

1. 从数据分析中得知，三所小学的学生最关注儿童与社会这一维度。根据科尔伯格的道德发展阶段论划分，一般来说，9—15岁的孩子正处于习俗水平阶段。[①] 儿童的年龄跨度为6—12岁，大体上处于"习俗水平"的道德发展阶段，时常表现出保持社会秩序、迎合他人期待的行为，这些道德发展的阶段性特点也体现在儿童对于"好人"的认知上。

在"保持社会秩序"方面，儿童一旦认可了某种社会秩序，便会遵从并维持这种秩序。例如，在提到乱丢垃圾这一问题时，儿童X5F0511在认可了"垃圾不能乱丢"这一社会秩序后，便会维护这种秩序。

X5F0511：我画的是我在路上看见了一位小男孩，他把垃圾扔到了地上，垃圾桶就在旁边，为什么他不把垃圾丢到垃圾桶里面呢？这个时候碰巧遇到了一个小女孩，这个小女孩跑过来想要叫住那个小男孩，说：别走啊，然后小男孩看了一眼小女孩，没有理她，就走了。不过，小女孩没有走，她自己走过去把垃圾扔进了垃圾桶。

访：你说得这么详细，是你亲眼看到的吗？

X5F0511：对，和同学一起回家时看到的。

访：你看到这一幕的时候是怎么想的呢？

X5F0511：我觉得那个小男孩很过分，每个人都知道垃圾桶就是用来装垃圾的，可是他却不把垃圾丢在垃圾桶里。而且那个小女孩都叫他了，他也不听，也不把垃圾捡起来，搞得要那个女孩子去捡。而且我当时好想骂他。

访：那你捡垃圾的时候会不会想这些垃圾好脏啊？

X5F0511：会有一点，可是刚开始扔的时候又不脏，刚开始就

[①] 边玉芳编著：《儿童心理学》，浙江教育出版社2009年版，第256页。

第六章　儿童本位的道德期待："童画"中的"好人观"

扔进垃圾桶不就好啦！如果说每个人都这样的话（随手乱丢），垃圾会越来越多，这个世界就不好了。

儿童在"迎合他人期待"方面表现为：当他们在思考或执行某件事情时，常常考虑这种做法是否符合成人眼中"好学生""好孩子"的标准。儿童的行为在很大程度上会受到外部动机的驱使，即他们常常考虑怎么做才会受到他人的褒扬。

X1M0306：我画的是我自己，我看到了老爷爷大把年纪了在那里过马路，我就去帮他。

访：那你做这件事的时候心里是怎么想的呢？

X1M0306：我心里想，如果我扶老爷爷过马路，我爸爸妈妈会夸奖我懂事。

访：那你回家自己告诉了爸爸妈妈，是吗？

X1M0306：是的，我回到家就和爸爸妈妈说了这件事情，爸爸妈妈就夸我很懂事，说我很尊敬老人。

2. 儿童还较为关注儿童与自我这一道德品质维度。儿童离开幼儿园，进入小学学习生活，其个性、自主性的发展更进了一步，他们的自律性与对自我的要求也逐渐提高，他们开始重视"勇敢""宽容""诚实""耐心"等品质。

3. 不管是低段、中段或高段儿童都极其重视"保护环境"这一道德品质，这是儿童对于儿童与自然维度关注的体现，这种关注贯穿于小学每一个年级阶段。

（四）儿童眼中"好人"的道德品质前五位

上文提到的23种道德品质，受儿童认可的程度有高低之分，其中帮助他人、尊老、严于律己、体谅他人、爱护环境是三所小学学生都认可度重要道德品质，即儿童眼中"好人所具备的道德品质前五位"（见图6-3）。

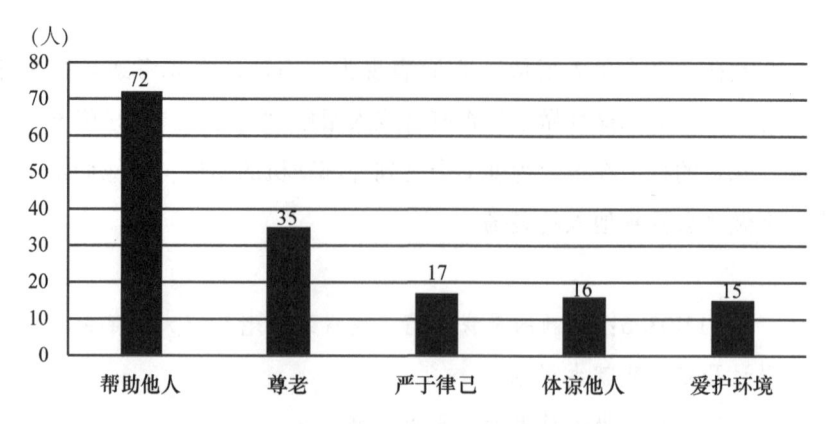

图6-3 "童画"中"好人"的道德品质前五位

道德品质	人数
帮助他人	72
尊老	35
严于律己	17
体谅他人	16
爱护环境	15

注：纵轴表示儿童在"好人"道德品质上的选择人数。

1. "帮助他人"这一道德品质在儿童中的认可度最高。"授人玫瑰，手有余香。"儿童对于"好人"的道德品质认知也将"帮助他人"放在了第一位，他们倾向于描绘"好人"帮助他人的情境，有72%的儿童在提到"好人"时想到的是"帮助他人"的品质。当然，他们对于"帮助他人"有不同的理解与描述，主要分为以下不同类型。

（1）"举手之劳"型帮助。这种帮助是在他人遇到困难时，出于同情心，顺便"搭把手"，不会给自己带来损失。在儿童看来，这种帮助既不会影响自己分毫，又能使他人脱离困境，何乐而不为呢？"举手之劳"型帮助更多地体现了儿童在这一年龄阶段同理心的发展。

H3M0208：我画的是我的同学小邱帮助别人的事情。

访：我看见你的画上有两个人，哪一个是小邱？另一个人又是谁呢？

H3M0208：（指着画作）这个高个子就是小邱，另一个就是低

第六章　儿童本位的道德期待："童画"中的"好人观"

年级的妹妹，就是把羽毛球打到树上去了的那个。

访：当时你看到是什么样的心情呢？

H3M0208：就感觉他很好，觉得要向他学习。因为每当有人问他能不能帮忙的时候，他都会帮，虽然只是一个小忙，但是我还是觉得他这种精神很值得学习。

（2）"自我牺牲"型帮助，其中又分为"牺牲时间""牺牲金钱""牺牲舒适""牺牲生命"四种类型。这种"牺牲"型帮助与"举手之劳"有所不同，在这种帮助中，好人在帮助他人的同时需要付出一定的代价，甚至愿意为他人牺牲他们自己的生命。

"牺牲时间"型帮助：帮助他人致使自己迟到。

X2F0109：我爸爸送我去学钢琴，看到前面一个奶奶的菜袋子破了，她买的菜都掉在地上了，我爸爸就立马冲上去把东西都捡起来，放在另外一个袋子，装好拿给那位奶奶。这件事情给我的感觉就是我爸爸是一个帮助他人的好人，我会向他学习。

访：就快迟到了？那你当时着急吗？

X2F0109：有一点着急，因为老师说不能迟到。但是我还是觉得要先去帮助老奶奶吧。因为帮助别人是好事情，就影响自己一点点时间，没有关系。

"牺牲金钱"型帮助：自己生活艰苦却给山区儿童捐款。

S2F0607：我画了一位大姐姐送给农村的孩子们一些玩具、学习用品、钱、书包、食物。

访：这是你从哪里看到的？

S2F0607：电视上看到过的。新闻说她送了三年了。因为她看

· 201 ·

见农村的孩子很可怜，所以花她自己的工资给农村的孩子送东西。

"牺牲舒适"型帮助：即使自己很累也为更需要的人让座。

X5F0210：我画的是在公交车上，我和姐姐在公交车上。姐姐刚刚带我去逛街买了好多东西，上去好不容易坐到了位置，过了一会儿，又有一个老人上来了，没有人让位置，很多次开车停车，老人都是摇摇晃晃的，很危险，我姐姐就让了座，非常客气地和老人说，奶奶您来坐。为这争了很多次，最后还是让老人坐了。

访：你们去逛街，是不是很累，也想坐呢？

X5F0210：是啊！我觉得应该可以不用让吧，坐着还蛮舒服的。

访：那你后来问了姐姐为什么让吗？

X5F0210：问了，我就说自己坐得这么舒服为什么要让呢？感觉可以不用让的。姐姐说还是要尊重老人。老人肯定也有一些行动困难吧。

"牺牲生命"型帮助：在火灾中救人，烧伤了自己。

X4F0411：我画的是救助火灾的好人。（指着画作中拿着水盆的人）这个就是救火的好人，旁边的人都是围观的人。

访：这是你看到的还是？

X4F0411：这是我亲眼看到的。

访：这个好人是一名消防队员吗？

X4F0411：不是，他就是一个普通的农民。

访：你可以详细描述一下吗？

X4F0411：就是当时突然有人叫：着火了。然后大家就都在那

第六章 儿童本位的道德期待："童画"中的"好人观"

里看，不敢上前帮忙。然后，这个在旁边买鱼的农民伯伯就上前救火，拿了一盆水去泼。他最后胳膊那里被伤到了一块。

访：那你当时看到这个情景是怎么想的呢？

X4F0411：我觉得这个人很善良，不像这些围观的人，还在旁边看热闹，都不上去救火。

2. 尊老也是儿童较为看重的道德品质，在他们中的认可度达46%。孟子说过"老吾老，以及人之老；幼吾幼，以及人之幼"，儿童也常常能在这种换位思考中做到"尊老"，因为这种道德里的换位思考能力是儿童与生俱来的一种能力[①]。当儿童看到老人或因车辆过多而难以顺利通过马路，或因东西太重拎不动时，就会想到他们自己的长辈也可能处于这样的困境，因此便上前帮助。儿童S4M0611在解释"尊老"这一品质时说道：

我和我的一个朋友在逛街的时候，一位老爷爷慢吞吞地走着，我看到之后，心里就有点，啧……好心酸的感觉，我就想到我的爷爷也这么大年纪了，在路上过不去马路该怎么办？于是我就跑去扶老爷爷，然后将他扶到马路对面，老爷爷就和我说了一句谢谢，我就说不用谢，当时我心里很温暖（提到"温暖"时突然微笑并很兴奋地挥了一下手）。

3. 在儿童眼中，"严于律己"在好人所具有的道德品质中排名第三。儿童在进入小学阶段后开始接触班级、学校规则，随着时间的推移，儿童会逐渐将这些规则内化为他们自己心中的准则，以此来严格要求他们自己。

[①] William Damon, *The Moral Child: Nurturing Children's Natural Moral Growth*, NY: The Free Press, 1990, p.15.

S4F0210：就是有一个人，他看都不看就把那张纸丢在了地上，然后一个小女孩路过，她看到地上有个垃圾就捡起来，丢在垃圾桶里去。

访：那你怎么看待这种行为呢？

S4F0210：我觉得那个小女孩很善良，很爱护环境，当时我觉得那个年轻人不爱护环境，因为他觉得他自己做了一点坏事没有关系，可这是给我们大家的家添了一份污染。

4. "体谅他人"这一道德品质也较被儿童所认可。孔子曾说，"己所不欲，勿施于人"。《马太福音》也提到"你们愿意别人怎样待你，你们也要怎样待人"。这些都是一种与人相处的智慧，是一种体谅他人的智慧。每个人都不是完美无缺的，都有他自己的不足之处，倘若你能够体谅他人的处境，便能理解他人，给予他人应有的尊重与宽容。

S6F0211：我画的是那天我去买东西的时候，看到一个年轻人帮助行动不便、戴着老花眼镜的老奶奶过马路。

访：当时你心里是怎么样的感觉呢？

S6F0211：也没有什么很特别的感觉，就是觉得这个年轻人心肠不错，然后我就把他画下来了。如果以后我遇到这样的事情的话，我一定也会这么做，因为老人家本来就很老了，还要一个人过马路，就很可怜，没有人陪他们，就很心酸。

5. 人与自然的和谐相处也是儿童的关注焦点，他们认为"保护环境"是人人都可以做到的一件小事，也是"好人"所需具备的底线性道德品质。我们常常听到"不要让地球上的最后一滴水变成眼泪"这种环保标语，环保的意识渐渐深入人心：

第六章 儿童本位的道德期待:"童画"中的"好人观"

看到垃圾顺手捡起来只是一件很小、很普通的事情,每个人都应该做到的事情,可是偏偏有些人就是不自觉,不捡就算了,还去制造垃圾。(H5M0411)

(五) 儿童眼中"好人"的道德品质比较

儿童往往会以"好的行为"或"好的品质"来呈现其眼中的"好人",不同的儿童对此又有不同的认知。我们从不同性别、不同学段的儿童对于"好人"道德品质的认知比较出发,观照儿童眼中"好人观"的异同。

1. 不同性别儿童眼中"好人"的道德品质比较

卡罗尔·吉利根(Carol Gilligan)等人认为男女之间存在着道德形成与判断的差异[1],道德倾向会贯穿于人的一生,并体现在各种道德情境中[2]。研究中的三所小学共 100 名儿童,其中男生 34 名,女生 66 名,他们眼中"好人"所需具备的道德品质大致相同,但也存在一些差异(见图6-4)。其相同之处在于:男生与女生都认为"帮助他人"与"尊老"这两种道德品质是"好人"所有品质中十分重要的两项。其不同之处表现为:小学阶段的女生对"爱幼"这一道德品质非常重视,相反,男生则更注重"自我保护"与"学习好"这两项道德品质,对"爱幼"认可度极低。儿童 S5M0310 对"自我保护"的诠释是:

在别人处于困境中,帮助是必要的。但是要依据实际情况与自己的能力来帮助他人,在帮助他人的同时不要让自己受伤。如果我有能力的话我会帮助他;如果我自己还没有这个能力的话我就会找

---

[1] C. Gilligan, "In a Different Voice: Psychological Theory and Women's Development", *Signs: Journal of Women in Culture and Society*, Vol. 9, No. 2, 1983, pp. 39-40.
[2] 李伯黍等:《教育心理学》,华东师范大学出版社 1995 年版,第 44 页。

有能力的人去帮助他。

这与吉利根的两种道德倾向理论相契合,即男性有"公正"的道德倾向,而女性则有"关怀"的道德倾向。①

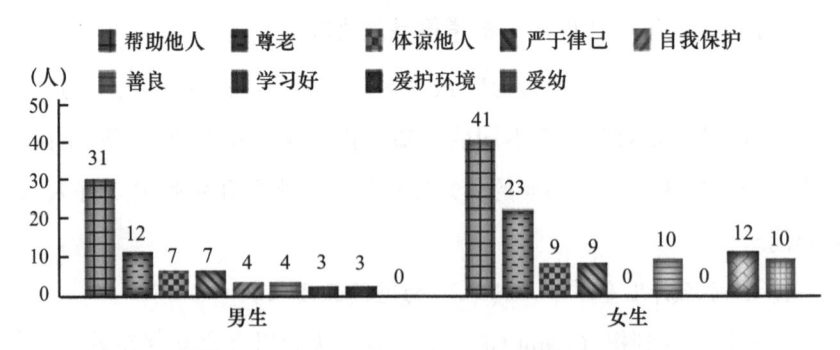

图例:■帮助他人 ■尊老 ■体谅他人 ■严于律己 ■自我保护 ■善良 ■学习好 ■爱护环境 ■爱幼

男生:帮助他人 31、尊老 12、体谅他人 7、严于律己 7、自我保护 4、善良 4、学习好 3、爱护环境 3、爱幼 0

女生:帮助他人 41、尊老 23、体谅他人 9、严于律己 9、自我保护 0、善良 10、学习好 0、爱护环境 12、爱幼 10

图 6-4 不同性别儿童眼中"好人"所需具备的道德品质前五位

注:纵轴表示不同性别儿童在"好人"所具备的道德品质上的选择人数。

2. 不同学段儿童眼中"好人"的道德品质比较

小学共有六个年级、三个学段,其中 1—2 年级为低段、3—4 年级为中段、5—6 年级为高段。研究所聚焦的三所小学共有低段儿童 31 名、中段儿童 37 名、高段儿童 32 名。三个学段的学生对于"好人"道德品质的认可也是既有相同之处,又存在较大差异(见表 6-1)。三个学段的学生最关注的道德品质都是"帮助他人"与"尊老",但从排名第三的道德品质开始,则体现了每个学段学生的特性。

一是低段儿童较关注"听话""体谅他人"与"勇敢"的道德品质。低段孩子从幼儿园进入小学学习,伴随着社会角色与角色责任的转变,他们开始担负起"学生"的角色与"学习"的责任,因此低段儿童会注重"听话"这一道德品质,包括听老师的话,听父母的话或听哥哥姐姐的话。以下是 X 小学学生在讨论"老师安排班级值日"这一

---

① 李伯黍等:《教育心理学》,华东师范大学出版社 1995 年版,第 44 页。

第六章 儿童本位的道德期待:"童画"中的"好人观"

问题时,学生 X2F0307 对于"听话"这一品质的解释:

> 我觉得做好老师安排的这个值日就是好人。因为我们都还是学生,就要听老师的话,要懂事。

同时,低段儿童也面临着与幼儿园不同的人际关系,他们的人际交往圈中多了班主任、各科教师与同学等重要他人,他们开始思考如何与他人和谐共处,因此"体谅他人"也成为低段儿童所认可的道德品质;低段学生从小学一年级开始便要接触班级规则,人人都要参与班集体活动,"勇敢"的道德品质也成为他们的关注焦点。

二是中段儿童集中关注"严于律己"的道德品质。中段孩子处于小学时期的过渡阶段,他们开始渐渐将班级规则与学校规则内化为对自我的约束与要求,他们开始严格地要求他们自己遵守各项规则,要求他们自己认真上课、听讲。因此,"严于律己"的道德品质备受其关注。在他们的眼中,严于律己也有很多含义:爱岗、认真学习、公民责任心、遵从法律规定等。

三是高段儿童既重视"严于律己"又认可"正能量"。高段儿童依旧延续着中段孩子的自律特点,"严于律己"还是他们的重要关注点。与此同时,高段儿童的情感开始出现丰富性、细腻性、敏感性等特点[1],因此"正能量"也成为他们认可的重要道德品质。一位研究参与者在访谈的过程中解释了他所认知的"正能量":

> S6M0411:我画的是一个年轻人给老奶奶让座的场景,我自己做过也看到过。就是有一次,我出去参加一个活动,然后在公交车上,当时有很多人,可是一个老奶奶腿脚很不方便,还拄着一根拐

---

[1] 李家成、卢寄萍:《"新基础教育"班级建设改革研究报告》,载叶澜《"新基础教育"发展性研究报告集》,中国轻工业出版社 2004 年版,第 182—207 页。

· 207 ·

杖。我就想，我们有这么多个位置，于是我就和旁边的朋友挤着坐了一个座位，将我自己的座位让给了那个老奶奶，她就很开心。然后我就觉得心中充满了正能量，这样的行为很好，我当时心里也很开心，以后要是再发生这样的事，我还会继续这样做。

访：你里头提到了"正能量"，你可以给我们解释一下它的意思吗？

S6M0411：当一个人在做任何事情，不管是困难的事情还是简单的事情的时候，都能充满力量，有自信。不光他自己有自信，还能够带给别人力量，让别人看到之后也能够努力奋斗的能量。

表 6-1　　　　不同学段儿童眼中"好人"的道德品质比较

学段＼排名	低段（1—2 年级）	中段（3—4 年级）	高段（5—6 年级）
1	帮助他人	帮助他人	帮助他人
2	尊老	尊老	尊老
3	爱护环境	爱幼、严于律己	严于律己
4	体谅他人、善良、听话	善良	体谅他人、爱护环境、正能量
5	勇敢	体谅他人	善良

从对各个学段儿童眼中"好人"所需具备的道德品质的分析中可看出，每个学段的儿童由于成长需求与发展特征的不同，其认可的道德品质也有所不同，彰显着各个学段孩子的个性与特色。

总之，儿童"好人观"的内容极其丰富，儿童作为独立的生命个体，有他们自己的想法与立场，他们有独立的"好人观"，并彰显着他们的独特性。儿童"好人观"中包含着他们对"好人"的外在形象特征与内在道德品质两个方面的判断。小学阶段的儿童倾向于将长相俊美且面带微笑的人认定为他们心目中的好人，女生在这一方面的期待强于男生。关于好人的内在道德品质方面，儿童比较注重自我与他人之间的关系。例如，最认可"帮助他人"的道德品质。由此可以看出，儿童的社会性发展渐趋成熟，注重与他人的交往，重视与他人交往的过程与结果，并把这作为定义"好人"的标准。不得不提的是，男生与女生对于"好人"的道德品质认可与吉利根的两种道德倾向相契合：男生偏向"公正"主义而女生偏向"关怀"主义。同时，各学段儿童对道德内容的关注还存在着一定的差异：低段儿童由于社会角色的转变与人际关系的变化，比较关注"听话""勇敢"和"体谅他人"的道德品质；中段儿童已完全适应学校生活，逐渐将班级、学校规则内化，"严于律己"成为他们关注的重要道德品质；高段儿童的情感开始丰富化、细腻化、敏感化，"正能量"成为他们所认可的重要道德品质。

二 儿童"好人观"的主要特点

儿童的"好人画作"中隐含着其对"好人"的体认，向我们全方位地展现了他们丰富的"好人观"。研究者对研究资料进行进一步分析发现，儿童的"好人观"具有偏爱同性、偏爱同龄人、偏爱特定职业、情境性及可塑性等几大特点。

（一）偏爱同性的倾向

儿童在画作中呈现出来的"好人"形象有男有女，但也存在着一定的性别偏爱倾向（见图6-5）。除了没有明确表明性别的"好人"形象（例如动画人物"大白"）外，84%的儿童将"好人"的性别定义为他们自己的同性别。这是由于在儿童心理发展过程中，他们会产生"要像大人一样"的愿望，这种愿望会导致他们对同性家长或所崇拜的同性人物进行"认同"[1]，也被称为儿童的性角色"同化"。男生中仅有13%的儿童将"好人"形象定义为异性，这部分儿童大都为8—10岁的

---

[1] 边玉芳等：《儿童心理学》，浙江教育出版社2009年版，第210页。

年龄偏小的儿童,并且从画作中可看出,这些学生描绘的女性形象多是他们自己的老师、同学与动画人物。有16%的年龄较长女生(9—11岁)将异性定义为她们自己心目中的"好人"。总体来看,儿童的"好人观"具有偏爱同性的性别倾向。此外,年龄偏小的男生与年龄稍长的女生会出现将异性设定为心目中"好人"性别的现象。

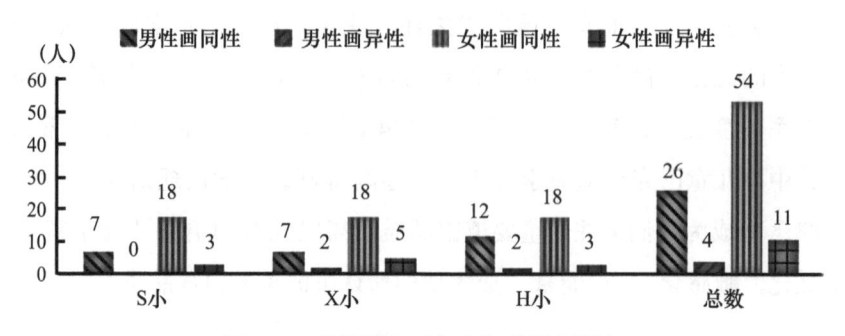

图6-5 儿童眼中"好人"的性别倾向

注:纵轴表示在不同性别儿童眼中"好人"性别的选择人数。

(二)偏爱同龄人的倾向

有研究证明,儿童通常比较喜欢与同龄伙伴交往,而喜欢与年长儿童交往又胜于与年幼儿童交往。[①] 小学阶段的儿童每天在校时间长达6—8小时,接触最多的就是与他们自己同龄的同学,在这种接触中相互受到了影响。从数据中可以看出(见图6-6),总体而言儿童倾向于将他们自己的同龄人界定为"好人",其"好人观"具有偏爱同龄人的倾向。63%的儿童将他们自己心目中好人的形象定义为自己的同龄人,而这其中,又有65%的儿童将他们自己的同学定义为心目中的好人,而同学在日常学习、生活中所体现出来的某些道德品质也是他们眼中好人所需的道德品质。还有35%的儿童把"好人"定义为他们"自己",这一部分多为年纪较小的学生。

---

① 王振宇:《儿童心理学》,江苏教育出版社1999年版,第361页。

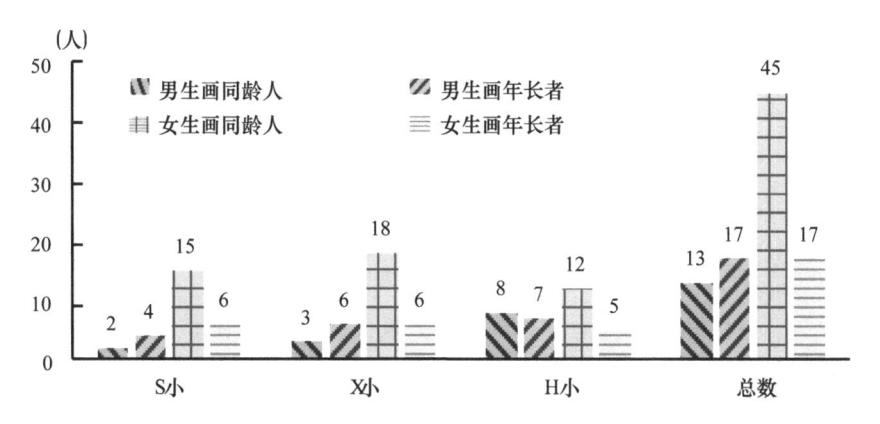

第六章 儿童本位的道德期待:"童画"中的"好人观"

图 6-6 儿童眼中"好人"的年龄倾向

注:纵轴表示不同性别儿童眼中"好人"年龄的选择人数。

(三) 对某些特定职业的认可

儿童在画作中展现的"好人"具有一定的职业倾向,这些特定的职业也代表着一些具体的道德品质,主要有三种职业受到认可与青睐。

最受学生青睐的职业是教师。刚入小学的儿童对教师充满了崇拜和敬畏,教师的要求比家长的话更有威力,调查表明,84%的儿童(低年级的儿童为100%)认为要听老师的话。[①] 教师是儿童生活中接触最多的职业之一,儿童在小学阶段对教师多抱以"尊重"的态度,他们很注重"尊敬师长"这一道德品质。在儿童的眼中,老师都是儿童学习的榜样,教师职业是"努力""诚实""认真"等品质的代表(见图6-7)。

H4F0610:我画的是一位老师和一位一年级的小朋友在下雨天捡垃圾。即使下着小雨,这位老师还是带着同学来捡垃圾,因为校园里面垃圾好多。

---

① 伍新春:《儿童发展与教育心理学》,高等教育出版社2013年版,第101页。

访：为什么他们要下雨的时候捡垃圾呢？是发生了什么事吗？

H4F0610：因为这个老师平常都要上课，她又没带伞，而且只是下着小雨，所以她这样站在雨中捡垃圾。

访：那这样的事情你是在哪里看到的呀？

H4F0610：生活中，就是我们学校的高老师。

访：那你是怎么看待这位老师的呢？

H4F0610：我觉得老师很好，她很认真，很负责。我觉得她这是以身作则，与学生一起让校园更加干净。

访：那这幅画中，谁是你心目中的好人呢？

H4F0610：高老师是，这个学生也是。

访：你可以说明一下吗？

H4F0610：高老师很认真，很负责，对我们又很好，也不会骂我们，很温柔。这个学生很尊敬师长。

访：那你能举例说一下她怎么尊重老师吗？

H4F0610：她每次碰到老师都会敬礼打招呼，平时也会比较听老师的话。

其次，护士也是儿童关注较多的职业，在他们的认知中，护士都具有"温柔""耐心""奉献"的美好品质（见图6-8）。

S5F0210：我画的（指着左边）是一个在打针的小朋友，（指着右边）这是一个拿着病历本的护士。护士在帮小朋友看病。所以才拿着一个病历本。

访：这是你在哪里看到的呢？

S5F0210：这是我亲身经历的。这个小朋友就是我弟弟。就是我弟弟要打针，他一直在哭，然后护士姐姐走过来安慰他说让他不要哭。

第六章 儿童本位的道德期待:"童画"中的"好人观"

图6-7 学生H4F0610画笔下的老师　　图6-8 学生S5F0210画笔下的护士

访:那你怎么看待护士姐姐这种行为呢?

S5F0210:我觉得护士姐姐是很助人为乐的。

访:可是,护士姐姐不是本来就应该照顾生病的小朋友吗?

S5F0210:因为……因为有些护士既使看到你哭也不管你,可是这个护士姐姐就会安慰我弟弟啊!她看得出来我弟弟很害怕打针。

此外,儿童特别是男生也较认可解放军这一职业,从儿童的画作与访谈内容中发现,他们眼中的解放军是"勇敢"与"爱国"的表征。儿童常常在"解放军战胜日本侵略者(儿童眼中的敌人)"的情境中描绘"解放军"形象。

H4M0110:我画的是一个解放军叔叔(指着左边的人物),他正在冲锋,为解放祖国而努力。他在打日本人(指着右边的人物),日本人的武器掉了,就举起双手投降了。

访:你是在哪里看到的这个场景呢?

H4M0110：是在课外书里面。

访：那你看这些的时候，心里有什么感受呢？

H4M0110：我觉得那个解放军叔叔非常勇敢。尽管他自己后来牺牲了，但还是高喊着为祖国而牺牲，我觉得很感动。

访：你可以描述一下你心目中解放军所拥有的特质吗？

H4M0110：我觉得解放军具有坚强、勇敢、尽职、友善的品质。首先，他必须非常坚强，第一个跑去战场上杀敌，很勇敢嘛。他不畏牺牲，为祖国争光。他非常尽职，从不在战场上当逃兵。如果他自己的战友受了伤，他会马上给他包扎伤口，继续战斗。

（四）情境性

儿童"好人观"不仅会受到社会文化大环境的影响，还会受到家庭、学校等文化小环境的影响，重要的是，它会受到事件发生当下情境的影响。所谓情境"是指事物发生并对机体行为产生影响的环境条件"[1]。学者 William Damon 认为，儿童的道德选择是与当时的情境有密切联系[2]，他还强调成人想要理解儿童的道德就必须站在儿童的立场上，走进儿童的世界[3]。儿童"好人观"也是如此，其中呈现的"好人好事"都是发生在一定情境中的，具有该情境的特殊性。例如，同一事件若发生在不同的情境下，儿童可能会有不同的抉择。在讨论"扶老人"事件时，就有儿童提到如果有人在旁作证或有摄像头拍下他自己是行善而非作恶的情况下，便愿意立马上前给予帮助；但若是在人烟稀少的小巷，他自己便需要三思而后行。同样，一种情境下若有不同人员在场，儿童也会表现出不尽相同的判断与选择。如儿童 X1F0107 在回答

---

[1] 荆其诚：《简明心理学百科全书》，湖南教育出版社1991年版，第372页。

[2] William Damon, *The Moral Child: Nurturing Children's Natural Moral Growth*, NY: The Free Press, 1990, p. 7.

[3] William Damon, *The Moral Child: Nurturing Children's Natural Moral Growth*, NY: The Free Press, 1990, pp. 8–9.

他自己为什么会收拾垃圾时提道：

> 如果爸爸妈妈在家，我能主动捡起垃圾，我爸爸妈妈一定会夸奖我。

这种情形的出现是由于年幼儿童还未能形成坚强的道德意志，有时在面对选择时并不是受到内心信念的驱使，而是外在力量如家长、老师的表扬等的引导所致。

（五）可塑性

儿童的身心时时刻刻都变化发展着，他们在学习上和生活中表现出极强的可塑性，儿童的"好人观"亦是如此，具有极强的可塑性。"好人观"的形成不是一蹴而就的，而是儿童在各种各样的情境中一次次学习与选择的结果。例如，儿童 H4F0610 提到了他自己以前认为好人一定要绝对诚实，可后来她才明白，有时善意的谎言也是一种"好"。

> H4F0610：除此之外，我还觉得诚实也是好人很重要的品质。
> 访：为什么这么说呢？
> H4F0610：因为不管是大人还是小孩，都要有诚实的品质，不然每个人都不诚实的话，我们就会生活在谎言里。
> 访：你可以解释一下你认为诚实是怎样的吗？
> H4F0610：诚实就是说实话，承认错误，比如说打翻了一个花瓶会去承认是自己的错误。但是，我上次看一个泰国的广告发现，有时候诚实也不一定就是说实话。
> 访：和大家分享一下这个广告可以吗？
> H4F0610：就是本来很幸福的一家三口，后来家里的爸爸出了车祸去世了，妈妈不敢告诉自己的孩子真相，就和孩子说："宝宝，爸爸去外地打工挣钱了，但是他每年过生日的时候不会忘记你的生日礼物。"于是，那个孩子从 6 岁长到 16 岁，十年

来，妈妈都会冒充爸爸给孩子送礼物并附上一封信。到孩子17岁生日那天，妈妈收到了孩子送的礼物和一封信，上面写着："妈妈，谢谢您这十年来对我的隐瞒，其实我6岁的时候就知道爸爸去世了，可是我也不忍心让您提起这件伤心事，所以我们俩相互隐瞒。感谢您十年来的母爱与父爱，以后就换我给您送礼物吧！"大概就是这样，我就觉得他们两个人虽然都不诚实，但是却很善良，是为了保护家人。

综上可以看到，儿童的"好人观"是儿童天性的表征，具有同性别偏爱、同龄偏爱、偏爱特定职业、情境性、可塑性等特点，具体表现如下：儿童在呈现他们自己心目中的"好人"时，多倾向于将"好人"定义为与他们自己同性别的人，年龄偏小的男生与年龄稍长的女生会出现将异性设定为心目中"好人"的情况；儿童的"好人观"具有偏爱同龄人的倾向，甚至把他们"自己"定义为"好人"；儿童在定义"好人"时还较青睐教师、护士、解放军等职业。儿童在不同的情境下会做出不同的道德判断与选择，其"好人观"具有情境性。最后，儿童的"好人观"具有可塑性，具有"德育发展关键期"。

第三节 儿童"好人观"的教育学价值

对儿童"好人观"的探究让我们进一步了解到这一观念的内涵，并且我们通过对儿童"好人观"具体内容的提炼，把握其特征与成因，更需从中寻求儿童"好人观"的教育学意义。

一 儿童"好人观"是成人理解儿童的重要切入口

教育中很重要的一个环节便是教育者与受教育者之间的双向互动、相互理解，洞察儿童内心世界是教育学理解的重要因素，更是一种教学机智。① 成人在对儿童进行德育之前,有必要先了解儿童内心的想法,了解儿童的需要,从而再来思考该从什么方面、用什么方式进行德育,做到"对症下药",儿童的"好人观"画作便是成人的"探症之方"。画作中的"好人观"来源于儿童的生活,成人可以通过其了解儿童在日常生活、人际关系、道德等方面存在的疑惑与问题,这是解决儿童问题、发展儿童道德的重要前提。

二 儿童"好人观"是德育课程去成人化的重要前提

德育课程拥有开拓思维、砥砺心智、启迪心灵的重要功能。《中共中央国务院关于进一步加强和改进未成年人思想道德建设的若干意见》提出:"未成年人思想道德建设要坚持贴近实际、贴近生活、贴近未成年人的原则。"也就是说,德育内容要符合儿童的身心发展规律,并来源于儿童真实的生活境遇。然而,德育的成人化却一直是我国传统道德教育的痼疾,不管是从德育政策到课程,还是从道德内容到实践形式,都没有儿童主体的地位,多以成人的标准要求儿童而无视儿童的真实需求与特性②,儿童德育急需去成人化。所谓去成人化就是要儿童化,要在德育内容、德育实践形式上都做到以儿童为主体。儿童的"好人观"来自儿童自身,贴近他们的生活,是德育内容去成人化的突破口。在德育课程中加入儿童的"好人观",使德育内容得到儿童的认可,被他们接受,引起他们的重视。重视儿童"好人观"这一德育课程资源就是儿童德育去成人化需迈出的重要一步。

三 儿童"好人观"是德育课程难度适切性的判断依据

随着教育改革的深化,德育改革也逐渐受到了重视,但仍有许多学

---

① [加] 马克斯·范梅南:《教学机智:教育与智慧的意蕴》,李树英译,教育科学出版社2001年版,第117页。
② 申卫革:《我国德育政策的去成人化转向——基于小学德育课程的分析》,《教育科学》2012年第1期。

校的德育倾向于"圣人"级别的完全利他主义道德,而缺乏对于学生所要面临的情境、与其息息相关的道德事件等重要内容,这样的德育课程难免显得大而空,且晦涩难懂,这是不符合德育课程指向的主体——儿童的,也难以判断这些课程的难度适切性。儿童的"好人观"是能让其留下深刻印象、浅显易懂的内容,其中既有利他主义的最高级别道德(牺牲自己的生命去帮助他人),还有适当的利己主义道德(在帮助他人的同时长个心眼,学会保护自己),更有最基础的底线道德(不违法犯罪)。儿童的"好人观"是来源于他们自身的,既能准确地表达道德内涵,又能用简单明了的语言来呈现;既是儿童所需要的,又是能够并容易被他们所接受的内容。因此,将儿童的"好人观"内容纳入德育课程能够使得德育课程难易度适切儿童。

四 儿童"好人观"内含德育方法的新思路

教育部 2014 年 4 月发布《关于培育和践行社会主义核心价值观 进一步加强中小学德育工作的意见》提到:"要勇于改革创新,探索德育工作的新途径、新方法。"[1] 德育方法有很多,譬如说服教育法、榜样示范法、情感陶冶法等,但这些德育方法都是将儿童视为被动接受的角色,使儿童真正成为德育的主体才是德育方法创新的重点。而将画图分析法与焦点团体访谈结合起来,让儿童用图画来描绘他们自己心目中的好人并进行分享与讨论便是这样一种以儿童为主体的德育方法。每一个儿童都是一个独立的文化体,对于一个小学儿童,其他儿童都是文化的他者,都是文化理解与融合的对象,因此,同伴间的对话、互动、交往是课程的重要组成部分。[2] 在德育过程中,将画图分析法与焦点团体访谈相结合,既能让教师介入进来,又能充分运用同侪之间的互动影响,

---

[1] 教育部:《关于培育和践行社会主义核心价值观 进一步加强中小学德育工作的意见》,2014 年 4 月 1 日。

[2] 王一军:《儿童文化课程:理论、实践与案例》,江苏教育出版社 2009 年版,第 10 页。

达到德育的良好效果。儿童在这一过程中勇于发表他们自己的观点与想法，同时当他人发表意见时，儿童也可提出他们自己的不同看法，并与他人交流与辩论，从中培养其批判能力，同伴间也能取得相互影响、共同成长的良好效果。

五 儿童"好人观"是德育课程研制的重要参照点

儿童的"好人观"对于德育及德育课程都有重要的意义，如何基于儿童"好人观"的内容、特点、成因来研制德育课程是我们要研究的重要课题。德育课程服务于儿童的道德发展，是培养儿童正确道德价值取向的重要课程。学生自身的知识经验、兴趣、需要等是课程与教学目标设置的前提。① 德育课程亦是如此，生成既能将人类社会复杂的道德、伦理、法律等内容简明化，又能考虑到儿童的真实生活境遇，贴近儿童的利益与需要，将儿童对道德的态度、需求、兴趣融入其中的"涉己的道德课程"② 是德育课程研制的重要目标。儿童的"好人观"蕴含着儿童有关道德的知识经验、需要、兴趣等内容，是德育课程目标设定与内容选择的重要"筛子"，也是研制和实施德育课程的重要基点。

（一）儿童"好人观"的内容：德育课程内容选择的重要"筛子"

德育不是成人对儿童单方面的灌输，而是成人与儿童之间的互动交流。为了使儿童能够真正投入这种互动，德育课程内容的选择就至关重要。儿童"好人观"的内容来源于儿童的知识经验、个人兴趣与内心所需，既是儿童共同认同的内容，也应是德育课程内容选择的重要"筛子"：

一方面，基于儿童"好人观"对"好人"外在形象的重视与对"儿童与社会"关系的关注，德育课程可设置"交往礼仪""人不可貌

---

① ［美］拉尔夫·泰勒：《课程与教学的基本原理：英汉对照本》，罗康等译，中国轻工业出版社2014年版，第6—16页。

② 谢翌：《教师信念论》，广东高等教育出版社2010年版，第186页。

相""如何与同学相处""如何在社会中生存"等主题内容。

另一方面，基于儿童对于"好人"道德品质认同的差异性，我们可以从以下三个方面来设置德育课程内容。第一，基于儿童对"好人"道德品质认同的前五位来设置以每一种品质为主题的德育主题课程。第二，兼顾不同性别儿童在道德品质认可上的差异性，设置具有性别针对性的德育课程内容。第三，将各学段儿童在道德品质上的异同点视为设置德育课程内容的标杆之一。低段儿童的德育课程应该设置"承担学生职责""处理同伴关系"等内容，使他们学会如何适应小学新生活、如何与同伴和谐相处；对于中段儿童来说，应该教授"自觉""律己"的德育主题，使他们认识到严格要求他们自己是成长的象征；高段儿童即将进入中学学习，离社会更近一步，需要发展其丰富的情感，教会他们在社会生存中应遵守的规则，因此，德育课程内容应聚焦于"表达情感""遵守社会规则与法律"等主题。

（二）儿童"好人观"的特点：德育课程研制逻辑的重要依据

儿童的"好人观"特点鲜明，极富儿童特色，它向我们直观、生动、丰富地展现了儿童独特的道德世界，使我们能从中不断挖掘出新事物并将其运用于德育课程研制与设计。其一，基于儿童对"好人"的性别偏爱特点，在德育课程设计过程中需顾及男性学生与女性学生不同的性别偏爱倾向，用受到儿童认可的同性别榜样去引导、鼓励儿童。其二，儿童的"好人观"偏爱同龄人，因此德育课程设计应该去天才化、去英雄化、去伟人化，力求从儿童的实际生活出发，寻找儿童生活中常见的同龄人的"好人好事"作为德育案例。其三，儿童对"好人"有特定职业偏爱，因此，德育课程的设计也最好将职业角色与道德品质联系起来，既能使课程的内容更加生动，又能达到让儿童了解不同职业、尊重每一份职业，明白职业不分高低贵贱的目的。其四，儿童的"好人观"具有情境性，因此德育课程还必须注重对儿童道德意志的培养，培养儿童坚毅的德性。其五，由于儿童"好人观"具有可塑性，我们在设计德育课程时要找寻儿童道德发展的"最近发展区"，抓住关键教育时机，尽量运用一切能够正确引导儿童的力量。

（三）儿童"好人观"的成因：德育课程实施考量的基点

儿童对"好人"的体认受多种因素的影响，儿童"好人观"的形成是多种因素合力的结果。因此，在实施德育课程时也应将这些影响因素作为考量标准善加利用。第一，儿童个体的因素是其"好人观"形成的最主要因素。其中，生活经历是影响因素的重中之重。鲁洁先生曾就生活、道德、道德教育三者的关系进行了探讨，她认为，道德的学习应该是生活的、实践的，道德教育要"回归生活世界"[1]。因此，我们要重视并利用儿童生活中关于"好人"的点滴感触，春风化雨，潜移默化地实施道德课程。同时，顺应儿童心理发展的阶段性、尊重儿童的想法、培养儿童的想象力，也有利于德育课程的顺利实施。第二，家长、同伴、老师是儿童道德生活中的重要他人，家长的"言传身教"、同侪文化、教师德育信念也都是儿童"好人观"的重要成因。因此，注重家长、教师、同伴的榜样作用，教导儿童懂得从他人身上发现"善"，教会儿童明辨是非是德育课程实施的重要考量。第三，新媒体传播的内容也应是德育课程实施的考量标准之一。在德育过程中，应尽量规避媒体带来的不良价值观引导，发挥媒体的正确价值导向作用。例如，可利用新媒体向儿童直观地展示"道德故事"，为儿童提供有利于其品行养成的书籍等。

儿童的"好人观"与儿童息息相关，是走进儿童道德世界的重要途径，是德育课程研制的重要基础，是研制适切儿童的德育课程之重要前提。现存德育课程的取向与内容都需基于儿童的"好人观"而设置，力求最贴近儿童，最适合儿童，最有利于儿童正确道德观的培养。

---

[1] 鲁洁：《生活·道德·道德教育》，《教育研究》2006 年第 10 期。

六 善用新媒体：促进孩子构建积极的好人观

我们现在正处于一个无法抗拒的新媒体时代，新媒体时代的到来使我们的生活发生了太多变化。人类成为一个信息基站，随时随地都能够接收信息与发送信息。人们的价值观、道德观也逐渐开始多元化，道德环境变得愈加复杂。这种复杂的新媒体道德环境对于儿童的道德发展是机遇亦是挑战：儿童既能利用新媒体的各种科技来丰富他们自己的道德认知，充实他们自己的道德体验，从而发展他们自己的道德；然而，新媒体传播的内容又是纷繁复杂的，有积极向上的内容，又不乏低俗消极的内容，儿童若是没有具备一定的判断能力与分辨能力，也极有可能受到新媒体中低俗消极的内容所带来的各种不良影响。善用新媒体，发挥其道德促进作用是我们必须探究的一个重要课题，也能促进孩子构建积极的"好人观"。因此，在德育过程中，应培养孩子的道德判断能力与分辨能力，尽量规避媒体带来的不良价值观引导，发挥媒体的正确价值导向作用。例如，可利用新媒体向儿童直观地展示"道德故事"，为儿童提供有利于儿童品行养成的书籍、影视作品、APP等。

第七章

家长关于儿童道德的现实期待

在社会剧烈转型时期,儿童的道德发展成为家庭、学校和社会关注的焦点。新一代的孩子应该具备哪些道德素养才能称之为"有道德的人",这是家庭和学校共同关心的问题。家庭是孩子成长的重要环境,家长的陪伴对孩子的成长来说举足轻重。父母不能借口贫困、工作或人的尊敬而免除亲自教养孩子的责任。① "如果他忽视了这些如此神圣的职责……他将因为他的错误而流许多辛酸的眼泪。"② 家长对儿童的期待,不仅潜在地规约着儿童的行为,也是儿童品性形成的重要推手。本章从从事教师职业的家长着手,深度探讨当代家长对儿童道德期待及家庭道德教育之道。

第一节 新时期家长对儿童道德期待的观照维度

一 研究的基本框架

本书主要关注家长视域下的儿童道德期待问题以及基于此德育课程研制的策略,要解决的关键问题在于搜集一手材料后的分析整理,进一

---

① [法]卢梭:《爱弥儿》(上卷),李平沤译,商务印书馆2012年版,第30页。
② [法]卢梭:《忏悔录》,崔建华译,浙江文艺出版社2015年版,第314页。

步挖掘从事教师职业的家长这一特殊角色对儿童的道德期待,从而揭示家长视角的德育课程研制。

基于研究问题和研究目的,我们建构了本章的基本框架(见图 7-1)。

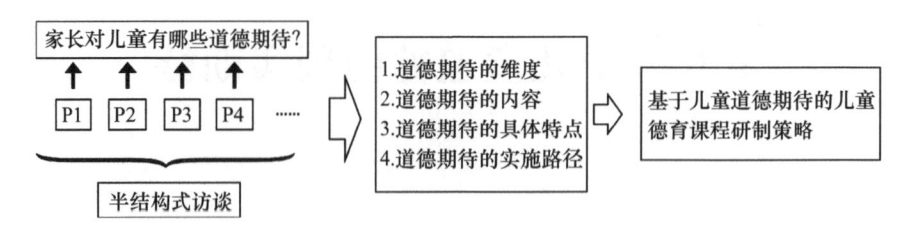

图 7-1 研究的基本框架

二 研究方法

(一)研究取向和研究策略的选择

为了观照具有教师身份的家长对儿童的道德期待问题,本书主要选择了质性研究取向。研究问题属于当下现实性的真问题,运用个案研究策略,通过对家长进行半开放式对话访谈收集资料,运用扎根理论和类属分析等方法分析研究资料。

质性研究将人作为研究工具,强调的是研究者对研究对象进行解释性理解(interpretive understanding),研究者和被研究者在"参与"和"对话"中共同构建意义,即在质性研究当中关注研究者与被研究者之间的主体间性(inter-subjectivity)。[1] 质性研究不仅是一种意义的表现,更是意义的创造。它不再是对一个固定不变的"客观事实"的了解,而是一个研究双方彼此互动、相互构成、共同理解的过程。[2] 本书正是从家长的视角出发,对他们内心深处关于儿童的道德期待进行"深

---

[1] [英] 凯西·卡麦兹:《建构扎根理论:质性研究实践指南》,边国英译,重庆大学出版社 2009 年版,第Ⅸ页。

[2] [英] 凯西·卡麦兹:《建构扎根理论:质性研究实践指南》,边国英译,重庆大学出版社 2009 年版,第Ⅲ页。

描",通过细节呈现事物本质和文化回声,继而对资料中所隐含的主题及主题之间的关系进行分析,将它们系统有序地呈现出来,最后对资料的意义进行解释,构建知识框架。① 基于此,本书决定采取质性研究取向。

一般当提出的问题是"怎样"或"为什么"时,当研究者对事件很少控制时,以及当重点是一些真实生活情境内的当代现象时,个案研究是比较可取的策略。② 个案研究可以是某个人、某个团体、某个组织或者某个地理区域,而本书的个案主要是一个家长团体,关注的基本问题是"家长对儿童的道德期待是怎样的",试图了解家长视角的道德期待现状、特点以及德育方式等,从而更有效地拓展儿童德育课程的视角。问题的性质偏向解释性,并以J省从事教育职业的家长作为研究对象,因此本书选取个案研究策略。

(二) 研究资料的搜集与分析

本书的主要任务是了解家长对儿童的道德期待是怎样的问题,因此需要能够为本书提供大量信息的研究对象。因此,我们主要通过目标抽样和滚雪球抽样等抽样策略选取了35位J省各市区具备教师身份的家长,他们出生于20世纪70年代或80年代,其学历都在本科及本科以上。在研究中,儿童这一主体采用的是联合国《儿童权利公约》中的定义,系指18岁以下的任何人。本书主要采用访谈方法收集资料,通过文献的查阅获取相关理论基础,在编制访谈提纲后对家长进行半开放式访谈。就研究者对访谈结构的控制而言,访谈可以分为封闭型、开放型和半开放型访谈。③ 陈向明指出,质的研究方法在访谈初期往往使用开放型访谈形式,了解被访者关心的问题和思考问题的方式,随着研究

---

① [英]凯西·卡麦兹:《建构扎根理论:质性研究实践指南》,边国英译,重庆大学出版社2009年版,第41页。
② 谢翌:《教师信念:学校教育中的"幽灵"———所普通中学的个案研究》,博士学位论文,东北师范大学,2006年,第62页。
③ 陈向明:《质的研究方法与社会科学研究》,教育科学出版社2000年版,第17页。

的深入会逐渐转向半开放型访谈，重点就前面访谈中出现的重要问题进行追问。① 结合研究需要，本书选择半开放型访谈方法收集资料，之所以选择J省从事教育行业的家长作为访谈对象是因为出于以下几点考虑：

为研究减少障碍。黄瑞琴指出，研究者进入机构的最有利策略是获得机构主管的信任和信心，机构主管愈支持研究，研究者就愈可能进入现场做一个参与观察者。② 一部分研究的受访者是J省非全日制研究生，研究者利用暑假时间参与了他们的课程学习和生活，其间与他们建立了良好的友谊。这为后期的访谈提供了有利条件。另一部分研究的受访者是来自J省九所公立学校的教师，由于研究者在硕士学习期间与这些学校的校长保持着良好的研究合作关系，取得了良好的信任，因而得以有机会开展访谈工作。他们也因减少了对研究的顾虑而可以敞开心扉跟笔者一起交流研究话题。

研究需要收集大量相关资料进行分析。相对从事其他职业的家长而言，教育者的职业特殊性决定着这类家长的语言表达能力更强，通过对他们进行访谈可以收集更多的有效资料。此外，由于从事教育这一行业的家长肩负着学校教育和家庭教育的双重责任，他们接触的不同职业、不同家庭背景的家长相对较多，对儿童道德教育有着更为丰富的理解，在访谈中可以尽可能地挖掘有价值的信息。基于此，我们选择了35位从事教育事业的家长作为研究对象进行访谈（见表7-1）。

为了完整记录访谈过程，在得到受访者允许后研究者利用录音笔进行记录。所有访谈完成后，研究者对收集到的35份访谈录音原始资料进行编码，例如V1，V2，V3，…，V35，总计有1656分钟左右的录音记录。然后以访谈的顺序（P1/P2/P3/P4/P5/P6/P7）以及访谈时间（年/月）进行编号。例如"P1-16-7"代表的是"2016年7月访谈的

---

① 陈向明：《质的研究方法与社会科学研究》，教育科学出版社2000年版，第171页。
② 黄瑞琴：《质的教育研究方法》，心理出版社1991年版，第57页。

第一位家长"。在收集访谈资料后,我们将所有的访谈录音逐字逐句通过"豆子誊稿机""讯飞语记"以及"讯飞听见"等工具转录成文字稿,最后形成了35份文稿,共计16.4万余字。

表7-1　　　　　　　　受访家长信息一览

访谈序号	性别	职务	工作单位	访谈资料代号
1	男	副校长	小学	P1-16-7
2	女	副校长	小学	P2-16-7
3	男	教师	小学	P3-16-7
4	男	教师	小学	P4-16-7
5	男	教师	小学	P5-16-7
6	女	教师	中职	P6-16-7
7	女	教师	中专	P7-16-7
8	女	教师	高校	P8-16-7
9	女	教师	小学	P9-16-7
10	女	教师	初中	P10-16-7
11	女	教师	初中	P11-16-7
12	男	校长	小学	P12-16-7
13	女	教师	初中	P13-16-7
14	女	教师	幼儿园	P14-16-7
15	女	教师	小学	P15-16-7
16	女	教师	小学	P16-16-7
17	男	教师	小学	P17-16-7
18	男	教师	高中	P18-16-7
19	男	教师	高中	P19-16-7

第二部分 新媒体时代儿童道德期待的框架构建

续表

访谈序号	性别	职务	工作单位	访谈资料代号
20	女	教师	高中	P20-16-7
21	女	教师	小学	P21-17-6
22	女	教师	小学	P22-17-6
23	女	教师	高校	P23-17-6
24	男	教师	初中	P24-17-6
25	女	教师	小学	P25-17-6
26	女	教师	初中	P26-17-6
27	男	校长	初中	P27-17-6
28	女	教师	中职	P28-17-6
29	女	教师	初中	P29-17-6
30	女	教师	小学	P30-17-6
31	男	教师	中职	P31-17-6
32	男	教师	初中	P32-17-6
33	女	年级主任	初中	P33-17-6
34	男	校长	初中	P34-17-6
35	女	教师	小学	P35-17-6

说明：P 表示家长。

本书的目的是对家长关于儿童的道德期待进行"深描"，通过细节描述解释呈现他们关于儿童道德期待的回声，继而对其中隐含的道德期待维度、内容、特点等主题进行分析，将它们系统有序地呈现出来，最后对资料的意义进行解释，构建知识框架。因此选择质性研究的扎根理论方法从家长的视角构建道德期待框架。

在质性研究中，格拉斯和施特劳斯首先提出了一种从资料中建立理论的特殊方法论——"扎根理论"。他们最初研究不同医院环境里病人死亡过程以期理解那些接近生命尽头的病人是在什么时候以及如何知道将死的消息,甚至如何处理这些信息的。扎根理论的宗旨是从经验资料的基础上建立理论。研究者在研究开始之前一般没有理论假设,直接从原始资料中找寻和归纳反映社会现象的核心概念,然后将其上升到理论。[1]

在国内,扎根理论的传播与运用主要得益于陈向明的《质的研究方法与社会科学研究》一书,其中对扎根理论基本原理和三级编码操作等内容做了详细的介绍。此外,学者对国外扎根理论著作的引介推动了扎根理论研究热潮,其中重要的翻译著作有凯西·卡麦兹所著《建构扎根理论:质性研究实践指南》以及柯宾和施特劳斯所著的《质性研究的基础:形成扎根理论的程序与方法》等。

对资料进行逐级编码是扎根理论中最为重要的环节。其中至少包括两个环节:一为初始阶段(开放式登录),包括为数据的每个词、句子或者片段命名。二是聚焦和选择的阶段(关联式登录),使用最重要的或出现最频繁的初始代码来对大部分数据进行分类、综合、整合和组织。[2] 此外,在所有已发现的概念类基础上经过系统分析以后选择一个核心类属,将分析集中在那些与该核心类属有关的码号上面进行三级编码(核心式登录)。[3] 登录的目的在于从资料中发现概念类属以及对类属加以命名。编码是一个细致烦琐的过程,要求研究者对原始资料时刻保持警觉,从中捕捉有意义的信息。[4] 在编码的过程中,需要不断返回到一手资料当中找寻意义单位,对概念进行整理归类,最终建立理论框架。

---

[1] 陈向明:《质的研究方法与社会科学研究》,教育科学出版社2000年版,第327页。
[2] [英]凯西·卡麦兹:《建构扎根理论:质性研究实践指南》,边国英译,重庆大学出版社2009年版,第59页。
[3] 陈向明:《质的研究方法与社会科学研究》,教育科学出版社2000年版,第332页。
[4] 吴继霞、黄希庭:《诚信结构初探》,《心理学报》2012年第3期。

第二部分　新媒体时代儿童道德期待的框架构建

研究遵从扎根理论的方法论原则，悬置已有的理论分类框架。在分析资料时采取类属分析（categorization），即在研究资料中寻找多次出现的现象以及解释这些现象的重要概念，并将具有相同属性的资料归于同一类别，且以一定的概念加以命名。[①] 我们在收集和整理访谈资料后，将录音文字稿逐一导入 Nvivo11 质性分析软件，通过自下而上、逐步抽象原始资料等方式对文字资料进行三级编码和类属分析逐步归类。从一手访谈资料中析出的"有意义的"信息归纳建构主类目框架，即通过研究者在系统客观的过程中，遵循扎根理论路径对资料中所提及的德目进行逐字逐句编码，汇总家长关于儿童道德期待的语料，将措辞不同但意义相同或相近的字词归为一类。界定家长关于"有道德的儿童"中"有意义的"信息，将这些信息概念类属化并建立它们之间的关联。本书具体编码过程如下。

一级编码（开放式编码）。开放式编码以开放的态度将访谈材料中的所有关于德目的内容进行统整，逐字逐句阅读研究访谈资料，将任何能表达家长关于儿童道德期待的关键词、具体行为等信息记录下来，逐字登入编码，寻找家长对儿童道德期待的相关本土概念，每一个德目以相应的字母和数字表示。例如 P1M1——善良，P1M2——不伤害别人，P1M3——不占别人便宜，P1M4——遵守社会规则，P1M5——对家人有责任，P1M6——尊敬父母老人，P1M7——爱劳动，P1M8——不浪费粮食，P1M9——遵守社会公德，P1M10——做家务等，依此方式，在开放式编码中产生了 497 个德目编码。

二级编码（关联式编码）。在关联式编码中，主要将开放式编码中道德取向一致的德目编码进行关联组合。例如将"P4M4——不要出现违法行为""P10M8——遵守学校纪律""P9M8——要有法律约束"等归为"遵纪守法"这一类别；将"P9M12——垃圾不能乱丢"

---

① 陈向明：《质的研究方法与社会科学研究》，教育科学出版社 2000 年版，第 333 页。

"P12M3——垃圾要入箱""P12M4——垃圾分类"等归为"保护公共环境"类别。以此类推,逐渐提炼产生了50个主题类别。

在进行一轮关联式编码后我们发现,各类主题之间可以再一次提炼出上一个维度。例如将"保护公共环境""爱护公共财物"等归类为"承担社会责任",将"遵纪守法""遵守社会规则"等归类为"遵守社会规范法则";将"善良""勤劳""独立自主""正直"等概念类属归类为"儿童的良好品格"。同时,需要注意的是,在这一过程中有许多概念类属既可以归纳到不同的轴心类属维度内的,如"帮助街坊老奶奶拎东西"这个概念类属既可以归入"乐于助人"类属中,也属于"尊老爱幼"类属的范围。因此,从提取的相关道德取向所产生的50个概念类属中生成了12个轴心类属,即"社会规则意识,承担社会责任,尊重社会风俗习惯;良好品格,身心健康;会做人,会做事;国家认同,国际视野;保护自然环境,爱护小动物"等。

三级编码(核心式编码)。利用质性研究的类属分析法反复探查关联式编码之间的关系。多次反复地回归原始资料,甄别各个编码之间的类属关系,最后发现可以将"社会规则意识,承担社会责任,尊重社会风俗习惯"提炼为"儿童如何融入社会",将"会做人,会做事"纳入"儿童与他人和谐共处",将"良好品格,身心健康"归类为"儿童与自我关系",将"国家认同,国际视野"归类为"儿童与国家的关系",将"保护自然环境,爱护小动物"归类为"儿童与自然和谐发展"。于是将12个维度提炼为儿童与社会,儿童与他人,儿童与自我,儿童与自然,以及儿童与国家五大道德期待的维度,建构了家长对儿童的道德期待框架。

(三) 研究效度的检核

"效度"这一概念是指在社会科学研究当中用以衡量研究结果的可靠度。在质性研究中,研究者对于是否该使用以及如何使用"效度"仍存在争议,"但是绝大部分质的研究者(特别是持后实证主义范式的研究者）仍沿用'效度'这一词语来探讨研究结果的真实性问题。"[1] 质性研究所要挖掘的是被研究者所看到的真实，他们看实物的角度和方式等。然而，我们必须明确质性研究的"效度"与量的研究中"效度"的定义与分类是不一样的。无论质性研究是否适用"效度"这一概念，质性研究的资料收集与分析过程都是需要检验其真实性与可靠性的。

基于此，为了使得资料分析更加贴近家长的声音，对录音的转录保持原有的一致性，进行逐字转录形成35份文字稿，几乎没有改动被访者叙说的内容，尽可能保持资料的原初性和完整性以保证研究的可靠性。此外，对于资料的分析我们以旁观者的身份去审视受访者的述说，保持对话中的客观性和真实性。最后，我们通过相关检验法交叉检验编码的可信度。本书邀请了三名研究人员对一手资料进行编码和主题提炼，针对每一个编码都进行斟酌考量，进行横向对比编码以达成统一的意见。在编码过程中我们也邀请了导师商讨，在编码完成以后我们将每一份编码发放给三名同样从事教师职业的家长进行查证。

（四）研究的伦理问题

由于本书主题涉及受访者个人和家庭教育等隐私，因此需要特别注重研究的伦理道德问题。依据研究主题与研究参与者的特点，本书需要遵循以下几点原则[2]：

一是自愿原则。由于本书主要采取访谈法收集资料，需要研究参与人员自愿和积极配合参与整个研究过程的访谈。因此，在研究开始前研究者就提前征求了受访者的意愿。

二是不隐蔽原则。本书由于访谈资料较多，为方便访谈结束后资料的整理与归类，我们需将访谈过程用录音器材记录下来，以便弥补访谈

---

[1] 陈向明：《质的研究方法与社会科学研究》，教育科学出版社2000年版，第390页。

[2] 陈向明：《质的研究方法与社会科学研究》，教育科学出版社2000年版，第426—444页。

时未能第一时间捕捉到的"有意义"的语言信息。因此，研究者在每一次访谈开始前先征得受访者的同意，再进行录音。

三是尊重研究参与者个人隐私原则。由于研究主题涉及受访者的个人信息和家庭教育等私人问题，研究人员不会与他人交谈研究对象的相关信息。同时研究者将收集到的资料进行匿名处理并予以妥善管理，仅为研究所用。

四是公正合理原则。研究者在收集资料的过程中要悬置自己的偏见，公正地对待受访者和研究资料。合理处理自己和研究对象之间的关系，在谈论道德教育相关话题时保持中立的态度，避免与被研究对象产生敌对情绪，尽可能让他们暴露自己真实的想法和阐释的意义。

五是公平回报原则。在资料收集过程中，研究者经常与研究对象一起生活学习，了解他们在研究学习过程中的困难并予以一定的帮助。在每一次访谈结束后，研究者都购买了一些小礼品作为对研究对象积极配合的谢礼。

此外，研究者还通过"访谈邀请信"向研究对象表明研究者的真实身份，并且对本书的内容、目的以及保密等事项作出说明。

三 家长关于儿童道德期待的维度

基于研究是关于家长对儿童的道德期待问题，我们通过与35位家长的深入对话，发现他们对于儿童道德素养的期待主要集中于"儿童如何融入社会""儿童如何与自然和谐共处""儿童如何与他人和睦相处""儿童与自我的关系"以及"儿童的国家认同与国际视野"五个方面。例如，在"如何融入社会"这一维度，家长主要期待儿童在社会中遵守社会规范和承担社会责任等；在"与自然的关系"上，体现出人与自然的和谐共处等期待；在"如何与他人和睦相处"上，家长主要期待儿童具有尊老爱幼、诚实守信、懂礼貌以及感恩等美德；在"与自我关系"维度上，家长的期待集中于儿童爱劳动、善良、具有良好的价值观等方面。因此，通过扎根理论和类属分类方法对文字加以编码整理后，本书将家长对儿童的道德期待归类为儿童与社会、儿童与他人、儿童与自我、儿童与自然以及儿童与国家五个维度（见图7-2）。

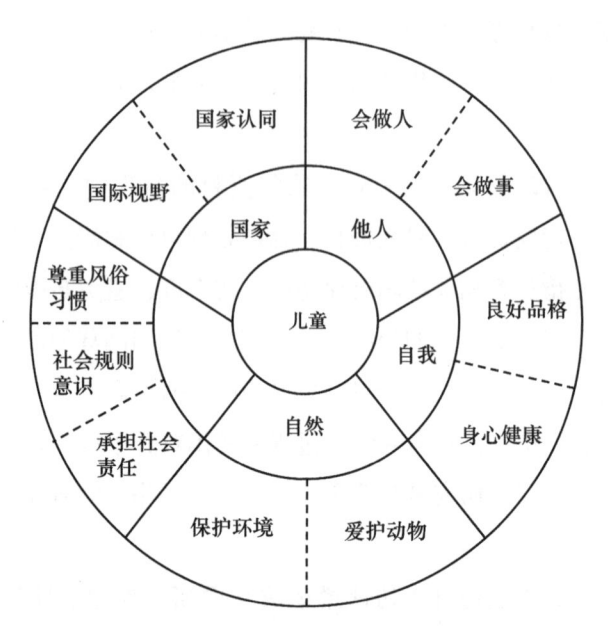

图7-2 家长关于儿童道德期待框架

第二节 新时期家长关于儿童道德期待的内容与特点

基于研究前期资料的搜集与分析，我们试图从访谈资料中探寻新时期家长对儿童道德素养的期待和诠释，构建家长视角中儿童道德素养的框架。莎士比亚曾说："一千个读者眼中就有一千个哈姆雷特。"同样，由于受访的35位家长的工作、生活环境等情况不一样，他们对儿童的道德期待存在一定的差异。由于受访者教师身份的职业特殊性，他们对儿童道德这一问题有着更为深入的了解。通过访谈可以了解到他们对儿童的道德期待存在内在一致性。

一 家长关于儿童道德期待的内容

(一) 家长道德期待之"儿童与社会"

社会是人们通过交往形成的社会关系的总和，是人类生活的共同体。在"儿童与社会"这一范畴中，产生了39个编码，占总编码数的7.85%。家长的道德期待主要表现为儿童"社会规则意识""承担社会责任"和"遵守社会风俗习惯"三个方面。其突显出儿童个体在社会化的过程中不断调适自我以适应社会环境生存能力。例如，在社会规则意识中，家长期待儿童在学校遵守校规校纪，在社会上遵守社会规则和国家法律；在承担社会责任中，家长期待儿童保护公共环境和爱惜公共财物；在遵守社会风俗习惯中提倡尊重不同地区历史积淀的文化底蕴和风俗习惯，表现个人对地域民风的尊重与理解（具体如表7-2所示）。

表7-2　　　　　"儿童与社会"德目编码

核心编码	关联式编码	开放式编码（示例）	编码参考点①	材料来源（个）②
儿童与社会	社会规则意识	遵守社会规则	P1M4 遵守这个社会的规则……	19	12
		遵纪守法	P11M4 不会为了什么违反纪律……	10	9
	承担社会责任	保护公共环境	M12M5 垃圾要分类……	7	3
		爱惜公共财物	P20M5 不要去损坏公共基础设施……	2	2
	遵守社会风俗习惯		P19M10 要遵守不同地区的风俗习惯……	1	1

---

① 编码参考点表示开放式编码中的编码个数，例如19个编码参考点表示P1M1——善良，P2M2——不伤害别人，P3M3——不占别人便宜等19个编码。表7-2、表7-3、表7-4、表7-5同此。

② 材料来源表示某个编码的出处，例如10个材料来源表示有10位受访者提及该德目。表7-2、表7-3、表7-4、表7-5同此。

第二部分　新媒体时代儿童道德期待的框架构建

1. 社会规则意识："遵守社会规范"

社会规则是引导人们在社会中从事有关行为、维持社会秩序、给予受害者相应救济的基本性规定和要求的准则，在社会环境中充当了引导、协调、激励等作用。① 儿童在社会中遵守社会规范具体表现在"遵守社会规则"和"遵纪守法"两个方面，他们认为，儿童要以社会的法律和规则为道德底线，另外，在规范自身行为的同时也要维护社会规则与制度。事实上，早在 20 世纪初，皮亚杰在探讨儿童道德判断等问题时就提出道德的实质在于人们学会如何遵守社会规则。儿童不断审视个体的行为以及身边人的行为从而逐渐内化社会规则和法律。研究还发现，儿童在内化社会规则后对于父母的"违规"行为会产生响应的"回应"，即儿童能够指出家长的违反社会规则的行为，善意提醒家长应该反思其自身行为。家长受教于儿童的良好道德品行，通过其自我教育与儿童共同获得德性成长，形成道德教育的良性循环。

> P1：比如走到外面，去坐车时，我说这个小孩子不要买票，她硬拽着我去买票，她说，她到了这个年龄就要买票了。我开车的时候会把塑料瓶子丢到窗子外面，她说不能这样。还有她说开车不能太快，会给别人造成不安全，自己也不安全，开车的时候要遵守交通规则。还有一次，上公交车我们要刷卡，我刷了我的就没有刷她的，然后因为卡在我手上，当时两个人都已经坐到最后去了。然后她问我："你帮我刷了吗？"我说："我忘记帮你刷了，算了吧，反正我们都已经进来了。"她二话没说拿过我的卡挤过人群又跑到前面去刷卡。我觉得她不会去贪小便宜，觉得不应该做的事情就不会做。像我过马路，我觉得没车就可以走了。她说不行，没有亮灯就不能走！其实还是她在教我怎么做。(访 P1-16-7)

---

① 李正华：《社会规则论》，《政治与法律》2002 年第 1 期。

第七章　家长关于儿童道德的现实期待

"遵守社会规则"是个人在社会生活中必须秉持的道德信念，是个人规则意识的集中表现。"遵守交通规则""开车不能随便抛塑料瓶"等，不仅是对自我生命的保护，更是对他人生命的尊重。人们只有遵守社会规则，才能构建一个和谐的社会环境。然而，由于现实生活中某些不良现象的出现使得家长对他们产生担忧，表达出他们对儿童"遵纪守法"的道德期待。例如，一位家长提到在工作环境中他所接触的一名学生在校的多次"糟糕"表现：

> P4：我们学校有个女孩子初一了，问题严重到什么地步啊！因为我们学校有老师是寄宿的，比如周末我们回去了，她经常去撬门。比一个男孩子还粗暴，直接把门砸开，随意拿老师房间里的东西或者带一伙人在里面打牌。办公室她也经常爬进去，门是锁着的，她是从哪进去的呢？大概这么高（用手比画）有一个窗户，从小窗户爬进去，拿老师的笔、一些她想拿的东西。还有一次，班主任在楼下洗衣服，把钱随意放在一个地方，因为没什么人，结果她一上去看到了，就把那200来块钱拿走了，她班主任洗完衣服发现钱不见了，就马上想到是她，随即叫了她，那个小孩子死也不承认，她不承认也没办法，当时没有人看见，明明知道是她，最后这个老师也可能采用了不好的办法，就是让她自己翻口袋，证明确实是她拿的，但她死不承认。（访P4-16-7）

P4谈到的他自己所在学校的这名学生带领朋友撬门进入老师的办公室和寝室，甚至偷拿老师的钱物，这一行为完全违背了学校的规则，触及了法律的底线。如果不能及时予以制止和教育，孩子的未来堪忧。后来P4通过家长也了解到是这名学生的家庭环境的窘迫导致她的桀骜不驯，通过家校多次沟通正在逐渐影响她，使她改变。

2. "承担社会责任"：责任的担当

社会责任是指公民、企业和各种组织对国家或社会公共利益应尽的责任或义务。从家长的角度来看，"承担社会责任"是社会公民的职责所在，作为社会公民肩负社会发展的责任是我们的必然使命。在这一主题中，家长认为儿童作为未来的社会公民，应当了解一名合格的社会公民的责任所在，具体表现在儿童应承担"爱护公共财物"和"保护公共环境"的责任以促进人与社会的和谐共处。社会环境是个人赖以生存的条件，假如个人或组织漠视甚至破坏社会环境，那么他们的发展将会陷于窘境。事实上，个人或者企业扮演好"社会人"的角色，履行社会责任，这有益于个人的可持续发展。

> P12：目前有一些期待吧，但不知道以后会不会变，现在孩子快乐就是家庭最大的幸福，所以现在孩子想学什么想做什么就让他去做，在父母的正确引导下培养他。在道德方面嘛，比如说文明、保护环境，我们教他垃圾不能乱丢，他们学校也会有一些活动，组织老师和学生在社区或者其他地方捡垃圾。第二呢就是垃圾要分类，这个是丢到绿色桶里的还是蓝色的桶，这个是可回收的，那个是不可回收的，垃圾分类处理。所以保护环境呢第一个就是垃圾要入箱，第二垃圾要分类。哦，还有一个就是现在很多媒体报道景区有很多垃圾，清洁工人很危险很辛苦，所以我们去旅游景点都会带塑料袋装垃圾，我们从小就是这么教育小孩子，保护我们的环境。
> （访 P12-16-7）

在此实例中，家长从言行上表达对儿童保护社会环境的责任期待，要求"垃圾入桶"和"垃圾分类"。在目前中国快速城镇化的过程中，社会环境保护成为一个重大问题。在现实生活中我们可以看到，在道路两旁或者公园等地方都放置了标有蓝色"可回收"和绿色"不可回收"

分类的垃圾桶,事实上,从观察中可以发现,社会上大部分人的确能够做到"垃圾入桶",但是做好"垃圾分类"工作的人甚少。人们很少意识到垃圾分类处理的益处,甚至很多人根本不知道"可回收"和"不可回收"的分类标准,导致大部分人的行为止于"垃圾入桶"。此外,国内绝大多数城市既没有餐厨垃圾、农贸市场垃圾、废旧电池处理的专项设备,也没有建立大型垃圾分拣中心。于是,即使居民对城市生活垃圾进行了一次分类,最终还是被混合运走,根本达不到预期效果。[①] 因此,从承担社会责任方面来说我们任重而道远,家长能够做到的是在言行上做正确的引导,这同样需要学校和社会的力量共同努力。

3. "遵守社会风俗习惯":文化的尊重

在英文中"道德"(morals)一词源于拉丁语"风俗"(mos),由此可知"道德"这一概念最初是由"习俗、风俗"之意逐渐演变而成的。风俗在我国古已有之,东汉班固在其《汉书·地理志》中提到风俗的含义。风俗习惯主要存在于民间社会,其主要作用在于调整社会关系以及规范群体中的个人行为,与人们的生活紧密相关。在这一主题中,家长提出遵守社会风俗习惯是我们中华民族优秀的传统,人们对世代承袭下来的传统必须予以尊重并继承,希望儿童能够在理解文化的基础上对其加以内化传承与发扬。

I:您刚才谈到孩子们和朋友们交往的时候要注意的规范,除了和朋友们的交往外,您认为他们还有哪些需要注意的吗?

P19:我刚才也谈到了他们要处理好同学之间的关系,也要遵守学校的校纪校规。另外还有我们的风俗习惯也要遵守。我感觉现在的孩子对风俗似乎很陌生,我们当地也没有什么传承下来的东

[①] 赵晓展:《垃圾分类,十年努力仍"原地踏步"》,《工人日报》2011年2月10日第7版。

西。比如说我们家就在赣江边上,听老一辈讲,以前还有赛龙舟,我觉得这个就很好啊,小孩子都可以在实际生活中体会端午节龙舟是什么样子的,但是后来因为安全问题就停下来了,我们只能在电视电影里面看到。还有一点就是,我们走到外面去,要尊重人家的风俗文化,不能你想怎么样就怎么样,每个地方的情况(风俗)是不一样的。(访 P19-16-7)

风俗习惯是地方经济政治文化的重要符号表达,体现了地方区域的物质文化和精神文化的总和。这位家长的叙述深深透露出对民间风俗习惯的尊重和怀念。家长的期待从风俗的尊重与理解到传承与发扬,"我们只能在电视电影里面看到(赛龙舟)""要尊重人家的风俗文化"等折射出他们对故乡风俗的怀恋和他乡风俗的尊重。只有不同地区的丰富多样的风俗文化在时间的长河中熠熠发光,人们才能够目睹中华民族璀璨的风俗文化景观。

(二)家长道德期待之"儿童与他人"

儿童的健康成长离不开群体的维系,他们在与群体他人交往中形成自我独立。在资料处理的诸多编码中,我们发现家长对儿童的道德期待最关注的是儿童与他人的"相处之道"以及处理事情时所表现出的"处世智慧",在这一维度中产生了 287 个德目编码,占总编码数的 57.75%,成为家长眼中比重最大的一类道德期待。其中,家长希望儿童在与他人相处或共事时彰显自我的人格魅力和办事能力。因此,家长认为培养儿童"会做人"和"会做事"的道德素养是儿童与他人和谐相处的主要表现。其中,"会做人"体现儿童尊老爱幼,文明礼貌,关爱他人,乐于助人,广交朋友,谦和,感恩,诚实守信,宽容大度,孝顺,与人分享,公正,适当吃亏等美德;"会做事"表现在有原则,团结合作,公平竞争,不怕苦不怕累等方面(具体如表 7-3 所示)。

表 7-3　　　　　　　　　　"儿童与他人"德目编码

核心编码	关联式编码	开放式编码（范例）		编码参考点	材料来源
儿童与他人	"会做人"	尊老爱幼	P13M13 尊敬老师和家长 P1M7 爱护妹妹……	53	21
		文明礼貌	P12M2 有一定的文明习惯……	37	17
		关爱他人	P7M6 待人处事要有爱心……	32	19
		乐于助人	P13M6 在不损害自己利益的情况下帮助别人 P25M6 互帮互助，现在孩子很自私要求绝对公平……	20	13
		广交朋友	P2M10 孩子需要同伴的陪伴……	17	11
		谦和	P27M5 从来没有跟兄弟姐妹争抢过什么东西……	17	11
		感恩	P10M3 只要值得你感恩的人就可以去感恩……	16	9
		诚实守信	P12M5 说到做到……	14	11
		宽容大度	P27M15 要宽容大度，不要跟别人计较……	8	6
		与人分享	P22M15 不能说这个就是我独有的不能跟你分享……	8	5
		孝顺	P29M10 平时在家孝敬父母在外经常打电话，在家分担家务……	6	5
		公正	P32M16 在班上不会包庇谁，给同学们树立了一种很正派的印象……	2	2
		适当吃亏	P33M8 适当吃亏没关系，别人占便宜就让别人去占	1	1
	"会做事"	团结合作	P8M7 一个好汉三个帮，一定要有协作，要有团体……	28	15

续表

核心编码	关联式编码		开放式编码（范例）	编码参考点	材料来源
儿童与他人	"会做事"	公平竞争	P8M10 年纪相仿的小孩有东西要分享或者通过竞争来得到 P33M12 自己有能力就要表现出来……	2	2
		责任心强	P26M10 更重要的是让孩子意识到自己的责任……	21	14
		不怕苦不怕累	P30M6 跟同学一起打扫卫生积极主动……	3	3
		执行力强	P32M13 在班上处理事情很有原则，做事雷厉风行	2	1

1. "会做人"：人性的魅力

家长在谈及对儿童的道德期待这一话题的时候，关注最多的是儿童如何正确地处理"人与人的关系"，其中包括个体与家人、朋友、邻居、陌生人等关系。基于此，研究发现在儿童与他人的交往关系中，"攻防关系"契合儿童与他人的相处之道。其中"攻"指的是家长期望儿童能够"积极主动"与他人交往，以及在交往中表现出良好的道德品性，例如"要主动找同学朋友玩""尊敬老人和家长""懂得怎么待人接物"等；或者儿童以自我的友善与热情"惠泽他人"，例如"女儿的关心让我很感动""学生会在我桌上放橙子"等。而"防"是指儿童在交往过程中，必须学会保护自我，不能因为自己单纯善意付出而深受利益损害。"会做人"是儿童正确处理人际关系的重要指标，揭示了儿童和谐人际关系的灿烂图景。在儿童与他人的诸多德目中，家长将儿童"尊老爱幼"作为最重要的道德品性，"会做人"从"尊重人"开始。需要说明的是，编码中"尊老"中的"老"指向的是"年纪和辈分大"，包含了"老人""师长"等，"尊老"表示的是"对他人的尊敬"。

第七章　家长关于儿童道德的现实期待

P27：我儿子在成长的过程中非常懂得尊敬师长，有很多典型的事例。第一，在我的记忆中他没有惹外公外婆、姨和舅舅们生气过。反之，长辈们非常喜欢他。第二，他上班后第一年包了红包给他的外婆，我觉得他是一个非常懂得感恩的人。他现在一个人在北京，我们北京的亲戚评价我的儿子给了我们很大的震撼，他说："怎么你的小孩教育得这么好？"他在为人处世方面确实很有素养。我觉得他对他自己的亲人，包括长辈同辈非常记挂他们，也从来没有跟他们争抢过什么东西，非常谦让。跟表兄姐妹之间也没有争吵。他读大学或者是工作，总是会问及家里人怎么样，表现出他对长辈的感恩之心，在这一方面我非常满意。他在外面也做得很好，他在大学时是班长。后来竞聘当了学生会主席。当时因为要离开班级去学生会，他的同学都非常舍不得。他后来就是身兼两职，一面在班上担任班长，一面在学生会担任副主席，所以他在为人处世上达到了一定的高度。我感觉他比我厉害，因为我比较急，他比较缓，像他妈妈和外公。（访 P27-17-6）

另外，有的家长认为"道德"是对自我利益的一种责任。"保护性善良"是访谈中八位家长提出的重要的道德信念，儿童必须守护他们自己的道德底线，防止受到伤害。这些家长秉持着"我不去伤害他人，但是自己也不能没落，不能受伤害"的道德信念培养儿童的道德价值观。传统道德中的"先人后己"道德准则一直以来都是学校道德教育的典范，然而，有的观点认为，"先人后己"等要求包含着逻辑上的矛盾，不可能成为真正的处理人际关系的原则，但绝不是说这种精神不值得称赞，或者这种行为不高尚，而是说这种原则不能成为社会成员利益关系的普遍基础。[①] 家长希望儿童在道德"攻"与"防"的价值观磨合中形成他们自我良好的道德品性，能够在保障他们自己利益的情况下施惠于他人，例如 P8 这位家长在谈到他自己的忧虑时如是说：

---

① 茅于轼：《中国人的道德前景》，暨南大学出版社 2003 年版，第 8 页。

P8：小孩子要友善，团结，我觉得我对小孩的要求还是很高的，不管跟大朋友还是小朋友玩，我都会跟他说不要跟别人争抢，当然我也在反思这一点。要懂得礼让，但是我的婆婆、老公也会跟我讲，他们说这个社会你不去抢，就会被别人欺负，甚至本该属于你的东西也会被别人抢走。别人拿走了就拿走了，就不会争取本来属于自己的东西。我也在反思这一点，别人说小孩不能理解真正善良的时候，他的善良就变成了一种妥协和懦弱。（访 P8-16-7）

然而，另外一位家长提出了不同的见解，她秉持"吃亏是福"的道德信念，认为"吃亏"能够免于个人和他人招致不必要的烦恼和祸乱，P33 家长对"适当吃亏"作了这样的解释：

P33：还有啊，就是可以适当吃亏。我也蛮相信吃亏是福，因为不是有句话，"福兮祸之所伏，祸兮福之所倚"，我觉得你吃多了亏，就是你的祸兮，你的祸兮里面就隐藏你的福报。所以我认为你可以适当吃亏，没关系。别人占便宜就占那些便宜。这个亏是很难把握的。这个不是指个人的荣誉方面，其实他这个亏不是指你该争取的东西不争取，而是指跟别人有冲突的时候，能够谅解就谅解，没坐到座位就没坐到，这都没有关系。但是不是指那种刚刚说的该我得的东西不去争取，我们去放弃个人荣誉，不是指这一块。

I：您觉得如果是关于个人荣誉的话，还是应该去争取的，对吗？

P33：这种东西不是让不让的问题，是你做得好不好的问题。比如说我做得好，然后上面要我参与这个荣誉竞争，我就去做，我就去参与。至于我得不到那是一回事，但不是说我要让给谁或者是怎么样，我觉得吃亏更多的是道德上的，好像别人口头上占了一个

便宜，口头上吵架或者占了上风那就算了，更多的是指这方面。（访 P33-17-6）

这两位家长以工作生活中的事例为我们提供了道德信念的不同理解框架，茅于轼先生认为，一个"舍己为人"的义士并不是"专门利人，毫不利己"，而是利人和利己在深层次的统一。① 然而，无论是"儿童的善良会变成一种妥协和懦弱"还是"学会适当吃亏"，家长的本意是希望儿童能够在健康积极的道德环境中成长，当遇到道德困境的时候能够做出准确的道德价值判断。

2."会做事"：处世的智慧

"会做事"是指儿童在复杂的社会环境中生存需要具备"不怕苦不怕累的精神"，在团队中"合作"以达到共赢，办事"有责任""执行力强"等道德素养。家长通常将儿童会做人和会做事联系起来，并且强调儿童"先做人，后做事"，在做人的基础上做事，在做事的同时也能够体现个人的道德素养。要求儿童会做事是儿童必须具备的品质。下面是一位家长在访谈中谈到的在班级中同学们团结互助共同面对各类考试的场景：

> P32：我们班有个学生在期中考试和期末考试之前，会帮其他同学将历史、地理、生物等学科的重点复习内容标注出来，然后向其他同学提问，给出 ABCD 四个答案。其他同学回答之后，他会继续问：A 为什么错？B 为什么错？C 为什么对？这位学生很有自己的想法，所以她会这么做。我给学生的建议就是，经常帮助其他同学巩固相关知识，这样你自己也会收获成长，所以我在班上采取的就是一个好生带差生的这种制度。他们有的会自告奋勇地说，我来负责历史，我来负责生物。考试前一两天，他们就会把重点通过提

---

① 茅于轼：《中国人的道德前景》，暨南大学出版社 2003 年版，第 95 页。

问的形式去跟同学分享。我要求他们，如果同学问你问题，你一定要主动地去回答，同时我也建议问的同学不要老是去缠着人家，动不动就去问，尤其不要在课堂上去问，不要打扰别人学习，一般都是在课后去问。所以我们班学生的数学、物理等各项成绩还算是比较优秀的。（访 P32-17-6）

在面对各类考试的挑战时，班上的同学展现出来的是团结合作的精神面貌，每个人都在团队中分担任务共同完成挑战。在当代社会，团结合作作为一种"黏合剂"将大家的心连在一起协同创造，形成个人和团队的良性发展。另外，在"会做事"主题中，排在第二位的重要德目是"责任心强"，具体表现在个人对他自己分内之事的责任态度、严谨的处理事情的能力上。

P28：另外一点就是我希望他应该有责任感。我老公有时候夜晚需要值班，然后晚上就可能不会回来。我晚上睡觉前就不会主动去关门关窗，主动关煤气啊之类的。这些东西都是我老公在搞。如果我老公去值班了，这个东西我就没有去管。然后孩子就主动去说，我应该来做这些事情，他会说"爸爸不在家，我来保护妈妈"。我们家里的分工是这样子的，我老公负责做饭，我儿子要负责倒垃圾，他要搞他自己的玩具外，还要搞卫生间。我昨天给他打电话，我问他厕所刷了没有，他就会说他周末刷了。我也会跟他说现在小孩子挺怕脏，闻到一些脏东西就会躲得远远的，我告诉他不要怕。有脏的东西我们要去处理，这样子的话不要让别人感觉到你是很娇惯的孩子，这样子很不好。之前他会比较怕，他说"厕所这么脏，我很怕啊，怎么办呢？"后来我就跟他一起来，亲自教他怎么刷，后来就好很多了，之后还会主动去刷厕所的墙壁。（访 P28-17-6）

对话中 P28 提到儿童首先要对家人负责任，主动提出"我来保护妈妈"，做父母的"守护者"；其次要对他们自己的生活负责，在家里勤于家务，负责"倒垃圾""刷厕所""整理他们自己的玩具"等。责任担当是当下社会急需的重要的道德素养，它不仅是儿童生活与学习中的重要部分，而且是未来社会公民责任培养的奠基石。

（三）家长道德期待之"儿童与自我"

在"儿童与自我"关系范畴内产生了 156 个编码，占总编码的 31.39%，是继"儿童与他人"之后排第二位的德目类别。从家长的视角来看，注重对儿童道德品性的培养和心理健康的辅导，主要在于"良好品性"和"身心康健"两方面的划分。在儿童良好品性这一主题上，家长认为，儿童需要具有"善良""独立自主""拾金不昧"等传统道德期待，同时也提出当下时代儿童需要具有"传播正能量""敢于创新的勇气""不断反思自我"等道德素养。在身心康健方面，强调了儿童"积极乐观的心态""良好的抗挫折能力"以及"悦纳自我"等积极的心理素养（具体如表 7-4 所示）。

表 7-4　　　　　　　　　　"儿童与自我"德目编码

核心编码	关联式编码	开放式编码（示例）	编码参考点	材料来源
儿童与自我	良好品性	善良　P27M12 要善良，与人为善……	25	15
		勤劳　P1M8 爱劳动，做家务……	20	13
		自律　P19M19 对自己要有一种约束……	20	12
		明辨是非　P12M1 他有一个辨别是非能力，知道什么是对什么是错 P4M5 在是非判断、善恶上要有一个鉴别力……	19	11
		独立自主　P18M7 有一定的独立自理能力……	15	12
		正直　P9M4 要正直，不会在背后去诋毁他人，说人是非……	12	7

续表

核心编码	关联式编码	开放式编码（示例）	编码参考点	材料来源
儿童与自我	良好品性	坚持　P2M13 学东西不能半途而废……	9	6
		勇敢　P8M9 敢于创新，做以前不敢做的事……	7	4
		真诚　P19M8 真诚地对待他人……	4	3
		"传播正能量"　P9M12 感染他人，希望他们能够用道德行为去带动更多的人 P3M6 要求自己做好，还会要求别人也做好……	3	2
		爱惜劳动成果　P1M10 不能浪费粮食……	3	3
		拾金不昧　P22M18 捡到了东西要上交……	2	2
		自重自爱　P3M8 女孩子要自重自爱……	1	1
		自我反思　P33M10 善于自我批评，反思错误	1	1
		有志向　P21M15 自己有一个目标，不断励志	1	1
	身心康健	积极向上　P22M13 身上充满着朝气蓬勃……	4	3
		悦纳自我　P12M1 包容自己的不足，积极改正 P24M7 不要妄自菲薄……	4	3
		阳光快乐　P24M10 自己内心也是阳光的， P34M3 有一个平和健康的心态……	2	2
		自信　P29M20 首先要自信，人自信才美丽……	2	2
		抗挫折能力强　P29M16 孩子要有抗挫折能力，不能一下子就气馁	1	1
		正视内心矛盾　P35M6 面对浮躁的环境，自己要正确对待内心矛盾	1	1

1. 良好品性：个人的美德魅力

在儿童良好品性的期待中，家长认为重要的前三位分别是"善良""勤劳"和"自律"。《三字经》开篇即为"人之初，性本善"，意思是人从一生下来就是善良的。善良是儿童与生俱来的道德品质，在访谈中我们也发现家长对于儿童道德的理解中"善良"这一德目最高，认为儿童的善良要做到"不欺负同学""与人为善，不干扰不影响别人"等。然而，在当下复杂的社会环境中，现代媒体的助推导致家长对德性产生了担忧，即"由于我的善良而受到伤害怎么办？"儿童这一群体尚处于心智发展不成熟阶段，对他们所遇到的很多事情是无法正确对待的。家长则从辩证的角度来看待"善良"，善良的背后体现的是个人道德成长中的深度思考。

> P33：善良，第一个就是自己不欺凌他人；第二个则是一定要在自己力所能及的情况下帮助他人，以不伤害自己为前提。如果在帮助他人的时候伤害到自己，从家长的角度来看，是不会赞同的，也是不允许发生的。因为帮助别人的目的是想让别人好，但如果是抱着牺牲自己的前提去让别人变得更好，这从整个社会的价值观来看，我也是不赞同的。所以我会告诉我自己的孩子，也包括我的学生，你们可以去帮助别人，但是一定要以保护自己为前提。（访P33-17-6）

善良是一种美德，但是美德的本身并不是要让卷入其中的人受伤害。家长强调的是，在"不伤害自己的情况下，在自己条件允许的情况下"表达自己的善意。在诸多良好品性德目中，儿童能够"传播正能量"也是家长所期待的一大德目，希望儿童能够在力所能及的情况下将"正义""勇敢""真诚"等道德品性传播给更多的人。家长的这一信念与美国著名的"长颈鹿英雄计划"（Giraffe Heroes Program）的旨归不约而同。1984年，美国自由撰稿人安·米德罗克发起了该计划，目的在于找到生活中默默无闻的英雄，通过媒体让大家知道他们，让他们像长颈鹿一样把脖子高高地伸出来让大家看见，以影响更多的人。同理，家长希望儿童能够将他们自己的美德像长颈鹿一样影响身边的人。

P9：首先本质要善良，还要学会尊重别人。现在的孩子在这方面做得很不好，他们太有个性了，很难做到去包容他人。虽然他们的想法跟我们不一样，但是要做到以尊重他人为前提，学会包容。其次也希望他们能够影响到他人，因为我们学校位于城乡接合部，学生差异很大，家长的差异也很大。学生和家长能够在学校参与很多活动，例如实践活动、亲子活动等，这也是实现家校沟通的桥梁。我们把孩子教育好了，孩子将在学校接受的理念传递给家长，这样其实也能够很好地促进家校共育，这也是良性合作。我们希望家长和孩子能够用自己的道德行为去影响以及带动更多的人。（访 P9-16-7）

2. 身心康健：健康的心理导向

儿童的身心康健也是家长较为重视的道德期待，朝气蓬勃，抗挫折能力强，有自信心等，在前面我们已经提到了很多有关儿童与自我的相关德目，在此我们要着重关注的是家长对于儿童心理健康发展的现状和期待。家长认为"磨难"是人生的一笔宝贵财富，能够强大个人的内心，激发儿童的潜能，使其成为人生中的强者。另外，悦纳自我，自信心强，正视内心矛盾是针对儿童在成长过程中出现的各种心理问题而提出的期待。良好的心理素养有益于儿童正视自我，促进儿童幸福感的提升，而人身上所展现出来的令人称道的品质能够实质性地促进人的幸福的实现，这些品质包括身体的吸引力、仁慈、大度、诚实、忠诚、负责等。[1] 当家长谈到儿童的抗挫折能力的时候是这样说的：

P29：现在的孩子抗挫能力特别差。比如有的小孩子跑步的时

---

[1] Nel Noddings, *Happy and Education*, Cambridge: Cambridge University Press, 2003, p. 120.

候不小心摔了,但摔得不是很严重,有些过分保护孩子的家庭,尤其是那些有女孩子的以及过于看重男孩子的家庭,家长们就特别担心孩子磕到了,磕到了又怎样?一般来说,对于四五岁的孩子应该要把他当作小大人来交流,大人过分保护的话,孩子潜意识里就是"我不能被风吹雨打"或者怎么样,按道理他是有能力、有潜力去跨越这个障碍的。过多保护慢慢就让孩子产生依赖,以后他在学习工作中遇到困难时自己就不知道该怎么办了,有的就越来越封闭自己。(访 P29-17-6)

另外一位家长认为"正视内心矛盾"是人生中的一笔宝贵财富,能够强大个人的内心,激发儿童的潜能,使其成为人生中的强者。

P27:在工作中有很多难以处理的事情,很多利益的冲突,但是你就是要去做。这种内心的焦虑,浮躁的社会,功利化的环境,儿童要怎么去面对和选择,他自己内心就要有价值判断,在处理内心的矛盾的同时就要有取舍,在当下这个环境当中他就必须具备这种能力啊,不然就会慢慢消耗自己的意志力和耐力,没有这种正确对待矛盾的能力,时间久了他们承受不住的。(访 P35-17-6)

(四)家长道德期待之"儿童与自然"

在"儿童与自然"这一维度,家长的道德期待主要体现在"保护自然环境"和"爱护动物"两个方面。通过对比其他维度的德目,我们可以发现与"自然"相关的德目比重只占总数的0.8%,只有三位家长谈到自然环境这一主题的德目(具体见表7-5)。

表 7-5　　　　　　　　　"儿童与自然"德目编码

核心编码	关联式编码	开放式编码（示例）	编码参考点	材料来源
儿童与自然	保护自然环境	P9M13 春游的时候教育孩子带垃圾袋，不能乱丢垃圾 P10M2 低碳生活，垃圾分类……	3	2
	爱护动物	P26M6 从小就注意培养孩子爱护小动物这一块儿	1	1

1. 保护自然环境

自然是我们赖以生存的环境，随着工业社会的迅猛发展，人类不断索取和利用，自然导致"沙尘暴""水污染""泥石流"等自然灾害频发，当下严峻的环境危机使得人们日益意识到环境保护的重要性。家长认为，儿童应该通过电视网络等媒体、日常生活积累意识到环境的重要性，培养儿童保护环境的意识和良好习惯，保护环境应从儿童身边的点滴小事做起。

P10：我们学校班主任会专门开设班会课，用来讲这个主题，任课老师则会在授课过程中融入道德教育目标和情感目标。如果没有涉及这方面知识的传授，学生就得不到这方面的提升，所以就得看教师有无引导学生的这个意识。比如上英语课，讲一篇保护环境的文章，老师就可以蕴含一些道德因素在里面，比如不要乱丢垃圾等保护环境的观念，从课程当中渗透环境保护的思想。我们学校在植树节或者地球日都会有相关的活动，组织孩子们到社区或者公园去种植小树苗，让孩子们亲身体验自然。（访 P10-16-7）

P10 这位家长谈到学校通过实施的课程或者综合实践活动将"自然环境保护"这一主题融合进知识学习当中，从课程文本和活动中体现环境保护的重要性，让学生从意识和行动上参与环境保护。

2. 爱护动物

大自然中的动物是人类亲密的朋友。由于利欲熏心的人类大肆捕杀，漠视生命的平等性，世界上很多动物濒临灭绝，人与动物的关系日益紧张。在国内，中国野生动物保护协会（CWCA）的力量也在不断壮大，通过"爱鸟周""野生动物宣传月"等多种形式致力于改善动物的生存环境。从家长的视角来看，从小培养儿童对生命的尊重精神和动物保护的自觉性，有利于促进动物资源的可持续发展。

> P26：小时候小孩说去学外公外婆打苍蝇，那次不小心打到了一只蝴蝶，他就蹲在地上看那只蝴蝶看了好久，问我，蝴蝶会不会死？它会不会飞？会不会恢复？我看着他那个样子我也很担心孩子心理会受到伤害，所以当时我就想怎么处理这种情况。我想着蝴蝶伤得应该很严重，飞不起来，我怕孩子很受伤，觉得自己伤害到了生命。我就跟他说，它可能要恢复一段时间，你先去吃饭，等下再来看，然后他就去吃饭了，后来我就赶紧把那只蝴蝶放到其他地方，然后孩子回来的时候就问，哎？妈妈，蝴蝶到哪里去了？我就跟他说，蝴蝶应该恢复了，就飞走了，所以小孩从小就爱护小动物。（访P26-17-6）

儿童从小关爱小动物，保持对生命的敬畏是保护和合理利用动物资源的生态意识。家长非常注重对儿童爱护动物意识和行为的培养，从小为儿童树立正确的生命意识。

（五）家长道德期待之"儿童与国家"

在分析编码过程中，我们发现家长对国家层面的德目期待甚少，35位家长中有两位家长（P8 & P11）提及儿童应该热爱他们的祖国，所收集到的德目占总德目的2.21%，传递出儿童对国家的认同度和自豪感这一期待。在这一维度上，家长的期待主要分成两个部分："国家认同"和"国际视野"。国家认同中包含着"荣誉感""自豪感"和"民族意识"；国际视野体现在"文化互动""增长见识"上（具体见表7-6）。

表7-6　　　　　　　　　　"儿童与国家"德目编码

核心编码	关联式编码	开放式编码（示例）	编码参考点	材料来源
儿童与国家	国家认同	荣誉感	P8M6 对国家要有荣誉感 P11M2 要争第一……	3	2
		自豪感	P8M6 自豪感大到国家，小到家庭个人，都要传递给孩子	1	1
		民族意识	P31M9 我们强调树立民族意识，同时也应明晰自己具有捍卫国家的义务	1	1
	国际视野	文化互动	P2M9 跨文化交流，跟国际友人交流合作…… P11M2 欣赏他国的文化，也要认同我们本国的文化	4	3
		增长见识	P23M6 学校有出国去日本的活动，希望他能多去走走看看外面的世界 P34M9 跟单位同事的孩子去首尔玩	2	2

1. 国家认同：热爱祖国

国家是民族意识和民族形态的集中体现。爱国主义教育是德育的永恒话题，属于中华优秀传统文化，贯穿于国民教育的全过程。家长希望儿童从小培养家国情怀，对祖国的繁荣富强感到骄傲，具有强烈的民族自信心和自豪感。具体表现为儿童在国际性比赛中获得荣誉，为国争光等，例如P8在谈到国家自豪感的时候非常的激动：

P8：虽然我的孩子很小，但是对他的爱国教育是很重视的，因为我自身是搞党建工作的。有一句话说，皮之不存毛将焉附，对不对？不管说先有国还是先有家。我们现在有这样一种感触，近年来无论我们国家的精神面貌还是各方面制度，比如反腐等都在发生变化，我觉得我们腰杆子直起来了，特别是我作为一名共产党员。以前在中国落后的时候是遭受异样眼光的，现在我们是蒸蒸日上的，我们底气完全不一样，我们成为世界第二大经济体，而且我们有了话语权，我们这种自豪感大到国家，小到家庭个人，都应该传递给后面的孩子。（访P8-16-7）

2. 国际视野：国际理解

我国改革开放以后国门迅速地打开，国际政治、经济、文化和民生等正发生着翻天覆地的改变，外出务工、访学、游历的国人们视野愈加开阔和深远。国与国之间的文化互动和融合的广度与深度日益加深。在文化互动的过程中，要不断了解和学习国外文化的优势，更重要的是加深对本国文化的理解和认同，增强个人的文化判断力和鉴别力。儿童作为国际社会的成员，应该主动借助平台参与国际社会的活动，不断拓展个人的眼界和格局，以一种宽容平等的心态和目光看待世界各地的文化，提升参与国际活动意识，提升国际竞争力。

P23：我孩子在师大附中读书，他的学校有很多活动，有很多机会出去。比如说和日本的学校有合作交流，他就会报名参加，我们也希望他能够多走出去看看外面的世界，了解不同地方的文化。（访P23-17-6）

此外，在国际理解的过程中开阔视野，丰富生活经历，形成跨文化意识，同时，家长也特别强调必须认同本国的文化，增强爱国主义精神，形成正确的人生观和价值观。

关于德育维度，英国道德教育学者迈克·伯特莱提出了五个关注面向——自我领域（the personal area）、人际关系领域（the interpersonal area）、社会领域（the social area）、自然领域（the natural area）及神秘的或宗教领域（the mystical/religious area）。[1] 在我国，有学者指出，道德包括对个人、家庭、他人与社会、国家以及国际五个方面的内容。在个人方面包括勤劳、自立自营、技能等谋生之道以及诚实、正直、宽容、知足等修德之道；在家庭方面包括孝悌、敬祖、恤族等德目；在他人和社会方面包括信实、友爱、报德、合群、宽容、尊重他人等德目；在国家方面包括自由、博爱、忠勇、爱国等；在国际方面包括博爱、人道、爱众、和平等德目。[2] 有学者从道德主体性出发，将当前道德教育内容的基本构成划分为：以"诚实守信"为核心的"为人之德"；以"责任心"为核心的"为事之德"；以"爱国"为核心的"为民之德"；以"热爱生命，追求自我完善"为核心的"立身之德"。[3] 与国内外的研究成果相比，我们可以发现本书所生成的维度与内容是在其基础上的拓展和丰富，同时也佐证了本书的可信度。

二 家长关于儿童道德期待的特点

前文中我们探寻了家长关于儿童道德期待德目的具体内容，可以发现，在家长眼中儿童道德发展分成了"儿童如何融合社会""儿童如何跟他人相处""儿童与自我的关系""儿童与自然的和谐共处""儿童与国家的关系"五大维度。同时也可以看到家长提出的道德期待诸如"与人为善"的善良，"公平正直"的良好品性，"保护自然环境"等，阐释了他们对儿童成长的美好道德期待。在这五大维度上家长关注的儿童德目按编码数量来看，侧重于"儿童与他人"和"儿童与自我"这

---

[1] Bottery, M., *The Morality of the School: The Theory and Practice of Values in Education*, London: Cassell, 1990, pp. 235–250.
[2] 郑航：《中国近代德育课程史》，人民教育出版社2003年版，第46页。
[3] 叶澜：《试析中国当代道德教育内容的基础性构成》，《教育研究》2001年第9期。

两大维度。从中我们可以探寻出家长关于儿童道德期待的特点。

(一) 与中华民族传统美德一致性高

在信息化社会的冲击下，适应社会主义市场经济的小家庭结构应运而生。新时期家长的传统文化印记仍然深深地烙在他们的心中。家长对儿童的道德期待透露出从传统美德承袭而来的"性善论"。千年前的孟子笃信人之初性本善，孔子将道德期待分为道德责任中的社会参与以及人格自觉和人格修养的君子模式。[1] 家长在儿童身上寄予着中华文明传承的殷切希望，与传统文化中的美德呈现出内在一致性。儿童在励志学习、个人成长、社会交往等方面所传递出的道德素养承袭了中华民族的道德文化的本质。例如在"儿童与他人"维度上表达了儿童"广交朋友""宽容大度""适当吃亏""与他人融洽相处"等。在"儿童与自我"的道德维度上透露了儿童"善良勤劳""责任担当""传播正能量"等美德素养。儿童与社会的和谐相处的本质在于儿童的道德认知和道德行为能够在复杂的社会背景下达成一致，参与社会活动，融入社会群体，逐渐成为具有道德素养的社会公民。道德期待的内容不仅体现在儿童的素养上，也体现在儿童德育的环境中。在家庭教育中，家训以口口相传、文字记载等方式承载了家庭长辈的期待，新时期的家长道德期待与中国传统文明一脉相承，家庭德育不容忽视以家训作为主要的教育路径的代际相传。以家训树家风，以良好的家风影响校风改变民风，形成良性循环。家风是家庭教育的主要精气所在，只有良好的家风才能将儿童引入道德圣地。

> 家风对孩子的影响是最大的，精神思想这些经典的东西非常重要，潜移默化地影响着孩子。(访 P13-16-7)

---

[1] 沙莲香、廉如鉴:《〈论语〉中的"角色期待"思想新探》,《河北学刊》2007 年第 3 期。

家风是"家庭成员在长期共同的家庭生活中形成的、带有个性和传统色彩的家庭风尚"。虽然社会处于快速发展的进程中，但是家长对儿童的道德要求仍然体现出传统美德的基本属性，坚守以中国传统道德文化滋养儿童的道德成长。"老吾老以及人之老"的儒家传统文化植根于人们的思想和内心深处。因此，在传统文化内容和传递方式上，家长的期待与传统道德文化达成了高度一致性。

（二）重私德而轻公德

道德这一复杂的体系结构有其不同标准的划分，依据其调节人际关系的范围和要求的不同，可将道德划分为"公德"和"私德"。"公德"是人们在履行社会义务或涉及社会公共利益的活动中应当遵循的道德行为准则，是与集体、社会、民族或国家有关的道德，主要表现在孝悌、仁爱、守信、宽恕、诚实、负责等方面。而"私德"指的是个人品德作风、习惯以及个人私生活中处理家庭、友情等问题的道德，[①] 集中体现在"坚毅、勤学、从善、勤俭、慎独"等方面。私德是个人处理人际关系的出发点。基于此，我们可以将"儿童与社会""儿童与国家"以及"儿童与自然"三个维度归纳为公德范畴，将"儿童与他人"和"儿童与自我"归纳为私德范畴。从家长的道德期待中发现"儿童与他人"以及"儿童与自我"这两大道德期待维度的编码数量分别为 287 个和 156 个，分别占总编码数的 57.75% 和 31.39%。而"儿童与社会""儿童与国家"以及"儿童与自然"编码数量分别为 39 个、11 个和 4 个，分别占总编码数的 7.85%、2.21% 和 0.8%。通过数据对比我们可以得出，家长对儿童道德期待的观照重点在于"儿童与他人""儿童与自我"两大道德维度，即倾向于关注儿童正确处理与他人的关系以及与自我的关系。在采访期间，P22 谈到了有道德的儿童这一问题。

---

① 宣云凤：《私德和公德各守其位——解决道德危机的新思路》，《江苏社会科学》2003 年第 6 期。

第七章 家长关于儿童道德的现实期待

I：在道德方面您对孩子有哪些期待呢？希望孩子成为一个具备哪些道德素养的人？

P22：我觉得他现在就很好，他是非常有"正能量"的，"正能量"就是有正义感，有爱心，知道善恶之分，在这个世界上有自己的判别标准，有帮助别人的自信心。很喜欢帮助同学，很开朗。不会抱怨，天天很开心，是很开朗阳光的小孩子。对于社会现象会发表他自己的想法，朝气蓬勃，和同学相处懂得谦让，这就是我理解的正能量。并不会说这个就是我的，是我独有的，不能跟你分享。兄弟姐妹之间也要懂得团结友爱，有时候也会跟我分享班上的事情，我觉得他很不错，状态很好。我们做事情要学会团队一起，要学会合作。（访 P22-17-6）

事实上，个人修养是每个人处理人际关系的出发点，一个人为什么活着，决定了他对其自身的看法和要求，这构成了私德的基础，并且是他处理人与人、人与物的关系的基础。[1] 中国是一个由农业经济逐渐走向工业和现代化的国家，而农业经济基本上是一种自给自足的经济，依靠农业为生的人不需要处理复杂的人际关系，由此发展出重内省精神的私德。[2] 这也能够说明，家长更为重视私德与个人修养的关系，如果一个人私德败坏，那么在公德方面也鲜有高尚的一面。然而，我们也要看到，由于我国现代化的跨越式发展以及道德的历史惯性，产生了公德观念发展赶不上现代化进程发展的矛盾[3]，导致很多社会公德失范的乱象。新时期家长对儿童的道德期待，虽然侧重于私德的发展，对

---

[1] 谢登斌：《21世纪学校道德捍卫的使命》，《广西师范大学学报》（哲学社会科学版）2004年第3期。

[2] 茅于轼：《中国人的道德前景》，暨南大学出版社2003年版，第84页。

[3] 宣云凤：《私德和公德各守其位——解决道德危机的新思路》，《江苏社会科学》2003年第6期。

第二部分　新媒体时代儿童道德期待的框架构建

公德的要求也不断提高。例如 P1 在谈论其女儿的社会公德心的时候是这样说的：

P1：希望孩子遵守社会公德，我女儿也是非常遵守这个社会的规则的，社会公德心还是蛮强的。

I：您觉得在公德心方面她有哪些表现吗？

P1：比如去坐车，我说这个小孩子不要买票，她硬拽着我去买票，她说我到了这个年龄就要买票了。我开车的时候会把塑料瓶子丢到窗子外面，她说不能这样。还有她说开车不能太快，要遵守交通规则。（访 P11-6-7）

（三）注重儿童道德思维能力的培养

随着社会的发展，我们逐渐步入一个理性至上、意义缺失、精神危机、社会生态失衡的特殊历史时期[1]，人们的生活节奏越来越快，随之世界观价值观也进入一个高速漂移的阶段。在这一时代背景下，人们的道德信念不断受到挑衅，时代对人们道德素养提出的客观要求与原有的道德观念出现矛盾。"学校和社会的道德价值评判标准不一致，导致学生在学校和社会上所受到的道德教育相互冲突"等各种现实问题冲击着人们的道德价值观念。在传统美德和现代文明对话的当下社会，由于人们的社会经济地位和教育背景等差异导致道德期待存在多元化取向。在访谈中家长对儿童的道德期待既有传统道德的坚持，又有现代文明的牵引，主要体现在以下几个方面。

1．"坚持自我的团结协作"

社会的发展让人们愈加意识到群体的重要性，然而家长在反观儿童

---

[1] Nel Noddings, *Happy and Education*, Cambridge: Cambridge University Press, 2003, p. 16.

第七章　家长关于儿童道德的现实期待

之间的团结协作以后，认为儿童在集体活动时需要有团结互助的品质，但是也提出儿童的"团结协作"是"有条件的"。P7 提出他自己的理解，家长对于儿童的道德期待，不仅限于传统的与他人合作的品质，而且体现出儿童对其自我价值的肯定，在团体活动中实现自我快速成长。

P7：当孩子自己心里有想法的时候就要坚持，要有自己的主张和意见。我希望孩子既要有团结的精神，但是在过程中又要坚持自我。（访 16-7-P7）

2. "有底线的善良"

人之初性本善，善良是人的天性。然而，在当下的社会环境中，善良逐渐变成一种奢侈品。P8 在谈到善良一词时表达了他自己的观点——"小孩子要友善团结，不要跟别人争抢，要礼让，当然我也在反思这一点。当孩子不能理解真正的善良的时候，他的善良就变成了一种妥协和懦弱。我觉得在基本条件平等下，有东西要一起分享，或者可以通过竞争来得到。"（访 P8-16-7）善良是一种美德，但是如果因为自己的善良而受到伤害，家长作为儿童的监护人，一般而言，侧重选择保护儿童自身的利益。没有棱角的善良，不仅不能向世界传达自己的善意，反而输送了自己的怯意。在传统道德中，"见义勇为"是一种毋庸置疑的美德，然而当代的家长对此存在争议。他们认为，在当代社会环境中，"见义智为"才是对儿童自我和他人生命财产的最大尊重。2016年 1 月 1 日正式实施的新版《武汉市见义勇为人员奖励和保护条例》明确倡导"见义智为"，呼唤有勇的行为，更赞赏有谋的智举。

I：您刚才也谈到了"善良"，您理解的"善良"具体指的是什么意思呢？

P33：我刚刚前面也说了，善良第一个就是自己不欺凌他人，

第二个就是以不伤害自己为前提,在自己力所能及的情况下帮助他人,反正一定要保护好自己。(访 P33-17-6)

3."个性发展"

在现代社会里,人们更欣赏的是那些敢于挑战权威、勇于探索、思维灵敏的儿童。① 家长希望儿童在遵守社会规则的基础上学会灵活多变,不拘泥于细节。儿童的"个性发展"是家长提出的较高期待,这也是当代社会环境反射在家长内心里的印记。随着信息化和主流媒体的介入以及环境的多变,家长对儿童的道德期待有了更进一步的见解与思考。事实上,儿童这一个体的道德成长会面临诸多挑战,早在科尔伯格的两难测试当中就体现出品德具有个体的主体特征,个体的思想道德品质是个体主动地与环境互动的结果。

P8:比方说他很认真,这也是一把"双刃剑"。当然玩游戏也要认真,他不会像其他小孩一样玩玩闹闹就过去了,会放在心里。他会很认真地看重这个游戏,很认真地对待这件事情。比方说他们班有小朋友在上课,老师说不要吵了不要动了,别的小朋友该玩还是会玩,他就是纹丝不动地坐好。

I:那他在学校也是很遵守学校规则的孩子。

P8:对,他很遵守校纪校规,我有时候也会反思这种行为。这种行为在老师眼里是很好的表现,我结合自己的成长经历,认为有时候过于循规蹈矩,会阻碍自身的发展。现在有些人会觉得小孩子调皮只有弊,没有利,我会去反对这些人的想法,让他们不要这样下定义。调皮的孩子思维更活跃,有时候他们不是不守规矩,而

---

① 张丽:《"乖孩子""坏孩子""好孩子"——兼论中国民间文化中的儿童观及其演变》,《教育导刊》2005 年第 10 期。

是他们会用不同的方式去对待这样的场景。当然，一般的道德规范还是必须遵守的。（访 P8-16-7）

（四）"由点及面"关注儿童道德素养

在家长的道德期待中，家长认为，儿童如果具备了某种道德素养，则可以将其迁移到其他多种道德素养当中。德育内容结构迁移论认为，人的品德中必有一种基本的共同的因素，只要把它培养起来，就能不断扩展和迁移到其他各种品德中去。[1] 从传统文化中"性善论"出发，中国人千百年来追求真、善、美和谐统一的"好人"理想。[2] "真善美"作为传统文化中美德的核心表达，"每一个孩子都是一个固定的精神内核，来到这个世界上的时候是带着'善良'的，这是他的整个生命成长的信息"（访 P1-16-7）。只有以"善"为本，激发其内心的道德潜力，孩子才能成为一个有道德的人。善良不仅是美德的起点，也是传承的起点。由父辈们传承而来的美德继续由生生不息的生命延续下去。

P10：我觉得一个人如果是善良的话，那么他在保护环境、社会秩序这些方面都能做好。

I：我可以理解为"您觉得善良是一个起点，做好了这一点的话，其他都可以做好的"，对吗？

P10：对，比如说你要是善良的人，你会随便乱扔垃圾吗？你会不忍心破坏环境，即使有也会努力将这个习惯改掉。我现在会教育孩子们一定要将垃圾扔到垃圾桶，现在他们有垃圾也会自觉地扔

---

[1] 陈宇光：《中国道德教育内容的现代建构》，《江苏教育学院学报》（社会科学版）2000年第4期。

[2] 张丽：《"乖孩子""坏孩子""好孩子"——兼论中国民间文化中的儿童观及其演变》，《教育导刊》2005年第10期。

到垃圾桶去。善良也体现在其他方面，比如在路上看到小朋友摔倒了，自己会主动去扶她起来，告诉她不要哭了，有时候还会帮忙安抚。（访 P10-16-7）

当儿童习得了善良的美德，他能够将这种善良迁移到他与自然、与社会、与他人的关系当中，"由点及面"地拓展道德素养。

第三节 基于家长道德期待的儿童德育课程研制

近年来，对儿童德育课程的关注愈来愈显著。从教育部出台的德育政策到地方教育局的文本解读，儿童德育课程目的随着时代的发展发生着变化，经历了从"道德人"—"现代公民"—"政治人"—"四有新人"的转型[1]；德育课程实施的形式丰富多样，从单一的德育课程全班授课制到分组活动，辅导咨询[2]，逐渐发展成德育课程群的构建。然而，从德育课程发展的过程我们可以发现，家长关于儿童道德期待这一重要视角并未被纳入课程研制的范畴。从泰勒建立的经典课程研制活动的基本环节——分析课程资源、确定基本目标，选择学习经验，组织学习经验评价学习结果来看，家长这一重要资源和视角在儿童道德发展阶段占据着重要地位，课程的研制必须观照家长的视角。

一 基于家长期待的德育课程目标

在追求利益最大化的社会里，当下各级各类学校也不甘示弱，唯学生考试分数和学校的高升学率马首是瞻。在分数至上的学习环境中，社会、学校、家庭普遍将儿童的道德教育边缘化。然而，当下儿

---

[1] 谢翌、程雯：《新时期儿童道德期待的课程文本研究》，《中国教育学刊》2016 年第 12 期。
[2] 吴铎：《德育课程与教学论》，浙江教育出版社 2009 年版，第 135 页。

童道德意识薄弱、道德行为失范等问题频频暴露在我们的视线中，"熊孩子"等词语冲击着人们的道德价值观。道德教育正是要通过课程将儿童引上正轨，激发儿童向善而为。例如，我国《基础教育课程改革纲要(试行)》等基础教育课程改革的纲领性文件，一般从顶层设计层面阐释了儿童的理想图景。关于儿童的道德期待问题，主要体现在新课改的培养目标的设定上，集中于自我、国家和社会三个领域，以期儿童逐步形成正确的世界观、人生观、价值观，成为有理想、有道德、有文化、有纪律的一代新人。[1] 从德育目标上看，纲领性文件所体现的是顶层设计的理想目标，学校德育实践一直面临着教育目标虚化、教育设计偏颇等问题。

事实上，在德育课程的实施过程中有的教师对德育课程多维目标的设计缺乏理论指导，在实践层面便出现了教学目标的虚化。知识、能力目标缺失或变得模糊，情感态度价值观目标的游离。[2] 作为一种文化建设活动，德育目标的构建必须以普遍伦理原则和共识价值为指导。通过与家长的对话有益于分析家长视角的道德期待，廓清德育课程的目标。家长对儿童的道德期待围绕"儿童融入社会""儿童与自然和谐共处""儿童与他人和睦相处""儿童与自我的关系"以及"儿童的国家视角与国际视野"五个维度，描绘了他们理想中有道德的儿童图景。从研究结果来看，家长期待的道德教育主要目的是鼓励儿童成为有能力、有信念、关怀他人且值得他人关爱的人。因此，德育课程目的应当被纳入家长的道德期待视角，在纲领性文件的基础之上增添相关家长道德期待的目的。例如"儿童与他人"和"儿童与自然"两大模块，强调儿童与他人的和睦共处以及与自然和谐相处，以期培养优秀的道德模范公民。

---

[1] 谢翌、程雯：《新时期儿童道德期待的课程文本研究》，《中国教育学刊》2016年第12期。

[2] 陈光全、杜时忠：《德育课程改革十年：反思与前瞻》，《课程·教材·教法》2012年第5期。

二 基于家长道德期待的德育课程内容

鉴于传统依存并蕴涵现实的社会环境，因此必须在充分认识、理解和分析现实的基础上依据社会发展目标来对传统文化进行褒贬扬斥，从而确定符合社会发展需要、满足人的素质完善需求的具体课程内容。① 中国正处于社会的剧烈转型时期，即由农业向工业、从半封闭走向全面开放转变的关键时期。在这一时期，既包括物质技术层面和社会体制、结构层面的现代性变革，也包括文化精神和全体国民在心理、思想意识和行为方式上的现代性转变。② 因此，德育课程内容的确定，除却要继承传统文明精神、对文化传统中价值体系现代性传承之外，还必须对中国社会发展的实际进行分析。

在这一特殊社会环境中，基于家长道德期待是德育课程内容的一个重要视角。目前，学校的德育课程实践主要来源于国家教育部颁布的各级各类德育政策文件。从1993年颁布的《小学德育纲要》以及1995年颁布的《中学德育纲要》等文件中可知，学校德育内容可分为公德教育，爱国教育，爱人民教育，爱劳动教育，爱科学教育，爱社会主义教育，集体主义教育以及家庭美德和职业道德教育等方面。从新时期家长的视角出发，关于儿童道德期待来源于其自身生存环境、教育背景、财务收入等，他们对儿童的教育是德育课程内容的基础，有益于解决目前德育课程内容虚化等问题。基于对传统文化的理解和对普遍伦理原则的透视，关于儿童的道德期待集中于儿童如何良好地处理其自身与社会、他人、自我、自然以及国家五个基本价值关系范畴，即"儿童与社会""儿童与他人""儿童与自我""儿童与自然""儿童与国家"五个板块作为构建学校德育课程内容体系的基本框架，将这些维度之中的德目，诸如"具备社会规则意识、承担社会责任、遵守社会风俗习惯、会做

---

① 郑航：《中国近代德育课程史》，人民教育出版社2003年版，第46页。
② 郑航：《中国近代德育课程史》，人民教育出版社2003年版，第46页。

人、会做事、良好品性、身心健康、保护自然环境、爱护动物、国家认同和国际理解等"作为学校德育的基本内容。每一板块都按照儿童心智发展水平、时代特征等设置不同层次的德育课程内容。此外，还可依据学校具体情况将德育内容本土化，建构具有特色的德育课程体系。

基于对家长道德期待的特点分析，家长的视角更加贴近儿童，贴近实际生活，向我们展示了不一样的道德图景，可以将其作为德育课程研制和设计的重要依据。首先，道德期待与中国传统美德一致性高。德育课程的研制必须将中华民族传统美德作为德育的主要内容，例如"承担社会责任""尊老爱幼""善良""保护自然环境""热爱祖国"等期待均与传统美德一脉相承，通过课程这一通道可以将美德代代相传。其次，道德期待重私德而轻公德。通过对比所收集的德目，我们发现家长偏重儿童私德的培养，造成公德和私德之间存在偏颇。大家庭式关系的瓦解以及社会分工的细化加深了人与人、群体与群体之间的联系，传统的私德模式已不能满足现代社会的要求，我们急需公共伦理精神来支撑当下的社会公德。事实上，在德育课程的研制方面公德和私德应当并驾齐驱，无论是"坚持、勤学、从善、勤俭、真诚"等私德还是"助人、团结合作、遵守社会规则"等社会公德都不可偏废。家庭和学校作为教育的主要承担者，在儿童道德教育中肩负着重大责任。重视儿童公德的养成主要从儿童与社会细微的关系着手，社会公德的内容看起来十分简单、细小，但细微处见精神，这些日常的、微不足道的行为表现能体现出一个人的道德修养、精神境界和一个社会的文明程度。[①] 再次，注重儿童道德思维能力的培养。通过访谈可以看到，家长作为儿童的监护人最为关注的是保护儿童的正当权益。其实，"利己主义"道德教育本身并无过失，家长希望儿童的道德"有底线"。因此，在设计德育课程内容时，需要纳入儿童自我保护意识，提倡"见义智为""有底线的善

---

① 蒋威宜：《重视和加强社会公德教育——当前高校精神文明建设的一个重要课题》，《思想·理论·教育》1995年第5期。

良"等，充分培养儿童道德判断、道德思维能力，这样才能保证每一个社会公民的正当权益，美德才能一直在我们身边。最后，"由点及面"地关注儿童道德素养发展。家长认同儿童具备了某种德目后可以逐渐将其迁移到其他德目上，以此培养儿童良好的道德素养。学校的德育课程研制需要考虑加强德目之间的相互联系，才能有效地实现道德教育。

三 基于家长道德期待的德育课程实现路径

基于家长道德期待是德育课程实施的一个重要基点。近代中小学的德育实践表明，完全按照知识传授的方式（体现德目主义课程编制方式的核心思想）来编制德育课程实在难以收到有效的教育效果。[1] 一般来说，学校按照基本德目来编制课程，在形式上采取专门的道德课程（例如小学的"品德与社会"）或者将道德价值融入相关科目当中。另外，学校采取晨会以及由班主任主持的班会等形式进行的"蜻蜓点水式"德育实践，往往难以收到良好的德育效果。通过对35位家长的访谈我们了解到，现实中的家长多数采取民主式、生活化的方式对孩子进行"机会教育"，并不是单向地对孩子实施灌输式德育，这些家长倾向于尊重儿童的主体性，注重亲子之间的双向对话，以平等的方式与孩子交流与分析问题。我们可以将家长的德育实践转化到学校的德育课程当中。

（一）构建家校共同体模式实施德育课程

家校联盟是家庭、学校教育机制的实践模式，应建立贴合学校实际的家校合作组织形式和制度，提升家长对儿童教育的知情权和参与权，加强学校和家庭的合作，使家长以主体身份参与班级或学校教育管理。家长和教师牵手合作，以良好的家风改变校风，影响民风。首先，家校坚持统一的德育理念。由于不同家庭的生活环境、家长教育背景、社会

---

[1] 郑航：《中国近代德育课程史》，人民教育出版社2003年版，第46页。

阶层等不同，家庭和学校的教育理念不一致，因而导致对儿童的教育理念也出现差异。盛行的"5+2=0"的教育现象正是对家校不合一的教育理念的阐释。家长秉持着"孩子以后只要会挣钱，不违反法律就行了，现在的人都是自私的，怎么会舍身为人，这样自己不就要吃大亏了"等教育理念，此类家庭教育与学校教育理念相违背，家庭和学校之间如果产生明显分歧，那么会将儿童推向道德困境，给儿童的成长造成难以弥补的缺憾。因此，在德育过程中或是当儿童面临道德困境时，家庭和学校在儿童德育的应然状态上需统一德育理念，以同样的态度、采取协商的方式来应对。因此，"教养方式的统一很重要，否则会引起孩子的不理解，为什么在学校和在家里教的不一样。那么将来在引导小孩的时候就很困难"。家校之间保持一致的教育原则，就不会使儿童在道德成长的路上偏离预设的轨迹。

其次，随着信息时代的到来，互联网的迅速发展拉近了家校之间的距离，也为解决儿童德育提供了一个智慧平台。小家庭式的教育方式逐渐走向群体，群体之间共同探讨孩子的道德教育问题——由孩子的特性到共性，家校由此形成良性的协作关系。在访谈中一位家长提到他自己的经验时如是说：

> 我儿子的班主任在教育孩子方面是很用心的，很有他自己的教育观念。我们建立了一个班级群，在群里经常讨论教育问题。群里大家一起分享，你有什么好做法，有什么好书推荐，有什么好习惯坚持等。（访 P10-16-7）

家校通过充分利用互联网这一平台共同分享、交流教育孩子的经验，调动家长参与儿童教育的积极性。

（二）利用生活中的具体问题予以引导

德育作为一种创造性的过程绝不是被动的、机械的，因为每一个生命都是有意义的主体，通过主体之间的碰撞从而生成生命的意义。生命的德育不是外在地简单地接受，至上而下地给予，而是一种生命意义的创造。学习生活实例作为德育的一手资料，教师需要有意识捕捉其中的教育内涵。陶行知先生曾提出我们的实际生活即是我们全部的课程；没有生活做中心的教育是死教育。[1] 德育课程隐藏在每一段生活实践中，其作为德育的一手资料，教育者应有意识地捕捉其中的教育内涵。教育者敏于捕捉学习和生活中的教育机会，利用形象生动化的实例来分析实际问题。国内有学者提出德育情境是学校在实施德育时，用一套核心价值和美德（value and virtues）把这些情境要素统摄、凝聚成德育系统，以使学生能在其中理解、体验、践行所要求的价值和美德，从而形成其自身品格。[2] 学校德育课程隐藏在生活实践中，在于教师对点滴学习事件的捕捉，教师应当把握所发生的每一次事件对儿童进行道德的"机会教育"，即创造机会和利用机会。由于情境化的德育有助于儿童理解他人和遵守规范，由情境带入德育的教育方式可以全面观照儿童的道德品性的渐变和成长，使其道德品性发生从无意识到有意识的变化，使其改变不良作为，形成优良品性，儿童每一阶段的改变都是个体的实然状态。在这一过程中，家长和老师的道德引导会产生巨大的影响力。在笔者关于家长对孩子的道德培养问题的访谈中，家长提到他们自己教育孩子的情境化德育模式。

I：您或者家人会有意识地通过什么方式来培养孩子的道德品质呢？

P10：因为我平时带他最多，我最看重他的阅读能力，一岁开始就读书，每天坚持给他读书，所以他的阅读习惯很好。书里面也

---

[1] 陶行知：《陶行知全集——活的教育》，湖南教育出版社1985年版，第181—184页。
[2] 郑富兴：《德育情境的建构——美国20世纪90年代中小学校的品格教育实践》，《比较教育研究》2001年第4期。

有一些童话故事或者一些人物，也就会慢慢引导他。比如书里面有一个巧虎，巧虎就这样做，你会不会这样做？通过故事来教育会比直接说教比较好。因为故事有一些情境，比如我孩子吃饭的时候喜欢到处乱跑，我就说不能到处乱跑，如果是巧虎会怎么做？他吃饭的时候是不是到处跑呢，是不是要坐在座位上呢？他说不会，要坐在座位上。那我问，是自己吃还是妈妈喂呢？他说自己吃。那是要吃光光还是剩一点呢？要吃光光，我说好，那你自己做，然后他就自己吃，在这个过程中我的作用就是慢慢引导。（访 P10-16-7）

儿童身受德育情境的浸染，从言语和认知上受到德育情境的影响，将规约逐渐内化，对于其自身行为会产生不同的认识。因此，在德育的过程中，情境的发生对儿童的道德顿悟生成产生了重大影响。基于此，学校的德育课程应当设置符合儿童心智发展特点的生活化情境化的场景，为儿童道德发展创造机会。抑或通过德育主题班会，国旗下的讲话，以及班级的一些突发情况抓住机会进行灵活处理。

（三）以平等对话的方式进行德育

真正的道德教育是在自然的状态当中发生的，不是严肃的讲演式的对话，不是生硬的道德传输，而是德育主体之间的平等交流。在这样的交流中，大家的生命互相敞开，彼此才可能融入，才可能相互理解，道德教育才能真正内化于心，外化于行，学生的生命才可能在德育的共同体当中得到滋养。历史学家弗雷德里克·特纳认为，好的对话之所以不朽，其关键在于谈话对象的表达能力和传统习俗，或者是否具备专业的商谈技巧。在让学生参与日常对话时，教师要能够自由地"跳过各种樊篱"，和儿童一起探讨各类问题。[①] 当学生与教师进行日常对话时，他们会增进对彼此的了解，甚至相互学习。教师不能再将他们自己的价值

---

① Nel Noddings, *Happy and Education*, Cambridge: Cambridge University Press, 2003, p.149.

观强加给儿童,在对话中他们要向儿童传递的信息有尊重、果敢、诚信、幽默风趣、人性的弱点、忧虑与失望等情绪。当学生听见教师说"有一次,我也碰到过这样的事情"时,他们会深受触动;当学生偶然间展现出他们自己不为人知的一面时,教师也会彻底改变他们自己的想法。[1]

事实上,家长和教师必须做到与儿童生活在一起,与他们交谈,聆听他们的心声,通过家长和教师的一言一行向儿童证明他们可以和谐地生活在一起,或者尽量不与别人发生冲突。

四 基于家长期待的德育课程评价

从评价上看,家长对儿童道德的评价可以作为德育课程评价的参考视角。一方面,就评价主体而言,德育评价主要通过教师评价和学生自评来实现。教师评价则以考试测评为主;学生自评由于学校实际情况限制而在事实上难以真正实现。另一方面,就评价方式来说,传统的儿童德育测评以闭卷式答题和教师印象式打分为主。背记式测评与一般的课程终结性考核效果相当,难以全面考量学生的道德水平。而教师印象打分取决于教师对学生的关注度。基于此,家长对儿童的道德评价应当纳入德育课程评价体系当中。

(一)教育者对儿童个体的整体式观照

人的整体性包括人的需要的多样性,社会关系的丰富性以及人的发展的全面性等。家长是儿童的守护者,他们对儿童的关爱与教导是他人难以企及的。每一个生命都是具体而丰富的,是充满生机而非常复杂的,不能仅仅凭借人的主观感觉来判断。事实上,每一个事物总是与他物以及与其所处的环境构成一个整体。因此,我们对于现实德育中的每个个体都需要进行整体观照。每一名儿童都充满着多种可能性,他们对

---

[1] Nel Noddings, *Happy and Education*, Cambridge: Cambridge University Press, 2003, p. 146.

德目的领悟是在无形中感知和形成的。教育者必须从儿童的各个方面对其进行观照,把握不同环境不同时机中儿童的知情意行,规避评价的主观性和片面性。道德教育实质上是一个不断生成的旅程,不同阶段的儿童对于德目的认知和体悟存在差异性,这需要教育者以发展的视角来对待。课程即经验,教育者不能仅仅凭借他们自己有限的经验去要求学生和评价学生;相反,教师只有充分聆听每一种声音,才能真正了解每一个丰富而具体的个体。通过对话等形式与儿童建立长期有效的联系,形成主体间性的互动,促进教育者有效地进行儿童道德评价。

(二)教育者注重德育过程的渗透性

在德育评价中要关注儿童的多方面,关注他们在生活中发生的点点滴滴。教育的起点是生命,教育者要关注德育课程中的事件,比如回忆生命中最让儿童感恩或最让他们尴尬的一件事等。通过过程性评价,儿童体验和回忆事件,整体回顾儿童学习中的点滴。我们从过程的角度观照教师的德育课程和活动是有意义且完整的。教育者应当基于德育的过程来设计德育课程或活动,关注儿童在任务过程中的表现,收集儿童在德育课程过程当中的表现再做出德育评价。评价主体要不断反思德育过程与学生生命之间的关系,真正准确地把握每一个具体事件对儿童的影响与发展。课程评价是课程和教学之间非常重要的基础,有效的评价能够适切地调适课程。我们不能简单地看待德育的目标和结果,更要关注目标与结果之间连接的过程,只有真正关注儿童德育的过程,才能对德育生成给予真正的理解。德育课程评价基于学生的体验,教育过程要具体化、过程化。

第八章

新时期关于儿童道德期待的课程文本研究

当前中国处于深刻社会转型期。在这一社会快速变迁与转型的时期，中国传统道德面临经济与伦理、个人与社会、传统与现代、本土文化与西方文明等多重矛盾[1]，传统的道德规范受到强烈冲击，而与社会转型相一致的道德体系尚未建立[2]，道德经历着空前的困惑和价值失落。而身处这个复杂社会中的儿童更是难以适应，产生了道德信仰缺失、价值取向错乱、道德行为失范等问题。结束道德失序，重建新的道德期待成为国人共识。

儿童道德期待的共识水平是一个民族未来道德文明的表征，人们自然会把对儿童的道德期待当作未来社会文化重建的重要切入口。联合国《儿童权利公约》第一条规定，儿童系指18岁以下的任何人，科尔伯格指出，儿童的道德发展是由前习俗水平到习俗水平，再到后习俗水平，主要在6—16岁之间完成。为此，本书集中关注对6—16岁儿童的道德期待。对这一年龄阶段的儿童而言，学校开展的德育课程是其道德

---

[1] 朱小蔓、刘次林：《转型时期的中国学校德育》，《上海师范大学学报》（哲学社会科学版）2009年第6期。

[2] 付燕玲：《当前中国社会道德失范问题研究》，硕士学位论文，华南理工大学，2014年，第10页。

第八章　新时期关于儿童道德期待的课程文本研究

发展最为重要的渠道，国家层面对儿童道德问题的关照也主要是通过德育课程文本的制定与实施来实现的。因此，本章从课程文本视角出发，通过相应的文本分析，揭示国家与社会对儿童的道德期待，以期以"自上而下"的路径找到对儿童道德期待的共识。

第一节　课程文本关于儿童道德期待的具体内容

德育课程文本作为德育课程的重要载体，蕴含着人们对儿童道德期待的具体内容。根据课程专家古德莱德（J. I. Goodlad）的观点，课程可分为理想的课程、正式的课程（也称文件课程）、领悟的课程、运作的课程和经验的课程这五个层次[①]。在其中，理想的课程和正式的课程都属于课程文本的范畴，具体而言，课程文本包括教育方针、课程标准等文件和教材等教学材料。在课程文本的这些类型与样态中，对课程发展具有指导和纲领性作用的课程文件以及规定课程实质性内容的课程标准等则是典型的课程文本。

本书主要关注6—16岁的儿童，以针对此年龄阶段儿童的德育课程文本为蓝本，选择道德所对应的内容，通过文本分析，对其进行相应编码，从而找出关于儿童的道德期待。本书关注的是新时期（改革开放以来）对儿童的道德期待，在研究文本的选择上，遵循权威性和时代性两大原则，重点关注对新时期儿童道德期待起决定性影响作用的最新课程文本，具体的研究文本选择如表8-1所示。

为了揭示这些课程文本所承载的对儿童的道德期待，我们将逐一对以上所选择的文本内容进行编码分析，从中梳理出关于儿童道德期待的相关维度与核心内容，并在此基础上归纳得出关于儿童道德期待的基本结构框架。

[①] 施良方：《课程理论——课程的基础、原理与问题》，教育科学出版社1996年版，第9页。

第二部分 新媒体时代儿童道德期待的框架构建

表 8-1　　　　　　　　　所选择的研究文本一览

所选文本	选择缘由
《基础教育课程改革纲要(试行)》(2001)	系我国当前基础教育课程改革指导性文件
《品德与生活课程标准》(2011年版)	课程标准是规定学科课程性质、课程目标、内容目标、实施建议的教学指导性文件，是文件课程的重要组成部分
《品德与社会课程标准》(2011年版)	
《思想品德课程标准》(2011年版)	
《中小学生守则》(2015年修订)	上接国家教育方针、下接学校行为规范的基础准则层面，相当于国家制定的"课程标准"，是适用于全国中小学生健康成长的一个"做人、成人"的基准①
《中国学生发展核心素养》(2016)	是深化课程改革、落实立德树人目标的关键文件，是新课标的来源

《基础教育课程改革纲要(试行)》作为基础教育课程改革的指导性文件，从顶层设计层面描绘了一个儿童的理想模样。关于儿童的道德期待问题，主要体现在新课改培养目标的设定上，集中于自我、国家和社会三个领域，以期儿童逐步形成正确的世界观、人生观、价值观，使其成为有理想、有道德、有文化、有纪律的一代新人。其中所蕴含的关于儿童的道德期待具体内容如表 8-2 所示。

表 8-2　　　　《基础教育课程改革纲要(试行)》中的道德期待

道德期待的领域	道德期待的内容
1. 儿童与自我	1—1　具有健康的体魄，养成健康的生活方式 1—2　具有良好的心理素质，养成健康的审美情趣 1—3　具有初步的人文素养
2. 儿童与国家	2—1　具有爱国主义精神，热爱社会主义 2—2　继承和发扬中华民族的优秀传统和革命传统

---

① 安至正：《中小学生守则的性质与功能》，《教育科学研究》2016年第4期。

续表

道德期待的领域	道德期待的内容
3. 儿童与社会	3—1 具有社会主义民主法治意识、集体意识以及环境意识，遵守国家法律和社会公德 3—2 具有社会责任感，努力为人民服务

资料来源：中华人民共和国教育部：《基础教育课程改革纲要（试行）》，2001年6月7日。

从表8-2可以看出，《基础教育课程改革纲要（试行）》关于儿童的道德期待，在自我层面上，主要关注了健康的体魄和良好的心理素质的养成，凸显了现代德育理性关注儿童身体这一特质；在国家层面上，则关注了爱国主义、社会主义、民族传统和革命传统几个方面；在社会层面上，强调社会公德，注重儿童法治意识、社会责任感等方面的培养。总体而言，关于儿童的道德期待更加聚焦于国家和社会两个层面，所期待的具体内容与儿童日常生活有一定的距离。

基于《基础教育课程改革纲要（试行）》对儿童道德所提出的宏观要求，针对6—16岁儿童，中小学开设了《品德与生活》（小学低年段）、《品德与社会》（小学中高年段）和《思想品德》（初中阶段）三门德育课程，尽量从实践层面落实这些宏观目标。在该纲要的指导下所形成的相关德育课程标准当然是典型的德育课程文本，其中所内含的对儿童的道德期待也主要体现在相关课程标准的目标设置上，主要关涉到儿童与自我、家庭、学校、国家、社会和自然这六个领域，并遵循知识与能力、过程与方法以及情感·态度·价值观三维目标这一理路具体到可操作性的指标体系。以下则是这三份课程标准对这六个领域所蕴含的道德期待的具体反映。

如表8-3所示，在自我领域里，这三份课程标准都旨在培养一个"身心健康"的儿童，珍爱生命，养成乐观自信、积极向上的人生态度以及良好的生活和行为习惯等道德期待贯穿整个儿童时期，随着年龄的增长，对心理健康的关注更甚，要求儿童能够自我调适、自我控制。

表 8-3　　　　　　　课程标准中自我领域的道德期待

课程文本领域	《品德与生活课程标准》（2011年版）	《品德与社会课程标准》（2011年版）	《思想品德课程标准》（2011年版）
儿童与自我	1—1 掌握自身生活必需的基本知识与技能 1—2 珍爱生命，自信向上，诚实勇敢，有责任心，喜欢动手动脑，乐于想象创造 1—3 初步养成良好的生活、卫生习惯	1—1 初步认识自我，掌握一些调整自己情绪和行为的方法 1—2 珍爱生命，热爱生活，养成自尊自律、乐观向上、勤劳朴素的态度 1—3 养成安全、健康、环保的良好生活和行为习惯	1—1 了解青少年身心发展的基本常识，掌握促进身心发展的途径与方法 1—2 感受生命的可贵，养成自尊自信、乐观向上、意志坚强的人生态度 1—3 学会调控自己的情绪，能够自我调适、自我控制

资料来源：中华人民共和国教育部：《义务教育品德与生活课程标准（2011年版）》，北京师范大学出版社2012年版，第6—7页；中华人民共和国教育部：《义务教育品德与社会课程标准》，北京师范大学出版社2012年版，第5—6页；中华人民共和国教育部：《义务教育思想品德课程标准》，北京师范大学出版社2012年版，第5—6页。

在国家领域里，三份课程标准都期待儿童能热爱祖国，了解有关祖国的基本知识，具体而言包括基本国情、历史文化、民族精神和革命传统等方面；同时，这个国家也可广义地内含世界，在小学中高段和初中阶段，期待儿童能形成对世界基本情况的认知，具有国际视野。具体内容如表 8-4 所示。

在社会领域里，主要关注的是规则意识和法制观念的培养，期待儿童逐步养成公共精神，参与力所能及的社会公益活动，从个体的"人"走向社会中的"公民"，具体内容如表 8-5 所示。

在家庭领域里，三份课程标准都一致期待儿童养成"孝亲敬长"这一品质，期待儿童能孝敬父母，主动分担家务，有一定的家庭责任感；在学校领域里，都关注集体意识的培养，期待儿童能热爱集体，积极参与集体生活，学会与集体中的成员友好交往；在自然领域里，则关注生态意识的培养，期待儿童了解基本的自然常识，热爱自然，保护环境，珍惜资源。

第八章 新时期关于儿童道德期待的课程文本研究

表 8-4　　　　　　　　课程标准中国家领域的道德期待

课程文本 领域	《品德与生活课程标准》（2011年版）	《品德与社会课程标准》（2011年版）	《思想品德课程标准》（2011年版）
儿童与国家	1—1　初步了解有关祖国的知识 1—2　爱祖国	1—1　了解影响我国和世界历史发展的重大事件，知道中华民族优秀文化和革命传统，懂得不同民族、国家和地区之间相互尊重、和睦相处的重要意义 1—2　珍视我国与世界的历史与文化，具有中华民族归属感和自豪感 1—3　树立奋发图强的爱国志向，尊重不同国家和民族的文化差异，初步形成开放的国际视野	1—1　知道我国的基本国情，初步了解当今世界发展的现状与趋势 1—2　热爱祖国、热爱人民、热爱社会主义，认同中华文化，继承革命传统，弘扬民族精神，有全球意识和国际视野，热爱和平

资料来源：中华人民共和国教育部：《义务教育品德与生活课程标准（2011年版）》，北京师范大学出版社2012年版，第6—7页；中华人民共和国教育部：《义务教育品德与社会课程标准》，北京师范大学出版社2012年版，第5—6页；中华人民共和国教育部：《义务教育思想品德课程标准》，北京师范大学出版社2012年版，第5—6页。

表 8-5　　　　　　　　课程标准中社会领域的道德期待

课程文本 领域	《品德与生活课程标准》（2011年版）	《品德与社会课程标准》（2011年版）	《思想品德课程标准》（2011年版）
儿童与社会	1—1　初步了解生活中的社会常识 1—2　养成基本的文明习惯	1—1　理解日常生活中的道德行为规范和文明礼貌 1—2　初步形成规则意识和民主、法制观念，崇尚公平与公正 1—3　力所能及地参与社会公益活动	1—1　树立规则意识、法制观念，有公共精神，增强公民意识

资料来源：中华人民共和国教育部：《义务教育品德与生活课程标准（2011年版）》，北京师范大学出版社2012年版，第6—7页；中华人民共和国教育部：《义务教育品德与社会课程标准》，北京师范大学出版社2012年版，第5—6页；中华人民共和国教育部：《义务教育思想品德课程标准》，北京师范大学出版社2012年版，第5—6页。

第二部分　新媒体时代儿童道德期待的框架构建

《中小学生守则》作为中小学生思想和行为的指南，对学生树立正确的理想信念，养成良好的行为习惯，促进身心健康发展起着重要作用，也是学校树立良好的校风、教风、学风的重要政策依据。[①]《中小学生守则》关于儿童的道德期待可归纳为表8-6中的内容。

表8-6　　《中小学生守则》（2015年修订）中的道德期待

道德期待的领域	道德期待的内容
1. 儿童与自我	1—1 坚持锻炼身体，乐观开朗向上，不吸烟不喝酒，文明绿色上网 1—2 红灯停绿灯行，防溺水不玩火，会自护懂求救，坚决远离毒品 1—3 保持言行一致，不说谎不作弊，借东西及时还，做到知错就改
2. 儿童与家庭	2—1 孝敬父母，自己事自己做，主动分担家务
3. 儿童与学校	3—1 尊敬师长，爱集体助同学，虚心接受批评，学会合作共处
4. 儿童与国家	4—1 了解党史国情，珍视国家荣誉，热爱祖国，热爱人民，热爱中国共产党
5. 儿童与社会	5—1 参与劳动实践，热心志愿服务 5—2 遵守国法校纪，自觉礼让排队，保持公共卫生，爱护公共财物
6. 儿童与自然	6—1 不比吃喝穿戴，爱惜花草树木，节粮节水节电，低碳环保生活

资料来源：中华人民共和国教育部：《中小学生守则》（2015年修订），2015年8月25日。

由表8-6可知，《中小学生守则》（2015年修订）对儿童的道德期待也聚焦于自我、家庭、学校、国家、社会和自然这六个领域，强调对儿童言行的具体要求，更加贴近时代、贴近儿童生活实际，可操作性更强，体现了人性化的走向。

2016年9月，教育部委托、历时三年集中攻关的中国学生发展核心素养研究成果发布会于北师大举行。这是全面贯彻党的教育方针，落

---

① 芮彭年：《论落实〈中小学生守则〉的三原则》，《中国德育》2015年第18期。

实立德树人根本任务的重大举措。《中国学生发展核心素养》以科学性、时代性和民族性为基本原则,以培养"全面发展的人"为核心,分为文化基础、自主发展、社会参与三个方面。作为全面深化课程改革、落实立德树人目标的关键文件,其所蕴含的对儿童的道德期待如表8-7所示。

表8-7　　　《中国学生发展核心素养》中的道德期待①

道德期待的领域	道德期待的要点	道德期待的内容
1. 儿童与自我	1—1　健康生活	1—1—1　珍爱生命 1—1—2　健全人格
2. 儿童与社会	2—1　责任担当	2—1—1　社会责任 2—1—2　国家认同 2—1—3　国际理解
3. 儿童与文化	3—1　人文底蕴	3—1—1　人文积淀 3—1—2　人文情怀 3—1—3　审美情趣

由表8-7可看出,《中国学生发展核心素养》在对儿童的道德期待问题上观照了儿童与自我、社会和文化三个领域的关系,具体而言,关注了儿童的身心健康、社会责任、国家认同、国际理解和人文底蕴几个方面,相比儿童个体价值,对儿童社会价值关注更甚,道德期待的具体内容较为笼统、宏观,与儿童实际生活存在一定的差距。

第二节　儿童道德期待的领域、维度、向度与理想图景

通过对以上6份典型课程文本的具体内容的剖析,我们发现,关于

---

① 汪瑞林、杜悦:《凝练学生发展核心素养 培养全面发展的人——中国学生发展核心素养研究课题组负责人答记者问》,《中国教育报》2016年9月14日第9版。

● 第二部分 新媒体时代儿童道德期待的框架构建

儿童的道德期待问题，归根到底在于回答"培养具有什么样道德素养的儿童"这一问题。6份课程文本都旨在培养一个具有良好品德和行为习惯的"四有新人"，而在其中，"五爱"情感的培养则是道德情感目标的重点所在。结合上述分析，我们拟从领域、维度、向度及"道德儿童"的理想图景等方面对新时期关于儿童的道德期待这一问题做进一步的梳理与统整。

一 关于儿童的道德期待领域

在关于儿童的道德期待领域，通过以上对课程文本的具体分析我们可知，课程文本中关于儿童的道德期待主要观照了自我、国家和社会等几个领域，并结合学生生活设计了相应的道德课程，以达成道德教育的目标。

具体而言，《基础教育课程改革纲要（试行）》和《中国学生发展核心素养》都主要观照了三个领域，但二者略有差异，前者分别是自我、国家和社会三个领域，而后者则是自我、社会与文化三个领域；三份德育课程标准和《中小学生守则》都观照了自我、家庭、学校、国家、社会和自然六个领域。出现这种状况的根本原因在于不同课程文本对每个领域的范畴划分不尽相同，比如《基础教育课程改革纲要（试行）》中的社会领域就涉及了对自然方面的要求，《中国学生发展核心素养》中的社会领域其实也内含了社会和国家两个方面。尽管六份课程文本对领域设定不一致，但其所内含的道德期待内容其实大同小异，为遵循人们对每个领域的一般理解、避免出现领域范畴交叉的问题，我们可将关于儿童的道德期待观照的领域归统为七个，分别为自我、家庭、学校、国家、社会、自然和文化。

二 关于儿童的道德期待维度

关于儿童的道德期待维度，主要围绕道德期待的领域来展开，在于回答每个领域具体所应聚焦观照的道德素养。通过对以上六份课程文本的内容进行分析，我们可归纳得出关于儿童道德期待的维度有八个，分别为：在自我领域，凸显对身体德性和心理德性两个方面的要求，期待儿童能"身心健康"；在家庭领域，着重点在于家庭美德的养成，期待儿童能"孝亲敬长"；在学校领域，指向的是集体意识的培育，期待儿童能"尊师爱友"；在国家领域，内含祖国和世界两大范畴，期待儿童能同时具备"国家认同"和"国际理解"两大素养；在社会领域，突出强调社会责任感，期待儿童能具备"社会责任"素养；在自然领域，主要是环境意识的培养，期待儿童能具备"生态意识"；在文化领域，旨在人文素养的培育，期待儿童能具备一定的"人文底蕴"。

三 关于儿童的道德期待向度

在儿童道德期待的内在向度上，六份课程文本大致都遵循道德认知、道德情感和道德行为三个向度，有略有详地设定了具体的可操作性指标体系。这与潘菽教授在其主编的《教育心理学》中所明确指出的任何一种品德结构都包含着道德认识、道德情感和道德行为三种基本成分，而道德意志包括在道德行为的训练中这一观点是符合的[1]，也与20世纪90年代广泛影响美国学校教育的强调良好品格由道德认知、道德情感、道德行为三个向度组成的品格教育实践相吻合[2]。

四 "道德儿童"的理想图景

通过以上梳理发现，对儿童的道德期待观照了儿童与七个领域的关系、聚焦到八个维度的素养，并从知、情、行三个向度进行规约和标定儿童道德的内在结构（见图8-1）。基于以上对典型课程文本的解读，

---

[1] 潘菽主编：《教育心理学》，人民教育出版社1980年版，第158—159页。
[2] 余维武：《冲突与和谐——价值多元背景下的西方德育改革》，江苏教育出版社2009年版，第118页。

我们可知，一个理想的"道德儿童"应能处理好与自我、家庭和学校等七个领域的关系，能形成身心健康、孝亲敬长、尊师爱友等八个维度的素养，并能从知、情、行这三个方面达成相应的道德指标，以实现儿童与各个领域的自然融合。据此，我们可构建一个"道德儿童"的基本结构。

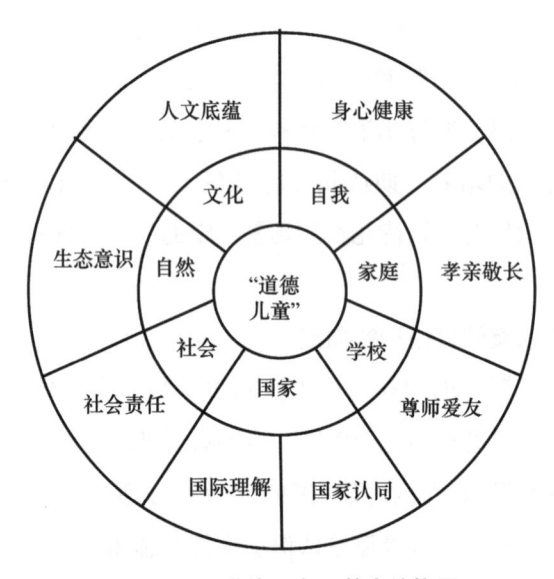

图 8-1 "道德儿童"基本结构图

第三节 对儿童道德期待的反思与修正

对儿童的道德期待是对儿童所应该承担的伦理责任的理性思考。理想的儿童道德期待是教育目的的重要内容，也是德育课程的方向与统领。因而，反思其内在结构，探讨其修正理路十分重要。

一 儿童道德期待框架的反思

通过以上对课程文本的梳理，我们揭示了道德期待的基本框架，对当前儿童道德期待所关涉的领域、维度、向度以及"道德儿童"的理想图景有了一个比较清晰的勾勒,这应该是我国当前儿童德育课程的基本原理。应该说,这一理想的儿童道德期待总体框架十分完整,方向也较为明确,反映了社会道德的理想共识。当然,从分析中我们也同时注意到,当前对儿童的道德期待仍然有以下问题需要关注。

(一)"道德儿童"的目标设定宏大而抽象

从六份典型的课程文本中可以看出,对儿童的道德期待内容面面俱到,设定了一个"八维的道德儿童目标",有些维度的内容表述宽泛而且抽象,可操作性不强。部分道德期待内容与儿童的道德经验之间有较大的距离,需要有更多的理论和实践的探索。

(二)道德期待的结构要素之间关系不明晰

我们发现,六份德育课程文本对儿童道德期待所关涉的领域、维度、向度的设定标准都不尽一致。由于对道德期待各个要素的界定不一,各要素的内涵及其相互关系并不明晰,在认知、情感和行为三个向度上的关注点也各有侧重,易使得人们把握不到道德期待的核心与关键。

(三)文本未体现儿童道德发展的阶段性特点

儿童道德发展的阶段性理论客观上要求我们应该结合儿童身心发展的阶段性特点来设定相应的道德期待。然而,现有文本更多的是基于"平均的儿童"而提出的道德期待,有些重要的道德期待是整个儿童时期都应该关注的内容,但是并未能很好地观照阶段性要求。如三份德育课程标准对于"身心健康"这一维度,在阐述具体要求时,无论中学生还是小学生,内容基本相同,都是"珍爱生命,养成乐观自信、积极向上的人生态度以及良好的生活和行为习惯"。课程设计应依据儿童发展水平和内容难度进行"梯度"安排。

(四)缺乏明确的核心价值观

通过文本分析,我们并没有看到道德期待的框架中有明确的价值取向作为统领。一个框架如果没有一种核心的"价值黏合剂",便很难使它成为一个有"魂"的整体,各个领域和维度之间表现出相对割裂的碎片化状态,因而很难形成强大的道德教育合力。

二 儿童道德期待修正的理路

基于对上述课程文本的反思性分析,我们发现理想的儿童道德期待仍有聚合和提升的空间,为此,我们提出以下理路,以期构建更为合理的道德期待框架。

(一)构建"阶段性道德期待"

儿童阶段的成长具有独特性,有着重要的教育学意义。根据皮亚杰和科尔伯格二人在长期观察和实验基础上得出的儿童道德发展阶段理论,在儿童阶段,道德发展具有阶段性和连续性,先后经历了从前习俗水平到习俗水平、从他律道德走向自律道德的发展历程,"道德人"的生成作为一个逐渐涵养的过程,主要在儿童阶段完成。在不同的年龄阶段,儿童有着不同的道德思维结构和道德认知方式,也有着不同的道德发展任务,因而儿童的道德期待应具有阶段性的特征,构建"阶段性道德期待",并通过螺旋式上升的课程及教育结构逐步落到实处,这样方能真正提升德育的针对性和实效性。

(二)可持续发展:道德期待的核心关切

关于儿童的道德期待问题,旨在回答"培养具有什么样道德素养的儿童"这一问题,所以儿童道德期待的框架体系不应该是拼盘式的拼凑,而应是在各个要素之间有一种共通的东西作为"黏合剂"使之成为一个整体,进而形成合力对儿童道德的发展产生作用。鉴于现有儿童道德期待框架缺乏明确的价值取向,我们认为,未来可用"可持续发展"的价值理念作为核心价值取向,统领儿童道德期待的整个框架体系。"可持续发展教育"理念自联合国教科文组织提出以来,已经深入人心。2015年11月，联合国教科文组织发布了《反思教育：向"全球共同核心利益"的理念转变》这一教育报告，明确指出教育是全人类共同的核心利益，可持续发展是全人类的核心关切，进一步强调了教育的可持续发展，也代表了世界教育的未来走向，对于我国教育的未来发展无疑也具有重要的影响。儿童道德期待的框架体系应以"可持续发展"理念作为核心价值观，指向儿童道德发展的核心关切，来联结和黏合各个层面，使其融为一体，对儿童道德发展产生合力，实现儿童群体的可持续发展。

（三）德性的培育：首要的价值期待

教育的根本任务在于立德树人，教人向"善"，德性的养成是教育的本质所在。对儿童的道德期待指向的是儿童满足伦理规范要求的程度，终极目标在于养成儿童的德性，在道德期待体系中，德性的培育应是首要的价值期待。在现有的道德期待框架体系中，过多涉及思想政治教育方面的相关内容，使得内容显得成人化和抽象化。基于儿童身心发展特点，以及儿童正处于社会化进程中这一现实，对儿童的道德期待构建应回归道德的本义，回归"德性培育"这一核心愿景。道德教育虽然包括思想教育和政治教育的部分内容，但针对儿童的道德期待，应该与成人思政教育区分开来。儿童德育的着重点在于培养儿童"向善"的意识和"择善""从善""扬善"的能力；在政治教育部分，重点在于让儿童了解和认识当前的政治生活，赋予儿童参与政治生活的机会，为儿童未来参与和构建更美好的政治生活奠基。

（四）将儿童视为道德主体：与成人的道德期待保持适度的张力

皮亚杰认为："儿童存在两种道德观：一种是具有约束性的道德，一种是具有协作性的道德。"[1] 前者主要由成人制定道德规则并以他律

---

[1] ［瑞士］让·皮亚杰：《儿童的道德判断》，傅统先等译，山东教育出版社1984年版，第410页。

的方式强加给儿童，蕴含的是成人对儿童的道德期待，体现的是成人对儿童的约制，而后者主要由儿童在"游戏"过程中以平等的精神所自发和自主地达成，是儿童自身道德诉求的表露，二者是儿童道德教育的两个基本领域。① 一方面，因为儿童自身发展不成熟，儿童道德发展离不开成人的权威和约束，特别是在儿童道德发展初期，这是儿童道德社会化过程的重要方面，也潜移默化地影响着儿童日后的道德诉求。另一方面，"新童年社会学"启示我们，儿童不再是社会化过程中"未完成的人"，不是消极的、接受建构的对象，而是与成人不同的"人"，儿童作为积极的社会行动者，时刻都在复杂的社会环境中创造性地建构着他们自己的文化，他们有着他们自己的道德诉求。"拜伦报告"（Byron Review）同样也彰显了把儿童看作道德主体的取向，主张儿童应该参与道德的建构。因而，我们应当发现儿童、敬畏儿童，将儿童视为道德主体，积极听取他们的意见，尊重他们的道德诉求，让儿童共同参与道德的建构。对儿童的道德期待应以儿童为本位，结合儿童的生理、心理和文化特点，注重"平等主体的对话"和"道德文化的濡染"，成人应与儿童进行平等协商，实现良性互动，寻求共同的道德理解，适时、适度地对偏离的一方予以矫正，实现具有普遍意义的道德规则和价值共识与儿童同侪文化的融合。

总之，新时期文本中关于儿童的道德期待主要包括七大领域、八个维度和三个向度，其中，七个领域即观照儿童与自我、家庭、学校等七种关系；八个维度涉及身心健康、孝亲敬长、尊师爱友等；道德的内在结构主要从知、情、行三个向度进行规约和标定。未来理想的儿童道德期待应该基于儿童道德发展的阶段性，以可持续发展为"魂"，将德性的培育作为首要的价值期待，尊重儿童自身的道德诉求，注重"平等主

---

① 廖小平：《评皮亚杰"约束的道德"与"协作的道德"——兼论代际关系视野中的道德教育》，《伦理学研究》2008年第4期。

体的对话"和"道德文化的濡染";紧抓核心素养培育这一契机,以学校为主导,家庭、社会与之协同形成德育共同体,并在儿童成长过程中通过螺旋式上升的课程加以统整,以此引领儿童道德人格的完善,成就"有德之人"。

第九章

新媒体时代儿童道德期待的框架与内容

新媒体是指建立在数字技术、互联网技术和移动通信技术等新兴科技基础上，可以进行互动性传播的新兴社交媒体。[①] 自20世纪四五十年代第三次科技革命以来，随着现代新兴科学技术的发展，目前已进入一个新媒体时代，新媒体成为当前社会环境中的主导部分。新媒体的"即时性、开放性、个性化、信息的海量性、低成本全球传播、检索便捷、融合性"[②] 等特征，一方面给多元文化的产生、传播与共存提供了土壤，冲击了主流价值观，导致文化多样、价值多元成为当前社会最为突出的特征；另一方面视读时代的流行文化建构了一种"后现代的心理屏幕"，即一种对道德与意义合成的符号集合体的无动于衷的态度出现了，共识性的道德期待遭遇到了碎片化的、无所谓的态度，道德自觉危机出现了。因而我们说，新媒体在充分展现文化多样性的同时，也直接挑战了传统道德的统一性和权威性，这使得社会群体共享的道德期待的形成遇到诸多新情况。特别是对于当前处于深刻社会转型期的我国而言，道德分化使得身处这个复杂社会中的儿童更是难以适应，产生道德信仰缺失、价值取向错乱、道德行为失范等问题[③]。因而，结束道德失序，重

[①] 孙宏艳主编：《新媒介与新儿童：新媒体与少年儿童社会化研究报告》，中国青年出版社2014年版，第5页。
[②] 匡文波：《关于新媒体核心概念的厘清》，《新闻爱好者》2012年第19期。
[③] 谢翌、程雯：《新时期儿童道德期待的课程文本研究》，《中国教育学刊》2016年第12期。

建一种新媒体时代共享的儿童道德期待成为当前社会和国人的迫切诉求。

第一节 新媒体时代儿童道德期待构建理路：多元视角对话

在儿童道德期待建构理路上，本书秉持儿童本位观，把儿童看作是自己文化的主体，与他们共同探讨现实的和他们所认同的"道德追求"。因而，本书建构的道德期待，立足于新媒体背景和中国本土的历史和文化语境下来讨论，运用了多种研究方法，探寻理论视域、国家层面、家长、儿童自身等不同主体对于儿童道德品质的期待及体认，进而基于哈贝马斯的商谈伦理，通过成人与儿童对不同的立场与观点进行协调与实践，经由慎重的道德考量，叠加生成多元化背景下社会群体共享的儿童道德期待框架。

本书资料分析运用的是"扎根理论"，遵循"自下而上"的逻辑，对经验性的一手资料进行分析和编码，得到一个解释性的框架，从而生成理论。以下是三级编码的具体过程。

一 一级编码

研究者先围绕研究主题，逐字逐句阅读研究一手资料，阅读资料这一活动本身便是一个在资料中寻找意义的过程。[1] 在该过程中，从资料中寻找与确定"意义单位"，发现概念类属，对类属发现进行命名，确定类属的属性和维度，然后对研究的对象加以命名及概念化。在编码的过程中，以开放的心态，尽可能多地寻找到"意义单位"的信息并将其加以命名或类属化。如通过对原始资料的编码与分析，我们从中找出"意义单位"，并将其概念化，得到了珍爱生命、严己宽人、学校观念、

---

[1] 陈向明：《质的研究方法与社会科学研究》，教育科学出版社2000年版，第278页。

集体意识、生态意识、学习好、严于律己、爱护环境（2）①、遵守社会规则、遵纪守法（2）、保护公共环境、文明礼仪（2）、自律、独立自主、保护自然环境、爱护动物、节制、自重自爱等概念。具体内容如表9-1所示。

表9-1　　　　　　　　一级编码（开放式登录）

概念	原始资料（节选）
珍爱生命、严己宽人、学校观念、集体意识、生态意识、学习好、严于律己、爱护环境(2)、遵守社会规则、遵纪守法(2)、保护公共环境、文明礼仪(2)、自律、独立自主、保护自然环境、爱护动物、节制、自重自爱	在学校遵守校规校纪，在社会上遵守社会规则和法律法规(P)；对自我要有约束，明白什么时候该做什么事情，例如按时完成学习任务，看电视玩游戏能够有节制(P)；能够自我调适、自我控制，养成自尊自律(T)；苏格拉底将节制作为一切德性的基础(W-E)，亚里士多德把节制作为德性之一；要有纪律意识，遵守学校规则，按时到校，按时上课(T)
爱惜劳动成果	不能浪费粮食(P)
与人分享(2)	把好吃的给别人(C-P)
尊师爱友、耐心、尊老爱幼(3)、体谅他人、注重亲情、帮助他人、关爱他人、乐于助人(2)、爱护动物、友爱、爱（仁爱）、同情(2)	出于自己的热心不求回报地帮助他人(P)；扶老人、捡东西，带小朋友过马路(C-P)；"老吾老，以及人之老；幼吾幼，以及人之幼"(T)
善良(3)、爱、友爱	对谁都好(C-P)；亚里士多德将友爱与公正视为同样重要的德行，并提出"爱人如爱己"(W-E)；奥古斯丁最推崇爱并谈到爱是至上的，甚至命也比不上爱(W-E)；"不欺负同学""与人为善，不干扰不影响别人"等(P)
诚实(5)、拾金不昧(3)	捡到了东西要上交(P)
真诚	真诚地对待他人(P)
守信(3)	保持言行一致，不说谎不作弊，借东西及时还(T)；说到做到(P)
严己宽人、耐心、体谅他人、宽容(3)、谅解	老人肯定不方便、比较矮的同学拿不到(C-P)；己所不欲，勿施于人(T-C)；躬自厚而薄责于人(T-C)；为他人着想(T)；要宽容大度，不要跟别人计较(P)

---

①　所有资料分析中的阿拉伯数字代表出现频次。

第九章 新媒体时代儿童道德期待的框架与内容

续表

概念	原始资料（节选）
热爱祖国、国家认同、遵守社会风俗习惯、团结合作、国际视野、共处	有全球意识和国际视野，尊重不同国家和民族的文化差异，热爱和平，具有国际主义精神(T)
广交朋友	孩子需要同伴的陪伴(P)
尊师亲友、感恩(2)、注重亲情、尊敬师长、孝亲敬长	报答帮助自己的人(C-P)；听从老师的教导，对老师要有感恩之心(T)
孝亲敬长、孝顺、孝敬	自己事自己做，帮助父母做自己能做的事，主动分担家务(T)；尊老、敬老、养老、送老(T-C)；尊敬老人和长辈，凡事长者在前(T)；平时在家孝敬父母，在外经常打电话(P)
礼尚往来、文明礼仪、礼貌、尊师亲友、尊敬师长、遵守社会风俗习惯、孝亲敬长、尊老爱幼(3)、听话	见面要主动打招呼(P)；"入冠必正，纽必结，袜与履，俱紧切"(T)；"非礼勿视，非礼勿听，非礼勿言，非礼勿动"(T-C)
谦和	懂得礼让，不和兄弟姐妹争抢东西(P)
爱国(4)、国家荣誉感、自豪感、民族意识	认真唱国歌(C-P)；了解民族的知识，懂得不同民族、国家和地区之间相互尊重、和睦相处的重要意义，尊重兄弟民族的风俗习惯，加强民族团结，弘扬民族精神(T)；"乐天下之所乐，忧天下之所忧"(T-C)
忠君、国家认同	诚谨恭敬，竭尽其忠(T)
正直(2)、拾金不昧(3)	要正直，不会在背后诋毁他人，说人是非(P)
公正(3)	西塞罗将公正视为"一切美德的主人、女王"，亚里士多德将公正视为一种品质(W-E)
身心健康、正能量、"传播正能量"、积极向上、悦纳自我、阳光快乐、希望、自信	帮助他人、快乐自己，给别人带来快乐(C-P)；包容自己的不足，积极改正(P)；自己内心是阳光的(P)
勤奋好学、热爱劳动、学习好、勤劳、不怕苦(不怕累)、勤劳、有志向	从早到晚、日日精进用功，努力学习(T)；成绩好、考试得高分、排名第一 (C-P)；希望儿童在家里能够帮助家庭分担家务，在学校能够热爱劳动，为老师、同学们分担任务(P)
尊师亲友、明辨是非、增长见识、智慧、孝亲敬长、自保意识	有辨别是非的能力，知道什么是对、什么是错，在善恶上要有一个鉴别力(P)；智慧是最高的美德(W-E)

· 293 ·

第二部分　新媒体时代儿童道德期待的框架构建

续表

概念	原始资料（节选）
坚持、有志向、抗挫折能力强、信仰	"刚毅"排在"四主德"的第三位(W-E)；孩子要有抗挫折能力，不能一下子就气馁(P)；学东西不能半途而废(P)
生态意识、爱护环境(2)、保护自然环境、珍爱生命	不比吃喝穿戴，爱惜花草树木，节粮节水节电，低碳环保生活(T)
社会责任、保护公共环境、爱惜公共财物、责任心强	办事有责任心，让儿童意识到自己的责任，并且能够勇于承担责任(P)；我希望孩子是一个有责任感的人(P)；不要损坏公共基础设施(P)
勇敢(3)	不怕坏人(C-P)；勇敢是国家保卫者应具备的德性(W-E)；敢于创新，做以前不敢做的事(P)

说明：所有资料分析中的英文字母都代表资料来源，其中，T（Text）代表课程文本，P（Parents）代表成人家长访谈记录，C-P（Children's paintings）代表儿童所画的"好人图"，T-C（Traditional culture）代表传统文化，W-E（Western Ethics）代表西方伦理学，C-Q（Children's questionnaire）代表儿童所填问卷。

二　二级编码

在一级编码的基础上，为了进一步寻找概念类属之间的关联，使之前被全部打乱打散的资料之间形成有机关联，并在关系建立之后分辨出其中的主要类属和次要类属。其主要任务是发现和建立概念类属之间的各种联系，以表现资料各个部分之间的有机关联。① 通过这种方式制作出二级编码信息表（见表9-2）。表9-2中的概念类属一列是研究者在第一步中找到的来源于研究参与者的"本土概念"，又将这些概念类属放入"自律、俭朴、慷慨、关爱、善良、诚实、真诚、守信、宽容、包容、接纳、感恩、孝顺、明礼、谦和、爱国、忠诚、正直、正义、乐观、勤奋、明智、坚毅、敬畏、责任、勇敢"这26个轴心类属下。例如将珍爱生命、严己宽人、学校观念、集体意识、生态意识、学习好、严于律己、爱护环境（2）、遵守社会规则、遵纪

---

① 陈向明：《质的研究方法与社会科学研究》，教育科学出版社2000年版，第333页。

守法（2）、保护公共环境、文明礼仪（2）、自律、独立自主、保护自然环境、爱护动物、节制、自重自爱都与"自律"关联起来，"自律"就是轴心类属。需要注意的是，在这个分类过程中，还有许多概念类属是可以归纳到不同的轴心类属维度内的，如"保护公共环境、爱惜公共财物"这个概念类属便既可以归入"责任"类属范围又可以归入"自律"类属范围。

表9-2　　　　　　　　二级编码（关联式登录）

概念类属	概　　念
自律	珍爱生命、严己宽人、学校观念、集体意识、生态意识、学习好、严于律己、爱护环境(2)、遵守社会规则、遵纪守法(2)、保护公共环境、文明礼仪(2)、自律、独立自主、保护自然环境、爱护动物、节制、自重自爱
俭朴	爱惜劳动成果
慷慨	与人分享(2)
关爱	尊师爱友、耐心、尊老爱幼(3)、体谅他人、注重亲情、帮助他人、关爱他人、乐于助人(2)、爱护动物、友爱、爱(仁爱)、同情(2)
善良	善良(3)、爱、友爱
诚实	诚实(5)、拾金不昧(3)
真诚	真诚、尊师爱友
守信	守信(3)
宽容	严己宽人、耐心、体谅他人、宽容(3)、谅解
包容	热爱祖国、国家认同、遵守社会风俗习惯、团结合作、国际视野、共处
接纳	广交朋友
感恩	尊师亲友、感恩(2)、注重亲情、尊敬师长、孝亲敬长
孝顺	孝亲敬长、孝顺、孝敬
明礼	礼尚往来、文明礼仪、礼貌、尊师亲友、尊敬师长、遵守社会风俗习惯、孝亲敬长、尊老爱幼(3)、听话

· 295 ·

续表

概念类属	概 念
谦和	谦和
爱国	爱国(4)、国家荣誉感、自豪感、民族意识
忠诚	忠君、国家认同
正直	正直(2)、拾金不昧(3)
正义	公正(3)
乐观	身心健康、正能量、传播正能量、积极向上、悦纳自我、阳光快乐、希望、自信
勤奋	勤奋好学、热爱劳动、学习好、勤劳、不怕苦(不怕累)、勤劳、有志向
明智	尊师亲友、明辨是非、增长见识、智慧、孝亲敬长、自保意识
坚毅	坚持、有志向、抗挫折能力强、信仰
敬畏	生态意识、爱护环境(2)、保护自然环境、珍爱生命
责任	社会责任、保护公共环境、爱惜公共财物、责任心强
勇敢	勇敢(3)

三 三级编码

根据上一步的编码内容，我们对概念类属进行了进一步分析，寻找出核心类属。三级编码（核心式编码）指的是，在所有已发现的概念类属中经过系统分析后选择一个"核心类属"，将分析集中到那些与核心类属有关的编码上面。[①] 核心类属具有更强大的统整性，更能够囊括较广的理论范围。如自律和俭朴可以归属为自律；仁爱可以囊括慷慨、关爱、善良等（具体见表9-3）。通过三级编码可以得到一个结构更为鲜明合理的理论框架。

---

① 陈向明：《质的研究方法与社会科学研究》，教育科学出版社2000年版，第334页。

表 9-3　　　　　　　　三级编码（核心式编码）

核心类属	概念类属
自律	自律
	俭朴
仁爱	慷慨
	关爱
	善良
诚信	诚实
	真诚
	守信
宽容	宽容
	包容
	接纳
感恩	感恩
	孝顺
明礼	明礼
谦和	谦虚
忠诚	爱国
	忠诚
正直	正直
	正义
乐观	乐观
勤奋	勤奋
明智	明智
坚毅	坚毅
敬畏	敬畏
担当	责任
勇敢	勇敢

第二节　新时期儿童道德期待：具体德目及其解读

对于共识性的道德期待，从道德结构层次出发，有的学者将其视为人们共享的、最基本的底线原则，有的学者将其视为"终极目的"式的"终极善"的德性①。而本书认为，传统的崇高的道德目标与底线伦理原则之间存在太大的差距，"底线伦理"和"终极关怀"两个要素之间存在十分重要的"中间地带"，因而在道德期待的内涵界定上，更多地借鉴陈泽环提出的"共同信念论"，即道德期待不仅是底线伦理，还应该包括一种公民对重大道德问题的共识，是在作为公共生活共识的"次终极价值"上的一致。②因此，本书认为道德期待不仅包括社会成员对最基本、最低限度的行为基准的共同理解，即底线伦理，还应包括社会成员在公共生活中重大道德问题上的一致，即共同信念。道德期待即以底线伦理为基础，沟通底线伦理与终极关怀的"共同的伦理信念"③，是一种期待的道德与必备的道德的融合。

通过对不同视域中道德和道德期待的内涵进行梳理，我们发现，寻求共同的德目对于儿童道德期待的建构是必要的和有益的，有学者将关于具体德目（道德品质）的研究归为德性论④。前文也提到，本书建构的儿童道德期待是以儿童所应具备的"善"的道德品质为中心和抓手的，因此在多元视角对话的基础上，基于扎根理论，经过三级编码，我们得到了新媒体时代儿童道德期待所应包含的16个具体德目，这些德

---

① 何怀宏：《良心论——传统良知的社会转化》，上海三联书店1998年版，第416—417页。
② 陈泽环：《底线伦理·共同信念·终极关怀——论当代社会的道德结构》，《学术月刊》2005年第3期。
③ 谢翌等：《儿童道德共识量表编制研究》，《上海教育科研》2018年第1期。
④ 江畅：《德性论》，人民出版社2011年版，第7—10页。

目包含儿童内在和外在两个层面，在层次上既包括底线型德目也包括超越型德目，每个德目背后又包括道德认知、情感和行为三个方面（如图9-1所示）。

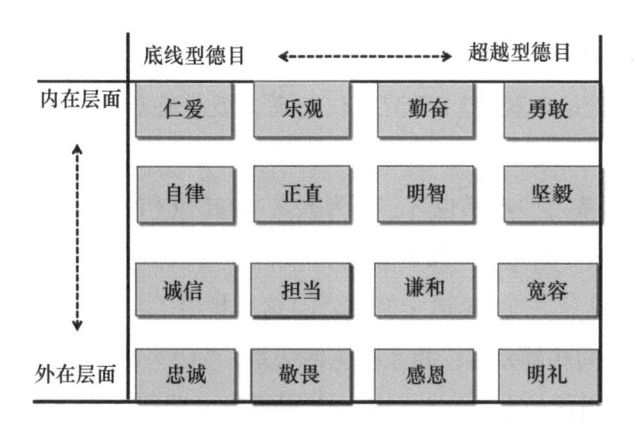

图 9-1　新媒体时代儿童道德期待框架

秉持着要构建一个具有普遍意义的、可操作化的、中国化的新时期的"儿童道德期待"框架，为我国儿童道德教育提供一个核心的价值参照体系这样一个目标，所探寻出来的每个德目的具体内容就显得尤为关键和重要。因而，在接下来解读每个德目的内涵时，本书力求既有词源学的追溯，又在中华传统文化中探究其历史嬗变，并将西方相应德目的意义期待融入其中，辅以必要的对当今现实问题的分析解读，期待能研制出一部适合大众的"家庭德育读本"，让新时期的家长有章可循。

一　仁爱

"仁"，甲骨文为 （人）+ （二，等同、相等，参见"均""齐"），表示人人相等，亦即等而视之，视人若己，将心比心，同情包容。其造字本义为：动词，尊重人道，相信人性相通，视人若己，同情包容，尤指强势者对弱势者的厚道。

"仁爱"即宽仁慈爱，爱护、同情。"仁"是儒家的核心思想，强调"仁者爱人"。孔子将"仁"作为最高的道德原则、道德标准和道德境界。"仁"的本义是指人与人之间相互亲爱，强调的是人与人之间的关系。那么如何保持人与人之间的亲爱关系呢？即调节人与人之间关系的规范准则是道德。"仁"在道德意义上具有三层含义：一是"仁者，爱人。"（《论语·颜渊》）所谓"仁"者，就是在处理人与人之间关系要有爱心，爱心是一切德性的始端；二是"仁"在道德领域的另一层含义是"孝悌"，"孝悌也者，其为人之本与"（《论语·学而》）；三是"仁"指的是"忠恕"，强调宽以待人，推己及人，"其恕乎，己所不欲，勿施于人。"①（《论语·卫灵公》）这里指出了"爱人""孝悌""忠恕"三者之间相辅相成、相互呼应的关系，"仁"是道德所要追求的一种境界，是道德的本质，在"爱人"的基础上践行"孝悌""仁爱"最终推广于他人时便是忠恕，对人忠恕从而亲爱每一个人，由个人到家再到国家直至整个宇宙。

二 乐观

在古文中，乐观常被释为"善于观察、喜欢观看"，如《史记·货殖列传》里的乐观时变。乐观在《当代汉语词典》与《新华汉语词典》中皆被定义为精神愉快，对未来充满信心。《汉典》将乐观解释为遍观世上人、事、物，皆觉快然而自足的持久性心境。故而，乐观是一种快然自足的持久性心境，突出的是精神愉快。此外，乐观也表达了内心对于未来美好的期许。而在西方，乐观的英文为 optimism，词根为 optimus，在拉丁文中意为"最好的"，这种乐观主义作为一种世界观、历史观和人生观，则认为理想终将成为现实，善终将战胜恶，正义终将战胜非正义。总的来说，是对宇宙、社会、人生充满信心和希望的态度，是一种充满正能量的处世哲学。

---

① 张典兵：《中国传统道德文化及其现实转换》，《前沿》2006 年第 11 期。

在中国传统文化中，乐观主要讨论什么是快乐这一问题，儒家与道家两个流派最早阐述了传统文化中乐观的实质。首先，以儒家为代表，乐观的实质是仁爱观，仁爱是快乐之本，即"为善最乐"。而传统文化中的乐观与悲观，即乐与忧，在儒家看来两者是并行存在的，正如阴阳两极，对立而统一，极端的乐观便转化为悲观。而在道家的思想里，乐是逍遥之乐，更强调精神快乐，而非物质与感官享受之乐。其次是追求尽善尽美、天人合一的"同天之乐"，以及和天地一般的无为处世下的"无乐至乐"。[1]

在当代社会中，积极心理学运动的兴起，致使乐观成为心理学领域研究的重要内容，乐观被视为积极心理学精神层面积极情绪的核心概念之一。段海军也提到积极心理学视野下乐观主义研究的核心目标是探索、理解、开发并培养人类自身所具有的潜在优势而不仅仅局限于启发人们避免其自身的不足与劣势，并将乐观主要划分为两个维度，分别是人格取向的大乐观与解释风格取向的小乐观。人格取向的乐观主义是指对未来事件结果的一种积极的总体期待，在时间上注重对未来的期待。而解释风格取向的乐观主义是指个体在对成功或失败进行归因时所表现出来的一种稳定倾向，在时间上更注重对过去和现在的归因。其中，解释风格分为乐观解释风格和悲观解释风格两种类型。[2] 刘志军则认为，乐观人格是个体预期将来好事多坏事少，个体对积极事件的原因持有内部、稳定和普遍的解释风格，对消极事件则相反。[3] 而袁莉敏等同样基于期望—价值理论与习得性无助理论，将乐观划分为气质性乐观与乐观的归因方式。气质性乐观指个体对结果的积极期望，而归因方式则指从自身—他人的、持久—暂时的和整体—局部的三个维度，通常将消极事

---

[1] 霍涌泉等：《中国传统文化中儒道互补的乐观心理思想探微》，《心理学报》2013年第11期。

[2] 段海军：《追寻生命的意义：积极心理学视野下的乐观主义价值》，《心理学探新》2011年第1期。

[3] 刘志军：《初中生乐观主义与其学业成绩的关系及中介效应分析》，《心理发展与教育》2007年第3期。

件归为他人的、暂时的和局部的原因,这被称为乐观的归因方式,拥有乐观归因方式的人被称为乐观者。① 综上所述,我们将乐观分为气质性乐观与乐观解释风格这两种维度。

研究显示,在乐观主义与心理幸福感的关系上,气质性乐观与生活满意度呈正相关,与抑郁呈显著负相关;悲观的归因方式与生活满意度呈显著负相关,与抑郁呈正相关。② 而在乐观水平与心理健康水平的关系上,张文晋等在研究中指出个体乐观水平越高,心理健康水平越高,悲观的个体心理健康水平就越低。③ Schweizer等人的研究结果表明,个人乐观与生活满意度呈显著正相关,和抑郁呈显著负相关,生活满意度和抑郁是心理健康最基本的组成部分,所以,乐观是心理健康最重要的预测变量。④

三 勤奋

勤奋是一个汉语词汇,意思是认认真真,努力干好一件事情,不怕吃苦,踏实工作。勤奋一词出自清代平步青的《霞外捃屑·掌故·林西厓方伯》:"似此勤奋出力之员,岂可拘其家世,不加奖励。"在《伦理学大辞典》中,勤奋表示个人品格和行为作风,具体是指个人在学习或工作中勤勤恳恳、奋发努力、坚持不懈的道德品质,具体表现为做任何一件事情都专心致志,吃苦耐劳,不懈进取。

自古以来,中华民族就以勤劳勇敢而著名于世,我们的祖先很早就认识到"生于忧患,死于安乐"这一朴素的道理。作为中华民族的传统美德,勤劳勇敢、自强不息自古以来就是我们民族精神的重要内容。

---

① 袁莉敏、张日昇:《大学生归因方式、气质性乐观与心理幸福感的关系》,《心理发展与教育》2007年第2期。
② 袁莉敏、张日昇:《大学生归因方式、气质性乐观与心理幸福感的关系》,《心理发展与教育》2007年第2期。
③ 张文晋等:《压力、乐观和社会支持与心理健康的关系》,《中国临床心理学杂志》2011年第2期。
④ 温娟娟等:《国外乐观研究述评》,《心理科学进展》2007年第1期。

中国传统社会是农业文明占主导的社会，在天灾人祸频仍的生存环境下，中华文明能够生生不息，"勤"是基础性的价值追求和生存之道。"重生"的第一要务则是"勤"。"勤"在家庭中的实践一是开源，即劳作、奋斗；二是节流，即节俭戒奢。这是中国文化能够走出农业文明，进入商业文明、工业社会及后工业社会的重要价值驱动力。几千年来，正是依靠这种艰苦奋斗的精神，中华民族才历经沧桑而不衰，巍然屹立于世界民族之林。

四　勇敢

在当今和平年代，战乱和烟火早已消逝，被归藏于我们记忆的深处。因此，"勇敢"在这个时代不再像当年那样急需和推崇。然而，如果深入地认识、理解何谓"勇敢"，就不得不说，现今我们正处于一个"勇敢"缺失的时代。

关于"勇敢"，《现代汉语词典（第7版）》解释为："不怕危险和困难；有胆量。"无论东方还是西方，历代先贤们都将"勇敢"视为一个人极为重要的品质。

自古人们讨论"勇敢"的文献颇丰，在孔子的伦理思想中，"仁、智、勇"被并称为"三达德"[1]。他把勇作为践履仁德的条件之一，认为勇必须符合于礼仪。《孔子家语·好生》说道："君子以心导耳目，立义以为勇。小人以耳目导心，不逊以为勇。"[2]《孟子》主要谈论的是勇的对象："君"和"士"，也就是指君王和知识分子。针对统治者，孟子认为人不可有"小勇""匹夫之勇"，而应有"舍生取义"的"大勇"[3]。荀子非常详细地区分了不同类型的"勇敢"。他将"士君子"之勇与狗彘之勇、贾盗之勇、小人之勇区分开来。同时，他将"勇敢"

---

[1] 胡爱玲：《大学生勇敢品质及其培育研究》，硕士学位论文，安徽师范大学，2017年，第1页。
[2] 罗国杰主编：《中国传统道德：规范卷》，中国人民大学出版社1995年版，第244页。
[3] 罗国杰主编：《中国传统道德：规范卷》，中国人民大学出版社1995年版，第234页。

分为"上勇""中勇"和"下勇",主张人应该具有"天下知之,则欲与天下同苦乐之,天下不知之,则傀然独立天地之间而不畏"的"上勇"气概。也肯定"礼恭而意俭,大齐信焉而轻货财;贤者敢推而尚之,不肖者敢援而废之"的"中勇"精神。独"下勇"即"轻身而重货,恬祸而广解,苟免,不恤是非、然不然之情,以期胜人为意"是他所轻看的[①]。

而在西方,"勇敢"更是被纳入"四主德"(智慧、勇敢、节制、正义)中。《荷马史诗》颂扬战争英雄,公民在战场上表现出来的勇敢行为备受称赞。尔后,古希腊的哲学家开始从哲学层面对"勇敢"的含义进行探讨。在苏格拉底那里,"勇敢"被看作"灵魂的忍耐"和"理智的忍耐"。柏拉图称"勇敢是一种保持"[②],指无论处于何种境地、无论遭遇何种可怕或不可怕的事物,都能够始终保持着信念的精神力量。亚里士多德称许"公民的勇敢",它是一种出于荣誉、羞耻心和恐惧的勇敢,不勇敢带来的是羞耻,而勇敢象征着荣誉和利益,恐惧则是害怕法律的惩罚。斯宾诺莎认为:"勇敢是一个人被激动而做同辈的人所不敢做的危险之事的欲望。"[③] 康德认为:"心灵通过思考而镇静地去承担危险就是勇敢。"[④]

由此看来,古人先贤多以"义礼"联合来理解"勇敢",认为"勇敢"只有从一定的原则和目的出发,即同"义"联系起来,才具有道德价值。蔑视"小勇""匹夫之勇""狗彘之勇""贾盗之勇""小人之勇""轻身而重货"的"下勇"。推崇"立义以为勇""舍生取义"的"大勇"、"傀然独立天地之间而不畏"的"上勇"、能够带来荣耀和利益的"公民的勇敢";并将"勇敢"视为"灵魂的忍耐""理智的忍耐""保持着信念的精神力量"。因此,他们向往的"勇敢"是一种

---

① 罗国杰主编:《中国传统道德:规范卷》,中国人民大学出版社1995年版,第237页。
② [古希腊]柏拉图:《理想国》,郭斌和等译,商务印书馆1986年版,第150页。
③ [荷]斯宾诺莎:《伦理学》,贺麟译,商务印书馆1983年版,第162页。
④ [德]伊曼努尔·康德:《实用人类学》,邓晓芒译,重庆出版社1987年版,第157页。

"爱的勇敢""高贵的勇敢",是一种"文明的勇敢"。

有这种"文明的勇敢"的人是可钦可敬的,因为他们的性情中总有一种不断挑战极限的气概。换言之,他们喜欢"不停地折腾自己"。在折腾的过程中不是不会失败,不是没有困难和痛苦,而恰恰因为折腾中的失败、困难、痛苦滋养和成就了勇气的品格。他们厌烦人生的平淡,并深度相信人生所有的艰难都是极其有价值的,它能锤炼人的意志,锻造人的品格。当然,这一品格锻炼的过程异常艰辛,需要"勇敢"的支撑。

青少年是社会的希望和未来,少年强则国家强。然而,我们现今的中小学生学习问题、人际关系问题、情绪问题、人格障碍问题及青春期性心理等问题层出不穷。他们在很多时候难于应付挫折,青春期性心理扭曲,情绪不稳定,自我失控,意志薄弱,缺乏自信,打架、骂人、说谎、考试舞弊、厌学、逃学等现象也十分普遍。

这些问题的实质是品格的问题,是"勇敢"缺乏的问题。当今的青少年需要"勇敢"。他们需要在日常的生活中"勇敢"地不断与人性的软弱、丑恶较量,"勇敢"地聆听良知与理想,不断地告诫他们自己不能妥协,要在"真""善""美"的事情上恒定持守,"勇敢"地直面良知的逼问,"勇敢"地应对社会恶俗的引诱,"勇敢"地持久地坚持公义,"勇敢"地面对道义上和事业上可能的惨败,之后又能重整旗鼓、奋勇向前。毋庸置疑,这必定是一个"勇敢"地不断向他们自己意志极限挑战的雄伟历程。

很多人认为,教育青少年的重担落在中小学教师的肩上。是的,教师的责任重大,因此作为一名中小学教师需要不断地丰富他们的见识,升华他们的道德境界。然而,我们很容易忽略一个更重要的事实——家长才是教育青少年的第一人,也是终身教师。因此,要想培养出"勇敢"的青少年,家长必须"敢"为人先,做一名"爱"的、"高贵"的"文明勇者"。

五 自律

"自律"一词在中国文化语境下,最早出自《左传·哀公十六年》"呜呼哀哉!尼父,无自律"一语,表示遵循法度,自我约束。在当代汉语中一般被解释为"自己约束自己",在中国传统道德哲学中,这种自我约束依赖的就是"礼",因此,"自律"与"克己""自省""内省"等带有强烈的中国传统文化意味的词汇有着紧密联系。

"克己",即以礼约身,所谓"非礼勿视,非礼勿听,非礼勿言,非礼勿动"(《论语·颜渊》),孔子主张应严格要求自己、约束和克制自己的言行,使之合乎道德规范。"克己复礼为仁"(《论语·颜渊》),一个人只有克制他自己,才能使他自己的言行符合仁礼的规范,成为一个君子。"自省"是孔子提倡的一种重要的道德修养方法,所谓"见贤思齐焉,见不贤内自省也"(《论语·里仁》),就是通过自我审查和反思不足并改正,这种道德修养方法就需要一种自律的力量。

在西方伦理思想中,康德最早对"自律"概念进行了系统论述。在康德看来,人是理性的存在,其意志应当是自由的。他提出了善良意志、绝对命令和意志自律三大法则,主张个人应按照这三大法则,遵循来自人的理性的善良意志,排除感性经验,不为外界和情感支配,而是根据自我内在的意志去行动,实现"自己为自己立法"[1]。这种道德上的自律,排除道德他律,"指不受外界约束和情感支配,据自己善良意志按自己颁布的道德规律而行事的道德原则"[2]"自律的能力表现为道德的良心,并相信别的理性者也可以按照自己的道德目的行事,而不把别人当作利用的手段"。康德的这种自律观点呈现出明显的人道主义色彩,基于个性解放和个性自由的呼吁在当时以及当下都具有重要的意义。

---

[1] [德]康德:《道德形而上学原理》,苗力田译,上海人民出版社1986年版,第86页。
[2] 朱贻庭主编:《伦理学大辞典》,上海辞书出版社2002年版,第648页。

第九章 新媒体时代儿童道德期待的框架与内容

在西方伦理道德思想中,"自律"这一概念与"节制"这一重要德目有着密不可分的关系。"节制"一词源于古希腊,斯多葛学派就把追求心灵上的"安宁"和"不动心"作为哲学上的目标,宣扬"理性节制欲望"的伦理学。而基督教的禁欲主义则在很大程度上受该学派这一观点的影响。被基督教奉为圣人的神学家托马斯·阿奎那同样提出了他的节制观,他在把信仰、希望、热爱定为宗教美德的同时,把审慎、刚毅、节制、公正确定为人自身与他人的自然美德,这样就组成了基督教的七大主德。[1] 阿奎那所创立的神学体系对基督教神学具有重要的影响。基督教的禁欲主义原则在学习生活上就体现为节制,用理性去克制自己的欲望。[2] Sophrosyne(英文一般为 temperance)这个希腊词出现在柏拉图的《拉尔米德篇》的注解里,译者提到了它的三层主要的含义:一是指理智健全、稳健,同理智不健全、愚妄而无自知之明、看问题偏狭等意思相反;二是指谦和、仁慈、人道,尤其指少者对长者、位卑者对位尊者持谦恭态度;三是指对欲望的自我约束和自我控制。[3] 而第三重意思是《拉尔米德篇》中的主要内涵,因此可译为节制。这个与德尔菲箴言"万勿过度"背后的精神是一致的,这一德性在古希腊时期具有重要地位。在《回忆苏格拉底》中,色诺芬赞颂苏格拉底道:"苏格拉底并不是急于要求他的从者口才流利,有办事能力和心思巧妙,而是认为对他们来说,首先必须自制;因他认为,如果只有这些才能而没有自制,那就只能多行不义和多做恶罢了。"[4] 由此可以看出,苏格拉底将节制作为一切德性的基础,不节制就会使人去做有害的事情了。柏拉图将节制视为"道德上的明智",指的是统治阶级需要通过节制克服欲望,达到至善。关于节制,亚里士多德基于他的"中庸"思想,提到了"自制"与"不能自制"的相关概念。亚里士多德把节制作为德

---

[1] 祝宏俊:《古希腊节制思想》,社会科学文献出版社2009年版,第7页。
[2] 邓晓芒、赵林:《西方哲学史》,高等教育出版社2005年版,第73页。
[3] 《柏拉图全集》(第一卷),王晓朝译,人民出版社2003年版,第134页。
[4] [古希腊]色诺芬:《回忆苏格拉底》,吴永泉译,商务印书馆1984年版,第155页。

性之一，因而他把自制规定为中间性的品质，它是好的品质，但节制是更高的品质。"不能自制"是亚里士多德认为的一个人应避开的三种品质之一①，具体来说，自制就是要坚持自己的选择，不放纵，不因肉体上的快乐而违背某种原则（逻各斯）②。总之，节制作为一种道德品质，便是要自觉地控制自己的情绪和欲望，约束自己的行为③。

作为一种不可或缺的品格，自律的培养成为当下品德教育中的重要部分。自律的内涵包括以下两方面：

一是用自我意志节制欲望，包括节制物质、经济、肉体等方面的快乐和欲望。21世纪，经济的快速发展带来物质条件的极大改善。经济条件的不断提升，消费观念的转变，使得品牌的追求和奢侈品的消费已从成人世界蔓延到了儿童世界。儿童消费市场不断扩大。同时，在经济全球化与信息化下，西方消费主义文化对儿童的消费行为也造成了一定的冲击，如麦克尼尔等在中国的调查显示，2002年，中国儿童每周的消费支出比1995年增长了258%，与1995年相比，中国儿童的经济来源是原来的两倍，而花销将近原来的三倍。④ 21世纪以后，儿童消费行为已出现向追求高科技、高价格、高品质及成人化方向转变的趋势。然而，面对这样突出的现实问题，我们的教育并没有对"欲望节制"予以相应的重视。儿童自律教育成为当前德育的迫切需要。洛克在《教育漫话》一书中指出："我觉得一切德行与美善的原则在于具有去克制理智所不容许的欲望的能力。"⑤ 这种对欲望的控制是自律的一种典型表现。

---

① [古希腊] 亚里士多德：《尼各马可伦理学》，廖申白译，商务印书馆2003年版，第209页。

② 关于"自制"的具体内涵，可见 [古希腊] 亚里士多德《尼各马可伦理学》，廖申白译，商务印书馆2003年版，第215页。

③ 宋希仁等主编：《伦理学大辞典》，吉林人民出版社1989年版，第226页。

④ [美] 詹姆斯·U. 麦克尼尔等：《中国儿童的消费行为：1995—2002》，马睿译，《青年研究》2004年第10期。

⑤ [美] 约翰·洛克：《教育漫话》，傅任敢译，教育科学出版社1999年版，第24页。

二是用自我意志控制自己的行动,坚持自我的选择,克服困难,这表现为一种类似坚韧、坚毅的品质。这种"自律"品格的培养便是一种自制力的培养,它需要从生活的点滴入手。儿童从呱呱落地的那一刻开始便具有了自我思维,儿童同样是具有"理性"的个体。成人惯于用他们自己的思维去评定儿童是一个"什么事都不懂"的"小孩"。将儿童视为一个理性的个体,通过平等的交流方式,逐渐养成儿童在成长过程中用理性思考问题、做好自我管理并认真执行的品行。

六 正直

"直"字最早出现在殷墟的甲古文中,从"目"加"丨",表示目光向前方看。《基础汉字形义释源》注曰:"目光直射,本意是'直'。又因为正直的人敢于正视别人,故又为'正直'的'直'。"[1]"直"的造字本义为正视,面对而不回避。

正直即公正正义,没有什么邪念。儒家对正直的品格极为推崇。子曰:"直哉史鱼!"在《论语·卫灵公》篇里,孔子用情感强烈的感叹句,称赞史鱼的正直坦荡和刚直不屈,赞颂了正直坦荡、刚直不阿品格的可贵![2]在孔子看来,"正直"是维护统一,实现社会稳定的需要,具有"正直"品格的人是治理国家的人才,这样的人能够让百姓信服;就个人层面而言,"正直"的品格是理想人格的追求,是生存相处的道德规范。

现今社会在急速发展的同时也催生了很多不良的社会现象,如功利主义、金钱至上、诚信缺失等,这时更加需要个人能够坚守住他自己的内心,需要我们能够不畏强势,敢作敢为。个人作为社会成员的一分子,就自我而言更加要不断反省,明辨社会的是非曲直,坚持自己的信念。因此正直在现今的内涵更加丰富了,指不畏强势,敢作敢为;明辨社会的是非曲直,坚持自己的信念。

---

[1] 邹晓丽编著:《基础汉字形义释源》,北京出版社1996年版。
[2] 尹斯琪:《〈论语〉中"直"的品格及其审美演变》,《学术交流》2013年第11期。

七 明智

"明智"一词最初出现在先秦典籍《墨子·耕柱》中,"巫马子谓墨子曰:'鬼神孰与圣人明智?'子墨子曰:'鬼神之明智于圣人,犹聪耳明目之于聋瞽也'"。① 从文章的上下文来看,这里的"明智"指的是对某些事情清楚了然能力的持有。"明智"一词是由传统的"智(知)"的概念分化而来的。②《说文解字》这样解释道:知,词也。从口,从矢。"知"的篆文为 ，左边便是弓箭,右边为口,本义为谈论行军、打猎的经验,引申为知识、知道。明智也往往与"明""智""知""哲""睿"等词相关,或被这样的词所替代,如儒家所推崇的"仁、义、礼、智、信",智就是明智的意思。从词源学上,我们可以发现,"明智"一词和"智慧"或"智(知)"有紧密的联系,并从实践和行为上有所体现。从其本义来看,明智是以一定的知识经验为基础的。

最早将"明智"作为一种道德品质提出来的是孔子。在《论语》中,孔子对"知"有这样的理解:"知之为知之,不知为不知,是知也。"在《论语·为政》中,明智应该是指求真的,符合实践认知规律的,知道就是知道,不知道就是不知道。此外,在《论语·里仁》中,孔子提到一个明智的人应如何做:子曰:"里仁为美。择不处仁,焉得知?"选择仁德的地方居住是明智的,孔子又说:"仁者安仁,知者利仁。"(《论语·里仁》)只有明智的人才能成为仁人,明智的人知道如何判断对他自己有利的事情,进而去行动。这和亚里士多德通过对什么是明智的人从而理解何谓明智有异曲同工之处。那么,如何才能成为一个明智的人?"何谓之智?先言而后当。凡人欲舍行为,皆以其智先规而

---

① 李小龙:《墨子译注》,中华书局 2007 年版,第 185 页。
② 王江伟:《明智:性质、目的和意义——作为一种日常观念的明智概念》,《道德与文明》2017 年第 2 期。

后为之。"① 董仲舒的这一说法，大体上体现了中国传统道德哲学中对明智的一种典型认识，明智这一品质是在"先知而后行"中获得和养成的。

在西方，"明智"一词要追溯到古希腊时期。"明智"一词来源于希腊文 φρονησιç（phrone-si），由 φρον 和 ησιç（智慧）组成，φρον 在希腊文中意指人体的横膈膜。按照希腊人的认知，在横膈膜以上的部位，是心灵、头脑、思维的部位，而在横膈膜以下的部位，则是腹部、情欲、排泄的部位，因而 φρον 就有一种不同于思维的实际欲望和实践行动的意思。所以由 φρον 和 ησιç（智慧）所组成的 φρονησιç 一词，就自然而然地意指一种实践的知识或明智考虑的能力。② φρονησιç（phrone-si）这个词的表达是有争议的，无论是在中文还是在英文里，都很难找到一个准确表达其意思的词。在英文中它有不同的译法，如 prudence, practical intelligence 或 wisdom, thought。中文翻译则多参考英文或德文，一般译为"明智"和"实践智慧"，在中世纪基督教神学中，prudence 则被译为明慎。

在早期希腊伦理学中，"明智"与"智慧"往往是同义的。"哲学"一词的本义就是"爱智慧"。将"智慧"作为一种具体的德目，是从古希腊时期苏格拉底和柏拉图的伦理思想开始的。而古希腊哲学家多将智慧与知识联系在一起。在《拉尔米德篇》中，苏格拉底对"智慧就是关于我们知道什么和不知道什么的知识"进行了充分的讨论③，这与苏格拉底"无知之知"的智慧理解有相通之处。德尔菲神庙预言苏格拉底是最有智慧的人，苏格拉底在向众多"有智慧"的人求证之后，才明白他自己之所以被称为最有智慧的人，是因为他自己比别人多了一个"知"，即知道自己的无知。因此，智慧就是关于自我认知状态的知识，

---

① （西汉）董仲舒：《春秋繁露》，上海古籍出版社1990年版。
② 曹志、彭丽君：《"明智"德性研究》，《长沙铁道学院学报》（社会科学版）2011年第4期。
③ 《柏拉图全集》（第一卷），王晓朝译，人民出版社2003年版，第202页。

也就是你要知道你自己知道什么，不知道什么。在柏拉图的理解中，智慧是最高的美德，对应的是灵魂的理性部分，智慧帮助个人摆脱外界事物的纷扰，从而获得真正的幸福。柏拉图在《理想国》中将智慧（明智）看成四大德目（智慧、勇敢、节制、正义）之一，是最高的美德。他说"智慧是灵魂的助手，借助这些工具和它的所有工具，灵魂使一切事物达到正确与快乐的境地"①，因此，智慧是一个人心灵是否为善的决定性因素。

直到亚里士多德，才将明智与智慧、理智进行了区分，并对"明智"这一概念进行了系统论述。在亚里士多德看来，人的理想思维活动包括五种，明智是其中一种，智慧则是最高级。亚里士多德认为，灵魂存在两种理性：一是理论理性；二是实践理性。前者给予确定的原则或哲学智慧以知识；后者则指导个体在特定实践情境中的道德行动，而明智是一种实践智慧。

如何判定明智与否，亚里士多德认为："我们可以通过考察那些明智的人来引出明智的定义。"② 在《尼各马可伦理学》中亚里士多德以雅典的著名政治家伯里克利为例，伯里克利之所以被称为明智的，是因为他"能分辨出那些自身就是善的，就对于人类是善的事物"③，这样，明智就成了一种能快速判断何谓善的能力，这种善不仅是对自己，也是对他人或整个人类的善。从这个意义上讲，明智就与"小聪明"相区别。"明智是一种同人的善相关的、符合逻各斯的、求真的实践品质"④，从亚里士多德的这一理解中，我们又可以看出，明智不是缥缈

---

① 《柏拉图全集》（第三卷），王晓朝译，人民出版社2003年版，第661页。
② ［古希腊］亚里士多德：《尼各马可伦理学》，廖申白译，商务印书馆2003年版，第172页。
③ ［古希腊］亚里士多德：《尼各马可伦理学》，廖申白译，商务印书馆2003年版，第173页。
④ ［古希腊］亚里士多德：《尼各马可伦理学》，廖申白译，商务印书馆2003年版，第173页。

虚幻的，而是基于实践的一种品质。

康德则认为智慧、至善、哲学三者有密切关系，从实践方面规定至善即是智慧，把智慧作为一门学问来看就是古代所说的哲学。康德强调实践理性高于理论理性，因而其智慧也带有道德性质，认为道德的立法是人类的最高智慧。康德的这一理解，实际上把"明智"的理性成分进一步抽离，强化其内涵中实践理性的部分。

基于上述对"明智"的中外词源学分析和中外不同文化语境的分析，我们需要在当下的时代背景下进一步从一个公民身份出发加以考量，基于日常生活，理解什么是明智，如何培养明智这一良好品格。关于"明智"我们有这样几点认识：

第一，明智是一种实践智慧。明智不是停留在抽象的认识层面，而是基于认识之上的判断、选择和决策，我们总是通过一个人在实践中的具体决策和行为来判断一个人是否明智。拥有明智品格的人，能够在面临具体的问题情境时，快速而准确地作出选择。明智是"一种实践的知识或明智考虑的能力"[1]。

第二，明智不仅利己而且利人。明智不是"小聪明"，不是单纯地从自我利益出发加以考虑。从孔子的"知者利仁"到亚里士多德"善的分辨"以及康德"明智是理性的离开"，这是对明智的实践理性理解，明智是求善的，这种善与人类相关，合乎他人利益。

八 坚毅

人的能量是一定的、有限的，然而，人的能量又有一种近乎无限的可能。人的单位能量极为有限，一记重拳，一个冲刺，一次尝试，其能量相对而言都显得比较微弱。然而，人的能量的凝聚，并不在于某一次怎样，而在于他是否在同一件事、同一个目标上持续不断地努力。

迎难而上，长久坚持是坚毅的表现。人生的阅历使他在不断进取的

---

[1] 洪汉鼎：《论实践智慧》，《北京社会科学》1997年第3期。

道路上从容、乐观,在确定目标的指引下,相信每一次的尝试和坚持都是向目标迈进的坚实一步。因而能够漠视艰难,将过程中的艰难视为通向成功的垫脚石,并心平气和地接受之。坚毅的品格正在这一磨炼中逐渐成形。

九 诚信

"诚信"作为品格规范和道德范畴的重要内涵,有为人真诚、信守承诺之意。最初"诚""信"两字是分开使用的。"诚"有多种含义。"诚"字最早出现于古籍《尚书·太甲下》中,当时有"鬼神无常享,享于克诚"[1] 之说,"诚"是指对鬼神的虔诚和信仰,只有心"诚"的人才能得到鬼神的保佑。人们期望通过虔诚的祈福、供奉的仪式活动来祈求神灵的保护,寄托着人们对于生命安全、生活安定的希冀,带有浓厚的神秘色彩。在《大学》中,有"所谓诚其意者,毋自欺也。如恶恶臭,如好好色;此之谓自谦,故君子必慎其独也"[2],这里"诚"体现着个体的内在修养和自我要求,做到自己不欺骗自己。"诚"在《中庸》中,更是作为全篇的枢纽,《中庸》中有"唯天下之至诚,为能尽其性;能尽其性,则能尽人之性;能尽人之性,则能尽物之性;能尽物之性,则可以赞天地之化育;可以赞天地之化育,则可以与天地参矣",朱熹在为《中庸》做注时,认为只有"至诚"之圣人,方可"化育万物""与天地参",实现人与天地的合一。[3]

"信"在《诗经·卫风》中早已有所描述,"信誓旦旦,不思其反"[4],"信"在这里要求不欺骗,信守承诺,遵守誓言。而"信"作为儒家思想体系中的重要内容,无论在个体的道德品质还是在封建统治的社会秩序中都具有极其重要的意义。孔子在《论语》中提到

---

[1] (先秦)诸子:《尚书》(标点本),远方出版社2006年版,第82页。
[2] (春秋战国)曾子:《大学》(标点本),湖南师范大学出版社2017年版,第38页。
[3] 乐爱国:《朱熹〈中庸〉学阐释》,北京师范大学出版社2015年版,第244—256页。
[4] (周)佚名:《诗经》(标点本),浙江教育出版社2011年版,第47页。

第九章　新媒体时代儿童道德期待的框架与内容

"与朋友交言而有信"①"弟子入则孝，出则悌，谨而信，泛爱众，而亲仁"②，这里的"信"要求个体交朋友、行事要谨言慎行，讲诚信。孔子还说道："道千乘之国，敬事而信，节用而爱人，使民以时"③，治理国家，要以诚信取信于民，这里将"信"作为治国理政的方略。西汉的董仲舒在儒学孔孟思想的基础之上，提出"五常"，即"仁、义、礼、智、信"，并与"三纲"（君为臣纲、父为子纲、夫为妻纲）一起作为封建时期思想道德体系的核心内容，其中"信"是信任、诚信之意。当然，"信"不仅是儒家思想中的重要内容，它在道家、墨家等诸子百家精神道德伦理中也被视为重要元素。

最先将"诚"与"信"连在一起使用是在前秦史籍《逸周书·卷七》中，"父子之间观其孝慈，兄弟之间观其友和，君臣之间观其忠愚，乡党之间观其信诚"④，"信诚"在这里表示互相之间诚实守信，不欺骗。《管子·枢言》中有"先王贵诚信。诚信者，天下之结也"。⑤ 此处"诚信"与《逸周书·卷七》中"信诚"同义。宋代王安石指出，"自古驱民在信诚，一言为重百金轻"，这里"诚信"是统治者治国的法宝，是其为政之基石。如果统治者不能"取信于民"，得不到百姓的信任，朝政便无立足之处，国家则无法安立。可以说，"诚"与"信"在一定意义上具有内在的一致性，在《说文解字》中就有"诚者，信也，从言，成声"⑥；"信，诚也。从人，从言，会意"⑦。两者可以互训且连用，都来源于古代人们对鬼神的敬畏与虔诚，后随着认识的深入，人们对于鬼神的态度逐渐转化为个体内心修养、安身立命的基本准则，甚至国家治国理政的方略，与政道融合在一起，成为经世致用的道

---

① （春秋）孔子：《论语》（标点本），中国纺织出版社2015年版，第3页。
② （春秋）孔子：《论语》（标点本），中国纺织出版社2015年版，第5页。
③ （春秋）孔子：《论语》（标点本），中国纺织出版社2015年版，第4页。
④ （周）佚名：《逸周书》（标点本），贵州人民出版社2000年版，第252页。
⑤ （先秦）管子：《管子》（标点本），上海古籍出版社2015年版，第77页。
⑥ （东汉）许慎：《说文解字》（标点本），中国华侨出版社2012年版，第92页。
⑦ （东汉）许慎：《说文解字》（标点本），中国华侨出版社2012年版，第66页。

德伦理规范。① 一直到现代,"诚信"仍然是我国道德观念中非常重要的组成部分。著名文学家郭沫若对于"诚信"曾说:"一位大领袖倒不在乎每宴一次客,一定要来一套大演说的。诚信已乎,思想已移诸实践,不说话比说话还要伟大。"而且自党的十八大以来,以习近平同志为核心的党中央高度重视社会主义核心价值观的培育,明确提出了以"富强、民主、文明、和谐,自由、平等、公正、法治,爱国、敬业、诚信、友善"为主要内容的社会主义核心价值观。其中,"诚信"作为公民个人层面的价值目标,要求每个人都做到诚实守信,诚恳待人。

中西方文化也对"诚信"给予高度的重视与关注,其基本含义相近,都有待人真诚、诚实守信之意,但也存在细微差异。在中国,"诚信"一词一直是传统文化思想中的重要组成部分。从董仲舒提出的"三纲五常"到班固的"三纲六纪"再到当今的社会主义核心价值观,都可以看出"诚信"在我国伦理道德规范中的地位。在长期以家庭血缘为基准的宗法制社会制度的影响下,我国的"诚信"文化主要围绕父子、夫妻、友人、兄弟、君臣之间的关系而展开,强调个体的内在修养、与人诚信,并与国家政道、自然天道相融合,是"排除商业功利关系的宗法血缘人伦关系中的行为规范,是一种建立在血缘亲情、朋友情义、社会人情和封建国家宗法关系基础上的道德精神"②。而在西方,由于其商品经济相对发达,法律体系的相对完善与诚信保障机制的健全,西方的"诚信"文化则更多地渗透了"契约"与"法理"精神,"诚信就是建立在以相互承诺、互相信赖、信守诺言为内涵的契约伦理的基础之上的,且以诚信为载体的契约是以法律的形式来规范和践行"③,如洛克、卢梭等都强调了社会契约关系的作用。同时,社会契

---

① 付子堂、类延村:《诚信的古源与现代维度之辨》,《河北法学》2013年第5期。
② 吕方:《"诚信"问题的文化比较思考》,《学海》2002年第4期。
③ 陈延斌、王体:《中西诚信观的比较及其启迪》,《道德与文明》2003年第6期。

约关系的主流观点认为,"国家要忠实于人民",就是要求国家在履行职责的过程中讲究诚信,不得违背社会契约,要对人民讲诚信,并肩负着建构社会诚信保障体系的重任。①

诚信是一个人立足社会的先导,是一个企业立足市场的依托,更是一个国家立足世界的基石。② "人无信不立,业无信不兴,国无信则衰","诚信"作为中华民族的传统美德,历来受到人们的重视。然而,随着我国市场经济的发展及西方多元文明的涌入,一些拜金主义、享乐主义、极端个人主义的思想也随之而来,正侵蚀着年轻一代脆弱的心灵,犹如"毒性文化",对青少年的个体荣誉、价值观,乃至生命安全都造成巨大的影响。"三鹿奶粉"事件、"论文造假"现象、"毒跑道""电信诈骗""传销"等各种失信行为屡禁不止,"诚信缺失"现象严重,社会经济秩序遭到破坏,"安全感"丧失,而难以信任的恐惧却充斥在周围,人们正面临着大范围的"诚信危机"。因此,当今时代需要呼唤"诚信",加强对"诚信缺失"问题的处理与诚信机制建设。对于青少年来说,要做诚信良善之人,不欺骗、讲信用、真诚待人。

十 担当

根据康熙字典的解释,"担:任也,任力所胜也。肩曰担"。"担当"一词在《现代汉语词典》中的解释为:"承担并负责任;敢于承担责任,有魄力;承受。"孙业礼在《担当·定力·规矩——学习习近平系列讲话中的新概念、新韬略》中指出:"什么是担当呢?其实,往大了说,就是一种责任感或者使命意识;往小了说,就是要不怕困难、能担事。"③

---

① 类延村:《欧美国家法律诚信之维:合理性、原初义与价值谱系》,《北方法学》2015年第5期。
② 马超、申田、严汉平:《我国社会诚信缺失的根源及治理对策》,《开发研究》2010年第2期。
③ 孙业礼:《担当·定力·规矩——学习习近平系列讲话中的新概念、新韬略》,《党的文献》2014年第2期。

中国传统文化的担当精神首先表现为一种强烈的忧患意识。① 早在先秦，儒家就形成了"心忧天下"的担当意识，"士不可以不弘毅，任重而道远"（《论语》），以国家及民族的生存与发展为己任，关心百姓的生活。孟子认为，人人都有"不忍人"之心，由于人的"不忍"，因此见到小孩将要掉到井里，人人都会有"恻隐之心"。这种"恻隐之心"是担当精神的源头。②

具体来说，担当表现在以下几个方面：第一，爱国担当。"天下兴亡，匹夫有责"源于顾炎武的《日知录·正始》，这句话从理论层面清晰地阐释了个人对于社会共同体负有责任③，强调不论在朝在野，随时随地，根据自己的处境、条件，应自觉担当；不一定要有权力、地位、财富等资源，最重要的是从自己做起，身体力行。④ 第二，家庭担当。"一室之不治，何以天下家国为""一屋不扫何以扫天下"。家庭担当包含着对爱情、婚姻、父母、子女、亲友的责任担当。对待爱情，"愿得一人心，白首不相离"；对待婚姻，"君当作磐石，妾当作蒲苇，蒲苇韧如丝，磐石无转移"；对待父母，"不得乎亲，不可以为人；不顺乎亲，不可以为子"；对待子女，"养不教，父之过"；对待亲友，"兄弟叔侄，须分多润寡"。第三，个人担当。古人云："天地生人，有一人当有一人业；人生在世，生一日当尽一日之勤。"一个民族的复兴，需要担当；一个社会的繁荣，需要担当；一个人的成长，也需要担当。⑤《三国志》中"勿以恶小而为之，勿以善小而不为"；《论语》中"躬自厚而薄责于人，则远怨矣"；《孟子》中"君子莫大乎与人为善"；《劝学》中"黑发不知勤学早，白首方悔读书迟"；《中庸》中"好学

---

① 徐月高、汪谦干：《谈儒家担当观》，《中国党政干部论坛》2015年第11期。
② 旷剑敏、刘立夫：《论孟子的担当精神》，《湖南科技大学学报》（社会科学版）2017年第2期。
③ 魏朝利：《"天下兴亡，匹夫有责"思想演进及其现代反思》，《未来与发展》2015年第12期。
④ 钱逊：《"天下兴亡，匹夫有责"的真精神》，《学习时报》2016年10月13日第7版。
⑤ 林少波：《担当》，中国纺织出版社2011年版，第7页。

近乎知,力行近乎仁,知耻近乎勇";《诫子书》中"淡泊以明志,宁静以致远"。古代仁人志士的至理名言告诫我们要不断地修养身心,提升自我,担负起应当承担的责任。

十一 谦和

谦,指谦虚、谦卑、谦恭、谦逊;和,指和气、和善、和蔼、温和。谦和是中华民族的传统美德,是一种高尚的道德情操,是一种为人处世无往而不利的人生智慧。谦和源自修炼涵养,修炼涵养就要常怀律己之心,养成一种自重、自省、自警、自励的精神,以及一种甘于吃亏的精神。

十二 宽容

《现代汉语词典》对"宽容"一词的解释是"对人宽大,不计较或不追究"[1];《中国老年百科全书》把"宽容"作为一种良好的道德和心理品质。表现为对别人的利益、信念、信仰、行为、习惯等的理解,对别人的非原则性的缺点、错误不计较、不过多追究等。[2] 宽容作为中华传统思想文化的基本内容之一,历来是人们处世做人的道德准则。千百年来,人们对于"宽容"的提倡与研究从未中断过。

在古代汉语环境中,人们多用"恕""宽恕""宽厚"等词语来表达"宽容"之意。而"宽容"之意的表述,早在先秦"六经"中就有所体现。《诗经·卫风·淇奥》对人表示赞美,用"宽兮绰兮"[3],"宽"在这里就表示宽厚、宽宏大量之意。《尚书·君陈》有"无忿疾于顽,无求备于一夫。必有忍,其乃有济;有容,德乃大"[4],其中,"忍"与"容"就直接表示了不计较、宽大之意。在《尚书·皋陶谟》

---

[1] 《当代汉语词典》编委会:《当代汉语词典》,中华书局2009年版。
[2] 陈昭典:《中国老年百科全书》,浙江教育出版社2000年版。
[3] (周)佚名:《诗经》(标点本),浙江教育出版社2011年版,第42页。
[4] (先秦)诸子:《尚书》(标点本),线装书局2007年版,第234页。

中有"宽而栗",并将"宽容"作为言行之"九德"。① 关于"宽容""恕"等的描述,在《礼记》《易》等古籍中还有很多。到春秋时期,孔子开创儒学,修订"六经",对"恕"进行更为系统与深层次的解读与挖掘。在《论语》中,孔子曾说:"吾道一以贯之",曾子对其进行了说明:"夫子之道,忠恕而已矣"②;子贡也曾问孔子:"有一言而可以终身行之者乎",孔子答曰:"其恕乎。己所不欲,勿施于人。"③ 孔子不仅指出行"恕道"对于读书人终身行事之重要,而且对"恕道"进行了具体解释,即"己所不欲勿施于人",就是要求人们能够做到"推己及人",以一颗良善之心理解他人,此时,孔子"恕道"的思想就渗透着对他人的理解,设身处地为他人着想的意思。同时,孔子的"恕道"还饱含着"仁爱"之心。例如,孔子说到"恕则仁也",这里孔子就明确说明"恕"则"仁"的思想,而"仁者",必定是"己欲立而立人,己欲达而达人"④,因此,孔子讲求的"恕道"是与"推己及人"的"仁爱"思想紧密联结在一起的。孟子讲求的"恕道"与孔子相似,《孟子》有言:"万物皆备于我矣。反身而诚,乐莫大焉。强恕而行,求仁莫近焉",认为按照"推己及人"的"恕道"去行事,离"仁"也就不远了。⑤《宋书·郑鲜之传》描述道:"我本无术学,言义尤浅,比时言论,诸贤多见宽容"⑥,这里的宽容也是遵循其本意:包容,做事不计较,宽厚之意。一直到今天,"宽容"仍然被人们作为处世奉行不悖的准则,例如"严以律己宽以待人",要求对待他人要宽宏大量。

以往的"宽容",更多的是表明待人接物的"仁爱""宽和"之心,

---

① (先秦)诸子:《尚书》(标点本),远方出版社2006年版,第21页。
② (春秋末期)孔子:《论语》(标点本),中国纺织出版社2015年版,第48页。
③ (春秋)孔子:《论语》(标点本),中国纺织出版社2015年版,第227页。
④ (春秋)孔子:《论语》(标点本),中国纺织出版社2015年版,第85—86页。
⑤ (战国)孟子:《孟子》(标点本),山东画报出版社2013年版,第251页。
⑥ (南朝梁)沈约:《宋书》(标点本),中华书局2018年版,第1696页。

以及不计较、不求全责备的心理，是作为一种高尚的美德。而在今天，不论是东方还是西方，在经济全球化、文化多元化的情境下，"宽容"都包含了"包容""自由""多元""开放"之意，在《大英百科全书》中对于"宽容"的定义是："宽容是允许别人有判断和行动的自由，耐心、不带任何偏见地容忍那些有别于自己或普遍接受的观点、行为的人。"① 我国学者张祥明认为，宽容是一种以价值多元化为基础的理性化的观察和分析问题的方法。具体地讲，宽容意味着对价值多元化现实主体的承认、尊重和平等看待，意味着对不同价值标准的客观理解，意味着对自己价值观念的执着和恪守。宽容体现的是一种欢迎不同观点而有是非、立场明确而不偏执的精神。②邹吉忠认为，要区分原始宽容与现代宽容。原始宽容有两个方面的表现：一方面表现为主人、统治者、权贵对奴隶、弱者、失败者、悔过者在道德上的宽恕；另一方面表现为对奴隶、弱者、失败者、悔过者的容忍。现代的宽容是现代人自由全面发展的要求，是竞争者对竞争对手（异己）及其创新、探索、试错、价值观（异见）的容忍和尊重。③因此，现代的"宽容"还包含允许差异性观点存在的自由、对多元价值文化的包容与尊重。

古人有云："有容，德乃大。""宽容"是一种传统美德，提倡"宽容"的精神，是对个体的道德规范的基本要求，而且是社会进步发展的需要。对于个人来说，讲求宽容，待人宽厚、不计较，遇事谦和忍让，不仅是其自身良好修养的体现，而且有利于营造和谐的人际氛围，建立合理、公正的社会秩序。对于新时代青年而言，要做到"宽容"，需从以下几点出发：第一，心胸豁达、宽容大度。要有宽广的胸怀，接纳别人，不求全责备，对人不计较。第二，要以仁爱之心爱人，推己及人。要能够理解他人，包容他人，设身处地为他人着想。第三，尊重和理解

---

① 参见孙显元《宽容释义》，《安徽大学学报》（哲学社会科学版）2009年第1期。
② 张祥明：《宽容：庄子的认识论精神》，《齐鲁学刊》1998年第6期。
③ 邹吉忠：《论现代制度的宽容功能——现代制度的宽容本性与自由秩序的形成》，《哲学动态》2000年第7期。

差异。要以开放的心态包容多元文化的差异、学会尊重倾听别人的观点,并能够不断学习新的东西。

十三 忠诚

"忠"最早出现在儒家经典《论语》中,全书论述"忠"达十八次,分布在十六章里,孔子最早从不同角度论述了"忠"的思想。如"夫子之道,忠恕而已矣";"臣事君以忠";"忠焉,能勿诲乎?""行之以忠";"吾日三省吾身,为人谋而不忠乎?""言忠信",等等,其内容涉及修养、处世、事君、为政等问题。值得注意的是,孔子"忠"的本义并不针对任何具体的人,而是一种抽象的道德原则,是做人的一般道理,是对个人品德的一种基本要求。[1]

子曰:"为政以德,譬如北辰,居其所而众星拱之。"这里的"德"与《尚书·皋陶谟》中的"九德"的意义是相近的,它们都浓缩了中国传统的忠诚思想。"忠"最初是指君要对人民尽心尽力,赤诚无私。要求君主必定利国、利民、尽忠职守和诚实守信。[2]

忠诚,在我国历史文化传统中具有很高的地位,"忠"被看作最重要的道德规范。中国传统文化中"忠、孝、仁、爱、信、义、和、平"被称为"八德","忠"列"八德"之首。"忠"不仅被看作个人的"修身之要",而且被定为"天下之纪纲""义理之所归"。早在《尚书》《左传》等典籍中,就有"忠德之正"的思想。内容浩如烟海的"二十四史",专门辟有忠臣篇章,列数忠臣无数。苏武牧羊十九载,关羽"身在曹营心在汉",岳飞"精忠报国",史可法血战扬州,义和团扶清灭洋,无不是中国古代历史上忠义之士的典型代表,所反映的大义、忠贞气节,极大地彰显了优秀传统文化的思想精髓,是中华民族精

---

[1] 徐霞、邵银波:《中国传统政治忠诚观的历史嬗变及其当代启示》,《浙江学刊》2015年第4期。

[2] 关连芳:《中国传统忠诚文化的现代价值》,《现代企业教育》2014年第22期。

神魂魄的生动体现。①

具体而言，忠诚包括以下三个方面：第一，对自己的忠诚。忠诚是一种思想上的一致与专一，对内是个人对其自身的清楚认知。我国传统文化中儒家"八目"把忠诚作为"修身、齐家、治国、平天下"的道德基础，说明一个人必须有良好的道德品质，才能够做好其他的事情。忠诚是一个人必须有的道德素养，是为人处世的基础素养之一。第二，对朋友的忠诚。曾子曰："与人谋而不忠乎？与朋友交而不信乎？传不习乎？"这句话体现了忠诚文化在人们交往中的作用。朋友之间必须保证信任和真诚，只有对朋友忠诚，才能获得他人和社会的信任，构建一个互相信任的和谐关系。第三，对国家的忠诚，这是一种爱国情怀。

十四 敬畏

汉语《辞源》没有收录"敬畏"一词，疑似现代复合词。在《简明汉英词典》中与"敬畏"相对应的英文是"awe""fear""revere""reverence"四个词汇。《圣经》里提到"敬畏耶和华是智慧的开端""我们既得了不能震动的国、就当感恩、照神所喜悦的、用虔诚敬畏的心事奉神。"敬畏（awe），意指在面对权威、庄严或崇高事物时所产生的情绪，带有恐惧、尊敬及惊奇的感受。

孔子说："君子有三畏：畏天命，畏大人，畏圣人之言。"朱熹说："然敬有甚物，只如畏字相似，不是块然兀坐，耳无闻目无见，全不省事之谓，只收敛身心，整齐纯一，不恁地放纵，便是敬。"

敬畏是一个颇具宗教色彩的哲学概念，但它与人们的现实生活又有相当密切的关系。它的基本含义是敬重与畏惧，用来指称人对某种伟大而神秘的力量所产生的那种崇敬和谦卑感。

---

① 冷兴邦：《谈忠诚》，《理论学习》2015年第2期。

敬畏与其说是一种意识，毋宁说是一种伦理，它是人类由于其自身生存基础的有限性所生发出来的对神圣性对象既敬且畏的价值情感，从而形成了一种内在的神圣感、秩序感和使命感，自觉地规约其自身的言语和行为。

"敬"体现的是一种人生态度、一种价值追求，促使人类"自强不息"，有所作为；"畏"生发的是一种警示的界限、一种自省的智慧，告诫人类应"厚德载物"，有所不为。敬畏伦理将人类的敬畏之心提升为安身立命必须遵循的伦理原则，从而促使人类对其自身的言行举止进行道德自律。生活在基督教文明中的西方人，其敬畏感来自上帝。深受中华民族传统文化影响的中国人，其敬畏感则来自"天命"。

十五 感恩

学会感恩，对人们来说实在是一件非常艰难的事情。人们总感到他们自己不断地处于需求之中。不满、抱怨、嫉妒、苦毒充斥于胸而不得释怀，苦闷的人生似乎从中很少能找着感恩的理由。人的欲望很难填满，人们总盯着他们自己还没有的，而将他们自己所拥有的视为理所当然。

感恩的生命却不是这样，感恩成为一个人习惯的思维方式，那么感恩将化作内在生命的一种性情。"不以物喜，不以己忧。"他们意识到，许多最珍贵的东西如生命、亲情、阳光、雨露都不是通过自己的努力能够赚得的，它们是源自自然和他人的恩惠。如此心中常存感恩，不但滋养、释放自己的心灵，同时也能感染周围的人。

十六 明礼

豊，甲骨文为 ![] = ¥¥（像许多打着绳结的玉串）+ ![]（豆，有脚架的建鼓），表示击鼓献玉，敬奉神灵。从其字义中可以看出，"礼"在古代与某些祭祀活动相关，用美玉、美酒并击鼓来祭拜神灵。其造字本义为：动词，击鼓奏乐，并用美玉美酒敬拜祖先和神灵。

春秋时期"礼乐崩坏"，社会的阶级关系发生了很大的变化，传统的礼法受到极大的冲击，臣弑君、子杀父、少欺长等违背礼的行为大肆发生，人际关系十分紧张，和谐的社会局面不复存在，在这里"礼"是作为一种统治者维系社会稳定的制度，即"君君、臣臣、父父、子子""君臣有义、父子有亲、夫妇有别、长幼有序、朋友有信"社会风尚的维系。

中华民族自古以来就被称为礼仪之邦。"礼"是中国传统道德价值的秩序之枢，对于中国传统道德价值具有规范意义。① "礼"的核心是规则与秩序。礼仪对个人的实践重在冠、昏、丧、祭、朝、聘、乡、射等人生的重要环节和重大场合。中国传统社会中人的社会化标志实际上是礼仪化。礼在群体社会层面，表现为诸如贺庆之礼、丧礼、敬老之礼等等；在邦国社会层面，有军礼、邦国祭礼等，礼几乎成为中国人生活的文化符号，是乡规民俗的基本准则和价值规范。中国传统礼仪同社会制度相结合，乡规民约同国家礼制的合一，实现了全社会礼仪对人的规范化要求。

---

① 王永智：《中国传统道德价值的根本观念》，《道德与文明》2015年第3期。

第三部分

新媒体时代儿童道德期待的实现理路

第十章

新媒体时代儿童道德期待的转化机制

儿童道德期待是对儿童应具备的道德价值追求的一致认识和广泛认同。儿童是国家未来的主人翁，自小培养其道德观念和行为极为重要，这是社会和谐共生的基础。在新媒体时代的多元文化背景下，将社会群体共享的道德期待内化于儿童道德经验之中、让儿童认可并实现尤其重要，关涉到社会基础和社会稳定。在信息科技发达的今日，伴随着全球化潮流的推波助澜，以互联网为中心的新媒体催生了多元文化的交织、互动，进而也冲击了我国传统道德的文化取向。从近年来多起震惊社会的儿童、青少年道德脱序行为的报道中可知，多元文化一方面丰富了社会文化内容，另一方面也造成了儿童、青少年的价值迷失和价值偏差。罗伯特·科尔斯提到，据他个人观察，确实，社会大众并不关心儿童道德发展，也不了解学校里如何进行道德教育，但每每有儿童、青少年的反社会行为出现，宗教团体、媒体、社会舆论都要求家庭和学校严格施行道德教育。成人并不希望下一代年轻人反社会、没有道德观、不守秩序，但如何在新媒体背景下，培养儿童、青少年良好的道德观？儿童是否能像成人一样理解社会大众所接受的道德观呢？儿童能否形成并实现共享的道德期待呢？儿童是"未成熟的"道德主体，需要同侪或成人的协助，转化和实现社会群体共享的道德期待。为此，亟待回答的问题是：

第三部分　新媒体时代儿童道德期待的实现理路

儿童道德价值共识的形成机制是怎样的？如何搭建儿童道德发展脚手架，协助儿童转化与共享儿童道德期待？

第一节　儿童道德期待转化的假设与机制

道德期待是关于"个人人际关系，个人追求的人生目标"的广泛理论，"要求个人平等适度的义务"和"社会制度正义"的理论，道德期待是一种人性的基础却具有逻辑的优先性，是为世人普遍共享的价值。儿童道德期待则从儿童的视角出发，探讨儿童共享的底线道德与道德信念，然而，对儿童在道德发展中扮演的角色为何，向来颇有争议。为探究共识性的道德期待之于儿童主体自身的转化机制，本书大胆提出两个假设。假设一：儿童为道德主体，这是转化儿童道德期待的前提。假设二：儿童为道德主体，有转化道德期待的能力。依据相关的理论来看，儿童在道德发展中主要表现为以下角色。

一　儿童作为道德发展的主体：精神分析学派的观点

一般人都相信，社会科学研究协助我们促进儿童道德发展。然而，Robert Coles 通过临床观察指出现代社会科学研究对儿童道德发展的两个错误结论：

首先，道德只是由于其他个人需求和心理系统的防卫机制（defense mechanism）而产生的，因此，在长时间的冲突之后它被强加给儿童。意即道德是一种外部强加的力量。

其次，道德是一个抽象的逻辑系统，主要是一些受过良好教育的人才能具备。

虽然 Coles 提出了尊重儿童的观点，同时也提醒了教育工作，但他的这两点说法不足以让人相信。他认为道德是心理系统的防卫机制，与精神分析学派弗洛伊德的讲法相同。弗洛伊德认为，儿童受到父母或照顾者的教育，为了避免犯错，怕被处罚，才会将这些外在的要求规则内化。但这种说法未免过早地为一个人的道德观下了定论，因为依据科尔伯格的三期六段论，儿童道德发展是有阶段性的，而避罚趋利仅是过程中的一个阶段，随着年龄的增长，成熟的因素会影响儿童迈向自律及向着更高道德层次发展。同时，这种论点显然低估了儿童的潜力，也忽略了教育、学习对儿童认知发展的影响。

简言之，儿童道德发展从其幼年时期就已开始，具体而言是从零岁开始的。而且儿童道德发展是具有阶段性的，同时，依皮亚杰和科尔伯格的分期论，不同时期的儿童认知能力不同，应以符合儿童认知的教法来引导他们，并非要等其长大成人。

二 以话语实践发展道德期待体系：哈贝马斯的交往行为理论

在新媒体环境中，信息来源广泛，并快速传播，在耳濡目染之下，多元文化价值的道德观早已在儿童心中形成，若完全无视他们所处于的讯息爆发的时代，以成人为中心的单向灌输，进行无效的道德教化，恐怕会沦为照本宣科的说教，不仅成效不彰，还有可能适得其反。由于时代变迁，多元文化价值不再是洪水猛兽，成人必须尊重儿童的看法，因此，家长、教师当以民主、宽容的态度接纳，但必须确定儿童能智慧地判断是否合宜。最好的情况是利人又利己，至少是不在损人的情况下利己，不破坏社会秩序、不违背国家的利益。教条式的道德教育忽略了儿童道德发展的阶段性，只一味地将儿童视为成人的缩小版，这已不适用于民主法治时代的儿童了。

值得一提的是哈贝马斯的交往行为理论，因为哈贝马斯以交往理性为基础，将其理论运用在道德领域，给予儿童道德发展研究重要启示：儿童道德期待的转化既应该关注科尔伯格所强调的儿童道德阶段性规律，也应该重视儿童的道德主体性（Moral agency）。亦即相信儿童具有一定的道德主体资格和道德能力。依据科尔伯格的看法，儿童是天生的道德哲学家，Wiesemann 也认为，即使非常年幼的儿童都可被视为道德主体。然而，大部分儿童是他律而非自律的道德主体，即便如此，其道德主体性也不容否定。由此可知，道德主体虽有一定的限制，但"儿童道德主体"的说法仍有讨论的空间，从社会、历史发展的趋势来看，主体的定义也在不断扩大，从儿童道德发展随年岁增长而趋于成熟的阶段性，教育环境的影响力及其个人的学习能力方面，可确定儿童具有道德主体性。既然确认儿童具有道德主体性，依哈贝马斯的看法，儿童就需要在"话语实践"中培育其道德理解和共识建构能力。

三 儿童道德发展具有阶段性：认知心理学派的视角

依认知心理学派的理论来看，儿童道德发展具有阶段性特点，不同年龄阶段具有不同的道德发展水平。

以皮亚杰和科尔伯格为主要代表人物的认知心理学派认为，道德发展具有阶段性，儿童的道德随年龄的增长而发生改变，故强调在教育上要遵循儿童道德认知发展的年龄特点。皮亚杰以年龄分期，认为儿童的道德发展从无律、他律到自律；科尔伯格依皮亚杰的认知发展论，进一步将儿童的道德发展分为三个时期六个阶段。科尔伯格发现了道德发展的顺序，依人类的道德判断加以分期，提出儿童道德发展的三期六段论，主张道德认知（moral cognition）是可以借由教育历程加以培养的。家庭和学校里是否依照儿童道德发展的阶段性特征来进行道德教育，将是道德教育成败的关键。

皮亚杰以年龄分期，自出生到 4 岁是无律期，4 岁至 8 岁进入他律期，最后，8 岁至 12 岁进入自律期，可见，道德发展是从出生开始的，随生理发育而逐渐成熟，道德认知也愈来愈完善。科尔伯格依道德判断能力来分期，然而，儿童的道德层次仍需循序渐进，拾级而上，亦即道德发展从小就已开始。精神分析学派支持早期决定论，更重视儿童早期学习经验对后来行为的影响。班杜拉的社会学习论认为，道德发展是由成人示范，儿童模仿/认同的过程而形成的。

四 成人影响着儿童道德期待的转化：社会学习论的视角

精神分析学派则重视培养儿童的道德情感（羞愧和知错）。弗洛伊德认为，道德价值观的形成与童年经验密切相关，个人将父母或照顾者的教导或要求内化为他自己的超我（superego），提醒他自己避免或不违反社会规范，另有一理想我（ideal ego）是促进个人积极追求社会期待的事物。当个人可能违反社会规则时，就会产生焦虑，在犯错时会自觉羞愧。班杜拉的社会学习论（Social learning theory）认为，道德发展是由成人示范，儿童模仿/认同的过程而形成的。而行为主义提出赏善罚恶，正视增强守法观念及判断是非对错的做法。这种依赖外在教育力量和长时间学习的成效所塑形的道德价值，和精神分析学派的观点形成互补。

五 依伦理学来看儿童道德期待转化的多向互动与复杂建构

依伦理学来看道德期待，可基于以下三个基本理论。其一，德性论：亚里士多德重视伦理判断，视情况判断是非善恶，由实践智慧养成长久好习惯——美德，即是真；其二，效益论：共识性的道德期待即最大的效益，最多数人的快乐即是善；其三，义务论：康德强调理性检视个人的道德标准是否为普遍可接受，依行为动机良善为美。所以，共识性的道德期待是明辨是非的智慧，是社会大众普遍可接受的标准，而且是长久良好的习惯，不但利他也利己。依据亚里士多德的德行伦理学（virtue ethics），人的道德伦理非天生所具有，而是从习惯养成的。然而，儿童如何发展道德观，并非只要外铄（externalization）的方式加强道德意识，或刻意训练可成就。综上所述，共识性的道德期待即是大多数人的最大的效益，伦理学的三个基本理论说明了在儿童道德期待转化机制中的真善美，想成为一个道德主体，不仅需将美德内化，而且需要观摩与习惯外铄的力量，内外兼具是构建儿童道德共识的有效教育方式。

综上所述，我们认为，儿童道德共识的建构是一个过程，需要儿童的投入，应基于不同年龄阶段的孩子的特点提出不同的道德期待，借助一定的道德干预，引领儿童道德共识的达成。上述各学派提出的论点，虽然各自有所偏重，但大体上涵盖了道德认知、道德情感和道德行为，与前述之伦理学的三个基本理论所提的道德价值——真善美，有着异曲同工之妙。显见由这三方面形成的道德判断机制（moral judgement mechanism），是谈论儿童道德发展不可或缺的。我们相信：第一，儿童有可能成为如成人一样的道德主体。儿童是否为道德主体，其答案是肯定的。各种理论分析与学者的说法，使我们应视儿童为道德主体，或者更精确地说儿童是不成熟的道德主体，是有潜力成为真正的道德主体的，并具有能力转化道德期待的。故肯定假设一：儿童为道德主体，应使之成为转化儿童道德期待的前提。第二，儿童可以形成众人接受的道德期待。儿童为道德主体，则能在民主自由的环境中与人平等对话。在与人交往时，透过话语沟通，逐渐形成道德思想观念，并凝聚共识。故因假设一成立而接受假设二：儿童为道德主体，有转化儿童道德期待的能力。

第二节 儿童道德期待的转化路径

新媒体改变了传统德育环境，引发了一定意义上的价值泛化与道德失范。基于前面的假设和相关的理论支持，儿童在道德发展中扮演着主体的角色，能够透过与人交往的经验，在成人的协助与指导下，经由多向互动，将社会群体共享的道德期待转化至自身道德经验之中，实现道德发展。据此，我们认为，儿童道德期待转化路径主要有四条。

第十章　新媒体时代儿童道德期待的转化机制

一　路径一：视儿童为道德主体

教育的本意在于引导，若不认同儿童内在本有道德观与善的本质，则无法进行道德教育。儿童非成人的缩小版，更不能假设学生是一块白板（blank tablet），什么都不懂。有些成人甚至假设道德在儿童的生活中并不重要，常忽略儿童的道德判断。客观而言，儿童是一尚未成熟的道德主体，却具有成为道德主体的潜力，成人应予以尊重，并加以协助，期望儿童长成为国家、社会所认可的道德行使主体。

二　路径二：设道德价值共识以利益共享为前提

从传统研究"终极目的"式的"终极善"的德性伦理学视角来看，道德期待属于广泛理论，其最重要的前提是满足个人利益，并考虑众人的利益。损人不利己，和损人利己的行为必然不见容于社会，但是，单纯利己不损人虽然可接受，却不是一个和谐社会所推崇的价值观。人无法离群索居，人与人之间的互动，必须处于互惠互利的状态。在民主法治社会中，个人有自由，却不能无限制地扩张，防碍他人的自由。尤其是在新媒体时代中，信息来源广泛，好坏夹杂的多元价值观，是儿童的一大挑战。正在形成道德价值的他们在面对道德困境时，要有道德敏感度并做出正确判断。因此，道德价值共识必须以利益共享为前提，依哈贝马斯的看法，儿童需要在"话语实践"中培育其道德理解和共识建构能力。透过成人与儿童平等对话，找到认可的、接受的社会规范和道德行为，即能形成道德情感（Moral sentiments）及道德价值（Moral values）。

三　路径三：营造"儿童—学校—家庭—社会"四位一体平等对话的环境

儿童虽然有资格称为道德主体，也被期待成为道德主体，却无法独立转化并实现道德期待，必须透过成人及其生活中的重要他人的协助才可能达成，而成人则泛指家人（尤其是家长、监护人，或主要照顾者）、学校师长及社会大众；儿童家中的兄弟姐妹，或学校中的同侪友人，都可视为其生活中的重要他人。因此，路径三是以"儿童—学校—家庭—社会"四位一体的概念，期待成人和同侪协助儿童一同转化并实现道德期待。所谓的平等（Equity），是以儿童为本位，注意儿童发展的阶段性特色，在成人与儿童平等对话时，必须以民主自由的态度接纳儿童不同的想法，这是时代潮流使然，对话内容、价值观多元，肯定新的思维可丰富社会文化内容，积极听取他们的意见，尊重他们的道德要求，但在互动时要以法治加以约束，个人的自由不能扩大至侵害别人的自由，分享社会大众能接受的经验，谋取共享的利益，以倡导正确观念。

William Damon 提到成人对儿童的影响甚大，从零岁起这种影响就已开始，而且很小的孩子就知道在与玩伴游戏时，会有不公平的事发生，这些情况可能发生在家里，也可能发生在学校，在孩子认为不合理时，他们也会向长辈反映。可见，道德教育与家庭教育、学校教育是息息相关的。待孩子再大一点，除了在家庭、学校活动之外，也会到公共场所，例如图书馆、卖场、电影院等地方，他们在看到更多的人和事物的同时，也会受到所见所闻的影响。如果一个国家、社会充满了不守秩序、缺乏公德心的人，儿童自然而然会起而效尤。除非他们在面对这些道德失范情况时，有成人或同侪支持他们坚持善的道德价值，让他们能强化个人的道德判断能力。

简言之，儿童必须在成人的协助下，才能真正成为道德主体。路径三"儿童—学校—家庭—社会"四位一体，期待以自由民主的态度互动、成人与儿童之间平等对话，共同转化并实现儿童的道德期待。

四 路径四：重视儿童道德发展的阶段性，内化与外烁同时加强

新媒体时代的道德教育更需逐步深入，因此，路径四强调从内外同

时加强儿童道德发展，个人内化道德认知，培养道德情感，才能外化为合宜的道德行为。家庭教育从儿童零岁就应开始，无律状态就应受到限制，因为幼儿时期就养成好的态度、习惯，比入小学后再开始教导的效果要好，而且可以维持一生。此时多和儿童对谈，理解他们的想法，更容易与他们沟通观念，生成道德认知，成人可营造外在环境增加随机教育的机会，尤其要注意其阶段性发展的生理、心理和文化特点，不能以成人的观点来批评儿童。若无如此内化又外烁地强化儿童道德，光靠要求儿童自律是不可能教导出有道德的孩子的。

杜威说：教育不是为生活而准备，而是生活本身（Education is not preparation for life; Education is life itself）。可见，道德教育是儿童的生活点滴，不是教条。戴蒙认为，儿童的社会经验都是从日常生活的活动中获得的，从教育着手时，要从了解儿童身心及认知发展状况开始。儿童所处的环境，接受的知识文化，都会存在他们已有的认知结构中，如此，能使儿童感受到成人的示范、协助，并乐意交流。他律期儿童需要有成人（重要他人）协助建构具有真善美的道德共识，因为此时期的道德认知和情感必须强化，理性探讨道德是非（认知），并强化善的意识，形成利人利己的高尚道德情操。

在儿童入学之后，学校道德教育必须衔接家庭道德教育，教师需本着自由民主的态度，接纳儿童的观点，与之平等对话。教师应协助儿童从他律期成长到自律期，师生和学生在同侪互动中发挥影响力，在耳濡目染的环境里，让儿童内化正确的道德认知，确实知道道德为何，并培养道德情操，才可能转化为道德行为，因为外显的道德表现是可被检视评判的依据，师生和同侪可彼此互助，给予提醒。成人的示范、协助，提供了儿童模仿、仿同的对象。学校里有班规和校规，公正实施能落实法治观念，许多儿童在校园里要求公平性，例如分配工作、活动竞赛，都要守规则，讲求公平，如此才是社会上真正的平等。

第三节　儿童道德期待转化的具体策略

新媒体透过互联网传播多元多样且不经筛选的信息，人们在大量接受之后，必然受其传递的内容、阐述的意识所影响，故社会产生了多元价值观，似是而非的观点充斥其中，也造成了道德价值的质变，并冲击着儿童和青少年的道德发展。在处于道德发展中的儿童无筛选地接受这些多样信息后，会产生思绪混乱，若无适时适当的引导，强化其心中建立的道德判断标准，他们终将成为道德意识薄弱，违反社会秩序的人。前述路径一为道德教育的重要信念，并且是充分必要条件；路径二是社会上芸芸众生能接受的基本道德规范，包含积极地利人到消极地不损人；路径三具体地与儿童生活经验相结合，营造平等对话的环境，使未成熟的道德主体有机会表达意见，在对话中接受正确讯息，修正个人错误观念，相观而善，最后实现符合社会规范的道德期待；路径四则是道德教育的指导方针，如《礼记·学记》所言：当其可之谓时，不陵节而施之谓孙。成人应尊重儿童道德认知发展的阶段性特征，给予适性教育，既要内化美德，也要外烁德行。

前述两项假设已肯定儿童为道德主体，能实现道德期待，因此，儿童道德发展从出生时即已开始，应及早给予教育，最早的教育是从家庭开始的，而且父母或照顾者有责任为儿童提供一生的教育，不因入学而停止；入学后，由幼儿园和学校同时加强，最后，在成年时投入职场，社会和国家的道德要求，也是增强个人道德观的重要资源。因此，为真正落实并打造"四位一体"的道德环境，以下基于四种路径的概念提出几项具体的策略。

一　策略一："两难故事"中的"角色取替"练习

策略一依据路径一：视儿童为道德主体，他们有能力思考生活中所遇见的问题，从其所表达的个人看法中，成人得以理解其道德观。科尔伯格发展的"两难故事"原本只是出于其博士学位论文搜集资料之需要，但后来广为教育专家学者所用。"两难故事"的优点是为儿童提供"角色取替"（role-taking）的机会。儿童思考道德"两难故事"的观点及其所采用的解决方式，代表其道德发展阶段，如果其思考是以趋利避罚为主，则属于较低道德阶段。成人在与之谈话时，可引发儿童的道德思考，提高其道德敏感度，让他们不能只想着自己，而应试着去思考如何利他。

二　策略二：道德价值的批判思考

策略二以路径二和路径三为主，儿童道德教育应由家庭教育着手，从小就要在言谈间给予引导，在转化儿童道德期待过程中，要让儿童学着思考如何与大家共享利益，为大家好就是为自己好（利人利己），利己不损人是人之常情，但损人利己或损人不利己都是不可取的。这是很重要的道德情操，必须由内化的道德认知开始，但只知判断是非仍显不足，深植于心的道德情感是个人的道德价值观，驱动个人的道德行为，例如道德认同、羞耻之心和恻隐之心等。

学习如何批判思考构建个人内心道德判断机制。批判思考的特色是对一个观点的系统性诘问，而非人云亦云。新媒体的种类有很多，互联网中大量、实时的信息交流，信息内容优劣参半，在接受和传递之间，若不加以限制，暴力、色情、诈骗等对于儿童的道德观影响甚巨。道德教育加上批判思考的训练，就能让儿童摆脱教条的束缚，儿童便能确实理解为何要守法，为何要做善事。在教学时运用具启发性、批判性的教法，鼓励儿童在课堂中表达自己的思想，学习如何做出道德判断，在形成道德情感后，即能在一生中坚守这份得之不易的道德价值。

三　策略三：落实民主和法治，赏善罚恶分明

策略三依据路径四的道德教育内化与外烁的概念而形成，要求儿童

在表现出良好的道德行为前，必须事先确定规则，也要切实规范每一个人，不能有特权或例外来破坏秩序，否则很难令儿童信服。让儿童共同参与道德期待的建构与转化，必须落实民主和法治，民主自由又必须基于法治。从他律到自律的阶段性发展，要注意所制定的规则是确保每个人的自由，个人的自由不是无限制的，己所不欲勿施于人（同理心）；法律是底线道德，从遵守家法、校规、国法开始，赏善罚恶一定要分明，强化好行为。不论在家庭、学校还是在社会上，立法要严，执法也要严，才有办法让法治具有普遍性。

四 策略四：家校合作、小区—家庭—学校合作模式

除了上述的内建人心道德判断机制之外，还要外建道德规则及道德环境。策略四是依据路径三和路径四的概念所形成的一种道德教育模式，道德文化是在人与人互动中耳濡目染的，成人和同侪的影响深远，而四位一体的机制形成"儿童—学校—家庭—社会"的教育共同体（community），儿童、家长、教师和社会成员在活动中共同成长。

学校是实施儿童道德教育的重要机构，儿童所就读的学校，老师和学生的互动交流，对于其道德发展亦有影响。为因应新媒体互联网时代的冲击，应研制设计本土德育课程，自编本土教材、教法，使教学符合学生生活经验，进行新德育教学。同时，由学校主导家校合作计划或学校—小区合作。教育家长不能把教育的责任推给学校，儿童所在的家庭，父母给予的家庭教育，其重要性更甚于学校教育；社会资源的投入对于推动道德教育亦是相当重要的。例如，地方图书馆举办道德绘本故事分享活动，即可结合学校、家庭和社会各界的人力和物力，协助儿童增强道德认知，培养道德情感，以及在生活中履行道德行为。

五 结论与建议

本章试图从伦理学和道德认知发展理论中，找出儿童道德期待转化

的基本路径与主要策略。研究结果分别于路径一、二，确定两个假设为真，即儿童是道德主体，并且能形成道德期待。儿童虽有潜力，且无法否认其道德主体性，然而，其身心未臻成熟，必须借由成人、父母、师长、同侪及社会大众的力量，给予教育与辅导。路径三和路径四提出具体落实的做法，尤其是营造一种民主自由的环境，让儿童有平等对话的机会来沟通观念，最后达成共识。四项主要策略乃依据四种路径的概念所形成，期待于新媒体时代下，道德教育的教学策略以儿童为主，尊重儿童的认知发展特征，提供情境刺激其批判思考的能力，在利益共享的前提下，做到不损人，甚至于利人利己，达成共创和谐社会和富强国家的理想。

  有关教育实务工作的建议，首先，教师应考虑新媒体时代的特性，信息流通迅速，道德教育不能只是灌输观念，劝导行为，而要关注他们道德意识的强弱，因为那是儿童心中一把筛选优劣信息的尺。不只在道德行为上进行倡导和纠正，更应积极地从道德意识和道德情感上发挥成人辅助的力量，才是真正道德教育的功用。其次，鼓励儿童与成人及同侪对话，交流个人观点，厘清是非观念，将有助于儿童道德期待的实现。

第十一章

新媒体时代儿童道德期待的践行

基于所建构的儿童道德期待框架，立足德育实践的视角，结合"社群主义"和"理想交往共同体"的思路，我们与教育行政部门、中小学协作，共同研制了一套以新媒体为载体、以儿童道德期待为"魂"、以儿童健康发展为旨归的"儿童德育双语绘本课程"，并进行了两轮的实施，在此基础上建构了"社会—学校—家庭—儿童"四位一体的儿童价值教育机制和道德期待实现机制；同时，以新媒体为媒介，构建家庭教育联盟，促进儿童道德期待的学习，实现儿童道德水平的提升。

第一节 基于儿童道德期待的绘本课程开发探究

一 合作的背景

S小学位于N城这一历史悠久、文化底蕴深厚的地区，是一所建校久远，发展飞速的学校。在校园环境建设方面，教学楼最高处悬挂着学校的办学理念，并在校园各个角落进行了别具一格的主题布置，旨在通过这一办学理念去规范学生的言行，培养学生良好的行为习惯，教会学生如何做人。S小学校园文化建设主要从体育及艺术两个方面入手，十分注重优秀传统文化、道德教育活动的开展，组织全体学生通过舞蹈、体操、绘画、朗诵等形式了解传统道德教育的相关故事，使学生在兴趣爱好得到培养的同时，还受到了美好品德的熏陶。

本书以四个德目主题为内容进行校本课程开发也正是对中国传统道德文化的传承，与该校重视传统文化的理念相契合。学校当前所营造的校园文化氛围，特别是通过绘画来展示中国传统文化，也为本书的校本课程开发起到了铺垫的作用。

二 计划的确立

（一）课程开发主体

在确定合作后，研究团队成员多次前往 S 小学，确定课程研制参与人员与课程开发计划。校本课程要实现学生有所收获的价值追求，必然涉及谁来开发课程。在传统的课程研制中，教师往往只是课程单纯的实施者、执行者，而没有担当起开发者的身份。而在校本课程开发的过程中，中小学校长、教师、学生、家长等角色需要共同担当教育责任，合作完成课程开发[1]。因此，此次课程开发最终确定由校长、校中层领导、参与绘本教学实验课程的 2 名教师（语文、英语老师各一名）成立"双语德育绘本项目研究小组"，与研究团队共同参与绘本教学的设计与实践过程。

（二）课程开发流程

这一研究项目的进行主要分为两个阶段：教材编制阶段与教学实施阶段。在教材编制阶段，主要由专家团队确定教材主题、类型，并且制作绘本，在制作过程中随时与项目小组成员沟通，汲取建议，经过几轮修改形成终稿并进行印刷。在确定教材后再参照国家课程标准，结合本课程实际情况，确定课程目标（见图 11-1）。在教学实施阶段，课前进行访谈以了解生对于绘本的理解状况，教师对绘本教学的认识与教学经验；课中主要由本土教师团队进行教学实践，分别由语文、英语学科

---

[1] 李臣之：《校本课程开发的三个基本问题》，《课程·教材·教法》2012 年第 5 期。

老师进行跨学科德育教学；课后研究团队成员共同针对授课情况进行讨论，发现问题并加以改进，在对话的过程中生成课程（见图11-2）。

课程开发流程：
- 教材编制阶段：专家团队创作绘本，并与教师团队交流完善绘本；确定课程目标。
- 教学实施阶段：本土教师进行教学实践，在实践过程中发现问题并进行改进。

图 11-1 课程开发流程

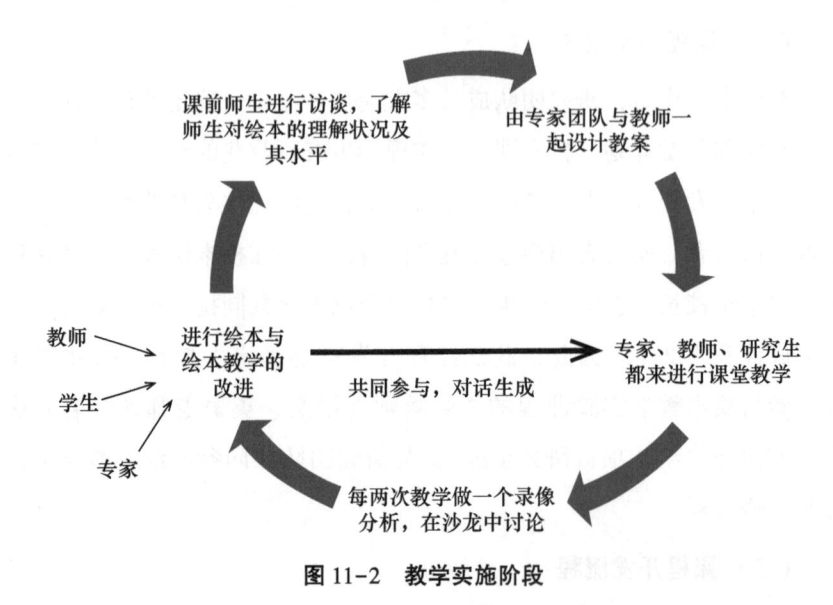

图示内容（教学实施阶段循环）：
- 课前师生进行访谈，了解师生对绘本的理解状况及其水平
- 由专家团队与教师一起设计教案
- 专家、教师、研究生都来进行课堂教学
- 每两次教学做一个录像分析，在沙龙中讨论
- 进行绘本与绘本教学的改进（教师、学生、专家共同参与，对话生成）

图 11-2 教学实施阶段

（三）课程开发的目标

1. 探索S小学校本课程开发模式，丰富德育课程资源，构建高品质的跨学科课程，促进学科特色的形成。

2. 培养学生的良好品德，促进学生的社会性发展，全面提升学生的道德素养，在绘本阅读过程中增进学生对传统道德文化的理解。

3. 不断提升教师的专业知识素养，实现教师关于课程开发、课程研究能力的提高，让教师在实践中形成反思、探究的习惯。

三 课程开发进程：从研制到实施

（一）课程内容的研制

本次研究所开发的德育绘本教材是由项目团队成员原创，每一绘本都围绕一个德育主题。在研制教材的过程中，经历了确定主题、创作绘本两个阶段。

1. 绘本主题的确定

在研究项目开展前，研究团队进行了一项两岸道德教育研究课题"新媒体背景下儿童道德共识的基本现状"（详见第三章第三节），课题组提炼归纳出儿童视域中道德的具体意义以及一些具有共识性的十项德目：文明礼貌、助人为乐、善良友爱、诚实守信、孝亲敬长、遵纪守法、拾金不昧、爱护环境、尊重他人、尊老爱幼。随后，课题组将这十项道德品质编制成选择排序型题目进行大规模施测，调查了六个地区（包括台湾省在内的六个省和地区）约3277位儿童的道德期待。基于研究结论，此次德育绘本教材被确定为四个德目主题：孝亲敬长、诚实守信、文明礼貌和助人为乐。

2. 绘本创作理念

（1）绘本主角的选择：狐狸与狼，转变刻板印象

此次绘本创作以狐狸和狼作为主角（阿狸和阿狼，见图11-3）。由于在成人的世界中，狐狸一直被认为是狡猾的代名词，而狼是凶恶的代名词。在与S小学学生交谈的过程中，当谈及"看到狐狸和狼，你最先想到的词是什么"这一问题时，大家不约而同地提到了狡猾、凶狠、讨厌等负面词语。由此可见，儿童对事物的看法会受到成人观念的影响。因此，选择狐狸与狼作为主角，通过阅读绘本中"阿狸"和"阿狼"的正面故事，转变儿童的刻板印象，消除歧视与偏见，并让儿童学会从不同角度看待事物。

图 11-3　绘本《天降奇机》中两位主人公手稿

(2) 绘本类型的确定：无字绘本，为想象插上翅膀

由于小学生的注意力不稳定、不持久，因而长篇幅的文字对于他们来说理解起来比较困难，这一阶段的孩子大多数都是通过图片来认识、理解和表达他们自己的。无字绘本是由最为形象直观的图画所组成，完全通过插图来讲述一个故事，这不仅符合小学阶段儿童的认知特点，而且可以鼓励孩子运用视觉识字技能：不仅能从图画中推断出结论，而且能对图画的内容作出反应，并注意到一些成年人有时会错过的细节。

在创作此次绘本时，作者特意将文字部分独立于绘本，在教学过程中，只有老师才知道绘本中的文字内容，而学生是完全通过绘本图画来理解故事内容的。这样做的好处在于，一方面老师能够了解绘本文字内容，让其在教学过程中把握整体，在学生偏离主题时将其及时拉回；另一方面让学生发挥他们自己的想象力，结合他们自己的生活经验来解读绘本，当学生叙述他们对无字绘本的理解时，不仅培养了故事意识、理解顺序的能力，还能够练习口头或书面表达技巧，有利于提升学生的表达能力与思维发散能力。

(3) 绘本创作过程：教材的研制—反馈—修正

在确定绘本主题及类型后，作者依据德目主题将绘本手稿完成，并交由合作小学的校长与教师阅读，请他们反馈并讨论所读时的感受，还有文字的流畅度与准确性。经过讨论，老师认为，首先，书中主人公的故事情节应清晰明了，否则儿童在阅读无字绘本时，容易偏离主题，教师授课难度大；其次，在绘本内容制作过程中，可以适当地画出关键情节提示标志，帮助儿童理解绘本，并且能够感悟深层含义。在第二次修稿完成后，再由合作小学的校长和教师审阅，经过几个反馈—修正模式的轮回，作者和合作学校教师都表示同意，最终形成手稿（见图 11-4）。

图 11-4　绘本最终手稿

作者在完成手绘稿和文字稿后，与合作画手一起，制作出了六种不同画风，六种画风即由三种媒材和三种造型搭配组合而成：媒材选用色铅笔、水彩、亚克力彩三种；主角人物的造型有卡通、写实及漫画三种风格（见图 11-5）。紧接着，由研究团队与合作小学的师生共同选择。在讨论过程中，老师认为，亚克力彩色泽明亮鲜艳，更加吸引眼球；与此同时卡通人物造型也契合儿童喜好，更能吸引儿童的关注。经过综合

· 347 ·

考量，最后选定以亚克力彩和卡通造型为绘本的画风并制图印刷成册，最终完成《天降奇机》《帮助很多人》《嘿！我忘了!》《奶奶的庆生会》四本主题绘本，对应的德目分别为文明礼貌、乐于助人、诚实守信以及孝亲敬长（见图11-6）。

图11-5 初步形成的六种画风　　图11-6 最终印刷成册的绘本

（4）课程资源的创设：制作绘本主人公手偶

新课程改革中强调教师在教学活动中，在标准的指导下，在教材的范围之外，开发与利用对学生发展有用的课程资源①。因此为实现多样化的教学资源，研究团队致力于开发出以学生需求为主导的各类课程资源。比如，为了给教师提供教具，增加学生在学习过程中的兴趣，在设计完成绘本后，作者便开始着手制作绘本主人公玩偶（见图11-7）。教师在教学时可以运用玩偶创新教学方法，儿童在分享故事创编内容时也可以运用玩偶加以表达。

（二）课程的实施

由于本书进行的是小学无字绘本德育课程的探索性开发，于是仅选择两个班级进行小范围实验。在研究与行动的过程中，共进行两轮课堂教学实践，后一轮课堂教学内容及方法的选择，都是根据前一次的体验与反思来进行改进和完善的，在这样的动态循环中逐步完成本

---

① 王鉴：《课程资源开发与利用的多元化模式》，《教育评论》2003年第2期。

图 11-7　玩偶制作成品

次研究。

1. 课程目标的设定

《义务教育品德与社会课程标准》(2011年版)(以下简称"课程标准")关于总目标提到,小学阶段的品德与社会课程以社会主义核心价值体系为指导,以社会主义核心价值体系引导学生的道德发展,丰富学生的社会认识和内心世界,健全学生的人格,使他们能够以积极的生活态度参与社会,成为有爱心、有责任心、有良好行为习惯和个性品质的人[1]。值得注意的是,"课程标准"中的课程目标,是按照情感态度价值观、能力与方法、知识的顺序排列的。对于这一不同于其他学科的课程目标设定顺序,我们可以理解为在德育课程中,道德情感会影响道德认知,而道德认知最终决定了一个人的道德行为。在对"课程标准"进行深入学习和理解后,我们制定出无字绘本德育课程的课程目标(见表11-1)。

---

[1] 教育部:《义务教育品德与社会课程标准》(2011年版),北京师范大学出版社2012年版,第1页。

表 11-1　　　　　　　无字绘本德育课程的课程目标

总体目标	道德情感	能够通过阅读绘本内容，理解并感悟本课程四个德目主题的内涵
	道德认知	能够学习从不同的角度观察社会事物和现象，对生活中遇到的道德问题作出正确的判断
	道德行为	能够克服自身的不良道德行为与不良情绪，坚持自身良好的品行
具体目标	《天降奇机》 道德情感	能够通过阅读绘本内容，理解并感悟文明礼貌品德的内涵
	道德认知	能够在日常生活中对有关不文明、不礼貌的道德行为及问题作出正确的判断
	道德行为	能够坚持做到文明礼貌待人，养成文明礼貌的品质
	《帮助很多人》 道德情感	能够通过阅读绘本内容，理解并感悟乐于助人品德的内涵
	道德认知	在日常生活中对有关自私自利、袖手旁观的道德行为及问题作出正确的判断
	道德行为	能够坚持做到给予他人力所能及的帮助，养成乐于助人的品质
	《奶奶的庆生会》 道德情感	能够通过阅读绘本内容，理解并感悟孝亲敬长品德的内涵
	道德认知	能够在日常生活中对目无尊长的道德行为及问题作出正确的判断
	道德行为	能够坚持做到对亲人孝顺，尊敬长辈，养成孝亲敬长的品质
	《嘿！我忘了！》 道德情感	能够通过阅读绘本内容，理解并感悟诚实守信品德的内涵
	道德认知	能够在日常生活中对有关背信弃义的道德行为及问题作出正确的判断
	道德行为	能够坚持做到言行一致，表里如一，讲信用，养成诚实守信的品质

2. 实施过程

校本课程实施是校本课程开发的重要组成部分，它是校本课程付诸实践的过程，在实践过程中能够发现问题并进行改进。在研究的过程中，笔者进行了课堂观察，同时为了方便教学观察、反思，对每一次课都进行了教学录像。本书所开展的无字绘本德育课程历时两个月，进行了两轮共四次教学活动。整个行动研究过程借鉴了凯米斯（Kemmis）等的行动研究模型，将研究看作一个螺旋式发展的过程，每一个螺旋式发展圈都包括了四个互相联系、互相依赖的环节：计划、行动、观察和反思[①]（见图11-8）。根据这一模型，每一个循环周期都包括教案设计、教学实施、课堂观察、课后反思这几个阶段内容。

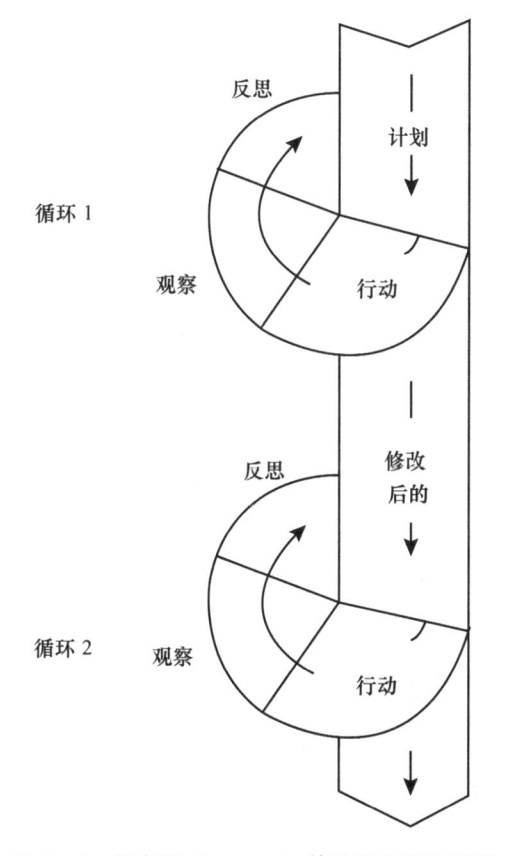

图 11-8　凯米斯（Kemmis）等的行动研究模型

---

① Carr, W. and Kemmis, *Becoming Critical: Education, Knowledge, and Action Research*, Philadelphia, PA: The Falmer Press, Taylor & Francis Inc., 1986.

在课堂教学实践中，按照文明礼貌、乐于助人、孝亲敬长、诚实守信四个德目顺序进行教学。每节课都通过读绘本、讲故事、写故事、演故事、说感想等教学环节对学生进行道德教育。首先呈现无字绘本内容，让学生分组阅读，在阅读过程中了解故事的人物、情节主线；紧接着，让学生讲一讲他们自己通过阅读了解到的故事，在这一环节里，老师需要做好引导，防止学生的理解偏离绘本主题；接下来学生可以写下他们阅读到的故事或者他们自身看到或经历过的有关学习主题的故事并且分角色表演出来；最后让学生谈感想，不仅要对绘本中人物的行为进行评价，同时也要启发他们联想到实际生活中他们自身的行为，并且进行评价和反思。

(1) 第一轮教学及反思

在确定教学框架后，团队共同设计了第一轮教学方案并进行了第一次教学实践，主要教授内容为绘本《天降奇机》，分别在三年级的语文课及四年级的英语课上授课。在课堂教学中，通过课堂观察，笔者发现学生对绘本这种授课方式十分感兴趣，课堂上积极发言表达他们自己的想法，对于绘本故事的主旨把握得也比较准确。为深入了解课堂成效，发现存在的问题，课后笔者针对本次授课对老师、学生进行了访谈。

（对教师访谈部分内容）

研究者：您认为这堂课的效果如何？

T1：我觉得学生的积极性是很高的，对这个故事很有兴趣，是很有他们的想法的。就是时间上还是比较仓促的，三十多分钟，我本来预计的是他们能够写完这个故事，能够简单地对后面的图片进行讨论，但还是没有时间做，所以我就把它放在第二课时，让他们把每一页的故事说一说。其实，这是一个精彩的部分，还没有呈现出来，每个小组肯定有不同的想法，第一节课我只是做一个引导，第一部分引导他们（故事中）说了什么，看到了什么，后面他们就知道每一步该怎么做。就是时间上面可能还是不够，本来预计两课时完成它的，现在可能要三课时。

T2：我感觉还是初步达到了我自己想要的一些东西。首先从孩子将零散的故事，比较有条理地根据图中的线索，把图的顺序排出来，我觉得还蛮欣慰的，说明孩子们还是会关注这些细节，然后再把后面的延伸，观察这些故事的情节，能够用自己的语言，甚至有的孩子还能够用上比较精彩的、让我意想不到的词语，把这个故事贯穿起来。然后，还有一个就是对故事中道德方面的认识，孩子还是有一些初步的了解和看法的，但是对于这个故事情节当中为什么让他去上培训班，为什么要通过捡垃圾对这个人进行处罚，可能有的孩子还不是特别能够理解这样的目的。

研究者：在上课过程中有没有遇到一些教学困难？是如何解决的？

T1：因为我们学生的英语水平特别有限吧，可能还是活跃性不是很高，这没办法，他们会说的就会说。不说清楚他们就不明白任务的要求，所以我把它们打在PPT上了。我觉得还是给学生充分的自由吧，因为英语本身是一种另外的工具，用得上的时候用，当没有办法用的时候就用自己的母语，也没有关系。

T2：目前来讲还好，就是人员比较多，每个孩子的智慧、想法不是都能够在课堂上读懂和得到，我希望在下一节课的反馈中得到更多孩子的想法。最大的困难就是不能够全面地看到每个孩子的态度和表现。

T1：课堂上在讲故事的时候，我发现有的学生在故事的条理性梳理方面还有点弱，后面可能需要给予一定的提示，帮助他们梳理故事主线。

（对学生访谈部分内容）

研究者：你喜欢老师这样上课吗？喜欢哪些地方？

S1：喜欢。感觉这样挺亲近学生，老师很有爱，笑容很多。

S2：喜欢，很有趣！比语文数学那样上课好多了。

研究者：上课的时候你觉得哪些地方比较难？

S1：我觉得课上要用英语说话，我觉得很难，我说不出来。

S2：刚看一会儿书就要把故事讲出来，我说的时候很难连成一个完整的故事。

通过对访谈内容进行梳理，我们了解到，第一轮教学实践中主要存在以下几个方面的问题：首先，用英文表达绘本内容，难度较高。目前小学生的英语水平有限，在课堂中完全用英文来表达绘本内容存在困难，在教授过程中孩子们由于听不懂老师在说什么，他们自己也表达不了，就导致课堂没有互动性。还有学生觉得用英语表达他们自己的想法太难，不愿意开口尝试，孩子们的积极性也备受打击，不利于学生的学习。其次，学生人数多，课时不够。由于授课班级人数最少的班级也有48个人，因此在教学过程中，分组数量太多，然而，德育绘本课程需要大量的时间来让学生进行思维发散及展示，就导致教师在授课时内容过于紧凑，无法充分调动学生进行思考。最后，有逻辑地编写故事难度较大。由于学生也是第一次接触无字绘本教学，因此对于编写故事缺少一个概念框架，要在短时间内将故事完整地表达出来可能存在困难。

（2）第二轮教学

研究团队于5月再次进行了第二轮教学实践，授课内容为第二种绘本《帮助很多人》。在第二轮实践中，研究团队根据在第一轮教学中发现的问题对教学设计、教学方式等进行了改进，主要改进点为以下几个方面。

①转变教师观念，将英语作为工具

针对师生同时反馈英语表达太难的问题，在第二轮教学时，教师将英语作为工具而不是学习目标。因为传统英文旨在让孩子们学习字词句篇，提升孩子们的语言技能。但德育绘本在英语课上的教学旨在让孩子们的道德水平得到提高，因此可以不局限于语言，语言只是一个工具，让孩子们充分思考和表达才是目的。在教学过程中，教师让孩子们运用中英文来表达，在听到孩子表达了中文关键词时，教师可以用英文重复一遍。比如，在课堂中教师提出"What can you learn from this story"这个问题时，学生用中文表达出"在日常生活中，我们要力所能及地帮助他人"，教师也用英文重复了学生的意思"We should help others as we can"。通过这种方式，可以让学生积极发言，在表达的过程中实现对"乐于助人"这一德目的深刻理解。同时，在教学过程中，教师可以提供有关绘本内容的"Word bank"及"Sentence bank"来帮助学生表达（见图11-9）。

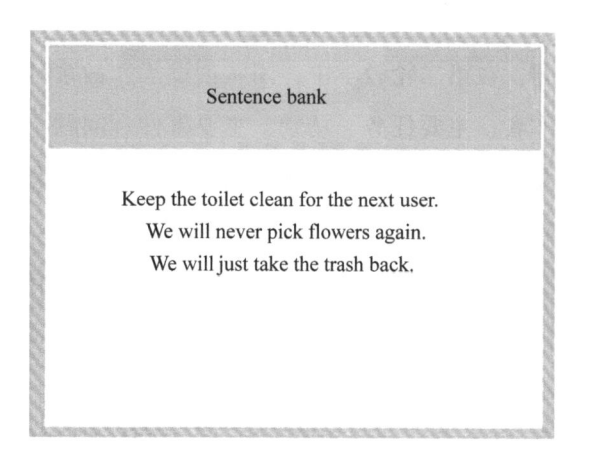

图 11-9　呈现教学中的关键词及关键句

②缩减人数，分班教学

针对学生人数多，授课时内容过于紧凑，无法充分调动学生进行思考的问题，在第二轮教学中将一个班级分成两个小组，每节课人数控制在20—25人，教师分别给两个小组进行授课，争取做到教师能够关注到每个小组的学习进度，让学生充分思考与发表想法（见图11-10）。

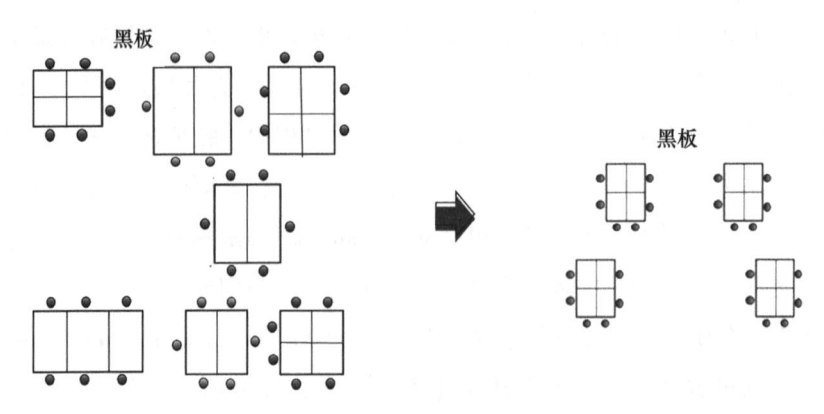

图 11-10 学生人数及座位安排变化

③利用思维工具，帮助学生思考

针对在教学中教师提到的关于学生理解绘本故事缺乏逻辑性的问题，在第二轮教学中，团队创设了"故事地图"，主要包含故事主题、作者、主要任务、场景、主要事件、问题与冲突、解决方法、结尾这几个部分，让学生在阅读绘本时，可以参照"故事地图"中的主线，有条理地说故事、写故事（见图11-11）。同时在教学过程中，教师在引导学生阅读绘本内容时，使用了思维导图，利用思维导图的逻辑性，分别将时间、人物、事件依次加以呈现，让学生能够顺利理解绘本（见图11-12）。

故事地图

故事主题：_____
作者：_____
☆主要人物：_____，_____，_____
☆场景：_____，_____，_____
☆主要事件：
　_____
　_____，_____，_____
☆问题或冲突：
　_____
☆解决方法：
　_____
☆结尾：
　_____

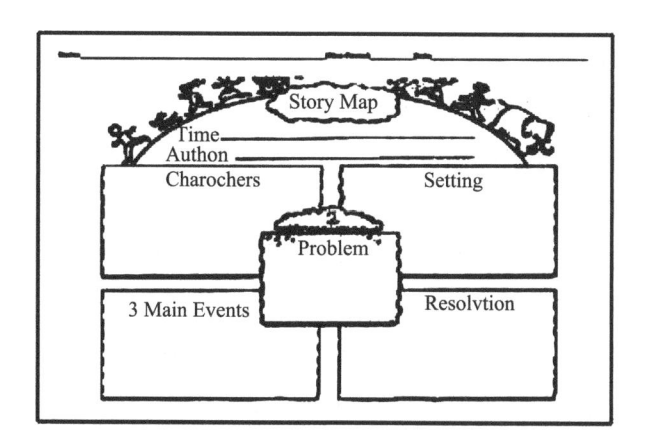

图 11-11　中英文版"故事地图"

图 11-12　授课中使用思维导图引导学生

（三）课程评价方案的建立

教育评价是学校教育活动的重要环节，它有两大功能：一是检验；二是改进。校本课程评价需关注教师与学生在课程评价中的主体地位，本书所采取的评价手段为过程性评价。过程性评价不是对微观意义上的学习过程的评价，也不是只注重过程而不注重结果的评价，而是对课程实施意义上的学习动机、过程和效果的"三位一体"的评价，或者说是人的生命意义上的学习评价①。过程性评价常采用非正式考试或成长档案袋的形式来进行。通过过程性评价，教师可以随时了解学生在学习上的进展情况，获得教学过程中的连续反馈，为教师随时调整教学计划、改进教学方法提供参考②。

1. 自我评价

在自我评价方面，主要是让学生对他们自己的学习方式、努力程度和学习效果等，以及他们之间的关系进行评价和认识。学生将评价作为学习的一部分，作为他们自己生命活动的一部分，成为促进他们自己终身学习和终身发展的重要手段③。在自我评价部分，团队使用 Rubistar 4 teachers 的制作 rubrics 检核表，分别为"学习情况自我评价表"与"行为习惯自我评价表"。学习情况自我评价表的目的在于让学生自己检查创编故事的过程，验证他们个人的学习情况。计分分为四类，每一类有四个层面的选项，对应不同分数，学生依据他们自己的情况来选择（见表 11-2）；行为习惯自我评价表的每一个主题都有四个等级的自评内容与分数，目的在于让学生能够对照表格内容反思他们自己日常生活中的行为是否能够做到课程要求（见表 11-3）。

表 11-2　　　　　　　　学生学习情况自我评价

独立学习—要素：创编一个故事

教师：　　　　班级：　　　　学生：＿＿＿＿＿＿

范畴	4	3	2	1
故事中有几个角色	我能主动说出故事中不同角色，能指出在故事图片中发生的场景和所做的事	我能主动说出故事中不同角色，但无法完全指出在故事图片中发生的场景和所做的事	我能主动说出故事中不同角色，可是无法指出在故事图片中发生的场景和所做的事	我无法主动说出故事中不同角色，也无法指出在故事图片中发生的场景和所做的事

---

① 高凌飚：《过程性评价的理念和功能》，《华南师范大学学报》（社会科学版）2004 年第 6 期。
② 莫雷主编：《教育心理学》，教育科学出版社 2007 年版，第 330 页。
③ 高凌飚：《关于过程性评价的思考》，《课程·教材·教法》2004 年第 10 期。

续表

范畴	4	3	2	1
故事结构	我能清楚说出故事中的人物、时间、地点和发生的事件，我也能决定这故事标题	我大致能清楚说出故事中的人物、时间、地点和发生的事件	我大致能清楚说出故事中的人物、时间、地点，但发生的事件有些不清楚	我说不清楚这故事中的人物、时间、地点和发生的事件，我也无法决定这故事标题
思考故事内容	我能正确说出故事中发生的事，还能预测之后可能发生的事	我能正确说出故事中发生的事	我能正确说出大部分故事中发生的事	我说不出故事中发生的事
看图编故事	我和同学合作讨论后，能看图编出整个故事内容	我和同学合作讨论后，能看图编出大部分的故事内容	我和同学合作讨论后，能看图编出一半的故事内容	我和同学合作讨论后，还是没法看图编出故事内容

表 11-3　　　　　　　　学生行为习惯自我评价

	4	3	2	1
文明礼貌	我总是能做到礼貌用语，不乱丢垃圾，不打架骂人，不大声喧哗，遇到不文明情况能及时制止	我总是能做到礼貌用语，不乱丢垃圾，不打架骂人，不大声喧哗	我有时候能做到礼貌用语，不乱丢垃圾，不打架骂人，不大声喧哗	我在老师、家长、伙伴的提醒下能做到礼貌用语，不乱丢垃圾，不打架骂人，不大声喧哗
乐于助人	我每次看到需要帮助的伙伴都会主动去帮忙，看到不帮助他人的同学我能够提醒他	我每次看到需要帮助的伙伴都会主动去帮忙	我有时候会主动帮助小伙伴	在小伙伴寻求我的帮助时我会伸出援手
孝亲敬长	我能够向长辈主动打招呼问好，主动承担一些力所能及的家务事，看到不尊重长辈的行为我会制止	我能够向长辈主动打招呼问好，主动承担一些力所能及的家务事	我有时候会与长辈主动打招呼问好并做一些家务事	在爸爸妈妈的提醒下我会与长辈打招呼，会做一两次家务事
诚实守信	我总是能够做到说话算话，不说谎，遇到别人说谎或不守信用的行为我能够及时提醒他人	我总是能够做到说话算话，不说谎	我有时候能做到说话算话，不说谎，偶尔会忘记自己保证的事情	我出现过说谎的行为，但及时改正了过来

2. 同侪互评

作为过程性评价策略的同侪互评将学生视为积极主动的学习者，为促进学生的学习过程进行评价。目前，同侪互评的相关研究从认知、教学、元认知、情感等方面得到证实，设计良好的同侪互评能够促进学生有效学习[1]。因此本项目参照学者 Henry Laurie 在文献中制定的表格，设置了同侪互评表（见表11-4）。表格主要包含对故事要素的评价、对故事情节的评价、对故事提出的建议三部分[2]。通过同伴互评的过程，一方面让被评价者了解他们自己的学习程度，另一方面也让评价者在评价他人的过程中得以了解对方的学习情况，进行自我反思，从而能够更好地学习。

表 11-4　　　　　　　　　　同侪互评

●创作者：	Author's Name：
●评分者：	Reviewer's Name：
故事内容若有包含以下要素，请打钩：	Place a checkmark on the line if the story includes each of the following：
●故事设定： 故事发生地点 故事发生时间（有过去、现在、未来）	SETTING： Where the story takes place Time（past, present, future）
●主要角色（人物）： 具体描述 人格特征/个人特色	MAIN CHARACTER： Physical description Personality/characteristics
●冲突： 故事中是否有明显的问题？	CONFLICT： Is there a problem？
●解决方式： 有没有找到解决方法？ 创作的故事内容和插图相符合吗？ 创作的故事读起来有趣吗？	RESOLUTION： Is there a solution？ Does the story line match the illustrations？ Is the story enjoyable to read？

---

[1] 马志强等：《基于同侪互评的在线学习评价研究综述》，《远程教育杂志》2014 年第 4 期。

[2] Henry and Laurie, *Creative Writing through Wordless Picture Books*, Marco Polo Education Foundation, 2003.

续表

●评审意见： 1. 我喜欢这故事，因为 2. 如果作者可以改变一下内容里的……会更好 3. 如果作者可以在内容里增加一点……会更好	Complete the following statements： I liked the story because_____ You could improve the story by adding or changing

四　无字绘本德育课程开发的成效

经过两轮的教学实践，笔者记录了不少实践中的故事、教学反思、访谈内容。因此，通过对这些材料的质性分析，笔者得知此次德育课程开发对学生及教师的个人影响。

（一）学生获得能力提升：从忠于教师到乐于创作

在课程刚开始时，学生虽然上课热情很高，但在课程初期，笔者发现学生的创作能力比预想得要差一些，在课堂上学生更多的注意力放在了老师的"教"上，习惯于让老师直接告诉答案。比如，在第一轮授课时，当老师询问"你觉得阿狸和阿狼后面又发生了什么事"的时候，笔者发现只有少数学生举手创编故事，而且故事内容较为局限，有的甚至是重复之前同学的回答。在多次练习之后，学生的故事创编能力有了较大的提升。在学习第二种绘本时，学生可以针对每一页绘本内容各抒己见，形成丰富多彩的故事情节，并且能够自主运用话剧、歌舞等形式进行展现（见图11-13）。

（二）教师实现专业成长：从课程执行者到课程开发者

在本书中，教师团队参与了从教材研制到教学实践的全过程。从前，教师往往是课程忠实的执行者，而现在他们变成了课程的参与者。由于绘本德育课程在国内没有什么参照物，这让教师团队时刻对教学情境保持一种反思的状态，这样反复的研磨是教师自我效能感和专业能力提升的重要推动力。

图 11-13　学生表演自己创编的绘本故事

T1：之前我总觉得课程开发是专家学者们的事情，我们老师上好课就可以了。但是经过这次参与，我发现教师也可以参与到课程开发的过程中来，在参与的同时发现自己专业知识的缺失就立即去学习，自己也成长了很多。

T2：在第一轮绘本教学过程中，其实我真的挺茫然的，这种课我从来没有上过，我没有一个很明确的教学目标，我觉得他们能读出这个故事就很不错了。但是经过两轮教学下来，对每一次的教学设计，专家团队都给予了修改建议，对于教学过程，后期也给予了反馈，现在我对于绘本课的教法已经有了比较明确的认识。

通过老师的参与感受，我们可以发现教师已经重构了他们自己的身份，从课程的实施者变成了课程的开发者、参与者。此外，教师在教学实践过程中通过对具体的教学情境和教学事件的关注和反思，积累了感性的、表面化的经验，从而可以内化为教师的实践能力[1]。

---

[1] 施良方：《教学理论：课堂教学的原理、策略与研究》，华东师范大学出版社 1999 年版，第 429 页。

五 无字绘本德育课程开发的策略

（一）教材研制应贴近学生实际生活

本书在编写绘本时分别选取主人公遇到乱丢垃圾事件、帮助身边伙伴、与朋友失约、给奶奶过生日几个事件，这些内容贴近学生的实际生活，易于理解；同时，看似简单的故事情节也耐人寻味，且有深厚的德育价值，对于陶冶学生的心灵、培养学生的德行具有非常好的效果和作用。课程内容中的故事虽发生在卡通世界里，但和现代儿童的生活有共通之处，十分贴近儿童的生活经验，使学生易于把从绘本中因某人、某事而引发的体验拓展、投射到他们自己、家人及朋友身上，获得情感的共鸣，在学习过程中转变他们自身的行为，同时也能够在实际生活中提醒他人改变不良德行。

（二）教学评价应关注全过程

教学评价的目的是全面了解学生的学习状况，激励学生的学习热情，促进学生的全面发展，因此应关注学生学习的全过程。教师不使用统一的标准来衡量所有的学生，而是通过学生在学习过程中的具体表现来评价每位学生的学习状态与程度。在评价主体的选择上，应包含学生自身、同侪之间、教师家长几个主体，从不同的视角对学生进行评价，看到学生的成长。

（三）基于院—校协作的"对话式"课程开发

对于教师个人而言，独立进行课程开发确实有一定的难度。比如在理论基础方面教师可能较为缺乏，他们自身所具备的教学能力与知识结构无法达到课程开发要求。因此在开发课程时，学校应支持大中专院校的学者与学校老师共同协作。在院—校协作共同开发课程的过程中，应遵循"对话—修正—改进"模式，让教师从课程的执行者转变为课程的开发者、参与者，在全程对话协作中倾听一线教师的想法与建议，学者提供理论的依据与支持。如此一来，教师才会有底气，在课程开发过程中"有的放矢",共同开发出适用于本校的校本课程。

第二节 基于家庭联盟的儿童道德期待实现

新媒体作为社会劳动的产物,带来了以开放平等、独立自由和双向互动为特点的传播机遇,但同时也衍生了以信息碎片、机械复制和资本逻辑为代表的现实问题,可能会引起人的"异化",需要有清醒的认知。[①] 在新媒体背景下,人的个体差异性、信息的差异化和责任主体的不确定性等诸多因素,为儿童的道德成长提供了新的环境,它是儿童道德成长的重要"推手",改变着儿童道德的边界,从而也形成了新的道德期待。新媒体作为家庭联络的纽带,为家庭教育在时间、空间和方式上提供了新的窗口。由此我们必须思考,新媒体与家庭共育的关系如何?新媒体背景下家庭共育具有哪些新的教育意义与内涵?怎样建设基于新媒体的家庭共育关系?新媒体背景下家庭共育如何实现儿童道德期待?

一 新媒体作为家庭联络的"新"纽带

新媒体越来越受家庭的重视,它俨然是家庭联络不可或缺、最为广泛的一种渠道。新媒体之所以那么有魅力,其意义就出在"新"上,"新"的载体、方式和媒介。渐渐地,人们似乎达成了不成文的共识:在很多普通家庭联络中,新媒体增多了家庭物理世界的联系,增强了家庭的感情联络,满足了家庭文化活动的需要。

(一)新媒体作为一种联结家庭物理世界的新载体

在现代信息技术出现之前,物理世界有其局限性,互动交流只能在小范围内进行,不能进行人机互动,更不能随时随地了解信息的进展。

[①] 王学俭、李婷:《新媒体条件下道德教育的审思》,《湖北社会科学》2017年第8期。

但是，随着计算机、网络、通信、数字广播等高新技术的飞速发展，新的业态不断生成，疾速地影响着普罗大众当下的工作状态和生活方式。从物理平台上看，新媒体作为一种信息载体，相对于传统媒体而言，可以不受地域限制，可以随时随地与同事、家人、朋友保持紧密的联系，也可以借由新媒体每时每刻了解其自身的工作状态与交流情况，推动工作落实到位，促进生活丰富生动。

六度分隔理论认为，人和任何一个陌生人所间隔的人，不会超过六个。这说明了在现实社会中，人与人之间关系是"弱纽带"关系。但是，根据这种"弱纽带"的特性，任何两个人都可以被"连接"起来。基于"六度分隔"的原理，为弥补现实人际关系沟通的局限性，Web2.0平台上的社交媒体从理论上讲可以让用户与任何人发生"关联"。而互联网的"开放平等""独立共享""双向互动""虚拟现实"等特性，使得人与人之间的沟通关系可以跨越时空、阶层、性别等一切差别化因素而迅速达成，甚至没有任何限制。因此，新媒体也改变了家庭日常面对面口耳相传的物理关系，只需互联网连接起来，只要手机同时接听电话，人们的家庭物理空间就不再那么有局限了，可以在异地、异时和异人间实现互通信息、加深联系和联络感情的目的。由于家庭互动交织了更多的交流，家庭之间的"弱纽带"关系得到了改善，生活的对话、情感的交流、思想的交汇和信念的激发都通过新媒体的"链接"而产生或积极或消极的影响。

（二）新媒体作为增进家庭感情联系的新方式

随着科技的发展以及人们对于信息的需求，新媒体瞬息万变地以不同的形式出现在人们的视野中，成为人们生活中不可或缺的一部分。[1] 由于家长工作压力的增加，家长对于孩子的关注与陪伴越来越少，并不得不用有偿家教的方式来取代家庭的教育职责。每天傍晚放学回家之

---

[1] 涂涛、李文:《新媒体与未来教育》,《中国电化教育》2015年第1期。

后,学生快速地把饭吃完,背起书包就往他们的老师家里走或由家长送,一般在老师家里做了3个小时左右的作业,然后他们自己回家或由家长接回。在老师家里,老师一般以做练习为主,在做完练习之后,老师批阅或以讲解的方式进行订正,教学方式单一,大部分孩子收效甚微。传统的有偿家教是如此,如若在有偿家教中借助新媒体的力量,家教老师则可以避免传统家教缺乏师生互动、生动有趣和主动探究的弊端,让家教活动变得生动活泼起来,充满更多的可能性,也洋溢着更多的欢乐。在家教的场域中,家长不适宜介入,也无法时时、处处和常常陪伴在孩子身旁。借助新媒体的力量,不少事业心重的家长可以间接通过这一行为重新审视缺乏交流的家庭关系,以适当介入的方式可以更真实地了解孩子的学习情况,也可以一种鼓励的方式为孩子加油打气,在不知不觉间就增进了彼此之间的感情联系。

(三) 新媒体作为满足家庭文化活动的新媒介

新媒体技术自诞生起,就一直处在快速发展状态,主要包括音频、视频以及图像处理等各种技术,为我们家庭创造了良好的技术条件,丰富了家庭文化活动形式。在利用新媒体技术搭建家庭文化活动平台时,可以对新媒体技术的多种表现形式加以充分利用,使家庭文化活动更加富有生机与活力。①

家庭大可积极发挥新媒体的优势,开展丰富多彩、积极向上的文化活动,让家庭生活借由丰富的形式得以生动、有趣。家庭也大可利用漫画、小短片、动画以及小游戏等新媒体技术形式加强对家庭文化的宣传工作,满足家庭娱乐文化需求,将家风、家教、家训与娱乐活动巧妙联系起来。寓教于乐,边做边学,这样往往比单纯的说教和一般的交流更易于使儿童接受,所取得的教化效果也更为理想。

---

① 贾薇:《新媒体对群众文化活动的作用》,《新媒体研究》2018年第10期。

二 基于新媒体的家庭共育关系的建设

随着新媒体的发展,孩子沉迷于网络,他们玩手机和电脑的时间明显增多。曾经有一张图片显示,现代人玩手机的姿势与100年前吸食鸦片的姿势是一模一样的,"历史总是惊人相似的"。虽然这幅图片未必是真实的,可能是个笑话,但或多或少说明了新媒体对现代人的侵蚀。克里斯·罗文认为:"媒体与社会对于儿童使用电视、电子游戏、互联网和手机等现象普遍表现出一种'选择性失明'(Selective Blindness)。"[①] 由于经常宅在家里,与人沟通交流的机会越来越少,这些孩子的性格变得越来越内向,越来越不主动与他人交往。又因为经常接触网络,网络内容图文并茂,习惯了的孩子容易被互联网"麻醉"或"上瘾",它会悄悄地侵蚀孩子的身体领域,让孩子的视力和体重受到直接的影响。

新媒体由于其"双重性",催生了孩子新的生活样态,形塑了孩子的道德世界。正因为社会大众对新媒体"褒贬不一",其道德性与不道德性在其技术形成之处,就已经显现出来了。在道德影响上,我们需要发挥新媒体的积极作用,以一种道德学习的方式贯穿进来,积极设计、组织和运用各种课程载体,领悟道德学习的意义,以一种家庭联盟的新型学习形式来促进新媒体的影响朝好的方面转变。基于新媒体的家庭共育关系的建设,首先要了解新媒体的当前流行趋势、对孩子的消极影响及存在的问题,然后再明确基于新媒体的家庭共育关系的建设目标。因此,基于新媒体的家庭共育关系的建设,既要看到新媒体的积极作用,又不能无视其消极影响,要对消极作用加以引导,使得新媒体起到手段的作用,而不是起到目的的作用,"物化"或"异化"了孩子的个体发展和社会化进程。

---

① [加]克里斯·罗文:《"被"虚拟化的儿童》,李银玲译,华东师范大学出版社2013年版,第157页。

三 基于新媒体的家庭联盟构建

面对新时期出现的多种教育困境,如何有针对性地做出改变,是每个良心发现的班主任需要努力思考的。基于此,笔者召集家长代表和学生代表进行过相关的讨论。讨论的结果是学生可以根据家庭住址的不同,在家长的指导下,以小组为单位进行团体学习,开展团体活动。这样的一种学习组织,即为家庭教育联盟。具体来说,家庭教育联盟就是在学校上课之外的时间里,根据居住区域的具体情况,由家长进行协商,由教师主导,学生主动参与的一种学习、活动的共同体。

如何科学合理地构建家庭教育联盟?首先,需要充分考虑孩子的家庭住址、家长的文化程度、男生与女生的比例、性格的内向与外向、学习基础状况等情况。其次,在小组人数上应以 4—6 人为宜,每个小组利用投票的选举方式产生一名正组长,正组长的责任主要是协调、组织和安排学习任务,副组长轮流担任,主要职责是先管理好自己并且协助正组长的工作。再次,充分考虑孩子的学习环境。外在环境主要考虑卫生条件好、光线好的家庭,内在环境主要考虑家长文化程度及家长的修养,特别是为人大度、宽容尤为重要。最后,需要考虑家长的培训,班主任与教师应经常家访或召开小型家长会议,科学指导家长引导孩子的学习与活动。

四 基于家庭联盟的道德学习实施

追求优质,渴望公正,希冀平等,知识与能力并重,砥砺情感,厚植素养,培育价值观,应当是基础教育改革所要坚持的理念与所应把握的方向。但是,"学校的改革既不是单凭一纸处方能够完成的,也不是照搬某种模式能够成功的。它是一种愿景、一种哲学,唯有借助日常的创造性实践的经年累月的积淀才能实现。学校改革的实现必须有传统的传承,必须有经过缜密思考的明晰的见识、不惧失败的不屈不挠的勇气,和对于明日教育的希望。"① 教育均衡的实现不能只靠增加传统意义上的"好学校",而更为重要的是改造班级管理模式。通过帮助更多的学生进行合作学习,这为改造原来的班级文化建立了良好的进步机制,从而有助于学生享受优质教育的精神滋养。

在信息不断蔓延、知识不断更新的21世纪,我国各行各业都强调创新、追求特色、奉行多元融合发展。为此,班级管理必然要追求新气象、新做法、新模式。革新是这个时代的特征,但仅仅是管理花样繁多、追求眼花缭乱的形式是不够的,这恰恰折射出班级管理质量建设内功的薄弱。②

基于以上问题的反思,借助新媒体的力量,A班尝试通过学习共同体的构建,构建班级学习文化。在这一过程中,A班主要通过搭建基于家庭教育联盟的小记者协会、创设基于家庭教育联盟的课外教育等途径,推进基于家庭教育联盟的学习共同体的构建过程。

(一)道德学习载体创设:搭建基于家庭教育联盟的小记者协会

正如杜威提醒我们的:"艺术与已经理解的东西相分离,终结于惊奇。"把教师的工作理解为艺术和美学行为,质疑日常的、先验的前见,从多角度看待学生和学生工作,从深陷的、固化的感知中爬出来,好像是第一次看到它。因此,班主任应当创设良性的班级氛围,因为生动活泼的文化氛围是有情趣的生活的构成要素。积极建构良性的文化氛围,需要一个协作组织来实施共享的教育愿景,好的愿景能鼓励学生树立正确的同学观,以一种积极正面、相互合作的态度看待同学关系,关注素质和品行的发展。约翰·比格斯和大卫·沃特金斯指出:"教师需要利

---

① [日]佐藤学:《学校见闻录:学习共同体的实践》,钟启泉译,华东师范大学出版社2014年版,第98页。
② 金绍荣、田再悦:《内涵式班级管理质量建设的现实困境与路径选择》,《教学与管理》2015年第4期。

用结构化的活动允许每个孩子表达真实的感受，不必担心批评。儿童不久会发现他人聆听他们的忧虑，那么其他的儿童会分享个体独自面对的忧虑。"① 为了引导学生发现美、创造美、传递美，笔者成立了班级小记者协会。小记者每天及时在班级微信群里报道班级动态，利用孩子真实、生动的语言营造班级积极向上的氛围。

在开展班级特色活动的过程中，美国教育家杜威的教育观点值得参考。杜威认为："一个孩子仅仅把手指伸进火焰，这还不是经验；当这个行动和他遭受的疼痛联系起来的时候，才是经验。"② 我们要培养学生应试之外的能力，需要搭建平台、构建活动载体来加以实现，这样才能形成学生自己的教育经验。分享学生的内心所想，也是教育工作者事后经验积累的素材。

> 平时，学生们的课前演讲，比赛的获奖情况，或不经意间的一个不善举动都能被小记者敏锐的目光捕捉到，并写成报道发送到班级微信群与其他同学、家长分享，这一个小举动让学生们的自信心大大增加，让家长不仅仅看到孩子的不足之处，更好地发掘他们的潜能。家长也扮演着一个重要的角色，家长可以帮助解决同学学习上的问题，化解学生之间的小矛盾，这个组织让孩子不再功利化地对待一次次考试，而是把目光放长远。(S15)

在班级管理中，笔者不会按部就班地按照已有的家长会的操作方式，而是会积极听取家长的意见，发挥家长在学生教育管理中的积极作用。为了加深家校之间的情感，增进家校之间的理解和信任，笔者倡议家长会之后大家分享感悟，让家长会的精神得到升华。

---

① John Biggs and David Watkins, *Classroom Learning—Educational Psychology for the Asia Teacher*, Singapore: Simon & Schuster (Aisa) Pre Ltd., 1995.
② ［美］约翰·杜威：《民主主义与教育》，王承绪译，人民教育出版社2001年版，第153页。

（二）道德学习课堂拓展：创设基于家庭教育联盟的课外教育

在班级规划中，借助家庭教育的力量来拓展课外教育的内容一直是笔者的设想。大多数家长的知识结构不一样，通过家长的教育资源，可以拓展学生的视野，让学生知道不一样的见解。

在本学期期中家长会中，笔者邀请S市最美教师、洋口小学科研主任J来我班做讲座，她分享的主题是《假如时光能够倒流，孩子，我愿陪你一起成长》，语言情真意切，真实感人，家长和孩子深受启发。

> 周××妈妈留言：今天参加了儿子入永中后的第三次家长会，齐坐八（9）班教室，我想所有的家长内心是轻松的，因为在这里，你听不到任何一门任课老师的抱怨，更谈不上"批斗会"。在这里，你可以与孩子们一起分享他们成长中的快乐与辛酸，可以与优秀家长零距离接触，更可以洗耳恭听成功家长的育儿经验，感谢杨老师的精心安排。
>
> 小记者杨××报道：很感谢一个人，是他，给了我们展示的平台；是他，悉心教导我们；是他，一次次为我们着想。他就是最傲娇、最可爱、最帅气的九班"老大"——杨老师，杨老师最后的总结很精彩吧？杨老师最后的鞠躬很绅士吧？杨老师对九班的奉献是最大的吧？当然是！感谢杨老师的付出，感谢他的一片真心。作为杨老师的学生，我的幸福无以言表，当幸福来敲门，挡也挡不住。
>
> 家庭教育联盟是一个有益于孩子发展的组织，组织成员不仅可以一起学习，还可以一起课外阅读，偶尔做一些综合社会实践，提高我们的社会实践能力，让我们提早了解社会，为以后的社会生活做准备，同样也可以一起爬山，一起锻炼身体，增强体质，增进友谊。在我们班上，小记者的报道对我们的成长十分有益，对个人来说，小记者写的他的许多优点，大大鼓舞了孩子的自信心，对集体

来讲，有益于同学间彼此了解，增进感情，对父母来讲，观察到孩子在校的一点一滴，实乃幸福之至。家庭教育联盟中，家长是个至关重要的角色，他们需要陪伴孩子，偶尔解答孩子不会的题目，给孩子提供一个好的学习环境。(S7)

五 基于家庭联盟的道德期待实现策略

在构建基于家庭教育联盟的学习共同体的过程中，我们考虑了许多因素：场所、活动形式、手段和支持力量。与一般学习共同体不同的是：笔者善于从家长中寻找力量，流动的家庭场所是我们的学习场所；笔者在运作学习共同体的时候，以学习为主，同时把学生生活情趣的培养作为重要内容，于是会在学习团体中引入各种各样的活动；在以互联网为主的新媒体时代，我们也会借用新技术的力量，在微信交流群中与学生、家长进行互动；在家长的积极支持下，基于家庭教育联盟的学习共同体的行动不仅仅是个体的班级建设活动，也是一项社区教育行动。

（一）以动态的共同体学习为理念

在物资匮乏的时代里，家长对孩子的重要职责是将孩子养大成人，让其吃饱穿暖，对孩子的教育关注不多。有一句谚语说得好："培养孩子需要一个村庄。"孩子们与同龄伙伴一同玩耍，去别人家串门，这些社交经验对他们的成长与发展是非常有益的。城市的楼里邻居很少串门，这似乎与现代社会的建筑格局有关，可能与大家有太多的戒备与顾虑等因素有关联，也可能与传统的"各人自扫门前雪"的理念有联系。总之，现代社会缺乏邻里之间的串门与互动，缺乏相互交流的往来。贾杰德·戴蒙德在其著作《昨日的世界》（*The World Until Yesterday*）中提到，现代社会在有些方面需要向传统社会学习。倘若说在公共卫生、防范传染病等方面现代社会更加先进，那么在孩子的教育方面，现代社会可能比传统社会更加蒙昧。

基于此，本人以流动的家庭场所作为活动基地，就打破了现代社会情感隔阂的局面，孩子与孩子、孩子与同学的家长在自然与不自然中可以进行交流，构建双方的社会经验，这些经验对涉世未深的孩子来说是非常有价值的，它们会让孩子少走很多弯路，对人生规划也有更好的助益。

（二）以丰富化的德育学习活动为载体

除了学习之外，活动便是学习共同体的重要内容。在我们的课程计划中，演讲、爬山、旅游、观看电影、听音乐、交流和实践等内容都是课程规划的活动之一。

> 近日，我参加了英语学习共同体，来到了N小学，用全英文介绍我们的N中学。这是我第一次在老师的指导和父母的帮助下，与同学们交流互助完成的一次英文演讲。在演讲时及准备过程中，我学到了很多：锻炼了自己的胆量，提升了自己的演讲能力；训练了自己的英文写作能力；练习了交流合作的技能。同时，我也得到了很多教训。在演讲工具出现问题时，要随机应变；要学会临场发挥；要掌握演讲时的气氛。我相信，吸取了这些教训，我会在下一次活动中发挥得更好。积极参加这些活动，我一定会变得更加优秀！（LZL）

在教师与父母的帮助下，学生得到很多层面的成长，并学会了反思。如果遇到不懂的问题，笔者会鼓励学生先自己沉淀一下，若仍旧没有得到解答，再向同学、家长、老师或身边的其他人求教。以流动的学习场所为基地，流动学习是学习共同体的主要形式。流动学习虽然会受流动环境的影响，但学习的本质并未改变，且不是以学习为唯一的出路。在平时的活动中，学生可以借由学习小组的力量进行更多的讨论，及时订正作业本上的错题。倘若有的问题学习小组无法做出解答，学生可以做好笔记，上学后在课堂上或课间里进行全班讨论、随机互动。针对学生存在的学习误区，笔者会发挥学生干部的力量，进行查漏补缺。对这一活动，首先需要督促学生自己先独立完成，然后由小组组长进行批阅，并根据小组长的建议进行修改。其次，在学习之外，我们会开展很多体验类的活动。在课程的实施上，我们以大自然、社会、家庭和自我为主题，每个学生都需以这其中一个主题为内容开展综合实践活动。每位学生根据个人的实际情况，至少参加一次走向大自然的活动；每位学生根据他们自己的实际情况，至少参加一次有意义的社会实践活动；每位学生按规定要积极参加家务劳动，如扫地、拖地、洗碗、洗衣服、买菜或做饭等。另外，我们督促学生每天尽量坚持早睡早起，坚持体育锻炼。最后，关于娱乐休闲活动。学生需要学唱他们自己喜欢的中文歌曲、英文歌曲各两首，我们也不会排斥优秀，能唱更多的歌曲我们也是欢迎的；每位学生至少需要看四部他们喜欢的经典电影，其中包括两部美剧，以拓展学生的中英文视野；每位学生也需要阅读至少四本他们喜欢的名著，至少有两本是全英文的著作。

小记者协会的搭建也是学生的一项常规活动，学生借助这一平台，可以模仿记者的角色，按照记者的方式去锻炼他们、视作做事准则，对学生写作能力、沟通能力、合作能力和积极情感的引领都起到了非常重要的作用。

（三）以共同体文化的构建与传播为抓手

我们设想过，学习共同体单单只有线下的交流、没有线上的互动，这是有缺憾的、考虑不全的。为了弥补学习共同体的不足，我们会借助新媒体的资源，通过新设备来传承文化，建构文化。

在实践中成长

研究者：主要通过本次共同体的学习活动，培养孩子的自信心和对英语学习的兴趣；通过家长的参与，有助于父母与孩子情感的沟通与培养，融洽亲子关系，希望大家积极参与共同体学习。

LZL 爸爸：我希望今天能够看到孩子们的积极表现，同时，我希望自己通过共同体学习，丰富自己的生活。

S18 妈妈：我希望参与共同体学习，能够与孩子共同成长，三人行，必有我师。

S2：大家先独立思考 10 分钟，思考如何向别人用英文介绍自己的学校。（孩子们和家长独立思考，并随时记录下他们自己的想法。）

研究者：现在大家相互交流一下你们自己的想法。

研究者：请大家认真整理稿子，再次修改你们自己的文章。

LZL：为了能够让大家的介绍给人留下深刻的印象，可以制作PPT，这样会更加直观。

S18 妈妈：我同意，但需要一些图片，我现在去找学校的摄影师，给我们提供一些漂亮而又有代表性的照片。

我们设置了家长微信群、学生交流群，在这些微信群里我们有很多的交流，甚至是常规工作的交流。因为笔者兼职了教务主任的工作，平日里很忙，有时连召开班会或家长会的时间都没有。因此，这时学习共同体的作用就格外明显了，笔者只需提几点意见、说明一下情况，有时班会、家长会都是由学习共同体组建的，且达到了很好的效果。关于互联网交流群的积极作用，得到了学生和家长的高度认可。

（四）注重个体—社区携手的教育行动开展

如果说班主任的班级管理活动是个体活动的话，那么家访活动便是一种个体—社区共同携手的活动。以往的家访往往是班主任个体的"独角戏"，并未从班主任的个体行动中超然出来。这使得班主任往往很难跳出其自身的角色，跳出教育看教育，跳出生活看生活，单一的家访往往只谈学生的学习成绩和学校生活，形式只是班主任机械地讲、家长被动地听的模式。在家访活动中，不仅仅是班主任个体说明学生的一些情况，家长在交流活动中也深受鼓舞，受到教益。家庭成员彼此开诚布公，敞开心扉，释放了内心的顾虑，加深了家庭的情感交流。

在交流中反思与成长

研究者：今天，我们共同体的活动内容是大家都说说你们自己的心里话。先大家互相说说优点，然后彼此提一个建议。

S12 妈妈：先说 S12 吧，他很孝顺，每天上学很早，为了不影响爸妈早上多休息会儿，他自己每天坐公交车上学。他也很有责任意识和民主意识，如果我们在公司遇到一些困难，他会主动帮我们出主意、想办法。拥有这样优秀的儿子，我很幸运。

S12 爸爸：S12 很有爱心，他妹妹小，有时候我们公司很忙，每天很晚才回家。他除了管好他自己的学习外，还要照顾好妹妹。他独立能力也很强，无论生活上的事，还是学习上的事，他都不用我们操心，他都能管好他自己的事。

S12：我爸爸很勤劳，每天早出晚归，但他为了这个家努力地付出，毫无怨言。我爸爸的脾气也很好，有时因为家庭中的小事或者公司运营中遇到了一些困难，妈妈会抱怨，但爸爸很宽容并理解妈妈。

S12 妈妈：孩子他爸为人真诚，朋友有困难，他会尽他自己最大努力去帮忙。孩子他爸很勤劳，有时为了工作，生病也不休息，感动了公司员工，感动了顾客。

S12：我妈妈很好强，对她自己要求很严格，不管做什么事，都希望她自己能做到最好。我妈妈很勤劳，每天除了做好家里的事外，还要协助爸爸解决公司的事。她每天很辛苦！

S12 爸爸：孩子他妈是一个非常有责任心的人，是位贤妻良母，我很幸运，这辈子能够遇到她。孩子他妈很能干，公司里很多事情，她处理的方式方法比我科学。

在这一活动中，大家都觉得很释然，加深了彼此之间的情感，也加强了家长与孩子之间更深层的亲子互动。个体的力量毕竟有限，只班主任个体与家长个体交融协调，才能超越个体班主任的局限，形成大的班主任群体，也才能促成社区的变革力量，促进家庭和谐，构建家校协作。

感恩拥有

研究者：在我们成长过程中，有父母陪伴真好！请大家回忆一下，在你能够回忆起的时光里，你觉得父母在哪些方面给你留下了比较深刻的印象？

WNX：在上学期间，突然下大雨，爸爸给我送雨伞。

YDW：在我生病的时候，爸爸和妈妈一直陪在我身边，担心我，照顾我。

SH：我做作业晚了，爸爸其实工作了一天也很累，但他只要一有空就给我泡一杯热牛奶，送到我房间。

YY：我只记得有爸爸和妈妈陪着我长大，我就很幸福。

研究者：同学们刚才讲得很好，杨老师很感动。也非常开心地知道，孩子们是个懂感恩的孩子。爸爸和妈妈对我们的好，数也数不清，我们永记在心。不知，两位爸爸听了孩子的话，有什么样的感想？

WNX 爸爸：因工作忙，陪孩子的时间少，觉得自己对不住孩子，以后要多陪孩子。

SH 爸爸：我平时工作也比较忙，陪伴孩子的时间少了点，感谢孩子对我的宽容与理解。

研究者：其实，我们有时间是要多陪一下孩子的，陪着孩子长

· 377 ·

大，是多幸福的一件事！我们的孩子真的很棒，非常的善解人意。那么，孩子们，我想了解一下：你们觉得爸妈哪方面需要再提高一些？

WNX：少打麻将，尽量不和妈妈吵架，不打架，不要让我整天提心吊胆。

SH：不要整天说我玩手机，请你们相信我，我已经长大。

YDW：不要太啰唆，我知道你们对我好，但我真的长大了。

YY：我只希望自己有爸妈陪着，我就是幸福的。我晚上想找个说话的人都没有。我很羡慕你们，我有时想找个人骂一下都没有。（YY伤心地哭起来，其他孩子也感动地哭了，我和两位家长也感动地流泪了。）

研究者：YY，我们理解你此时此刻的心情。不过，失去了的，不再回来！珍惜现在，活在当下。班上有这么多家长和同学、老师关心你，爱着你。我们感恩、感谢！

在对比的过程中，学生们一五一十地回忆了他们的现实生活，家长在平日繁忙的工作中可能忘记了这些缺场的点点滴滴，当孩子一一道来时，家长对孩子会充满愧疚，也会觉得难为情。这一反思过程经过三方的交流后，就能变成一种社区的力量，促进家长转变原有的做法，提升学生的反思能力，也有助于构建和谐的家庭生态。

参考文献

一 中文类文献

（一）中文译著

［德］伊曼努尔·康德：《实用人类学》，邓晓芒译，重庆出版社1987年版。

［德］康德：《道德形而上学原理》，苗力田译，上海人民出版社1986年版。

［德］孔汉思、库舍尔编：《全球伦理：世界宗教议会宣言》，何光沪译，四川人民出版社1997年版。

［法］爱弥尔·涂尔干：《道德教育》，陈光金等译，上海人民出版社2006年版。

［法］安德烈·孔特-斯蓬维尔：《小爱大德：美德浅论》，赵克非译，作家出版社2013年版。

［法］卢梭：《论人类不平等的起源和基础》，李常山译，商务印书馆1962年版。

［法］卢梭：《社会契约论》，何兆武译，商务印书馆1980年版。

［法］卢梭：《爱弥儿》（上卷），李平沤译，商务印书馆2012年版。

［古罗马］奥古斯丁：《论灵魂及其起源》，石敏敏译，中国社会科学出版社2004年版。

［古罗马］奥古斯丁：《恩典与自由》，奥古斯丁著作翻译小组译，江西

参考文献

人民出版社 2008 年版。

[古罗马] 奥古斯丁：《论信望爱》，许一新译，生活·读书·新知三联书店 2009 年版。

[古罗马] 塞涅卡：《道德和政治论文集》，袁瑜琤译，北京大学出版社 2005 年版。

[古希腊] 柏拉图：《理想国》，郭斌和等译，商务印书馆 1986 年版。

《柏拉图全集》（第三卷），王晓朝译，人民出版社 2003 年版。

《柏拉图全集》（第二卷），王晓朝译，人民出版社 2003 年版。

《柏拉图全集》（第一卷），王晓朝译，人民出版社 2003 年版。

[古希腊] 第欧根尼·拉尔修：《名哲言行录》（下），马永翔等译，吉林人民出版社 2011 年版。

[古希腊] 色诺芬：《回忆苏格拉底》，吴永泉译，商务印书馆 1984 年版。

[古希腊] 西塞罗：《西塞罗文集》（政治学卷），王焕生译，中央编译出版社 2010 年版。

[古希腊] 亚里士多德：《形而上学》，吴寿彭译，商务印书馆 1959 年版。

[古希腊] 亚里士多德：《政治学》，吴寿彭译，商务印书馆 1965 年版。

[古希腊] 亚里士多德：《尼各马可伦理学》，廖申白译注，商务印书馆 2003 年版。

[荷] 斯宾诺莎：《伦理学》，贺麟译，商务印书馆 1997 年版。

[加] 哈罗德·伊尼斯：《传播的偏向》，何道宽译，中国人民大学出版社 2003 年版。

[加] 马克斯·范梅南：《教学机智：教育与智慧的意蕴》，李树英译，教育科学出版社 2001 年版。

[加] 马歇尔·麦克卢汉：《理解媒介——论人的延伸》（增订评注本），何道宽译，译林出版社 2011 年版。

参考文献

［加］尼尔·波兹曼：《娱乐至死》，章艳译，中信出版社 2015 年版。

［美］阿拉斯戴尔·麦金太尔：《追寻美德：道德理论研究》，宋继杰等译，凤凰出版传媒集团 2011 年版。

［美］贝内特编著：《美德书》，何吉贤等译，中央编译出版社 1999 年版。

［美］拉尔夫·泰勒：《课程与教学的基本原理》（英汉对照本），罗康等译，中国轻工业出版社 2014 年版。

［美］理查德·H. 赫什等：《道德发展与教学》，单文经、汪履维译，五南图书出版有限公司 1986 年版。

［美］林文刚：《媒介环境学：思想沿革与多维视野》，何道宽译，北京大学出版社 2007 年版。

［美］罗伯特·科尔斯：《道德智商：成为灵魂健全的人》，姜鸿舒、刁克利译，北京出版社 1999 年版。

［美］米歇尔·博芭：《如何培养孩子的德商》，顾大僖译，中国发展出版社 2002 年版。

［美］内尔·诺丁斯：《学会关心：教育的另一种模式》，于天龙译，教育科学出版社 2003 年版。

［美］尼尔·波兹曼：《娱乐至死》，吴燕莛译，广西师范大学出版社 2004 年版。

［美］威廉·A. 科萨罗：《童年社会学》，程福财等译，上海社会科学院出版社 2014 年版。

［美］约翰·杜威：《民主主义与教育》，王承绪译，人民教育出版社 2001 年版。

［美］约翰·洛克：《教育漫话》，傅任敢译，教育科学出版社 1999 年版。

［美］约翰·罗尔斯：《正义论》，何怀宏等译，中国社会科学出版社 1988 年版。

参考文献

[美] 约翰·罗尔斯：《作为公平的正义——正义新论》，姚大志译，上海三联书店 2002 年版。

[瑞士] 让·皮亚杰：《儿童的道德判断》，傅统先等译，山东教育出版社 1984 年版。

[英] 以塞亚·柏林：《自由论》（修订版），胡传胜译，译林出版社 2011 年版。

[英] 凯西·卡麦兹：《建构扎根理论：质性研究实践指南》，边国英译，重庆大学出版社 2009 年版。

[英] 约翰·洛克：《政府论》，张羽译，京华出版社 2000 年版。

[英] 约翰·密尔：《论自由》，许宝骙译，商务印书馆 1959 年版。

[英] 斯迈尔斯：《品格的力量》，赵丽荣编译，武汉大学出版社 2012 年版。

[英] 休谟：《人性论》，关文运译，商务印书馆 1980 年版。

[英] 亚当·斯密：《道德情操论》，吕宏波等译，九州出版社 2007 年版。

（二）中文专著

北京大学哲学系外国哲学史教研室编译：《古希腊罗马哲学》，生活·读书·新知三联书店 1957 年版。

边玉芳等编著：《儿童心理学》，浙江教育出版社 2009 年版。

陈静静：《跟随佐藤学做教育：学习共同体的愿景与行动》，华东师范大学出版社 2015 年版。

陈向明：《质的研究方法与社会科学研究》，教育科学出版社 2000 年版。

陈瑛、许启贤主编：《中国伦理大辞典》，辽宁人民出版社 1989 年版。

迟文浚主编：《诗经百科辞典》（中卷），辽宁人民出版社 1998 年版。

李春秋、毛蔚兰：《传统伦理的价值审视》，北京师范大学出版社 2003 年版。

（春秋）孔丘：《论语》，中国纺织出版社 2015 年版。

鲁玉华编著：《大学》，湖南师范大学出版社 2017 年版。

邓晓芒、赵林：《西方哲学史》，高等教育出版社 2005 年版。

（东汉）许慎：《说文解字》，中国华侨出版社 2012 年版。

韩桥生：《道德价值共识论》，人民出版社 2015 年版。

何怀宏：《良心论——传统良知的社会转化》，上海三联书店 1998 年版。

何怀宏：《伦理学是什么》，北京大学出版社 2002 年版。

侯晶晶：《关怀德育论》，人民教育出版社 2005 年版。

黄甫全主编：《课程与教学论》，高等教育出版社 2002 年版。

贾崇吉、杨致武主编：《中华伦理道德辞典》，陕西人民出版社 1992 年版。

江畅：《西方德性思想史·古代卷》，人民教育出版社 2016 年版。

江畅：《德性论》，人民出版社 2011 年版。

王钧林：《中国儒学史·先秦卷》，广东教育出版社 1998 年版。

蒋原伦、陈华芳：《我聊故我在：IM，人际传播的革命》，广西师范大学出版社 2006 年版。

焦国成：《中国伦理学通论》，山西教育出版社 1997 年版。

教育部：《义务教育品德与社会课程标准》（2011 年版），北京师范大学出版社 2012 年版。

荆其诚主编：《简明心理学百科全书》，湖南教育出版社 1991 年版。

乐爱国：《朱熹〈中庸〉学阐释》，北京师范大学出版社 2015 年版。

李伯黍、燕国材主编：《教育心理学》，华东师范大学出版社 1995 年版。

李水海主编：《世界伦理道德辞典》，陕西人民出版社 1990 年版。

李小龙译注：《墨子》，中华书局 2007 年版。

林崇德主编：《21 世纪学生发展核心素养研究》，北京师范大学出版社 2016 年版。

林崇德：《品德发展心理学》，上海教育出版社 1989 年版。

林少波：《担当》，中国纺织出版社 2011 年版。

参考文献

《舍勒选集》，刘小枫选编，上海三联书店1999年版。

鲁迅：《且介亭杂文末编》，人民文学出版社2006年版。

罗国杰主编：《中国传统道德·规范卷》，中国人民大学出版社1995年版。

罗国杰、宋希仁编著：《西方伦理思想史》，中国人民大学出版社1985年版。

马永庆、赵卫东、郭永军、谢桂山编著：《中国传统道德概论》，山东大学出版社2000年版。

茅于轼：《中国人的道德前景》，暨南大学出版社2003年版。

莫雷主编：《教育心理学》，教育科学出版社2007年版。

潘菽主编：《教育心理学》，人民教育出版社1980年版。

戚万学：《冲突与整合——20世纪西方道德教育理论》，山东教育出版社1995年版。

施良方、崔允漷主编：《教学理论：课堂教学的原理、策略与研究》，华东师范大学出版社1999年版。

施良方：《课程理论——课程的基础、原理与问题》，教育科学出版社1996年版。

孙宏艳编：《新媒介与新儿童：新媒体与社会化研究报告》，中国青年出版社2014年版。

《陶行知全集》，湖南教育出版社1985年版。

万俊人：《现代西方伦理学史》（上卷），北京大学出版社1990年版。

万俊人：《现代性的伦理话语》，黑龙江人民出版社2002年版。

万俊人：《寻求普世伦理》，商务印书馆2001年版。

王道俊、扈中平主编：《教育学原理》，福州教育出版社2013年版。

王海明：《伦理学导论》，复旦大学出版社2009年版。

王献玲主编：《中国教育史》，郑州大学出版社2011年版。

王一军：《儿童文化课程：理论、实践与案例》，江苏教育出版社2009

年版。

王振宇编著：《儿童心理学》，江苏教育出版社1999年版。

吴铎编著：《德育课程与教学论》，浙江教育出版社2009年版。

吴明隆：《结构方程模型——AMOS的操作与应用》，重庆大学出版社2010年版。

吴重涵、王梅雾、张俊编著：《国际视野与本土行动：家校合作的经验和行动指南》，江西教育出版社2012年版。

伍新春主编：《儿童发展与教育心理学》，高等教育出版社2013年版。

（西汉）董仲舒：《春秋繁露》，上海古籍出版社1989年版。

冀昀主编：《尚书》，线装书局2007年版。

谢翌：《教师信念论》，广东高等教育出版社2010年版。

徐少锦、温克勤主编：《伦理百科辞典》，中国广播电视出版社1999年版。

余维武：《冲突与和谐——价值多元背景下的西方德育改革》，江苏教育出版社2009年版。

袁桂林：《当代西方道德教育理论》，福建教育出版社1995年版。

徐强译注：《孟子》，山东画报出版社2013年版。

张闻玉译注：《逸周书全译》，贵州人民出版社2000年版。

郑保华主编：《康德文集》，改革出版社1997年版。

郑富兴：《现代性视角下的美国新品格教育》，人民出版社2006年版。

郑航：《中国近代德育课程史》，人民教育出版社2003年版。

郑召利：《哈贝马斯的交往行为理论——兼论与马克思学说的相互关联》，复旦大学出版社2002年版。

李立成校注：《诗经》，浙江教育出版社2011年版。

祝宏俊：《古希腊节制思想》，社会科学文献出版社2009年版。

邹晓丽编著：《基础汉字形义释源——〈说文解字〉部首今读本义》，北京出版社1996年版。

（三）中文期刊论文

安至正：《中小学生守则的性质与功能》，《教育科学研究》2016 年第 4 期。

蔡新颖：《公民道德回归的期待——"道德银行"现象分析》，《山西高等学校社会科学学报》2007 年第 12 期。

曹钦、原辰辰：《"使用与满足"理论文献综述》，《东南传播》2013 年第 12 期。

曹志、彭丽君：《"明智"德性研究》，《长沙铁道学院学报》（社会科学版）2011 年第 4 期。

曹智频：《媒介偏向与文化变迁：从伊尼斯到麦克卢汉》，《学术研究》2010 年第 8 期。

陈光全、杜时忠：《德育课程改革十年：反思与前瞻》，《课程·教材·教法》2012 年第 5 期。

陈洪波：《广西青少年媒介素养与道德状况调查及启示》，《新闻界》2013 年第 23 期。

陈维等：《多维测评工具聚敛和区分效度的 SEM 分析——以领悟社会支持量表为例》，《西南师范大学学报》（自然科学版）2016 年第 2 期。

陈延斌、王体：《中西诚信观的比较及其启迪》，《道德与文明》2003 年第 6 期。

陈佑清：《关于中小学生自主学习若干问题的思考》，《教育科学研究》2016 年第 10 期。

陈宇光：《中国道德教育内容的现代建构》，《江苏教育学院学报》（社会科学版）2000 年第 4 期。

陈泽环：《底线伦理·共同信念·终极关怀——论当代社会的道德结构》，《学术月刊》2005 年第 3 期。

陈真：《当代西方规范美德伦理学研究近况》，《国外社会科学》2006 年第 4 期。

段海军：《追寻生命的意义：积极心理学视野下的乐观主义价值》，《心理学探新》2011 年第 1 期。

范树成：《美国核心价值观教育探析》，《外国教育研究》2008 年第 7 期。

冯书生：《"好人"，抑或"好公民"：苏格拉底之死的政治伦理悖论及其现代回响》，《安徽师范大学学报》（人文社会科学版）2015 年第 5 期。

付子堂、类延村：《诚信的古源与现代维度之辨》，《河北法学》2013 年第 5 期。

高德胜：《学校德育如何适应网络时代的挑战》，《中国信息技术教育》2005 年第 10 期。

高德胜：《电子媒介与"旁观者"的生产——论道德教育在电子媒介时代的选择》，《华东师范大学学报》（教育科学版）2007 年第 4 期。

高德胜：《叙事伦理学与生活事件：解决德育教材困境的尝试》，《全球教育展望》2017 年第 8 期。

高凌飚：《关于过程性评价的思考》，《课程·教材·教法》2004 年第 10 期。

关连芳：《中国传统忠诚文化的现代价值》，《现代企业教育》2014 年第 22 期。

瀚青、任杰：《试论蒙学教材在幼儿园的应用》，《河北师范大学学报》（教育科学版）2012 年第 9 期。

何道宽：《媒介环境学：从边缘到庙堂》，《新闻传播与研究》2015 年第 3 期。

何艺、檀传宝：《诺丁斯的关怀伦理学与关怀教育思想》，《伦理学研究》2004 年第 1 期。

何云峰：《教师道德：期待与角色定位》，《伦理学研究》2015 年第 4 期。

参考文献

贺来：《"道德共识"与现代社会的命运》，《哲学研究》2001年第5期。

洪向华：《好人文化引领核心价值观实践》，《当代电力文化》2016年第3期。

侯晶晶、朱小蔓：《诺丁斯以关怀为核心的道德教育理论及其启示》，《教育研究》2004年第3期。

华敏：《从德国的善良教育看我国儿童善良品性的养成》，《教育探索》2010年第1期。

霍涌泉等：《中国传统文化中儒道互补的乐观心理思想探微》，《心理学报》2013年第11期。

贾薇：《新媒体对群众文化活动的作用》，《新媒体研究》2018年第10期。

蒋威宜：《重视和加强社会公德教育——当前高校精神文明建设的一个重要课题》，《思想·理论·教育》1995年第5期。

金绍荣、田再悦：《内涵式班级管理质量建设的现实困境与路径选择》，《教学与管理》2015年第4期。

金生鈜：《为什么要塑造学校的道德文化——学校作为一个道德共同体的再道德化思考》，《西北师大学报》（社会科学版）2005年第4期。

金生鈜：《公共道德义务的认同及其教育》，《华东师范大学学报》（教育科学版）2012年第3期。

景东、苏宝华：《新媒体定义新论》，《新闻界》2008年第3期。

匡文波：《"新媒体"概念辨析》，《国际新闻界》2008年第6期。

匡文波：《关于新媒体核心概念的厘清》，《新闻爱好者》2012年第10期。

旷剑敏、刘立夫：《论孟子的担当精神》，《湖南科技大学学报》（社会科学版）2017年第2期。

雷启立：《新媒体的传播偏向与大众文化》，《编辑学刊》2009年第

6 期。

类延村：《欧美国家法律诚信之维：合理性、原初义与价值谱系》，《北方法学》2015 年第 5 期。

冷兴邦：《谈忠诚》，《理论学习》2015 年第 2 期。

李朝东、王翠英：《为价值虚无的困境开启道路——希腊化时期从伦理哲学到宗教的转向》，《西北师大学报》（社会科学版）2003 年第 6 期。

李臣之：《校本课程开发的三个基本问题》，《课程·教材·教法》2012 年第 5 期。

李正华：《社会规则论》，《政治与法律》2002 年第 1 期。

梁晓丽：《我国基础教育阶段学困生的成因分析与转化策略探究》，《洛阳师范学院学报》2016 年第 8 期。

廖祥忠：《何为新媒体？》，《现代传播（中国传媒大学学报）》2008 年第 5 期。

廖小平：《评皮亚杰"约束的道德"与"协作的道德"——兼论代际关系视野中的道德教育》，《伦理学研究》2008 年第 4 期。

廖小平、张长明：《论涂尔干道德教育论及其主要特色》，《北京师范大学学报》（社会科学版）2007 年第 4 期。

林频：《上海少年儿童新媒体使用、评价的调查与思考》，《上海青年管理干部学院学报》2012 年第 3 期。

林频、倪琳：《少年儿童新媒体使用情况解析》，《当代青年研究》2012 年第 7 期。

刘丹凌、赵娟娟：《对媒介化社会的批判与反思——基于媒介环境学的视角》，《学术论坛》2014 年第 4 期。

刘建明：《媒介环境学理论范式：局限与突破》，《武汉大学学报》（人文科学版）2009 年第 3 期。

刘娜：《自媒体意识形态安全问题及对策》，《马克思主义研究》2016 年第 7 期。

刘玉娟、孟万金：《中学生积极道德质量测评量表的编制研究》，《中国特殊教育》2010 年第 4 期。

刘志军：《初中生乐观主义与其学业成绩的关系及中介效应分析》，《心理发展与教育》2007 年第 3 期。

鲁洁：《德育课程的生活论转向——小学德育课程在观念上的变革》，《华东师范大学学报》（教育科学版），2005 年第 3 期。

鲁洁：《生活·道德·道德教育》，《教育研究》2006 年第 10 期。

吕方：《"诚信"问题的文化比较思考》，《学海》2002 年第 4 期。

马超等：《我国社会诚信缺失的根源及治理对策》，《开发研究》2010 年第 2 期。

马志强等：《基于同侪互评的在线学习评价研究综述》，《远程教育杂志》2014 年第 4 期。

[美] 詹姆斯·U. 麦克尼尔等：《中国儿童的消费行为：1995—2002》，马睿译，《青年研究》2004 年第 10 期。

孟万金：《美国道德教育 50 年的演进历程及其启示》，《教育研究》2006 年第 2 期。

彭颜红：《如何有效防止新媒体道德失范》，《传媒》2011 年第 2 期。

彭渝、懋彬：《当代中国家庭结构的变化及子女的社会化环境》，《社会科学研究》1994 年第 6 期。

全国国民阅读调查课题组：《传统与数字融合中的国民阅读走势分析——基于"第九次全国国民阅读调查"数据解读》，《出版参考》2012 年第 5 期。

任建东、邓丽敏：《新媒体接受中道德教育的三大困境》，《伦理学研究》2011 年第 5 期。

芮彭年：《论落实〈中小学生守则〉的三原则》，《中国德育》2015 年第 18 期。

沙莲香、廉如鉴：《〈论语〉中的"角色期待"思想新探》，《河北学刊》2007年第3期。

商娜红、刘婷：《北美媒介环境学派：范式、理论及反思》，《新闻大学》2013年第1期。

申金霞：《自媒体的信息传播特点探析》，《今传媒》2012年第9期。

申卫革：《我国德育政策的去成人化转向——基于小学德育课程的分析》，《教育科学》2012年第1期。

宋全成：《论自媒体的特征、挑战及其综合管制问题》，《南京社会科学》2015年第3期。

孙彩平、左海云：《网络文化时代学校道德教育的转向》，《河北师范大学学报》（教育科学版）2008年第1期。

孙宏艳：《新媒体对青少年社会化的影响及应对策略》，《中国青年研究》2014年第2期。

孙显元：《宽容释义》，《安徽大学学报》（哲学社会科学版）2009年第1期。

孙业礼：《担当·定力·规矩——学习习近平系列讲话中的新概念、新韬略》，《党的文献》2014年第2期。

田旭明：《民间"好人文化"建设：社会主义核心价值观大众认同的有效探索》，《湖南行政学院学报》2015年第1期。

涂涛、李文：《新媒体与未来教育》，《中国电化教育》2015年第1期。

万俊人：《关于美德伦理学研究的几个理论问题》，《道德与文明》2008年第3期。

万增奎、杨韶刚：《青少年道德自我认同问卷的修订》，《社会心理科学》2008年第5期。

汪瑞林、杜悦：《凝练学生发展核心素养培养全面发展的人——中国学生发展核心素养研究课题组负责人答记者问》，《中国教育报》2016年9月14日第9版。

参考文献

王海明：《伦理学是什么》，《伦理学研究》2002年第1期。

王鉴：《课程资源开发与利用的多元化模式》，《教育评论》2003年第2期。

王江伟：《明智：性质、目的和意义——作为一种日常观念的明智概念》，《道德与文明》2017年第2期。

王立菲：《我国小学生道德情感发展研究述评与展望》，《当代教育论坛（学科教育研究）》2007年第10期。

王学俭、李婷：《新媒体条件下道德教育的审思》，《湖北社会科学》2017年第8期。

王永智：《中国传统道德价值的根本观念》，《道德与文明》2015年第3期。

魏朝利：《"天下兴亡，匹夫有责"思想演进及其现代反思》，《未来与发展》2015年第12期。

魏小巍：《数字化生存平台的哲学基础浅议》，《科学技术与辩证法》2005年第2期。

温娟娟等：《国外乐观研究述评》，《心理科学进展》2007年第1期。

吴洪成：《试析我国古代蒙养教材的特点》，《课程·教材·教法》1997年第3期。

吴继霞、黄希庭：《诚信结构初探》，《心理学报》2012年第3期。

吴音莹：《传统蒙学的特色及其对当代儿童教育的启示——主要基于教材、教法视角》，《湖南农业大学学报》（社会科学版）2015年第4期。

谢登斌：《21世纪学校道德捍卫的使命》，《广西师范大学学报》（哲学社会科学版）2004年第3期。

谢翌、程雯：《新时期儿童道德期待的课程文本研究》，《中国教育学刊》2016年第12期。

谢翌等：《儿童道德共识量表编制研究》，《上海教育科研》2018年第

1 期。

［新西兰］罗莎琳德·赫斯特豪斯：《规范美德伦理学》，邵显侠译，《求是学刊》2004 年第 2 期。

徐萍萍、王介君：《家庭环境对青少年自律道德发展的影响研究》，《中国教育学刊》2014 年第 6 期。

徐霞、邵银波：《中国传统政治忠诚观的历史嬗变及其当代启示》，《浙江学刊》2015 年第 4 期。

徐月高、汪谦干：《谈儒家担当观》，《中国党政干部论坛》2015 年第 11 期。

徐振祥：《论新媒体传播对青少年个性道德与理性秩序观成长的影响》，《学术论坛》2012 年第 4 期。

宣云凤：《私德和公德各守其位——解决道德危机的新思路》，《江苏社会科学》2003 年第 6 期。

杨建业：《法律法规与道德期待》，《同舟共进》2006 年第 12 期。

杨晓、李松涛：《基于共生理念的家校合作改革构想》，《教育科学》2013 年第 5 期。

叶澜：《试析中国当代道德教育内容的基础性构成》，《教育研究》2001 年第 9 期。

尹斯琪：《〈论语〉中"直"的品格及其审美演变》，《学术交流》2013 年第 11 期。

俞水：《谈方：唤醒"好人"》，《中国教育报》2011 年 10 月 30 日第 3 版。

余维武：《多元文化时代西方道德教育理论评析》，《思想·理论·教育》2006 年第 4 期。

袁莉敏、张日昇：《大学生归因方式、气质性乐观与心理幸福感的关系》，《心理发展与教育》2007 年第 2 期。

张翠莲：《我国近几年儿童道德发展的实证研究方法综述》，《科技广场》2009 年第 12 期。

张典兵：《中国传统道德文化及其现实转换》，《前沿》2006 年第 11 期。

张将星：《大众媒体对青少年道德价值观影响调查分析》，《教育研究》2011 年第 4 期。

张军翎：《中小学生的逻辑推理能力、元认知及注意力水平与学业成绩的比较》，《心理科学》2008 年第 3 期。

张丽：《"乖孩子""坏孩子""好孩子"——兼论中国民间文化中的儿童观及其演变》，《教育导刊》2005 年第 10 期。

张文晋等：《压力、乐观和社会支持与心理健康的关系》，《中国临床心理学杂志》2011 年第 2 期。

张祥明：《宽容：庄子的认识论精神》，《齐鲁学刊》1998 年第 6 期。

张治忠、马纯红：《皮亚杰与科尔伯格道德发展理论比较》，《扬州大学学报》（高教研究版）2005 年第 1 期。

赵爱玲：《重建道德共识的主要难点与破解对策》，《学校党建与思想教育》2014 年第 9 期。

赵晓展：《垃圾分类，十年努力仍"原地踏步"》，《工人日报》2011 年 2 月 10 日第 7 版。

郑富兴：《德育情境的建构——美国 20 世纪 90 年代中小学校的品格教育实践》，《比较教育研究》2001 年第 4 期。

朱小蔓、刘次林：《转型时期的中国学校德育》，《上海师范大学学报》（哲学社会科学版）2009 年第 6 期。

邹吉忠：《论现代制度的宽容功能——现代制度的宽容本性与自由秩序的形成》，《哲学动态》2000 年第 7 期。

（四）中文学位论文

付燕玲：《当前中国社会道德失范问题研究》，硕士学位论文，华南理工大学，2014 年。

胡爱玲：《大学生勇敢品质及其培育研究》，硕士学位论文，安徽师范大学，2017年。

胡凤麟：《以过去为未来：蒙学教材的教育研究》，硕士学位论文，华东师范大学，2009年。

金光磊：《中国好人文化研究》，硕士学位论文，广东海洋大学，2014年。

马祯璘：《孝经中的孝文化》，硕士学位论文，兰州大学，2012年。

祁世杰：《小学生道德品质发展的测评研究》，硕士学位论文，青海师范大学，2012年。

夏忠龙：《先秦伦理思想研究》，博士学位论文，黑龙江大学，2007年。

谢翌：《教师信念：学校教育中的"幽灵"——一所普通中学的个案研究》，博士学位论文，东北师范大学，2006年。

（五）工具书、政策法规及其他

李家成、卢寄萍：《"新基础教育"班级建设改革研究报告》，载叶澜《"新基础教育"发展性研究报告集》，中国轻工业出版社2004年版。

教育部：《关于培育和践行社会主义核心价值观 进一步加强中小学德育工作的意见》，2014年4月1日。

任超奇：《新华汉语词典》，崇文书局2006年版。

深圳市法制办：《深圳经济特区公民救助行为保护条例（征求意见稿）》，2011年11月28日。

宋希仁等：《伦理学大辞典》，吉林人民出版社1989年版。

《中共中央 国务院关于进一步加强和改进未成年人思想道德建设的若干意见》，2004年2月26日。

中共中央：《关于社会主义精神文明建设指导方针的决议》，1986年9月28日。

中共中央：《关于加强社会主义精神文明建设若干重要问题的决议》，1996年10月10日。

中华人民共和国教育部：《基础教育课程改革纲要（试行）》，2001年6

月7日。

中华人民共和国教育部:《中小学生守则(2015年修订)》,2015年8月25日。

中宣部、中央文明办等:《关于支持和发展志愿服务组织的意见》,2017年7月11日。

朱贻庭:《伦理学大辞典》,上海辞书出版社2002年版。

二 英文类文献

(一) 英文期刊论文

Aquino, K. and Reed Ⅱ, A., "The Self-Importance of Moral Identity", *Journal of Personality and Social Psychology*, Vol. 83, No. 6, 2002.

Bacon, D. R. and Sauer, P. L. and Young, M., "Composite Reliability in Structural Equations Modeling", *Educational and Psychological Measurement*, Vol. 55, No. 3, 1995.

Boote, D. N., "Durkheim's Naturalistic Moral Education: Pluralism, Social Change, and Autonomy", *Philosophy of Education*, 2009.

Browne, M. W. and Cudeck, R., "Alternative Ways of Assessing Model Fit", *Sage Focus Editions*, Vol. 154, 1993.

Fornell, C. and Larcker, D. F., "Evaluating Structural Equation Models with Unobservable Variables and Measurement Error", *Journal of Marketing Research*, 1981.

Gilligan, C., "In a Different Voice: Psychological Theory and Women's Development", *Signs: Journal of Women in Culture and Society*, Vol. 9, No. 2, 1983.

Gilligan, C. and Attanucci. J., "Two Moral Orientations: Gender Differences and Similarities", *Merrill-Palmer Quarterly*, No. 34, 1988.

Hendriyani and Hollander, E. and D'Haenens, L., et al., "Children's

参考文献

Media Use in Indonesia", *Asian Journal of Communication*, Vol. 22, No. 3, 2012.

Hills, P. and Argyle, M., "The Oxford Happiness Questionnaire: A Compact Scale for the Measurement of Psychological Well-being", *Personality and individual differences*, Vol. 33, No. 7, 2002.

Hogan, R., "The Structure of Moral Character and the Explanation of Moral Action", *Journal of Youth and Adolescence*, Vol. 4, No. 1, 1975.

Hu, L. and Bentler, P. M., "Cutoff Criteria for Fit Indexes in Covariance Structure Analysis: Conventional Criteria versus New Alternatives", *Structural Equation Modeling: A Multidisciplinary Journal*, Vol. 6, No. 1, 1999.

Kohlberg, L., "Moral Education for a Society in Moral Transition", *Educational Leadership*, Vol. 30, 1975.

Landa, M. Sama and Victoria Shoaf, "Ethical Leadership for the Professions: Fostering a Moral Community", *Journal of Business Ethics*, Vol. 78, No. 1-2, 2008.

Lickona, T., "The Return of Character Education", *Educational Leadership Journal of the Department of Supervision & Curriculum Development N. e. a*, Vol. 51, No. 3, 1993.

Park, N. and Peterson, C., "Moral Competence and Character Strengths Among adolescents: The Development and Validation of the Values in Action Inventory of Strengths for Youth", *Journal of Adolescence*, Vol. 29, No. 6, 2006.

Power, C. and Kohlberg, L., "Using a Hidden Curriculum for Moral Education", *Education Digest*, Vol. 52, No. 9, 1987.

Rubin, A. M., "The Uses – and – Gratifications Perspectives of Media Effects", In J. Bryant, & D. Zillmann (Eds.), *Media Effects: Advances*

参考文献

in Theory and Research, 2002.

Ruggiero, T. E., "Uses and Gratifications Theory in the 21st Century", Mass Communication & Society, Vol. 3, No. 1, 2000.

Williams, M. M., "Actions Speak Louder than Words: What Students Think", Educational Leadership, Vol. 51, No. 3, 1993.

Hursthouse, R., "Virtue Ethics vs. Rule-Consequentialism: A Reply to Brad Hooker", Utilitas, Vol. 14, No. 1, 2002.

（二）英文著作

Bottery, M., The Morality of the School: The Theory and Practice of Values in Education, London: Cassell, 1990.

Carr, W. and Kemmis, Becoming Critical: Education, Knowledge, and Action Research, Philadelphia, PA: The Falmer Press, Taylor & Francis Inc, 1986.

Damon, W., The Moral Child: Nurturing Children's Natural Moral Growth, Free Press, Collier Macmillan, 1990.

Gilligan, C., A Different Voice: Psychological Theory and Women's Development, Cambridge, MA: Harvard University press, 1982.

John Biggs and David Watkins, Classroom Learning—Educational Psychology for the Asia Teacher, Singapore: Simon & Schuster (Aisa) Pre Ltd., 1995.

McQuail, D., McQuail's Mass Communication Theory, Singapore: Sage Publications Ltd., 2005.

Nel Noddings, Happy and Education, Cambridge: Cambridge University Press, 2003.

William Damon, The Moral Child: Nurturing Children's Natural Moral Growth, NY: The Free Press, 1990.